国外会展经典译丛

FOREIGN
MICE CLASSIC RENDITIONS

EVENT STUDIES: THEORY,
RESEARCH AND POLICY FOR
PLANNED EVENTS

活动研究

理论与政策（原书第2版）

【著】　[加]唐纳德·盖茨（Donald Getz）

【译】　刘大可　于　宁　刘　畅　蒋亚萍

重庆大学出版社

图书在版编目(CIP)数据

活动研究:理论与政策/(加)唐纳德·盖茨
(Donald Getz)著;刘大可等译. --重庆:重庆大学
出版社, 2019.9
(国外会展经典译丛)
书名原文:Event Studies：Theory, Research and
Policy for Planned Events
ISBN 978-7-5689-1428-4

Ⅰ.①活… Ⅱ.①唐… ②刘… Ⅲ.①展览会—研究
Ⅳ.①G245

中国版本图书馆 CIP 数据核字(2019)第 013932 号

国外会展经典译丛
活动研究:理论与政策
(原书第 2 版)

Huodong Yanjiu：Lilun Yu Zhengce

［加］唐纳德·盖茨(Donald Getz) 著

刘大可 于 宁 刘 畅 蒋亚萍 译
策划编辑:马 宁 尚东亮
责任编辑:丁 佳 版式设计:丁 佳
责任校对:杨育彪 责任印制:张 策

*

重庆大学出版社出版发行
出版人:饶帮华
社址:重庆市沙坪坝区大学城西路 21 号
邮编:401331
电话:(023) 88617190 88617185(中小学)
传真:(023) 88617186 88617166
网址:http://www.cqup.com.cn
邮箱:fxk@ cqup.com.cn (营销中心)
全国新华书店经销
重庆市正前方彩色印刷有限公司印刷

*

开本:787mm×1092mm 1/16 印张:27 字数:643 千
2019 年 11 月第 1 版 2019 年 11 月第 1 次印刷
印数:1—4 000
ISBN 978-7-5689-1428-4 定价:79.00 元

内容简介

　　《活动研究:理论与政策》是一本介绍发展经策划活动的书,这本书聚焦于活动的计划、管理、产出,活动的经验及其意义,打造活动的动态过程以及人们愿意参加活动的原因。

　　活动研究从大量基础学科和与其密切相关的领域中汲取知识,形成适用于经策划活动研究的跨学科理论。活动管理、商务旅游等领域的一系列重要研究使得活动在社会和文化中的重要性和影响得以凸显。

　　与第1版相比,第2版在以下方面有重要的改进:

　　加入了新的内容。如经策划活动的发展趋势,活动相关职业和专业,活动旅行职业路径的新理论,社交界和社交媒体的启示,活动形式和功能新理论的集合,一些受人尊重的专家学者的专业贡献和个人观点。更新研究注释使读者更好地接触与活动研究有关的最新文献、方法和技术。

作者简介

唐纳德·盖茨,昆士兰大学旅游学院教授,卡尔加里大学名誉教授。

献给亨利·盖茨、艾德琳·盖茨和南茜·盖茨;献给我的妻子莎伦,我的女儿奥黛丽和克莉丝汀。

译者总序

以会议、展览、节庆、演艺、赛事等为主要表现形式的会展业,近年来在全球很多国家和地区都非常活跃,已经成为现代服务业的重要组成部分。美国会展产业理事会(CIC)发布的《美国会展业影响力研究报告》显示,2012 年在美国召开的会展活动数量超过 180 万个,为美国提供了约 530 万个就业岗位,并创造了约 2 346 亿美元的劳务收入,会展业产值约占美国国内生产总值的 2.5%,高于电影和录音、航空运输、铁路运输等众多行业。会展业在发达国家和地区的影响力由此可见一斑。

中国会展业虽然起步较晚,但近年来发展迅速。特别是进入 21 世纪以来,中国不仅成功举办了奥运会、世博会、APEC 峰会等有重要影响的国际活动,而且展览、会议、节庆、演艺、赛事等多业并举,为促进投资与贸易、推动信息交流、丰富居民生活、拉动旅游发展等发挥了重要作用。目前,中国会展业已经成为一个体系相对完整的独立行业,不仅拥有了国有、外资、合资、民营等多种类型的市场主体,而且成立了大量的全国性、地方性以及行业性协会组织,为促进社会经济生活各个领域的健康发展搭建了富有效率的平台。

纵向对比来看,中国会展业在政策导向、产业规模、社会经济影响等方面已经发生了巨大变化;但横向对比来看,中国会展业与欧美等发达国家和地区相比仍然存在较大差距。例如,从国际会议与大会协会(ICCA)的统计来看,中国近十年来举办国际会议的数量,不仅长期低于美国、德国、西班牙、英国、意大利等传统西方发达国家,而且总体数量目前仍不及美国的一半。这种状况显然与中国日益增长的经济实力和国际影响力不相符合,中国会展业需要进一步加快发展,进一步提升在全球会展业中的地位和影响力。

那么,如何更好地挖掘中国会展业的增长潜力呢? 这一问题虽然需要从政策、资金、创新、人才等多个层面寻求答案,但是高素质会展人才的培养无疑是其中最基础的工作。令人欣慰的是,与中国会展行业的发展相对应,过去十余年来中国会展人才的培养工作同样取得了前所未有的进展。目前,不仅形成了研究生、本科生、专科生等多层次的高等院校会展人才培养体系,而且以协会、学会、研究会等为主导的行业培训同样有了明显的提升,除此之外,为了规范会展人力资源的技能要求,国家人力资源和社会保障部、全国商业联合会等机构还推出了相关的会展职业资格认证项目。虽然中国会展人才培养工作中还存在不少这样或那样的问题,但毋庸置疑的是,高校、协会及政府等机构在会展人才培养方面的这些努力,不仅为中国会展业的稳定发展输入了新鲜力量,而且为全面提升会展业在职人员的素质发挥了重要作用。

会展业作为一个国际化程度非常高的领域,会展研究、教学和人才培养客观上要求与发达国家和地区高度接轨。虽然这种接轨可以通过师资合作研究、学生联合培养、组织学术会议等多种渠道来推进，但教材和著作的接轨无疑是其中基础性和受益面最大的环节。因为著作和教材是会展学界、业界等相关人士对行业运行规律、实践操作流程、经营管理经验的总结和提炼，是传播会展知识、提升会展人才素质的营养源泉。

自 2002 年涉足会展研究与教育以来，我一直想引进并翻译一套国外最新的高质量的会展著作。可惜的是，由于工作事务繁多加之对自身英语水平缺乏自信，导致此事一拖再拖。今天，这套书终于与读者见面了，对我来说自然是一件相当开心的事情，多年的夙愿总算有个了结。

此丛书是一个开放的系统，既包含有影响力的学术专著，也包含各种经典的会展教材。第一批出版的图书涵盖会展行业概论、会展理论框架、活动策划与管理、参展实务以及活动赞助等领域，以后还将根据行业的发展和读者的需求不断拓展。

此丛书即将出版之际，首先需要感谢参与翻译的各位译者，作为非职业的翻译人员，翻译中必然面临大量难以想象的困难，但大家还是咬紧牙关，动用各方面的力量，高标准地完成了翻译工作；此外，特别感谢重庆大学出版社的马宁和尚东亮先生，没有两位的鼓励、支持和督促，这套丛书的出版计划或许依旧处于"空想"状态。

刘大可

北京第二外国语学院经济学院院长、教授

2019 年 3 月于北京

第2版序

很高兴得知本书的第1版被很多教师当作教科书来使用，我想在活动管理教学项目中，它可能被用于更高层次，甚至是研究生水平。本质上，除了对活动管理和活动旅游的关注外，它是对不断发展的活动研究的学术探讨。

活动的世界不断发展、扩张，这大概是因为在一个大众传播和标准化娱乐的时代，活动给生活带来了更多真实且丰富的体验。人们只需要将所谓电视里的现实的可预测性与活动事件的真实性进行比较，就可以理解两者之间的差异。

事实上，无论是出于实际目的，还是因为人们对理解和设计体验的固有兴趣，一系列与体验相关的领域都对活动产生启发。随着活动研究的快速发展，它不可避免地与休闲、娱乐、艺术、体育、旅游和接待业产生密切的相互影响，它们都聚焦于游客服务和生活体验。作为学术领域的研究，这本书的结论详细地推测了各种未来场景和活动研究的未来进展。

有什么新东西？

第2版在以下方面有所改进：

更新文献，包括很多最新的研究札记；

新的和更为广泛的话题，包括作用力和趋势、职业、活动旅游职业路径、社交界和社交媒体；

专家贡献，大量专家学者在活动研究领域提供了个人观点。

本书适用于哪些人？

学生

这本书主要是为攻读活动管理学位的学生而写。

首先，这本书作为活动管理教学项目的教材为学生而写。它为活动管理领域的职业生涯规划，为进行活动相关研究，为活动相关政策的制定提供理论基础。不同于实践性更强的活动管理和旅游，当需要进行学术概述的时候，活动研究越来越多地被作为入门级的内容。具有研究生水平的学生需要这本书来帮助他们明确表述研究问题和方法体系，了解他们的努力与知识积累有什么样的关系。

本书每个部分都以"学习目标"作为开头，提示主要话题和应掌握的关键知识点，这不是

一本教你"怎么做"的书，所以学习目标通常不是关于技能和如何解决问题的，而是读完这部分之后你应该掌握的知识点：定义、应用于活动研究的概念和理论、研究方法和政策启示。

书中插入的大量研究札记将你和有关活动的广泛而多样化的文献联系起来，你将需要利用这些资源来做研究，完成你的论文，并最终帮你在现实世界中做出决策。很多相关研究将向你展示特定的方法和分析工具。

每一部分最后都有研究问题、延伸阅读、学习指南作为总结。以此来贯穿全书的主题，并通过回答章节后的问题来准备考试。我通常建议学生们采用小组学习的方式，每人写下一个答案，之后再共同讨论。拓展阅读部分包括该章节引用的一些重要参考书，它们可供进一步深度学习。

教师

个人而言，我不建议活动管理专业的毕业生在积累足够的知识基础前进入社会，尤其是当他们需要做与公共政策相关的工作的时候。本书适用于任何领域或学科的研究生研究与活动有关的问题。有些教授会将本书作为入门级的教材使用，因为他们看重学术方法而不是应用；或者用于他们处理特定的应用主题之前，所进行的全面研究。我认为这些教师应该做出一定的调整，对入门级来说，可以强调某些材料，避免某些材料；对高级水平来说，可以增加相应的方法论。

用研究札记使学生熟悉相关期刊，并和学生讨论相关理论、方法和一些具体的问题。鼓励学生到图书馆或通过搜索引擎检索相关资源。

第十二章所创建的知识仅仅是对研究设计和方法的介绍。为论文做准备，学生将需要更多的详细指导。这一章应该向学生和学者提供全面的研究需求和研究方法的可能性；"研究议程"提供了很多具体设想。

本书所引参考文献相当广泛，我刻意加入了很多引用就是为了加强与文献的联系。引用各类学科和紧密相关的领域中的研究，无疑可以更好地提供适用于活动研究的主流文献和观点。我特别鼓励体育、艺术、剧院、休闲及其他领域的学者，围绕经策划活动发表系统的学术研究，展示他们独特的观点。

政策分析和制定者

政策分析和制定者需要从多种角度了解活动的世界，探索经策划活动领域许多具有挑战性的政策问题，包括公共干预和支持的理由、平衡政策的成本和收益，学习如何在政策层面进行适当的研究。

第十一章讲述了如何表述经策划活动的公共政策的建议，包括政策目标、行为和绩效衡量。

从业人员

未接受过与活动有关的正式教育的从业人员，或者仅接受过管理和生产相关课程的从业人员将在本书中收获颇丰。学习为什么活动在社会中有如此重要的地位，并且获取前沿的思潮和研究信息。通过阅读本书进而形成你自己的哲学和道德准则,成为一个反思者和专业学习者。

　　活动设计和管理的交叉如此显而易见。我期望这本书可以成为那些想对自己的研究领域了解更多的实践者的参考,或者为他们确定更为详细的调查研究的出发点提供依据。举个例子,活动设计需要从认知、社交和环境心理学方面获取信息。我认为这是改进活动设计,以及使活动更有意义的一条主要途径。

资料来源注解

　　经策划活动领域的文献增长速度非常快,导致人们难以查阅所有文献。我查阅了核心期刊的所有相关文献,并搜索和浏览了相关领域的期刊。在许多学科和应用领域中有很多有用的文献,数据库和关键字检索非常重要。

　　以下是本领域的一些主要期刊:

Event Management

Journal of Convention and Event Tourism

International Journal of Event Management Research

Journal of Policy Research in Tourism, Leisure and Events

International Journal of Event and Festival Management

相关领域的主要期刊:

Annals of Tourism Research

Journal of Travel Research

Tourism Management

Scandinavian Journal of Hospitality and Tourism

Leisure Management

Journal of Sport Management

Journal of Sport and Tourism

　　搜索引擎方面,我使用了谷歌学术、Ingenta 期刊索引数据库和休闲旅游。大的出版商如泰勒·弗朗西斯、威利,他们有自己的数据库,也是很有用的。你需要检索很多内容,但建议尝试以"节事"或者"活动"作为开端。"活动"一词本身,就像第一章所讲的那样,有很多超出"经策划活动"之外的含义,在本书之外,"经策划活动"一词很少被用到。还可以检索:会议、集会、展览、贸易、消费展、体育活动、大型活动、标志性活动、狂欢节。

　　节日和活动的相关书籍也非常多,很多出版社出版了活动管理、活动旅游以及活动和文化相关的系列书籍,具体参见本书参考文献。

译者前言

　　由于会议、展览、节庆等活动在中国长期以来被视为社会经济生活各领域的"点缀"，其自身既没有独立的行业，也没有独立的学科和专业，从而导致中国在活动研究领域不但起步较晚，而且研究的广度和深度相对薄弱。

　　进入21世纪以来，伴随着奥运会、世博会等重大国际活动的成功举办，政府开始逐步认识到会展活动的社会经济价值，从增设主管机构、兴建会展场馆、深化对外开放、制定产业政策、开办会展教育等方面对会展活动给予了全方位的支持，从而使得中国会展业异军突起，不但活动数量和产业规模迅速提升，而且已经作为一个体系相对完整的独立行业成为现代服务业中璀璨的新星。

　　活动行业的快速发展不仅引发了社会的广泛关注，而且也成为近年来学术研究的热点。但是，由于历史原因，从事活动研究的学者很多是从经济、管理、旅游、地理等相关领域跨过来的，活动研究是一个相对陌生的领域，如何选题、采用哪些理论架构、有哪些研究方法、成果在哪里发表等，这些已经成为困扰活动研究人员的重要问题。

　　盖茨的这本《活动研究：理论与政策》为解答学者们的困惑提供了有益的探索。在这本书中，作者不仅从人类学、社会学、哲学、宗教学、心理学、经济学、管理学、伦理学、法学等十余个学科的角度为活动研究开辟了多元化的研究视角，而且对每一个视角下的研究文献都做出了非常翔实的整理和评价。这本书是一部关于活动研究的框架性著作，同时又为活动研究提供了非常系统的文献索引。

　　盖茨是国际会展教育和活动研究的早期开创者之一，是活动研究领域非常有实力的国际著名学者。因为研究领域的相似，我与盖茨有过多次共同参加国际学术会议的经历，盖茨的很多演讲都给我留下了深刻的印象。这本书的翻译是由我牵头，但具体工作是由团队成员共同完成的，具体分工如下：刘大可、蒋亚萍负责第1、2、12章；刘畅博士负责第3、4、5章；于宁博士负责第6、7、8、9、10、11章。

　　本书即将付梓之际，我要特别感谢翻译团队的成员，感谢大家的责任感、细心与耐心，感谢大家对我近乎苛刻要求的宽容和理解；此外还要感谢研究生杨月坤、高鑫、刘巡等，他们作为第一批读者对本书进行了认真的试读，提出了很多有价值的建议；此外，还要特别感谢重庆大学出版社编校人员勤勤恳恳、锲而不舍的敬业精神，他们为本书的及时出版提供了有力保障。

最后，需要特别指出的是，参与本书翻译的人员主要是会展领域的专家学者，并非专业翻译人员，尽管大家以非常负责任的态度对译稿进行了多次推敲和审核，但依旧可能存在不尽如人意的地方，我们将虚心接受来自各方面的批评和建议，并通过不断修订加以完善。

2019 年 3 月于北京

致　谢

十几年来，很多人为我在活动领域的研究做出了贡献，为我在本书中引用的各种研究项目做出了贡献，我想在此对他们表达诚挚的谢意。

史蒂夫·布朗、乔伊·捷夫·戈德布拉特、菲尔·朗、威廉姆·奥图尔、斯蒂芬·佩吉、马丁·罗伯森、乌利·温施对本书第 2 版做出了贡献，我要特别感谢他们给予的帮助。

特别感谢我现在和从前在滑铁卢大学、卡尔加里大学、昆士兰大学、哥德堡大学、中瑞典大学和伯恩茅斯大学的同事。我很好地使用了与汤米·安德森和雷伊达尔·麦克莱伦合作的研究，在此，对他们表示感谢。

目　录

第一部分
活动研究的基本概念

第一章 活动研究概述

通过本章的学习,学生应掌握:

- 作为一个学术领域,活动研究的定义、特征,特别是核心现象、研究主题和内容;
- 为何要研究活动[①];
- 研究活动的不同视角——基础学科和紧密相关的专业领域;
- 活动研究的三个主要分支(或学说):基于学科的研究或经典研究、活动旅游研究和活动管理研究;
- 关于活动的交叉学科理论;
- 形成活动的主要作用力,发展趋势和主要问题。

第一节 什么是活动研究?

作为生产关于活动的知识和理论的学术领域,活动研究同其他领域一样,有其独特的核心现象,并以此与其他领域区别开来。活动研究的核心是对所有活动的研究,包括活动的计划、管理、成果、体验、意义、动态形成过程以及人们参加的原因。

活动研究是在一系列基础学科和相关专业领域的基础上发展而来的,并促进了关于活动的交叉学科理论的产生。此外,在活动研究中,有三个重要的研究分支:活动管理研究、活动旅游研究和"经典研究",即在不同学科内,阐明活动在社会和文化中的角色、重要性和影响的研究。

从大的方面来看,活动研究包括与活动有关的方方面面,而不仅限于管理、设计和组织。事实上,活动研究可独立于活动管理而存在。例如,经济学家或社会学家对活动影响的研究,并不会关注其策划和组织,这是活动研究的一种方法;又比如,记者对特定社区竞标一场活动的利弊进行分析,也属于活动研究的范畴。总之,活动的政策影响不容忽视,活动的领域也并不独属于活动策划者和管理者。

---

① 作者认为,活动(event)可分为经过策划的活动(planned events)和未经策划的自发活动(unplanned events)。下文提及的活动除特殊标注外,均为经过策划的活动——译者注。

一、为何要研究活动？

本书的受众多是对活动相关的职业或事业感兴趣的学生。随着体验经济的发展,活动出现在职业生涯和创业中的可能性大大增加。同样,许多在公共服务领域和公益组织工作的人士,在某种程度上也需要接触活动或相关事宜,他们需要了解如何将活动用作商业或政策工具。

此外,研究活动还有更具普遍性和教育性的原因。在体验经济下,活动作为一个极其重要且不断扩大的社会文化现象,受到了学生和来自各个领域的从业者的关注。它不仅反映出大众文化的变化,更不断使得高雅文化变得平易近人。无论人们喜爱的是阳春白雪还是下里巴人,活动都始终作为一个文化载体出现。

人们对活动的看法多种多样,相关的研究也随之增加。从本书所引用的众多文献就能看出,活动对各行各业和政策制定者都非常重要。

二、关于活动的教育

在本书的第 1 版中,我提出了一个活动研究的金字塔模型。在这个模型中,最上层为活动研究,其次是活动管理学位和文凭课程,最下层是众多的活动"产业"和职业发展机遇,这也是活动管理学位和文凭课程产生的最主要原因。我之前的观点是,没有活动教育课程作为基石,活动研究就不会产生,而且活动研究主要是由活动管理领域的教师和学者来进行的。但现在我改变了这种看法,因为我发现,在第一学年,教师就使用本书进行活动研究的教学。这说明活动研究也可以跳过活动管理和旅游相关课程。我由衷地希望,活动研究可以成为一个公认的交叉学科领域。相应地,我提出了一个新的教育模型(图 1.1),在此模型中,活动研究是包罗万象的交叉学科,其他研究是按部就班的应用领域。其实,没有必要非要将活动研究与这些应用领域联系起来,或者依赖于此。但事实上,由于研究者所处的学科背景,活动研究与这些应用领域是密不可分的。

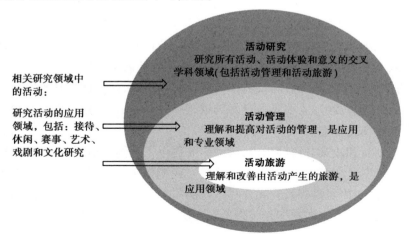

图 1.1　活动研究、活动管理与活动旅游

三、研究的相关性（核心还是延伸）

许多有关活动的研究话题，其关注点其实并不在活动。例如，如果一项研究的重点是运动队和体育场馆，那么研究中就会提到活动。再比如，在市区改造和重建的研究中，可能会涉及节庆的场地和新场馆的建设；在城市外来人口的融入问题上，活动的整合作用也有可能会被提及。这些话题非常有趣，但都只是活动研究的延伸，而非核心。

在后面谈到活动研究的核心和主要内容时，会具体说明活动研究到底是什么。不过，我们基本上可以理解为，活动研究的研究者中既有专门研究活动的人士，也有在研究其他领域时涉及活动的学者；既有核心话题也有富有趣味的延伸话题。

四、领域还是学科？

John Tribe(2004,2006)认为旅游不是一个学科，而是基于数个相关学科的研究领域。同样，活动研究也需要其他学科理论和方法的支撑。此外，正如旅游研究主要是对旅游管理的研究，目前活动研究也主要集中在活动管理或商务研究上。

基于活动研究是一种"社会和政治建构"(Tribe 2004:47)的观点，一个人对活动的看法以及对活动中感兴趣的事物，会影响其学科依据的选择。例如，研究大型活动对房地产的影响，可能将社会学、城市规划和政治科学作为研究依据；对节庆可持续发展本质的研究，建立在管理理论、社会心理学等有助于理解的学科基础上。活动相关知识的产生需要多个学科理论和方法作为支撑。这种基于其他数个学科的新研究领域，本质上是多学科的。随着时间推移，在不同学科的交互作用下，也许该领域能够建立起其自身的理论和研究方法，这时这个研究领域就成了一个交叉学科领域。这也应成为活动研究的发展目标。

Tribe(2002)确定了高层次的旅游课程内容。他提到目前多数旅游研究是以职业与企业为导向的（活动管理研究也是如此），但仍有必要培养一批"哲学式的从业者"。着眼当下，他们能快速有效地提供服务；放眼未来，他们还能够为旅游世界的发展，承担起"管家"的角色，即促进旅游的可持续发展。

由于活动研究为职业学校教育提供了反思式和哲学式的内容，上述方式对活动管理来说同样行之有效。这就要求，除技能外，职业活动经理人还需掌握广泛的知识和相应的反思能力，能够思考如何将这些知识转化成具体的企业管理决策，如何使活动拥有更广泛的社会和环境影响。此外，这些经理人要具备良好的道德感和职业操守，离不开包括哲学和比较文学研究在内的深厚文化积淀。

对于活动策划者和政策分析师来说，活动研究提供了不同视角（如社会、文化、经济和环境）的必要基础，使其能够应对复杂的活动问题。我相信未来对这些人才的需求会不断增加。此外，活动管理业内对高等教育和终身学习的需求也会上升。出于传道授业的考虑，高学历人才和优秀的专业人士需熟谙相关理论和方法。我们也希望未来有更多的人能够投身于活动事业。

Echtner和Jamal(1997)回顾了关于旅游研究是否是一个学科的争论，其中大多数观点也适用于活动研究。赞成旅游是一门学科的学者提到,研究领域的复杂性不是某一学科可以驾驭的。从单一学科视角看待问题,将会阻碍旅游理论或活动研究理论的发展。至少,以上这种观点提出了在理论和方法构建中应用跨学科成果的重要性。Jafari(1990)认为跨学科方法可以用于创建一种"知识为本"的旅游教学方式,但旅游教育应继续根植于成熟学科。

Leiper(1981,1990)认为多学科方法不同于交叉学科方法,多学科方法是借由其他学科信息来研究一个话题(即活动),而交叉学科方法是将多种学科的理念和方法进行综合,形成一套该学科自身的理论和方法体系。这将是未来活动研究发展的理想状态。当下,我们正不断借鉴其他学科和研究领域,力图为活动研究的发展夯实基础。但在此需要说明,目前已有学者将交叉学科方法应用于活动研究当中,本书也将延续这种方式,并对需要运用新概念和方法进行支撑的核心研究主题进行一一说明。

Echtner 和 Jamal(1997:879)也强调了在研究中需要应用"体现自由主义的方式方法,同时更加注重明确的理论和方法论"。因而,活动研究应综合体现"全面性和整体性研究、知识理论体系的产生、交叉学科思维、明确的理论和方法论、定性和定量方法的运用,以及实证和非实证主义的传统。"

五、活动学(Eventology)

在英语当中,名词以后缀"ology"结尾,意为"学问、科学"。故"活动学"(在英语词典中并无此单词)就是关于活动的学问或科学。不像生物学这种成熟学科,"活动学"的说法有些尴尬(试想"节庆学"和"会议学"的说法,就能明白这种尴尬所在),像是给应用研究这些新兴领域披上了纯科学的外衣。

然而,Joe Goldblatt(2011)还是将活动学的说法应用到了"活动通过创新促进文化发展"的模型当中,这也是一个非常有意义的概念。Goldblatt(2011:xii)认为,活动学是通过研究活动,从而带来积极的社会效益的学科。活动将人们聚集在一起,促使社会朝着更加智慧健康、公平富裕、绿色环保以及安泰富强的方向发展。把活动作为政策工具的话,以上这些想法都有可能实现。在本章的专家观点部分,我们也将继续介绍 Goldblatt 教授的一个新的观点,即活动学作为概率论一部分的数学主张。

科学研究的挑战是建立事物间的因果关系。在我们探讨以哲学方法开展"活动服务"的合理性时,在应用认识论和本体论时,以及在看待结果和影响评估时,请认真思考这一点。

第二节　关于活动的知识理解和知识创造框架

一、核心现象

核心现象决定了一个研究领域的内涵,现象意味着一种可被感知或者说是可被体验的状态或过程。我们所研究的活动是在全世界任何文化和社会中都很重要的普遍现象。对现象更通俗的解释是"正在显著发生的事件"，与"特殊活动"同义。

在下图中（图1.2），活动包括三个核心部分：

1.研究对象是所有活动，而其他任何学科或领域并不致力于研究这一内容；

2.利益相关者甚至公众的活动体验；

3.活动和活动体验的意义（如活动的意义包括制度和娱乐目的）。

以上对活动研究核心现象的定义在一定程度上拓宽了活动研究的范围，也为其赋予了更具理论性和哲学性的内容。

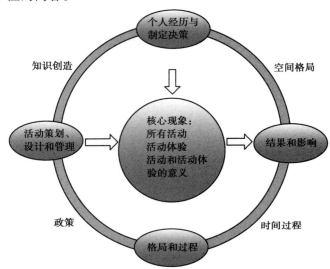

图1.2　关于活动的知识理解和知识创造框架

二、活动的共性

永恒性，活动是社会固有的，是不可或缺的文明。

对公共政策、行业和企业战略的制定起着重要作用。

活动管理、活动旅游和活动政策相关的领域就业猛增，商机无限。

认识到活动是体验经济的基石，对休闲和文化的发展至关重要。

教育需求引发了许多专业活动管理课程的产生，反过来又促进了学术研究和出版的发展。

活动的本质是一种被设计好的体验（至少是被激发的体验），否则体验不会自动产生。尽管形式和目的各不相同，每个活动都是为了创造、激发观众和参与者的个人或群体体验。新的体验方式层出不穷，这种现象本身就非常有趣。

同时，还应重视人们对这些体验和意义的看法。活动的利益相关者，不仅有付费客户和特邀嘉宾，也包括员工在内的主办方、赞助商、支持单位（提供资源和支持）、监管人员（如政府官员）、合作伙伴、参与者（如体育赛事中的运动员）、展商和供应商等。此外，还有在众多活动中必不可少的志愿者。那么，对以上这些利益相关者来说，他们的参与动机是什么？从中获得的体验有何不同？他们又对这种已经设计好的体验形式，或至少对活动环境和方案，作何反应？

三、符号学和"意义"的内涵

所有的活动和活动体验都有引申或深刻的意义吗？我看未必。

一项体验可能是纯享乐性的，不带有任何附加含义或者象征意义。在许多人看来，这种体验在于"好玩"或者"移情"。

但许多其他类型的体验，特别是作为体验催化剂和集合体的活动，通常具有"显著"的社会、文化、经济和环境意义，其影响要么是有价值的、众望所归的，要么是消极的、无用的。此外，对活动的参与者、主办地乃至整个国家来说，活动体验也具有一定的象征（或符号）意义。

符号学是研究符号和标志的学说，是意义研究之学。符号可以是语言、标识（如品牌标志），也可以是物体和人。意义可借由行为来表现，也可由制度来表达。例如"休闲"的意义在一定程度上是由社会制度和文化制度决定的。对某些人来说，休闲是消极的、需避免的事情；而对另外一些人而言，休闲就是他们存在的理由。

当物体、符号、文字、行为等要传递的观点或感受超出其本身的含义时，这时象征意义就是一种"调和"的体验（Levy，1959）。例如，对部分乃至所有观众来说，有些活动不仅是一种娱乐体验，更是一种民族主义或社会认同的表达。再比如，在一些人心中，品牌代表的是品质和价值。

在活动中，符号的表现形式会影响人们对符号的认知。某些组织者可能会完全忽视其活动和行为的象征意义，但有些活动的举办目的就在于传递意义，也是设置活动主题的出发点。一些城市或目的地通过举办活动来树立积极的形象和意义，由此这些活动就成了符号，如标志性事件就属于这一类。赞助商们相信，活动的良好形象能够映射到他们的品牌上，而这里的品牌本身就是品质和价值的象征。

Wooten 和 Norman（2008a）通过对一个滨海虾节的观众满意度调查，发现相比海虾（活动主题）来说，观众更加重视地理位置（活动环境）。这就说明，在参加活动时，不管组织者对活动体验作何设定，人们能够对体验的意义赋予自己的理解。这二者既有冲突之处，也有一致之时。Wooten 和 Norman（2008a，2008b）通过研究对此加以证明。

【研究札记】

象征意义

文章通过研究肯塔基艺术节中展示物和场景的象征意义，以检验观众的体验是否与组织者宣称的独特体验相契合。组织者既在非正式场合，也通过正式渠道来宣传艺术节。基于此，研究者总结出一种集传统、当代、美国南部民俗风、独特、田园和前卫风格于一体的形象。通过使用二分描述法的打分表格（例如，独特与普通，乡村风与国际化），请观众对艺术节相关的展示物（艺术家、手艺人、艺术和工艺品）和场景（儿童艺术活动、短剧、音乐、食物、场地和艺术节本身）进行评分，发现观众体验与组织者宣称的体验存在一定的一致性，但并不适用于所有的打分对象。也就是说，观众也许并不能完全体会到这个艺术节想要传递的象征意义。

Wooten, M., and Norman, W. Interpreting and managing special events and festivals. In A. Woodside and D. martin（eds），Managing Tourism：Analysis, Behavior and Strategy［R］. Wallingford：CABI, 2008a：pp.197-217.

活动研究也关注个人、团体和社会对活动意义的解读，如一场活动到底是被理解为群体的文化体验还是个人的自我满足？同时，我们需要从不同的角度来看待活动意义的内涵。在活动过程中，利益相关者对体验的需求、期望、感知以及对活动意义的认知也许千差万别。那么，他们最终获得的体验与组织者的计划是否相符呢？

四、体验和意义理论

谈论体验和意义理论的前提，是认识到活动体验及其意义都是"个人和社会建构"（Kelly，1955）。比如，从个体来看，人们参加演唱会是为了获得娱乐体验，或者期望通过这种动态环境，融入志趣相投的粉丝当中；参加大会则是为了获得学习的体验。同样，常理上人们参加节庆活动应欢天喜地，出席葬礼则应悲痛肃穆。而从社会层次来看，消费的社会性引发了人们在娱乐活动上的巨大花费。鉴于此，我们既需要能够解释个人参与活动的前因理论（包括需求、动机、偏好和制约因素），也需要能够赋予活动深层次社会和文化意义的社会建构理论。

在某种程度上，人们的期望可能是由广告、品牌推广和媒体宣传蓄意引导的。由于"活动体验"一直是品牌推广和市场营销的重要内容，因此企业在创造树立正面品牌形象和刺激消费的体验方面显得得心应手。那么，这些活动体验是否真实呢？或者说是否被披上了一件金缕衣呢？事实上，即使是公益组织和政府部门主办的活动，我们所感知到的体验意义也可能是源于其宣传推广和营销方案。

本书第二章对活动形式及相关的活动体验进行了介绍。并在讨论基础学科和密切相关的专业领域时，初步提到了相关理论。第六章应用并拓展了与活动体验和意义有关的理论，特别是人类学和仪式研究中的阈限理论。在阈限理论下，对活动的体验被视作一种特定的阈限区间，一种需象征性和循规性地表明其特殊目的的时空存在。在这个区间内，活动参加者会对比日常生活，这也是体验的重要构成。此外，这一章还讨论了社会心理学和休闲研究中"流动"和"高峰体验"的概念，是说当人们处在阈限区间时，会完全沉溺其中，甚至忘了时间。

为了更加深入地理解活动体验，还需要参照沟通理论、学习理论和诠释理论的知识，了解应如何刺激参与、形成预期及创造最好的学习环境。对于那些参加特定活动并从中获取个人利益的参与者，"深度休闲""自我参与"和"承诺"的理论，能够帮助我们了解其参与动机、活动体验和意义。

第七章是讲述活动设计。本章一开始就介绍了设计是一种创造性和技术性的问题解决过程，其理论基础及在活动中的应用，如设计活动主题、日程、环境、服务和消费品等。正如一千个人心中有一千个哈姆雷特一样，由于体验是一种内在的心理状态，因此每个人的活动体验不可能千篇一律。此外,参照物不同,人们对体验的理解也会有所不同。还有一点需要说明的是,活动策划和设计本身不创造体验,而是起引导、促进或者限制作用。

五、前因和决策制定

"前因"即影响因素,包括所有影响个人和群体活动需求的因素,以及人们如何做出选择和决策。在研究"前因"时,可以参考很多学科理论。事实上,这些理论已经被应用到休闲和旅行消费行为的研究中。针对这个问题,本书第八章提供了从个人维度出发的研究框架,包括性格、需求和动机、个人和人际因素、期望和活动事业需求等因素。其中,不论是内在动机(与自由选择和休闲有关)还是外在动机(与工作和职责有关)都是重要的影响因素。

实际上,许多结构性、个人或人际因素制约着人们的活动参与。决策制定过程始于人们如何应对这些制约因素,快速突破制约因素的人能够更好地实现个人目标。此外,信息搜集、信息的使用、活动吸引力(拉动因素)、同类活动、忠诚度和猎奇等因素也会影响人们的活动参与决策。

除活动体验外,我们还应重视满意度、体验的意义以及个人发展和转变的可能性。这些因素和难忘的回忆一起,影响着未来的参与意向。高度参与到运动、艺术、某种生活或休闲方式中的人,会更加致力于活动的举办。这种参与承诺或由此产生的"活动事业"需求可能本来就与工作或业务有关。而活动设计者和市场营销人员对识别和迎合这种高度参与的需求有着极大的兴趣。

六、活动策划、设计和管理

活动是由包括许多利益相关者在内的组织,根据特定的目标,有意识地进行设计的活动。活动策划、设计和管理主要是活动管理的业务范畴,包括调动资源、转变流程、管理系统和专业化等内容。由于活动的结果导向(如利润、庆典、品牌化、政治效益和目的地营销),我们应从众多利益相关者的角度对其目标进行全面评估。

此外,活动策划、设计和管理也是活动旅游的重要内容。在旅游中,活动扮演着吸引旅游者、为目的地树立积极形象的角色,是活动旅游的蓝本和催化剂。同时,在树立"城市形象"(目的地营销的一部分)的问题上,活动也起着重要作用(Hall,2005:198)。

承接第六章关于活动体验和意义的内容,第七章专门对活动设计进行了讨论,而关于活动策划和管理的内容则放在了第九章。在依次讨论主要管理职能时,没有絮叨该"如何"管理,而是重点强调了每个管理职能中的主要话题、学科基础、独有的现象以及在活动中的应用。相应地,本书也提供了一些专门针对活动的研究案例。

七、结果和影响

从逻辑上说,"结果"既是一个过程的终点,也是起点。多数情况下,基于清晰的结果认知,当局和赞助商才会举办或者支持某项活动。具体来说,旅游部门从促进旅游发展的目标

出发,有选择地竞标、举办或者营销活动;赞助商根据其目标细分市场来决定活动营销策略;政府例行出台一些社会和文化政策,并助力活动部门实施这些政策。但活动的影响可能是无法预知和测算的,需要进行事后评估和说明。

第十章主要是关于活动带来的个人、社会、文化、经济和环境产出。并针对这些产出提出了一个概念框架,包括起因(理论上活动影响是如何产生的)、潜在效果(基于文献和理论推测出来的主要后果)和可能的应对措施(为达到既定结果,避免或改善消极因素的政策、策划和管理措施)。

此外,第十章还介绍了关于活动影响和评估方法的研究札记。在讨论正确的测量和评估技巧时,主要对样本来源和相关问题提出了建议。本章的最后,以如何进行活动评估收尾。

八、格局和过程

"格局和过程"的主题表明了活动研究体系广泛的环境影响和动态性,包括活动发展的时间过程、空间格局、政策和知识创造。通过引入历史、人文地理和未来学这三个学科,第四章对活动的起源和演变规律、时空分布的方式和原因,以及促使活动形成的文化、政治、科技和经济因素等问题进行了探讨。

政策是贯穿全书的一个话题,也是本书第十一章的主题。政策和活动相互影响。活动影响政策的制定,政策也是活动产生的重要因素。当下,包括资金和管理规范在内的政府政策对活动的影响与日俱增。许多活动的创造和推广是源于战略性政策考量,通常是经济性的,当然也包括文化和社会政策。由于规模和影响不断扩大,活动已成为政策制定者和政党无法忽视的存在。这一章还涵盖了从整体上看,活动政策应包括哪些内容,以及如何制定相关政策。

活动知识创造是第十二章的主要内容。关于活动研究、活动理论和活动管理的知识越丰富,我们就能在创造有意义的体验、制定有效政策、实现目标、营销活动和管理活动效果的道路上走得越远。为实现这些,对关于知识创造的知识的掌握必不可少。例如,知识和理论的本质是什么?哪些是恰当的方法论和技巧?如何开展活动研究等。在第十二章,我们提供了一个促进活动研究发展的研究议程,并为研究项目提供了一些具体建议。本书在最后回顾了全书所讨论的重要问题。

九、关于活动的理论

目前看来,单一的理论无法涵盖活动研究的主要内容,需要借助一整套相互关联的理论来解释关键问题。对适用于活动研究的理论观点加以综合、提炼,最终形成的交叉学科概念能够为活动研究提供充分的理论基础。但为实现以下目标,仍需要一个综合性的理论。

- 解释活动在人类社会和文化中的角色和重要程度(包括前因、意义和时空格局);
- 解释活动的演变,特别是活动形式及功能的发展(包括政策、战略和环境因素);

● 解释活动体验的影响机制，以及在个人、团体和社会层面，活动体验的意义（包括核心现象，活动策划、管理和设计，前因和结果）；

● 在建立因果关系的基础上，建议预测和控制活动的结果的方式（包括活动策划、政策和结果）。

为建立一个综合性的活动研究理论体系，本书将对众多相关理论和观点进行分析，并在最后一章对结论进行完整说明。例如，交换理论从经济和文化方面深刻解释了人类需要参与和创造活动的原因；"趋同模型"（最后一章）涉及了活动形式和功能合并的趋势，特别是那些服务于政治目的的大型活动；"深度休闲"和"社交世界"理论揭示了人们的休闲兴趣和活动之间的联系，而"活动旅游职业轨迹"则拓展了关于活动旅游的研究。

第三节　研究的发展

关于活动的思想从何而来？活动领域的开创性研究是什么？信息和想法的来源又是什么？这些都是值得探讨的话题。包括 Formica（1998）、Getz（2000b）和 Harris 等（2001）在内的学者已经对活动研究文献进行了综述性研究。Hede 等（2002,2003）回顾了 1990 年到 2002 年关于特殊事件的研究；Formica（1998）发现 20 世纪 70 年代关于活动管理和活动旅游的研究非常有限，只在《旅游研究纪事》（*Annals of Tourism Research*）和《旅行研究杂志》（*Journal of Travel Research*）中发现了四篇相关文章。在 Gunn（1979）里程碑式的著作《旅游策划》（*Tourism Planning*）一书中，尽管他曾一带而过地提到过"节庆和会议目的地"，但在作者看来，活动仍不是旅游系统的"吸引物"。

在 20 世纪 60 年代和 70 年代，休闲、旅游和娱乐业快速发展，相关的研究也层出不穷，但活动仍未被视作其中一个独立的研究部分。1974 年，Ritchie 和 Beliveau 在《旅行研究杂志》发表了一篇题为《如何通过"标志性事件"应对旅游需求的季节性？》的文章，研究对象是魁北克冬季狂欢节，这是第一篇专门研究活动旅游的文献。其中的一篇参考文献是关于 1962 年魁北克冬季狂欢节经济影响的研究，虽然这项研究并未出版，但也许是有记录的最早的关于活动经济影响的研究。事实上，早期的活动研究大多是关于活动经济影响的评估，代表是 Dealla Bitta 等（1977）对帆船节的研究，以及来自英国爱丁堡的 Vaughan（1979）的研究。不久前，爱丁堡大学成立了专门的旅游研究机构。

20 世纪 80 年代，作为一个研究话题，活动旅游的研究数量急剧增加。80 年代早期的两部代表性著作分别是 Gartner 和 Holecek（1983）对一年一度的旅游产业博览会经济影响的研究，以及 Ritchie（1984）关于标志性事件影响本质的研究。后者不论在引用次数还是在影响力方面都堪称研究经典。80 年代后期，Coopers 和 Lybrand 咨询集团（1989）对加拿大首都区（首都渥太华、加蒂诺市及其周边区域）多个节庆活动的观众和经济影响进行了大规模调查，Scotinform 公司（1991）也在爱丁堡作了类似的节庆调查。在调查范围和活动对比研究方面，它们都属于同类中的代表作。

Mill 和 Morrison（1985）在《旅游系统》（*The Tourism System*）一书中明确承认了活动的

作用。1985 年,受加拿大将要举办 1986 年温哥华世博会和 1988 年卡尔加里冬奥会的影响,旅游研究协会(TTRA)加拿大分会当年的大会主题是"国际活动:真正的旅游影响"。国际上,1987 年国际旅游科学专家学会(AIEST)大会出版了一部有影响力的大型活动研究合集。

在活动旅游研究方面,澳大利亚学者一直走在前沿。早前可持续旅游合作研究中心一直为相关研究项目提供经费支持(现已终止)。在 1988 年珀斯美洲杯帆船赛(America's Cup Defence,据查实际是 1987 年在弗里曼特尔举办)之前,人类与物理环境研究大会于 1987 年在澳大利亚举行,主题为"城市标志性事件的影响"。在这之后,Soutar 和 McLeod (1993)针对美洲杯帆船赛,对当地居民的感知进行了研究。

Burns 等(1986)对第一届阿德莱德大奖赛的影响进行了全面评估,这是同时期最有影响力的研究之一。20 世纪 80 年代末期,Symed 等(1989)出版了《标志性事件策划与评估》;Hall(1989)发表了关于标志性旅游事件定义和分析的文章,提出要更加关注这些活动的社会和文化影响。

1990 年是活动管理研究具有里程碑意义的一年。同年,Goldblatt 出版了《特殊事件:庆典的艺术和科学》一书。接着,Getz(1991)的《节庆、特殊事件和旅游》和 M. Hall(1992)的《标志性旅游事件》也陆续出版发行。20 世纪 90 年代早期,学术研究要早于活动教育。在那时,几乎没有院校设置活动管理或活动旅游专业和相关课程。继美国的乔治·华盛顿大学最早开设了活动管理课程后,Hawkins 和 Goldblatt(1955)在一篇文章中,强调了活动管理教育的重要性,并提出了在旅游专业课程中,活动的定位问题。

20 世纪 90 年代中后期是活动管理学术制度化进程飞速发展的时期,活动旅游和活动研究奖学金的设立也越来越适得其所。与旅游、接待和休闲研究相比,这一进程落后了 25~30 年。但可以肯定的是,通过应用相关学科理论和方法论、设置专门的活动课程,并将活动管理专业剥离出来,旅游、接待和休闲研究很大程度上为活动研究的发展奠定了基础。

1993 年,在高知特传播公司总裁 Bob Miranda 的支持下,Don Getz 和 Bruce Wicks 创立了《节庆管理与活动旅游》杂志(后更名为《活动管理》)。在第一期中,Uysal 等(1993)发表了题为《人们参加节庆和活动的原因分析》的文章,开启了活动研究中一个经久不衰的话题。另外,Wicks 和 Fesenmaier(1993)对活动服务质量进行了研究,Getz(1993a)对组织文化进行了探讨。次年,在收录的文献中,Bos(1994)对大型活动刺激旅游需求的重要性进行了分析,Crompton 和 McKay(1994)发表了测算活动经济影响的文章,为之后的活动影响研究打下了基础。此外,Crompton 还有许多研究贡献,包括由国家公园和娱乐协会于 1999 年出版的《体育赛事和特殊事件观众参与的经济影响测量》(*Measuring the Economic Impacts of Visitors to Sport Tournaments and Special Events*)一书。

受 2000 年悉尼夏季奥运会的影响,澳大利亚学术界发起了许多相关的研究项目。2000 年,Faulkner 等发表了一篇关于这场令人印象深刻的赛事的文章,随后一大批相关研究成果陆续涌现。

20 世纪 90 年代末,随着世纪更迭,世界范围内开展了无数庆祝活动,这无疑促进了活动的发展并提升了其旅游价值。在世纪之交,许多有价值的研究文章陆续发表,包括 Dwyer 等 (2000a,2000b)对活动影响评估的现状和方法分析。2009 年之前,尽管澳大利亚可持续旅游合作研究中心陆续出版了关于活动影响和影响模型的系列研究成果[以 Jago 和 Dwyer (2006)为代表],但 Dwyer 等的文章还是在一定程度上平息了关于活动研究需要做什么以及如何进行的争论。

起初,关于活动旅游影响的研究多是从经济角度出发,因此能够预见到为寻求研究的平衡,学者将会更加关注其他方面的影响。对活动社会和文化影响的研究可追溯到一些人类学研究中,如 Greenwood(1972)的研究,Ritchie(1984)的概念回顾,以及 Cunneen 和 Lynch (1988)对发生在一场体育赛事上的惯性骚乱,进行了值得一提的社会学分析。但可以说在 21 世纪头十年,活动综合影响研究的体系和理论基础才开始形成,这也引发了对可持续发展的讨论。

目前,随着不同专业门类的出现,活动研究成果的数量已非常可观,这或许能证明活动研究已经进入成熟阶段。但对那些由来已久的活动形式的研究不会停止(特别是体育赛事、商务活动和节庆),对奥运会、世博会等大型活动的研究仍将继续。新兴的研究话题有活动影响(环境、经济和社会文化影响)、政策、策划及活动管理等。

第四节　活动研究的主要分支

活动研究主要有三个分支,即基于学科的研究、活动旅游研究和活动管理研究。由于它们是三种不同的研究方向,活动研究对它们的整合至关重要。2010 年,盖茨发表了一篇关于节庆的文章,引用了 400 多篇文献,为这三个研究方向的整合提供了坚实的研究支撑。

一、基于学科的研究

目前,许多学科都可应用于活动领域,以解释活动在社会和文化生活中的角色、意义、重要性和影响。在对活动的研究中,这些学科采用了体现各自研究范式的方法和理论,也为活动研究提供了有价值的东西。值得注意的是,各学科甚至许多相关领域的研究焦点并不是活动,活动只是其众多研究现象中的一个,其目的并不在于发展活动理论。

在后面的章节中,本书梳理了基础学科及相关研究领域对活动研究的贡献。其中,最成熟的研究成果是基于文化人类学和社会学的,重要的研究话题有礼仪、仪式、象征和庆典等,我们称这些研究为"经典研究",并将这些概念和阈限、群体的概念一起应用到活动体验模型的构建中。

(一)活动旅游研究

活动旅游是活动研究中的应用领域,采用的是工具主义的研究方法,研究内容主要是旅游节庆和其他节庆的举办、营销,并着重强调营销和经济影响评估的方法。Getz(2008), Connell 和 Page(2009)对活动旅游相关的文献做了全面的综述研究。

活动在旅游中的作用有吸引旅游者（到特定的目的地和平衡目的地旅游淡旺季），促进目的地营销（包括树立目的地形象和品牌），增加旅游吸引力，以及催化其他产业的发展。目前主要研究包括对活动和活动旅游经济影响的评估，目的地层面活动旅游的策划和营销，活动旅游动机研究和市场细分。对节庆和节庆旅游消极影响的研究是最新兴起的研究话题。

一般来说，活动旅游市场可分为商务活动、赛事和节庆（包括一些文化庆典）。商务活动和赛事对设施设备的要求比较高，属于资本密集型的细分市场，一般是由会展局、赛事或旅游委员会等独立机构来举办。而世界各地的社区更乐于举办节庆活动，一定程度上是由于节庆的非资本密集性，可以在任何地方举行，并迎合了社区和旅游者对真实社会和文化体验的追求。

MICE 是会议（meetings）、奖励旅游（incentives）、大会（conventions）和展览会（exhibitions）的缩写（Schlentrich，2008），通常被视为一个"产业"，主要是指在会议或会展中心举行的商务活动。小型 MICE 场地可称为会议或集会场所，一般是在酒店、度假区等设施内。严格来看，奖励旅游并不属于活动。但企业优秀员工和金牌销售，也许会把这种以奖励为目的的旅游当作一次特殊事件。此外，奖励旅游中也会有派对、研讨会和展会等小型活动。

活动旅游的理论建设大量借鉴了经济学和消费行为学理论，但其知识基础多是纯"事实性"的（即发展活动旅游需要了解的知识）和问题解决型的（即如何吸引旅游者）。为了建设专门的活动理论，我们需要对"吸引力"的概念加以精炼，因为它不仅适用于不同的活动形式（即某类活动对特定细分市场的吸引力），还被应用到解决旅游需求的淡旺季问题和旅游的过度集中问题中。对于着迷于追求深度休闲的人士来说，这也关乎他们对活动旅游职业轨迹的看法。

（二）奥运旅游和大型活动旅游

大型活动具有特殊的吸引力，因此重大赛事活动特别是奥运会受到了普遍关注。基础的旅游议题相差无几，但在政策、资金和城市影响方面，大型活动与其他旅游形式截然不同。大型活动虽能吸引客流，但受门票数量的限制，只能允许有限数量的观众到场。而世博会由于规模大、时间长，因此能够吸引大批旅游者。作为宣传手段，大型活动对提高目的地形象的影响要远大于直接的旅游影响。

Preuss（2004）在《奥运经济学》（*The Economics of Staging the Olympics*）中对奥运会的旅游影响进行了分析，Weed（2008）在著作《奥运旅游》（*Olympic Tourism*）中，着重阐述了奥运旅游的本质，以及如何拓展奥运会的效益并使之持久化。

（三）活动旅游相关职业

相较于营销人才，现在目的地管理组织（DMO）和活动发展机构更加青睐活动旅游人才，他们对活动在目的地发展和营销中的角色有深入的了解。实际上，理想的活动人才应具有旅游、活动和营销的综合背景，但在目的地管理组织和活动发展机构内部，将逐渐呈现专业化分工的态势。表 1.1 列出了活动旅游相关的主要职位及其工作内容。

表 1.1 活动旅游相关职业

常见职业	工作内容
活动协调	协助实现目的地活动的旅游价值(提供资金、建议和营销) 联络会议中心、会展中心等场地 联络活动举办机构,如体育组织等
活动旅游统筹	创办专门的旅游活动 利益相关者管理(与众多合作伙伴一起)
活动旅游策划	提出目的地发展战略 通过产品开发和形象塑造/品牌化,对活动进行整合
活动旅游政策分析师和研究员	与政策制定者合作,促进活动旅游发展 活动旅游研究工作(如可行性分析、需求预测、影响评价和绩效评估)
活动投标师	活动竞标 与相关方建立良好关系,以赢得举办权 对潜在投标进行风险评估和可行性分析
活动服务提供商	为活动提供必要的服务(如交通、物流、住宿、场地预定、供应商联络等)

二、活动管理研究

尽管活动管理在实践中由来已久,但却是活动研究的几个分支中最后发展起来的。从学术角度出发,要使活动管理成为一个独立的研究领域,需要有明确的人才需求,并且获得专业人士和政策制定者的支持。作为活动管理研究和实践发展的先驱,Goldblatt 出版了多部活动管理著作,其中 1990 年出版的《特殊事件:庆典的艺术和科学》更是活动管理第一本重要的教科书。此外,还有 Getz(1991) 的《节庆、特殊事件和旅游》以及 M. Hall(1992) 的《标志性旅游事件》,它们都是活动管理的经典教材。

纵观活动管理的研究文献,不难发现有关的教育项目、著作和研究文章是在最近 20 年才出现的。参照相近领域发展的生命周期,特别是分别确立于 20 世纪 70 年代的休闲研究和 80 年代的旅游研究,能够推测,至少在未来十年内,活动管理的研究数量将会继续增长,地域范围也会不断扩大,继而达到峰值。最终,其发展状态会呈现为一条包含成熟和衰退阶段的扩散曲线。当然即便衰退,也不会出现研究终止或无关的情况。对于高校活动管理院系来说,如果想要有良好的发展,则需要在充分研究和理论发展的基础上,不断有新的研究进展,否则学生数量的减少将会导致这些院系的萎缩或消失。

当下,市面上已有许多活动管理的入门教材,其中不少已再版多次。新近作者主要有 Raj(2008)、Allen(2011)、Bowdin(2011)、Goldblatt(2011) 等。此外,还有许多适用于从业人员的实用书籍,例如 Judy Allen 丛书。

随着研究的发展，目前，活动管理研究多是将研究重点放在某一特定的管理部门，包括娱乐（Sonder，2003）、设计（Berridge，2007）、人力资源（Van der Wagen，2006；Baum等，2009）、风险（Tarlow，2002；Silvers，2008）、项目管理和物流（O'Toole和Mikolaitis，2002）、可行性（O'Toole，2011）、赞助（Skinner和Rukavina，2003；Matthews，2008）、运营（Tum等，2006）、营销（Hoyle，2002）、沟通（Masterman和Wood，2006），以及可持续发展和绿色运营（Raj和Musgrave，2009；Jones，2010）。

关于具体活动类型的管理书籍也陆续出版，如艺术节和文化节（Yeoman等，2004）、国际食品和红酒节（Hall和Sharples，2008）、赛事（Graham等，1995；Solomon，2002；Masterman，2004；Supovitz和Goldblatt，2004；Mallen和Adams，2008）、会议和大会（Fenich，2005；Rogers，2007；Allen，2008）、展览（Morrow，1997；Robbe，1999）和奥运会（Theodoraki，2007）等。

Page和Connell（2011）的《劳特利奇活动指南》（*The Routledge Handbook of Events*）是一本关于活动研究和理论发展现状的研究合集。关于这本书的更多信息，可参见本书第十二章中斯蒂芬·佩奇（Stephen Page）的"专家观点"部分。

活动管理知识体系（Event Management Body of Knowledge），缩写为EMBOK（Silver等，2006），是由活动从业人员和学者定义的一名合格的职业活动经理人所需的知识和技能。其中有5个主要的知识领域，即行政管理、设计、营销、运营和风险，每个知识领域下又有多个分支。这个体系的知识基础大多来自商业和管理学文献，例如管理学中通用的"营销组合"和"利益相关者管理"。而有些管理和问题解决技能没有相关的理论基础，但却是活动管理知识体系所强调的。EMBOK（活动管理知识体系）也对资格证书的授予和跨行业就业具有指导意义。它能够使学者了解一个完整的活动管理项目所包含的内容，但相关知识和技能的获取还是要诉诸实践。

三、活动管理和活动研究的相互关系

我认为活动管理教学需要掌握管理学基础（可从商学院习得，但通常也包含在活动管理、旅游或接待专业课程中）和活动研究的综合知识（见图1.3）。在这种教学模式中，一般是先学习管理学基本原理，然后才是专业课程。但现实中，学生和专业机构可能会希望先简单了解该专业的职业发展路径。我一直认为，活动管理的学习是通用的，这些知识可应用于所有的活动形式。

习惯上，人们认为专业化分工是向专业机构看齐的，包括专门举办会议、展览、节庆和赛事等活动的组织。但显然这种看法已经过时了。目前，活动相关的职业路径发展迅速，如政策与分析职位的出现。此外，民营企业、新的活动形式也需要相关的人才。还有在合办活动时，由全球化传播和社交媒体带来的大好机会。随着体验经济的发展，越来越多的细分市场（即社交圈或利益团体）也开始举办自己的活动并衍生了活动旅游相关职位。此外，活动专业化分工还与用人单位类型相关。场馆和公司、政府部门和非营利性协会，对活动角色的定位不尽相同，因此活动的专业分工也不同。但只要以一般的活动管理知识作为基础，活动的专业化分工就有无限的可能性。

表1.2列出了一些主要的活动管理职业路径、职位名称示例和相关的行业协会。目前，

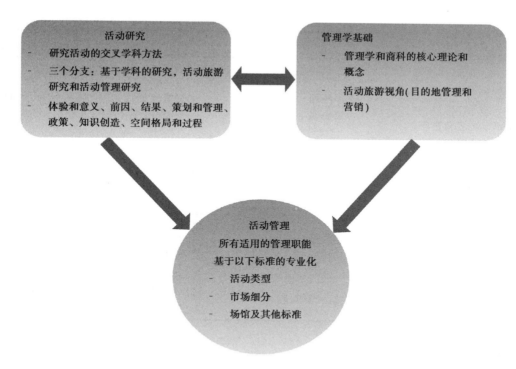

图 1.3　活动研究与活动管理的相互关系

许多国家都有国家级的行业协会,很多教育机构也颁发活动管理证书。Gene Columbus (2011)在《特殊事件行业从业指南》(*The Complete Guide to Careers in Special Events*)中为有抱负的活动专业人士提供了实践参考和许多相关信息。本书也将在第九章对活动职业理论和研究进行探讨。

表 1.2　活动管理相关职业

活动类型	职位名称(示例)	行业协会和证书(示例)
节庆和特殊事件 -公共、私营和非营利性部门 -社会和私营企业家	-统筹(节庆负责人) -设计师(通常是艺术设计) -经理(总经理或职能经理) -协调(多是城市层面)	-国际节庆和活动协会(IFEA):节庆和活动从业认证(CFEE) -国际特殊事件学会(ISES):特殊事件专业人士认证(CSEP)
会议和大会 -私营咨询公司 -公司 -协会 -政府机构 -提供会议服务和设施的场馆	-会议策划 -活动协调(在会议或展览设施内)	-会议产业委员会(CIC):会议专业人士认证(CMP) -国际会议专业人士协会(MPI):会议管理证书(CMP,CMM) -专业会议管理协会(PCMA):会议管理证书(CMP)
展览会(贸易展和消费展) -举办和设计展会的公司 -展览场馆工作人员	-展览策划 -展览设计	-国际展览与活动协会(IAEE):展览经理人认证(CEM)

续表

活动类型	职位名称(示例)	行业协会和证书(示例)
赛事 -专业团队工作人员 -业余联盟工作人员 -策划活动的私营企业 -场馆工作人员	-赛事经理 -赛事协调	-赛事执业认证（CSEE），仅对全国体育委员会协会成员开放
公司活动 -公司职员 -私人咨询	-公关经理 -活动策划	-一般的活动或会议管理
场所 -场地工作人员 -咨询	-场地经理 -活动协调	-国际场馆经理人协会（IAVM）：场馆执业认证（CFE）
博览会	-博览会经理，策划	-国际博览会和展览会协会（IAFE）：博览会执业认证（CFE）

第五节　作用力、发展趋势和研究话题

　　活动研究领域公认，在现代世界中，活动快速增长。是什么促成了这种现象？这种趋势会一直持续下去么？并且，这种快速增长又对单个活动以及整个活动部门造成了哪些影响？这些都是经久不衰的话题。如果能够了解潜在作用力、知晓发展趋势并对主要问题进行讨论，那我们就能对未来的发展胸有成竹。

　　表1.3从主要作用力着手，对这些话题进行了总结。

表1.3　活动相关的作用力、发展趋势和主要问题

作用力	发展趋势	主要问题
人口： -移民和迁移 -城市化，城市压力 -代际变迁	-对各种活动的需求增加 -城市和乡村认同、社会整合活动 -反映人口统计和迁移变化的活动	-活动能否缓解城市压力？能否将不同团体联合起来？ -节庆化受何限制？ -下一代对活动有何期许？
政治和法律： -城市/国家/全球稳定/动荡、抗议，暴动 -战争、恐怖主义 -影响旅行、文化、休闲和会展的政策	-活动越来越被视为公共政策工具；公民社会基础 -活动领域规范和职业化程度增加	-教育和培训；活动职业证书 -来自宣传某种意识形态的活动的威胁 -危险区域（对旅游者和居民来说）

续表

作用力	发展趋势	主要问题
经济： -财富两极分化 -全球化 -金融危机	-活动越来越被视为公司战略工具 -活动旅游呈上升趋势 -营利性质的活动增加	-商品化与真实性 -驱逐弱势群体 -由于政治和定价引发的精英主义
环境： -气候变化 -石油危机,再生能源 -水资源和食品短缺	-威胁休闲和旅行活动 -威胁繁荣与和平	-对可持续性的活动需求增加；活动是环境变化的社会营销工具 -活动旅游是否变得不再可能?
社会和文化： -价值观(支持变化还是维持现状) -多元文化与排外主义	-休闲和旅行受体验驱动 -活动形式和文化功能的多样化 -为达到社会融合的政策目标,倾向举办新的活动；活动与公民社会	-证实活动确实能够解决问题并且优化事物 -支持可持续性活动的人群和投资组合
科技： -全球化传播 -社交媒体 -引发和解决问题的其他潜在事物	-媒体活动呈增加趋势 -社交媒体影响活动设计和需求 -营销技术、物流技术和活动策划技术	-动态参与被静态观看取代的威胁 -虚拟和现实活动体验

一、作用力

为方便起见,力场分析通常以 PEST 分析模型切入,包括人口(Population,包括人口统计)、政治和法律(Politics 和 Law)、经济和环境(Economy 和 Environment)、社会和文化(Society 和 Culture,包括价值)以及科技(Technology)。一般情况下,这些作用力相互联系、相互作用。并且,发展或变革的推力和阻力之间常常相互制约。就目前来看,在活动领域,其推力要远大于阻力。另外,本文在未来研究趋势部分中也对相关话题进行了探讨。

【专家观点】

Goldblatt 教授对活动管理职业化和活动教育的发展做出了巨大贡献。

活动教育的未来

Joe Goldblatt 教授：英国皇家艺术协会(Fellow of the Royal Society of Arts,**缩写为 FRSA)会员,玛格丽特皇后大学国际活动研究中心主任**

作为一名教师,我已有近 25 年的活动管理教学经验,并在最近开始涉足活动研究。我坚信,在未来,活动必将贯穿整个课程体系。目前,能够代表活动研究的一个强有力事实是活动对人们个人生活和职业发展的影响是终身的。

2004 年雅典奥运会开幕式的策划人问我,为确保活动在未来的可持续发展,我们在培养哪些类型的学生。我告诉他在过去的 25 年间，我对活动高等教育的课程目标和效果的期望有了怎样的变化。

教学初时，我的目标是为超级碗中场秀这样的大型活动或标志性事件培养活动策划人。但慢慢地，我认识到更为重要的是回归公共教育的出发点，要培养能够致力于并准备时刻奉献社会的健全市民。这种健全性一部分体现在能够在本土、地区和全国层面上明白活动的意义，并且支持这些活动。

人的一生中，有无数次机会去参加、投资、支持、参与甚至策划活动。不论是成为本地政府官员、公司决策者还是活动策划人员，都有许多机会支持或发展活动。最好的高等院校将会认识到这一事实，为人们提供探索活动研究的机会，并将其贯穿在一般的研究课程中。

正如多年前的旅游研究一样，活动研究作为一个新兴领域，是建立在诸如人类学、心理学、社会学等成熟学科的经典理论之上。例如，我最近撰写的一篇"活动学"文章就与数学中概率论的内容有关。也许某天，我们仅通过一个科学模型，就能够预测活动的效果；或者仅通过改变几个独立变量，就能够促进活动的可持续发展。

诚然，在当代一流高等学府的课程设置中，活动和活动研究有相当的潜力。活动对日常生活有很大的影响，如果能够认识到这一点，不论是平流缓进还是一蹴而就，我们也许能够用活动来改变目前或未来所生活的环境。

也许在不久的将来，公共机构和私人赞助商会认为，支持活动不仅能产生经济效益，而且能够对健康、社会凝聚力、教育和环境可持续发展带来积极的影响。因此，对于高等院校及其教师、学生来说，需要认识到活动研究是社会变革的一个机遇。

著名的人类学家 Margaret 博士曾说过，"永远不要怀疑一小部分有思想并且执着努力的公民能改变世界。实际上，这是唯一已经被证实的事实"。通过深刻认识到活动研究和活动在社会中的巨大潜力，这个世界也许能够被改造的越来越好。因此，是时候推动活动管理教育向更高的层次发展了。此外，还应认识到，相对于培养大型活动策划人的目标来说，活动教育更重要的是要培养一群了解活动的社会价值，有思想并且执着努力的公民。

（一）人口

世界人口快速增长，一方面刺激了对活动的需求，另一方面又对地球资源造成了持续的压力，如食物和水资源短缺、能源如矿物燃料的匮乏等。全球气候变化也引发了可持续发展的问题，预计将导致大规模的人口迁移和全球经济危机。以上是目前人们关心的重点，最终也将为世界的发展带来多方面的影响。

在研究活动时，还应特别考虑人口和人口统计因素。首先是大规模的人口迁移及其社会和文化影响。许多一元化的社会已然变成不断变化的多元文化社会。这种多元化常给社会带来沉重负担，但同时也能使生活变得丰富多彩。目前，城市规模不断扩大，结构也变得更加复杂,世界大多数人口,特别是迁移人口都生活在城市中。而城市生活却是造成环境压力和健康问题的根源之一。在世界许多地方,农村人口持续下降。而在另一些地区,由于生活方式随之迁移、旅游和第二故乡的影响,城市和乡村生活之间的界限变得越来越模糊。在这种情况下,能将人们聚集起来,并且提供个人、团体和地区认同的活动,就变得尤为重要。

目前,在活动研究中,关于代际差异、价值观和偏好变化过程的研究,几乎是空白。为深入了解这一问题,只能借助休闲和旅游研究。但毫无疑问,相比战后婴儿潮出生的一代人,年轻一代将会迎来更多严峻的挑战,当然也会有许多机遇。科技的发展日新月异,很难全面了解它对人们社会生活、工作和休闲习惯及偏好的影响。此外,运动和室外活动量的不断减少,以及由此带来的不健康生活方式是另一个重要的时代问题。

(二)政治和法律

尽管世界在重大冲突方面相对稳定,但小的纷争、恐怖主义和社会骚乱不断出现,影响着旅游特别是活动旅游的发展。大会、竞赛和节庆活动能够被轻而易举地取消。对一些寻求恢复秩序和避免骚乱的政府来说,公共集会常被视为一种威胁。但无论是何种形式的破坏,政治性的骚乱抑或是全球性的新型流感(如猪流感),其影响都是区域性的。长远来看,全球旅游增长终会复苏。此外,政府颁布的相关政策和规定对旅行、文化、休闲和活动产生了更加具体的影响。这些政策和规定因国家而异,并在过去的50年,推动了休闲、消费主义、旅游和活动的发展。

活动领域越来越多的规范和不断提高的专业化水平,标志着高等教育的地位日益重要。为使活动能够获得举办许可和保险,专业人士和企业不可避免地需要取得相关执照。从安全和健康的角度出发,以及为确保企业和政府部门能够实现特定目标,对专业人士的教育、终身学习和事无巨细的培训必不可少。

(三)经济和全球化的推动

众所周知,经济衰退会导致活动需求量的减少。但这种周期性的现象并不会阻碍旅游和活动的长期增长。尽管有多个不同的定义,但普遍来说,全球化是指一系列促进经济和文化大融合的因素的集合,其中全球通信、交通发展、现金流、移民和自由贸易等是主要构成因素。不论是实际情况还是人们的感知,世界正变得越来越小,人与人之间的距离越来越近,人们的生活联系也越来越紧密。我们都是彼此联系的,全球性的甚至是分布广泛的小型活动使人们对这一点的认识越发深刻。

在探讨全球化和赛事旅游时,Higham 和 Hinch(2009:18)提到,全球化的首要特征是不断缩短的时间和空间距离。其次是事物之间相互依赖的程度不断增加,但全球化带来的成本和效益也存在明显的不均。世界杯和奥运会等"景观化"的大型体育赛事诠释了全球化的以上特点。在全球范围内,体育赛事爱好者可以轻而易举地到达赛事地点,但他们偏向经济高度发达且拥有现代交通的地区。而且不管是比赛队伍还是赛事爱好者,他们的流动性都较以往更强。同时,Higham 和 Hinch(2009:26)也指出,作为一种大众文化,体育运动无处不在；而作为一种地域文化，体育运动也蕴含着深刻的含义。

全球化对活动有许多潜在的影响。大众化的全球通信使得自由联通成为可能，即时通信的发展使人们既可以虚拟交流也可以面对面地进行沟通，旅游使越来越多的人能够参与到节庆和活动中去。但同时旅游标准化的趋势也越发明显，如为旅游服务的"全球组织"和企业间"实时通信"的存在，这种标准化威胁着当地管理和本土真实性。移民和商务旅游人士的大规模移动，促进着不同思想的传播。移民社群也希望通过节庆和活动来保持和重塑其文化根基。

在许多人看来，全球化是有益的，或者说是难以避免的，但还有一部分人对全球化是持反对和抵制态度的。在国际性的政治会议中，总能见到一些反全球化的抗议人士。他们担心全球化进程会导致财富不断向富裕国家聚集，以及消除贫困的国际行动的失败。人们用一个组合词"全球本土化"来描述在全球化系统中本土文化被留存（同样适用于活动）的过程，但这种"全球本土化"多半是人们的痴心妄想吗？还是终会实现呢？

总之，全球化有助于理解活动数量的快速增长，是贸易和旅行的增加、更简易的通信以及大规模迁移共同作用的结果。各式思想和理念也在全球化的作用下迅速传播。在世界各地，国家之间、城市之间在不断竞争，企业在不断推动其品牌的发展，几乎一切事物都可被出售。但这种观念也造成了一个严重的问题，即商品化的加剧。

（四）环境

当下，全球气候变化已然是一个热门话题。沿海洪水、更加恶劣的天气、水资源和食品短缺、政治动荡和大规模人口迁移等都是气候变化带来的结果。加之石油峰值论（即石油产量达到最高点后，产出会呈下降趋势，并由此引发石油价格上涨）的影响，人们很容易对地球未来的发展持消极态度，更不用说旅游和活动了。而与这种消极预期相反的是，有人认为，随着科技的发展，特别是再生能源的使用，有可能避免最坏情况的发生。可是，目前气候变化的影响已经显现，政府和行业却应对迟缓。所以，当我们在寻求活动的未来和可持续发展时，这些都是需要考虑的因素。

（五）社会和文化

消费模式和政治剧变反映着价值观的更迭。基于不断变化的人口结构（包括下一代的需求）、移民（如从亚洲到西方国家）和更加多元化、知识化、联系更紧密的社会，某些价值观的变化是可以预见的。理想模式下，价值观的改变会带来一个高度融合性、更加健康和具有创造性的新社会。然而，我们也能预见公众和政府针对种族和宗教融合、经济下滑、食品和水资源短缺及环境问题的主要反应。但具体会采取哪些政治和经济措施，却是很难预料的，而且这些措施会因国家和城市而异。因此，我们需要密切关注能够证明是主要发展趋势的信息。

（六）科技

即时通信和全球通信的发展为活动带来了无限的可能。我们也将在下文中详细探讨社交媒体的发展趋势。许多疑难问题,如健康、安全、食品和水资源供应、碳储量等,也许能够随着科技的进步被逐一解决。但对于阻止最坏情况的发生,即可预见的气候变化带来的影响,是否为时已晚呢?

二、主要发展趋势

大的发展趋势很容易辨别,在网络、出版社、咨询公司和政府中,就有很多的"趋势观察家"。从最开始,观察发展趋势的真正意义就在于阻止某些事情的发生或利用新的机会。下文提到的发展趋势是毫无疑问的,但其中还有许多可能性需要进行识别和关注。请读者考虑以下发展趋势是如何反映其背后的主要动因的。

(一)节庆和活动持续增长

活动在世界范围内不断增加和扩大,但却无法对其进行全面量化。事实上,多数国家并没有对节庆或活动的数量和增长趋势进行统计。Long 等(2004:1)指出,近年来,世界上节庆和活动的数量明显增加,但却很难考量其确切数量。作为利兹城市大学旅游和文化变革研究中心的成员,Long 等(2004:1)给出了几点节庆增长和扩展的原因。他们认为(2004:1):

> 在许多情况下,国际旅游作为广义全球化概念的一个重要部分,将原本规模相对较小、多吸引本土观众参与的定期节庆活动,转变成具有全球吸引力的活动,既面向旅游者,也通过其他媒介进行传播。

节庆活动的持续增长,部分源于人们越来越希望借此重塑本土文化或社区认同,从而消除由于全球化引发的文化断层感。但这种愿景未必会被清晰地表述出来。(Manning,1983;Boissevain,1996;De Bres 和 Davis,2001;Quinn,2003)。

反之,许多节庆活动本身就是全球化和移民化的文化和身份的象征,例如嘉年华和祭典。此外,由于组织者、媒体和旅游营销机构的推动,这些节庆的影响力正逐步走出"主办地"的范围,成为"全球性的节庆主题"。

【研究札记】

节庆的增长

在许多国家,节庆的数量、规模和举办频率都有所增加。这篇文章介绍了"为改善城市形象,促进城市经济、文化发展,丰富居民生活,提升旅游吸引力和吸引投资,土耳其的大小城市正大力发展节庆和活动"。作者在文中指出,目前每年有超过 1 350 场节庆和活动在土耳其举办。

Yolal, M, Cetinet, F., andUysal, M. An examination of festival motivation and perceived benefits relationship: Eskisehir International Festival[J]. Journal of Convention and Event Tourism,2009,10(4):276-291.

（二）娱乐产业继续增长

Stein 和 Evans（2009）在探讨娱乐产业时,如是评价:"美国人现在痴迷于各种各样的娱乐和庆典活动"（2009:11）。在各种媒介的推动下,这似乎已成为一种全球化的现象。其中的一个后果就是市场达到饱和。"我们周围充斥着各式各样的娱乐活动。因此,当一个细分市场增长时,势必造成另一个市场份额的下降"（2009:1）。同时,作者也指出,活动策划是娱乐产业中有利可图的行业,是那些以细节取胜的人的理想职业选择（2009:279）。

（三）企业家精神和节庆"产业"

私人节庆公司和职业活动经理人的存在,使按照某种标准"定制"的活动成为可能。当下,如果资金充足的话,节庆或者庆典活动可以被组合完成,即可以按需生产或购买节庆的各组成部分。因此,成功的活动主办方可以继续举办更多的活动。

顾客体验过的活动越多,对活动标准和质量的要求就会越高,毋庸置疑他们也会要求更为独特的体验。节庆活动可以达到这些要求,但种类一定会受限。并且在节庆的生命周期中,能够保持新鲜感的时间也可能是有限的。

除了私营部门,"社会企业家"也出于某种原因（或许对于他们来说很有趣）举办非营利性质的节庆活动。尽管我们无法得知这些社会企业家的身份或者工作,但他们对节庆活动的发展却是至关重要的。假如社会企业家选择以利益为导向,那么在申请政府支持或补助方面他们会毫无优势,然而还是有大批志愿者愿意参与到他们举办的节庆活动中来。即便如此,这也不代表那些寻求利益的企业家必须在界限分明的利基市场活动,虽然这些市场中公共程度最低,非营利性竞争也不激烈。

（四）体验经济和体验的共同创造

当下,体验经济不断发展,后现代的消费者见多识广,他们追求的是别具一格、充满个性且难以忘怀的体验,因而对娱乐、旅游、接待和活动等部门提出了很高的要求。此外,由于追求各式各样的"深度"生活或休闲方式,许多资深参与人士将大量的资金投入到旅行和活动中,希望借助这些实现自我发展甚至是自我转变。他们需要个性化的体验并期望能够参与到体验创造的过程中去。鉴于此,活动举办者需要将自己的角色定位为体验设计师和体验的共同创造者。

Prahalad 和 Ramaswamy（2004）提倡一种借助于共同价值观的战略性体验创造方法,使顾客能够在个人成长中共同创造体验。共同创造是通过允许顾客塑造满足其需求的体验,使企业（活动）和顾客（或潜在顾客）分享价值创造的过程。这和消费单一产品,完全由活动举办者塑造体验的观念完全相反。同时,共同创造承认个人体验总是千差万别的,且顾客越来越希望获得的体验能够异于他人。

那么对于活动来说,这种新的观念是否可行呢？在某些情况下,可通过"解放"或"授权",将活动的设计变得适宜共同创造。还有一些情况,如需凭票入座的戏剧表演,这种活动的形式是固定的,消费者的参与受到严格限制。但在活动之外,可通过社交媒体讨论应将何种元素加入到活动中去,以创造一些相关的体验活动。在活动管理前沿,体验设计师正在构想能够允许自由体验的新型活动。但更为重要的是,社交界的成员以及不计其数的利益团体,也正在创造自身的活动。

(五)超大型和大型活动

Horne(2006)认为大型活动的扩张和增长有三个主要原因:卫星和其他通信技术使观众范围扩展至全球,不断增加的企业赞助,以及展示城市和国家形象的目的地营销。Preuss(2009)认为,对于主办城市来说,大型赛事成本高昂,还需要得到上级政府的许可。他也提到(2009:132)"超大型活动需要超高配置的基础设施,但却并不适合城市的长期发展,随着活动数量增加,必然会为主办城市带来麻烦。"在许多因素的作用下,赛事活动规模不断扩大,这些因素包括媒体报道的全球化、全球赞助,活动参与需求增加,合理的目的地营销,以及经济和城市发展等。事实上,就赛事本身来说,小规模的运作就已足够,但它们不再可能仅作为赛事活动而存在。

(六)政策工具主义和节庆化

公共政策制定者会出于两种目的举办或者开发活动,一种是公民社会和社会文化政策,另一种是旅游和目的地营销。在"公民社会"中,活动扮演着非常重要的角色。由于"公民社会"有多种内涵,故在使用上时有混淆。其定义包括如下几种:

● 公民社会是自发组成一个正常运转的社会的基础公民、社会组织机构的总和,反对以武力作为后盾的国家结构(不管其政治制度如何)和商业化的市场组织。

● 公民社会是指围绕共同利益、目的和价值观的自发集体行为的发生地。

● 公民社会是为解决个人和社会问题,个人之间、个人与公共权力机构能够通力合作的社会。对于那些无法通过经济和政治方式代表自己的利益团体,公民社会确保他们能够发出自己的声音。

基于以上三种定义,我们可以认为,活动既是公民社会的机构(至少是公共性和公益性的),也是公民社会的工具。为了反映或宣扬特定价值观念(即社会营销),培养志愿传统并多方面促进社区发展,那些希望强化公民社会的政府(或是由于相信这种民主形式,或是为特定的"公共产品"转移责任)会创造和支持相应的活动。许多有共同价值观的组织,也会为了自身利益举办活动。在大多数情况下,其意义是积极向上的。由于节庆和活动被普遍作为公共政策工具,一些学者称这种过程为"节庆化"。然而,仍有许多内涵尚待挖掘。据Richards(2007),"节庆化"(Festivalization)这个术语是最近才在研究当中出现的。它是从两位德国作者——Häussermann 和 Siebel(1993)的著作中翻译而来,主要用于城市政策或政治的节庆化。大概是由于他们曾提到,城市为争夺文化消费者,会针对不同的目标市场举办或支持节庆活动,最终这些城市变得节庆化了(德语表述为 Festivalisierung)。

在其著作的一个章节"社会的节庆化还是节庆的社会化——以加泰罗尼亚为例"中,Richards(2007:282)如是说道:

在分析城市政策和文化趋势的人士当中,节庆化的概念是被广泛接受的

（Häussermann 和 Siebel，1993）。本章提出，作为城市营销的手段，举办有代表性的节庆活动和大型活动被越来越多地采用。另外，我也将证明，节庆化不但能被用于城市营销，而且它正日益成为城市文化中新的政策范例。

在探讨活动和媒体时，Frank 和 Roth（2002）将焦点放在了形成重要活动公共话语的影响因素上。其中，政治和文化方面的影响最大，这使得作者认为"在城市政治的节庆化过程中，非国家行为体占据了重要地位"。而 Long 等（2004:8）在提到城市政策的节庆化时，这样说道，"街景美化是城市规划、建筑和设计进程的组成部分。随着人们认为文化节庆能够提升街道景观的美感，城市发展政策也正在变得'节庆化'"。在讨论广告和产品品牌发展的节庆化时，Long 等（2004:3）又提出，看来所有的事物都是可以被节庆化的。城市空间甚至整座城市的节庆化或许是一种活动旅游和目的地营销战略，在《摩洛哥城市空间的节庆化》一文中，Belghazi（2006）对此进行了讨论：

> 在提到节庆化时，有种普遍消极的认知，好像节庆化进程是不可取的，或至少是存在风险的。按照这种看法，它是和"商品化"的说法相联系的。而"商品化"常被看作一个贬义词，用来描述出于旅游或其他商业目的而开发节庆活动，导致其失去文化真实性的过程。这种针对节庆的批评似乎是始于 Greenwood（1972,1989）的民族志研究。

对 Richards（2007）来说，节庆化意味着商品化，以及在地方、全国乃至全球范围内的失控。他也在不断地强调，节庆是为社区的社会化而生，而非为了旅游和经济发展。

（七）社交媒体和社交网络

尽管通信和娱乐技术快速发展，但真正令所有人瞩目的是社交媒体的使用。在公民运动的背景下，它们在创造或促进新的活动中扮演了重要角色。而且作为社交网络工具，社交媒体也将深度休闲、社交世界、亚文化和与之相契合的活动联系了起来。大众传播（即面向一般"观众"的大众媒体，如电视、电台、报纸和杂志）和分众传播（使用同种传播媒介，将受众定位成不同的细分市场）的时代已然过去，当下，用户可以随心所欲地创造和使用自己的全球网络，并成为内容的生产者。

社交媒体的基础是数字通信设备和网络（即移动设备的商业网络融合，或至少也能够连接因特网），以及自发形成的组织。组织内部可以共享信息，成员之间也有互动。社交媒体和网络正以惊人的速度变化，未来的发展状况难以预料。虽然在活动营销中，社交媒体和网络已被广泛使用，但未来在活动领域如何应用它们，仍是个未知数。

社交媒体有何作用？请认真思考以下特点，可单独来看，也可将这些特点进行组合。

- 包括虚拟活动（如会议）和活动网络直播（如实时观看比赛）在内的全球即时通信；
- 将活动营销至目标在线群体（需要数据库支持或能够连接到潜在用户的网络）；
- 使出版物更加便捷和廉价（如活动广告和内容）；
- 使人人成为记者，例如将活动体验广而告之；
- 将分享范围无限扩大（如关于活动的文章、观点、照片、简介、音乐和视频等）；

- 研究人员、活动经理人、公共部门、机构和企业之间的实时合作(以融入支持网络中);
- 随时随地地讨论和发表言论(策划和评估活动,共同创造体验,报道活动"新闻");
- 形成关于活动的社交网络或团体,或引发活动相关的旅行;找到有相同兴趣爱好的人;体验虚拟社交活动;
- 娱乐消遣(游戏会取代现场活动体验吗);
- 购物(购票或旅行套餐)。

社交网络的影响还有很多。各种组织和政府再也无法完全控制信息、言论甚至新闻报道的传播。企业已经认识到创建和管理品牌已不是它们的专利,人人都能有自己的观点和潜在观众。此外,为促进参与和增加满意度,人们可在活动的任一阶段交流体验。在现实和虚拟的社交世界中,新的细分市场随时都在形成,并为与在线群体一起创造活动提供了可能。

三、研究话题

(一)商品化

是否如 Debord(1983)所说,现实中一切事物都被商品化了,朝着商业化和牟利的方向发展? 人们是否已放弃了真实体验,转而青睐娱乐和景观呢? 这种现象倒是经常发生,且令人担忧。基于马克思主义的传统,这位法国哲学家认为,文化已变成了"巨大的图像堆积"和从原始体验剥离出来的商业碎片。这种消极的现实观认为,人们被迫拒绝节庆或庆典这种真实、生动的体验,不得不接受景观的狂轰滥炸,那些我们只能被动地观看而无法真正体验的事物。

(二)景观的潜在主导地位

景观存在于事物被观察的视觉领域,但范围比生命更加宽泛,如若不是多姿多彩、激动人心且十分新颖,人们就会将它归为平淡无奇的类别。人们很容易被景观吸引,不然早就厌倦了烟花、绚丽的灯光、游行和奇装异服。大体上,景观是娱乐的本质,更是活动项目的实质内容。

通过应用 Guy Debord 的景观理论和 Henri Lefebvre 的研究成果(如 1991 年出版的《空间的产生》),Gotham(2005)以新奥尔良的城市节庆为背景对景观进行研究,探讨了几个相互矛盾的庆典意义。利益相关者通过举办节庆活动来吸引旅游者,增强社区力量或散布不满。在 Debord 看来,如果节庆活动被视为景观,那么它就仅是商业化的一种表现形式,与作为参与体验的节庆或者狂欢节正好相反。人类学家 John MacAloon(1984)认为,节庆是能够使人们团结合作、成就非凡的愉悦庆典,而景观只是能够激起人们惊奇和敬畏感的浮夸表象。

MacAloon(1984:242)强调,在奥运会的诸多文化表现形式中,一般是景观和比赛先出现,继而才是节庆和仪式。根据他的"景观理论",景观不仅仅是可视的事物,而且也蕴含着象征意义。景观一定是宏大的、引人注目的。所有的景观都有演员和观众,观众为看到的景

观感到兴奋或为之动容。事实上，奥运会一定要亲临现场观看才行，因为这整个体验的广度和强度是无法通过观看电视获得的。主办城市也会因此发生变化，变得生气勃勃。仪式是必须进行的，景观则是可选择的。外地人或不知情的观众也许会将仪式误认为是景观，或忽视其中蕴藏的文化内涵。与节庆不同，景观不需要一种特定的庆祝气氛和固有的"特别仪式"。但 MacAloon 也对景观提出了质疑，因为它们看起来越来越没有营养，甚至成为了"道德杂音"。

尽管人们认为奥运会也是一种节庆，但 MacAloon（1984：250）却表示节庆和景观是截然相反的。不过，这二者还有一个共同特征，它们都是文化表现形式的一部分，并通过同样的时空定位、表现题材、情感风格、意识形态表达社会功能，将象征行为的不同形式融合成了一个全新的整体。

这样说来，奥运会也体现着仪式，而且是表现阈限、正强化（即胜利和奖牌）、结束和再次聚集含义的传统仪式，即开幕式和闭幕式。通过引入 van Gennep 和 Turner 的观点，MacAloon（1984：253）表明，可将奥运会中成千上万的观众和他们所占据的空间，视作一个独特的自发社群。

在结束部分，MacAloon（1984：268）总结到，景观对仪式、节庆和比赛有消极的影响。不同于这些文化表现形式，景观只在于观看，而无法使人们聚集起来成为一个群体。另一方面，在崇尚个人主义的社会中，为避免被质疑，景观还是能营造出一种节庆或仪式化的环境。

Rockwell 和 Mau（2006）介绍了景观的力量和被纳粹滥用的历史，以及法西斯墨索里尼通过复兴传统比赛节庆来操控民族主义。这么说来，当代活动是否也会出于政治目的或利益来操纵人民意志呢？

（三）投标和举办大型活动的高额成本

投标和举办大型活动引发了许多话题，尤其是与投入大量资源相联系的机会成本问题。可以说资源都被大型活动消费掉了，几乎没有考虑社会可以用这些财力和人力做些其他的事情。通常，我们只能得到含糊不清的利益承诺，如旅游收益、未来的活动潜力，或是由举办大型活动带来的赛事和房地产业的发展。通常，由于收益不明和成本攀升，活动后的说明报告要么没有，要么不可信。

（四）是否会被虚拟活动替代？

其实，人们常说的"虚拟活动"只是一种在线和远程通信形式，包括电话会议、赛事或娱乐活动的在线播放等。活动本质上是具有社交性的，人们只会在无法到场时才转向"虚拟"世界。直播和互联网络能够提升活动的影响力；为了节约旅行精力，许多会议也可以通过远程方式开展。面对面进行的活动业务还是有巨大优势，否则展览会这种活动形式在很久以前就消亡了。

事实虽是如此，但仍有例外。对于在电视上（或个人通信设备上）观看赛事和去比赛现场两种情况，一些人倾向于前一种，因为远程体验更廉价，也更容易看清比赛细节，还有额外的评论和信息。而对于娱乐和商业活动，人们还是更倾向于现场参与。

【研究札记】

科　技

Loche 提出,信息和通信技术的进步对世界各地 MICE 领域的发展有重大影响。在企业中,虚拟会议、网络直播、播客、电话会议、视频会议、远程学习、博客和交互式多媒体的使用已日益普遍。她在文献综述中表明,由于通信和信息处理软件的使用(如在线注册),活动的准备时间已大大缩短。不仅场馆要有高标准的技术配备,技术也被用来改善参与体验,例如提升演讲嘉宾和观众之间的互动性。Loche 也探讨了虚拟会议,并指出,一些观察员相信科技正改变着人们的交流方式。而另外一种观点认为,技术只是传统线下活动的补充。

Loche, M. A framework for conducting a situational analysis of the meetings, incentives, conventions, and exhibitors sector［J］. Journal of Convention and Event Tourism, 2010, 11(3):209-233.

虚拟活动

作者对包括经济衰退在内的趋势进行了探讨,这些趋势导致了人们对应对商业信息挑战的技术解决方案的兴趣大大增加。通过调查人们对虚拟现实应用程序的认识、接受和使用情况,作者发现:虚拟会议和特殊事件是一种创新且可行的方式,能够快速有效地达成组织目标。在早期阶段,看起来会议、奖励旅游、大会和展览业中对虚拟现实技术的使用前景一片光明,但更大范围的使用仍任重道远。

Pearlman, D., and Gates, N. Hosting business meetings and special events in virtual worlds: A fad or the future?［J］. Journal of Convention and Event Tourism, 2010, (11):247-265.

(五)可持续发展

从现在至未来可预见的一段时间,一些潜在的作用力仍将继续促进活动的繁荣发展。但也存在一些限制因素或者威胁,终将抑制活动产业特别是活动旅游的发展。至于这种情况何时发生,以及将以什么样的形式出现,仍是未知数。但在本书的最后一章,我为大家呈现了一种未来的设想,这种设想是基于旅游产业的经验,有助于预测全球环境和经济发生剧烈和永久性的变化时,活动将会受到何种影响。

可持续发展是一个宽泛的概念,本书有多个相关话题贯穿其中,例如绿色运营、生态足迹和碳含量、活动旅游的未来发展、制度化、经济活力、管理能力、人口生态学、投资组合管理、成本和遗产等。然而,就算是基于利益相关者对活动目标和影响的不同看法,将以上这些话题整合起来,也不太可能清晰完整地测量可持续发展。

【专家观点】

俗语说，兼听则明。特别是关于趋势和未来发展的话题，多听取意见总归是明智的选择。Martin Robertson 对活动发展趋势进行了研究，以下是他的观点。参考文献请见延伸阅读 Robertson 和 Frew（2007）。

活动发展的趋势和未来

活动的未来发展比很多人想象的要更为明晰，对活动的需求不会减少，供给也会增加。在某种程度上，活动已经成为一个成熟的产业，因此为确保长期发展，职业化和职业认证至关重要。对参与者来说（如主办方、供应商、经理人和服务商），活动市场竞争日趋激烈，他们的风险规避和法律意识也有可能更强烈。在这种情况下，供应商的数量将会不可避免地减少，影响活动效果和评估的变量也会简化。因此，未来可能有两种活动形式会主导市场。一种是面向大众市场，举办间隔时间长、规模宏伟、开支巨大的活动；另一种则是定位特定目标市场的小型活动。此外，随着世界经济的波动，以及过去欠发达地区中产阶级的崛起，活动产业的国际化程度越来越高。这为我们理解和拓展新的活动市场提供了机遇。

Martin Robertson，澳大利亚维多利亚大学国际商学院

伦理观和国际主义

随着新兴国际市场对活动的供求增加，活动经理人（以及能够影响他们的利益相关者）将会接触到新的伦理观和社会文化价值观。在这个变革的时代，金砖国家将会成为世界的主角，未来会有更多的国家（特别是亚洲和亚太地区的国家）进入活动市场。由于每个国家都有独特的文化价值观，因此市场需求可能会各有不同。相应地，针对不同的市场，活动服务和产品设计也要有所区别。

然而，仅有跨文化和跨国度的价值观远远不够。随着金砖国家（以及与之有经济往来的国家）经济实力的提高，中产阶级数量增多，对产品和服务质量的要求也随之增强。这对活动产业来说，既是机遇也是挑战。

越来越多的活动经理人（以及能够影响他们的利益相关者）会受到伦理观和国际性社会文化价值观的洗礼。由于中产阶级数量增加，亚洲和亚太地区的活动市场规模不断扩大。活动服务商和活动旅游市场的发展，带来了市场力量和生产需求的难题。进入活动市场的国家众多，文化价值观千差万别，也有不同市场需求，因此要有针对性地提供活动服务和产品设计。

科 技

科技的使用将深化活动体验，并促成活动管理方式的转变。支持团体和个人对活动科技的互动和参与（包括社交媒体、网络、互动软件和硬件等形式），定会对新的活动用户（观众、代表团或参与者）有利。新的视频会议、虚拟和加强版拟真技术的应用，将有利于增加缺乏时间市场群体的参与度。对于占用了大量空间和资

源的活动,这些技术也有助于消除它们可能造成的消极环境和社会影响。虚拟活动和实时视频可通过相关设备进行传递,它们不仅不会取代活动参与,反而会作为补充,为活动锦上添花。而且由于参与者已经形成预期,这些技术的使用对活动的成功举办至关重要。

适用于活动经理人和消费者的技术急剧增长,对活动领域的许多部门来说,这意味着成本的增加,或许将使他们难以负担。因此,对现存场馆(如会议中心)资源和专业服务的需求和依赖程度会相应上升。视听技术人员已成为活动策划、管理和供给不可或缺的一部分。但不管是在活动领域还是在其他部门,技术条件和技术能力的快速更新,将使相关服务成本上升的可能性大大增加。

活动的策划、论证和战略构想

博物馆的策展方式发生了巨大变化,在不远的将来,与之相关的技能将决定许多活动组织的成败,这意味着对管理活动所需的才能和精确性的要求会更加严苛。在世界各地的博物馆巡回展出的展览拥有引人注目的景观,这也是它们吸引力的来源。在观众(以及准观众)的心中,这些景观已成为活动质量的标杆,但小型的或者投资较少的活动却很难达到这样的效果。预算、资金来源、相关者的利益、对质量的精确测量等对活动有深远影响,未来这些影响的程度还会继续加深。同样,运作活动需要的创造才能极有可能会变得更加规范。相应地,从以构思开始到以活动效果结束的创造过程,也要求提高效率。此外,活动设计与其战略功能(以及立即满足所有参与者)的联系会更加紧密,实现构想到功能的转变需要应用更多新技能。

技术的使用将有助于促使构想的实现,活动投标过程对技术的依赖程度会越来越高。投标更加鼓励精确详细的报价。免费软件,如谷歌的草图大师和简单易得的动画设计工具,使详细的报价成为可能。并且,通过使用这些技术工具,华丽的元素可以由数字化和移动化的视觉再现形式替代,投标的成本也会下降。

"节庆化"和政治意愿

公认的"节庆化"意义对活动的未来发展有重大且实际的参考价值。从"节庆化"的两层意义——节庆的供大于求以及节庆是社会结构的一部分,可以看出,活动和节庆已成为普遍的社会存在。这样看来,活动的独特性地位将岌岌可危。对墨尔本和爱丁堡这样的著名活动城市来说,保持活动的独特性意味着要付出更高的代价。这也为各地负责活动项目的公共机构和私营企业带来了更多挑战,短期的合作关系已不再是最好的方式。因此,五花八门的战略联合和战略目标会更加突出。由于政治权利只有通过联合网络才能够行使,因此能够斡旋于这些关系网络的经纪人或者"能手"的地位将明显提升。

[学习指南]

通过第一章的学习,学生应该了解活动研究是如何以及为何被定义为一个学术研究领

域。本章也说明了为何人人都需要学习活动，包括与活动管理职业教育的紧密联系，以及活动在其他学科、研究领域和政策范畴中的重要地位。

认真学习关于活动的知识理解和知识创造框架（图1.1），它是本书整体结构编排的一个缩影，其中的各项内容，分别在各章中有详细体现。通过学习，学生要能够说出活动研究的三个主要分支及其相互关系，如基于学科的研究（包括根植于社会学和人类学的"经典"社会文化观点）、活动管理研究和活动旅游研究。前者是理论范畴，而后面两个分支属于应用领域，但有不同的职业发展路径。对关注活动及其影响的政府来说，这三者都有政策借鉴的作用。这三个分支也被称为"学说"，就认识论（基础理论和方法）和本体论（知识体系）来说，每个分支都有自己的研究传统。在本书后面几个章节，将对这些话题进行探讨。

为了思考活动管理和活动旅游面临的主要挑战和问题，以及各级政府所面临的重大政策问题，本书涵盖了许多具体的话题，引入了一些职业发展的理论和研究，并在人力资源相关章节有所体现。此外，还有关于伦理观和职业化的讨论。

希望读者能够完整回答以下研究问题，这些问题也可以作为考试内容。

[研究问题]

- 什么是活动研究，它是否是一个学科？为什么？
- 什么是活动研究的核心现象，我们感兴趣的是哪种参与者的体验？
- 活动和活动体验的意义是什么？
- 阐述关于活动的知识理解和知识创造框架中的各项内容，并且用具体的研究实例进行证明。
- 列出活动研究的三个分支，解释它们与政策和职业的关系。
- 对活动管理专业人士来说，专业性体现在哪里？必备的知识和技能如何获得？
- 讨论形成活动的主要作用力、发展趋势和主要问题。
- 你认为社交媒体会如何影响活动需求和活动体验？

[延伸阅读]

文中的参考文献请见参考目录部分。为鼓励读者查阅学术期刊和相关书籍，本书增加了研究札记，并在每章末尾，列举了一些书籍目录供读者参考，并拓展相关的研究话题。

［1］Bowdin, G., Allen, J.,' Toole, W., Harris, R., and McDonnell, I. Event Management（3rdedn）［R］.Oxford：Butterworth-Heinemann, 2011.

［2］Getz, D. Event Management and Event Touism（2ndedn）［R］. New York：Cognizant, 2005.

［3］Goldblatt, J.Special Events：A New Generation and The Next Frontier（6thedn）［R］.New York：Wiley, 2011.

［4］Bobertson, M., andFrew, E.（eds）.Events and Festivals：Current Trends and Issues［R］. London：Routledge, 2007.（之前作为专刊发表，Managing Leisure, 2007, Vol.12, No.2/3）

［5］Page, S., and Connell, J.Routledge Handbook of Event［M］. London：Routledge, 2011.

第二章　经过策划的活动

通过本章的学习,学生应掌握:

- 活动和经过策划的活动的定义和本质;
- 时间的意义,它们如何体现活动的独特性;
- 地点和环境的重要性;
- 为什么活动的规模、时长、频率和周期是重要的变量;
- 根据形式、功能和体验对活动进行分类;
- 活动的形式和功能为何以及如何趋同;
- 经过策划的活动与未经策划的自发活动的区别。

第一节　活动及其分类

经过策划的活动的世界丰富多彩,形式多样,功能和体验无限广阔。活动所承载的意义,以及在个人和群体生活中的重要地位,决定了它们是文化、商业和生活方式的基本组成部分。

本章开篇介绍了"活动"和"经过策划的活动"的基本定义,继而讨论了经过策划的活动和未经策划的自发活动的区别,以及活动的规模问题(小型与大型活动)。此外,还介绍了活动固有的时间和空间维度,只有学习了这点,才能够明白相关理论的大部分内涵。

有许多修饰词可以与"活动"一词连用。我们要明白,为何使用这些词语来形容经过策划的活动的形式或功能。例如,用词语"标志性""大型""象征性"等来修饰活动的功能(例如,形象塑造、目的地营销、活动的规模和意义、活动的独特吸引力等)。

图2.1列出了完整的活动类型,主要根据它们的形式进行划分。事实上,当把特殊形式、环境、日程与"节庆""大会"或"赛事"等活动类型联系起来时,我们其实是在创建基于传统及普遍社会期望的"社会建构"。本章最后将会简要介绍经过策划的活动的主要类型和子类。

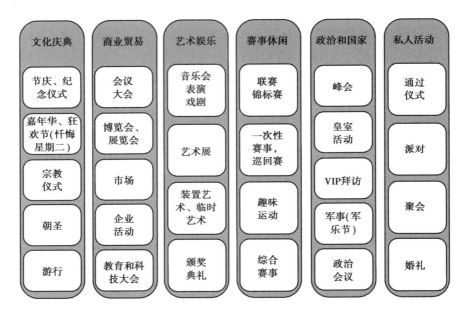

文化庆典	商业贸易	艺术娱乐	赛事休闲	政治和国家	私人活动
节庆、纪念仪式	会议大会	音乐会表演戏剧	联赛锦标赛	峰会	通过仪式
嘉年华、狂欢节(忏悔星期二)	博览会、展览会	艺术展	一次性赛事，巡回赛	皇室活动	派对
宗教仪式	市场	装置艺术、临时艺术	趣味运动	VIP拜访	聚会
朝圣	企业活动			军事(军乐节)	
游行	教育和科技大会	颁奖典礼	综合赛事	政治会议	婚礼

图 2.1　经过策划的活动的类型

一、活动的含义

一般的字典对"活动（或事件）"所下的定义强调了三点：

活动（或事件）：在既定的地点和时间发生；特定情境的集合；值得关注。

根据定义来看，活动是有始有终的。活动是一种暂时的现象，经过策划的活动的日程通常是经过详细策划的，并会提前公布。经过策划的活动一般是在特定的地点举行，有可能是专门场所，也可能是大型的露天场地，再或者是在多个地点同时或逐次进行。我们所称的经过策划的活动或特殊事件其实是一种看待问题的角度，属于社会建构的范畴，后文将对这点进行说明。

当在网络上以"活动（或事件）"为关键词进行搜索时，会发现许多领域对事件的应用。这些领域有金融学（扰乱市场或改变业务的事件）、物理学（如事件视界）、生物学（灭绝事件）、哲学（精神事件）、气候学（天气事件）、医学（不良事件）、概率论（作为实验结果的事件）和计算机科学（事件驱动编程）等。值得注意的是，在多数领域对事件的使用上，时间维度要比空间维度重要得多。

无论经过多少尝试，都不可能完全复制一个事件，即它们的发生是一次性的。尽管一些经过策划的活动的形式类似，但由于涉及不同的环境、人员和日程，它们之间的区别是显而易见的。不仅如此，抛开日程和环境不说，客人和参与者的期望、心情和态度随时在变化，所以获得的体验也会有所差异。活动的独特性造就了其引人注目的吸引力。因此，打造一个"独一无二"的活动形象是众多营销人员的目标。

本书中，我们提到的经过策划的活动都是社会性的，它们面向社会大众而不仅仅是个人。试想一次没有客人的生日派对，就能明白以上这句话的含义了。

二、活动的分类

（一）虚拟活动

由于人们需要聚集起来,社交、庆祝或是交易,因此所有的经过策划的活动都是社会性的。虽然在线活动或远程会议已取得一席之地,但它们始终无法取代线下活动。本书会多次提到虚拟活动,但这并不是活动研究的目标或核心。

1.活动真的存在吗?

作为一种离散现象,根据佛教的释义,一切存在皆有缘法,所有的活动都是在之前的基础上发展而来的。如再增添些哲学味道,活动也许从未真实存在过。基本上,关于活动的争论在于,没有事物可以完全脱离其存在的环境,脱离现实世界和生活的范围。事实上,我们的生活受不同环境因素的影响,经过策划的活动是许多人的生活及利益相关者行为的必要组成部分。这么说来,活动不过是大家感知到的交集(处于特定时间、地点),是各种行为交错作用的结果。

这带有完美的哲学意味。活动经理人和政策制定者必定要成为评价环境因素的行家。但从实用方面来说,这并不影响我们对经过策划的活动是真实存在的认识,且活动研究是一个重要的课题。只要参考共同语言(即本国话或方言),就能了解在多数人的认知中,世界和生活的中心就是这些离散的活动。时间是虚幻的,但我们可以计算时间;同样地,我们需要活动来记录重要的时刻、明确行为周期。

2.活动历史分析

在社会研究中,历史分析法的主要对象是人们生活中有社会意义的重大事件,例如不同的通过仪式。但这些事件也有可能是人们生活的一个片段,如教育、失业、工作和人际关系等。在社交世界的背景下,人们属于不同的利益群体或深度休闲群体,因此活动对人们生活的重要性不言而喻。此外,对我们来说,参与过的有特殊意义的经过策划的活动有哪些?人们甚至从某些活动中获得了转变的体验。因此对这个问题的回答值得关注。

3.时间的重要性

时间是一个深刻的概念。我们将时间表达应用到许多方面,其中有些还与活动研究高度相关。首先,正如年历表那样,时间经常被概念化为"周期性的"。季节变换对气候、粮食生产和社会生活的主旋律至关重要。同时,它还有助于解释许多仪式和节庆的演变。人们通过一年一度的假期和庆典来记录时间的流逝,并翘首以盼它们的再次到来。

其次,时间有一种"机械感"。如果一直盯着闹钟或不得不打卡上班,就能深刻体会到时间被轻易"浪费"的感觉,逝去的部分再也无法找回。这种紧张的时间观给人们造成了一种"时间压力",以致许多人想要逃离。相应地,一个假期或一次活动体验,为人们提供了暂时逃离这种压力的宝贵机会。

相对于经历同一生命阶段变化的其他事物,个人身体和心智在生物学意义上的成熟点缀着生命旅程。如果仅关注生命的最终形式——死亡,那么生活将不会达到它能够呈现的圆满状态。相反,多想想我们是怎样记录生活变化的(通过仪式,如生日和纪念日),怎样表

达胜利(毕业典礼和其他正式典礼)和喜悦(节庆、休闲追求、家庭聚会)的,以及是怎样纪念生活阵痛(离别和葬礼)的。我的建议是,多畅想未来假期和庆典的喜悦,做好长期规划,定下生活目标。这样当最终驾鹤西去时,既成就事业,也有未竟的事务。

4.时间的"社会文化建构"

如后文所述,对活动体验的阈限区间的概念化是一种社会建构,并因文化背景而异。在多数西方国家,从空想主义、自由时光、休闲活动、美好时光和娱乐消遣等获得的意义和价值,是人们策划如此多活动并乐在其中的根源。大家不仅乐于接受,更期待经过策划的活动的举行,并且所有的产业和公共服务都投入其中。就算回首过去,也一直是这种情况。时间的其他社会文化建构引发了我们对一年一度的假期、五花八门的纪念日的感知"需求"。

5.作为"商品"的时间

现代社会中,时间的珍贵性决定了它是一种高价值的商品。我们很乐意为与朋友和家人相处的"优质时间"买单,这其中通常会涉及某种活动体验。为了能多些"自由时光",我们肯花费更多的金钱,也痛恨"时间被浪费"。事实上,当不得不排队等待服务时,或者由于交通中断而不得以消磨时间时,我本人是极其烦躁的。众所周知,千金难买寸光阴,枉费时日却容易得多。这些时间价值观和态度由我们的文化背景所决定,并有可能会随着对时间文化感知的变化,朝着更加合理的方向发展。

人们怎样利用、感知和珍惜时间是活动研究要考量的重要内容。活动是有起止节点的暂时现象,但体验却先于活动开始,也许会永无止境。预期和回忆甚至与体验本身同等重要。因此,作为活动旅游发展和营销的关键,较之交通、住宿和门票等技术层面,活动的打造应更多侧重于整体体验。

人们对时间价值的看法大相径庭,时间在不同生活阶段的地位也迥然不同,在不同文化中亦是如此。诚然,"时间就是金钱",人人都希望对时间的"投资"物有所值,但经过策划的活动能否实现这一点呢? 一方面,人们追求的恰是短促、强烈的活动体验;另一方面,他们也愿意为到达活动地点付出大量时间。那么,活动的价值可以根据人们投入的时间长短来测量吗? 鉴于人们看待时间的价值有所不同,是否有一种可能,一些人能够从同一个活动中获得更高的满意度呢?

在詹姆斯·格雷克（2002）的著作《加速世界》（*Faster：The Acceleration of Just About Everything*）中,他认为,在现代世界中,人们希望一切事情都能够立即完成,并把这种状况看作是理所当然的。这种思想导致了时间压力的产生。因此,我们需要将经过策划的活动作为喘息之所,从而逃离这些时间压力。即使不能放慢脚步,至少也能品味这一难得的时光。

6.时间和地点

经过策划的活动需要占据一定的空间(或场馆),并能在短期内改变空间的形态。在活动举办期间,人们对活动地点的体验会有所变化。反过来,许多活动和它们所处的环境和社区有内在的联系,并带来了一系列重要的影响。

文化的地域性强化了地点和文化对活动的影响。通过跨文化比较,就能完全了解不同活动在创造、价值、管理和体验方面的差异。反之，活动也影响着它们所处的地点和文化。如果一个社会之前没有经历过能够带来大规模投资和媒体关注的大型活动，以及当新的活动在全球盛行时，这种影响会更加突出。

经过策划的活动也影响着依附于地方的事物和地方认同（德布利和戴维斯，2001；霍利·布伦南 等，2007）。这是活动的社区塑造功能，引起了社会政策制定者和政府官员的重视。对国家和社区来说，庆典和活动的存在很有必要，它们能够塑造自豪感和归属感，并且能够通过志愿活动、资本投入和良好营销带来发展空间。与之类似，利益群体和亚文化群体也需要通过活动来表达自我和获得认同。

节庆和活动对定义地方形象和塑造地方品牌有突出作用，并越来越多地被应用。主办社区的标志性事件为其带来了社区认同和积极的形象，场馆和度假地也可以塑造自己的标志性建筑。但许多人对此表示很忐忑，担心由于目的地营销和旅游发展对节庆的利用，会造成商业化加剧，失去文化本真，以及活动的过度开发等问题。

已经成为地方"象征"的活动，不管在什么地方举办，都可以取得非凡的成功。不过这些活动仍依赖特定的场所，并为举办地留下了可观的有形资产，如城市改造、旅游和交通基础设施建设、社会环境的改变等。人们已经从多个角度对诸如世博会、奥运会、重要展览和赛事等大型活动进行了研究，但对于其他活动形式是否也能长期改变地方形态的问题，至今关注较少。

（二）经过策划的活动

不论是对本书还是对活动研究来说，都需要对经过策划的活动下一个明确的定义。我们所说的活动经过周密策划，有一个或多个举办目标，它们不仅随处可见，且每一个都是独一无二的。

- "经过策划的活动"是为达到特定的商业、经济、文化、社会和环境目标，实实在在发生的社会活动。
- 活动策划包括主题设计和实施、环境设置、消费品，以及引导、促进或限制参与者（包括客人、观众和其他利益相关者）体验的服务和日程。

每一次活动体验都是个性化和独特的，在环境、日程和人员的相互作用下产生。

所有经过策划的活动都被打上了特定的标签，例如节庆、大会、博览会和赛事等。它们是实打实的社会建构，当我们使用"节庆"或"大会"等描述性词语时，大部分人能够明白其含义。从视觉和感官方面来说，这些活动各不相同，它们的目标、意义和日程也确有差别。图 2.1 所示的活动类型主要是依据它们的形式（即它们的外在表现和日程安排）来划分。此外，任何类型的活动都能实现多项功能，激发相似的体验，并承载多重意义。

"形式"是多种"标志性风格元素"的组合（详见第七章），正是这些风格元素将不同的活动类型区别开来。例如，赛事的标志是体育竞赛；大会的标志是多种多样的互动学习机制；对节庆活动来说，其标志是表现在主题、象征和情绪刺激的庆典。因此，形式是活动策划人员和设计师要考虑的主要内容，至少是他们的出发点。虽然在每种文化中，会议、赛事、博览会和节庆的风格和意义有所不同，但它们的基本形式和公认形式是可以习得的。

从历史角度看，"形式"的职业化已经形成，并促使许多职业协会的建立。按照这种传统，会议从业人员的全球性组织已经设立，社区节庆和艺术节的组织者成立了专门的协会，而赛事经理人也可以参加自身的行业大会。

不属于标志性风格元素的"形式"同样适用于未经策划的自发活动。我们之所以称一个活动为庆典、抗议、骚乱或者派对，是由于它们有独特的形式。那到底什么是其中的"关键因素"呢？首先是人们的行事方式。聚集在抗议活动中的人士，与那些参加派对的人，有着截然不同的行为表现。朋友或是工作伙伴的偶遇，与人们自发聚集起来庆祝主队的胜利，也有着显而易见的不同。

其次，可以询问人们在做什么，为何聚在一起，通过这样的方式，就很容易得知这个活动到底是自发的讨论还是派对。这很自然地引发了我们对体验和意义的思考。标志性风格元素并不总适用于未经策划的自发活动，却是活动策划者和设计师的工具。如果庆祝的人群突然开始载歌载舞，那么就无法认定这是提前规划好的。但事实上，这也经常发生在经过策划的活动中，只不过活动体验已被预先设计好了。

1. 形式和功能的趋同

显而易见，经过策划的活动的形式和功能经常有重叠。对于观察者来说，它们是普遍趋同的。由于文化的变迁和人们的尝试，有些趋同是自然而然发生的，有些却是有意为之的。让我们来看几个例子。

表面上，奥林匹克运动会是一场业余运动的盛典（很不幸，奥运会中已没有业余运动员），但奥组委授权其可以举办一些艺术节庆。为了充分利用这些大型活动，主办城市扩充了许多大会、展览会等活动。电视节目中的一切事物都被娱乐化和景观化了，并期望通过这种包装获取最大的广告收益。

作为案例，我们来看看 2012 年伦敦夏季奥运会（来源：2012 伦敦夏季奥运会官网）的情况。在伦敦奥运会之前，是为期四年的文化奥林匹亚，它宣称：

> 这是现代奥运会和残奥会历史上规模最大的文化庆典，通过舞蹈、音乐、戏剧、视觉艺术、电影和数码创新，为所有人提供一个庆祝 2012 年伦敦奥运会的绝妙机会，并为英国艺术留下永恒的财富。

2012 年伦敦奥运会艺术节是整个文化奥林匹亚的高潮，它被这样描述：

> 艺术节的核心是一个邀请世界顶尖艺术家参与的项目，涵盖了流行音乐、电影、视觉艺术、时装、戏剧、马戏、狂欢节、歌剧和数码创新在内的各种艺术活动，艺术节总计会举办超过 1 000 场活动，预计 300 多万人参与其中。既有收费活动也有免费项目。

另一个趋同的案例是每年在美国路易斯维尔举办的肯塔基德比赛马节。2010 年，路易斯维尔荣获了 IFEA（International Festivals & Events Association 的缩写，国际节庆协会）大奖，被授予"北美节庆第一城市"称号，当时的城市人口超过了 100 万。最早，德比赛马节只是一项小型的赛马比赛，现已成为世界纯种马比赛的象征。

以下是从其官方网站中截取的一些内容：

使命：通过庆典促进社区团结。德比赛马节是社区的精神和骄傲，最大限度地展示路易斯维尔的形象。为路易斯维尔人民提供耳目一新、匠心独具的娱乐体验和社区服务，直接促进地区的审美、文化、教育、慈善和经济发展。

德比赛马节涵盖了超过70场活动，其中多数在赛马前两周举行，是比赛的热身。年度庆典以持续一天的飞行表演和烟火表演——德比赛马节开幕式（响彻路易斯维尔）——拉开序幕，它也是美国规模最大的年度烟火表演之一。在为期两周的刺激和娱乐中，人人都能找到自己所喜爱的。对体育迷来说，这有足球、排球和高尔夫；几乎不间断的音乐会能够让音乐爱好者满载而归。在所有的活动中，2/3是免费的，还有能够让家庭享受专为儿童设计的各种活动，且无须支付任何费用。其他亮点包括半程和全程马拉松比赛、热气球表演和推病床大赛。汽船比赛也在俄亥俄河流上荡起了历史的明轮。在奔向玫瑰比赛之前，可以看到作为开端的共和国银行飞马游行，行进在周四百老汇的大道上。

德比赛马节是北美众多"社区节庆"之一，社区节庆是为了庆祝社区本身。由于它们有广泛的吸引力，因此日程设置非常丰富。这些节庆无法被归为某一特定形式的活动，趋同就是它们的标志。

一方面，趋同为活动管理教育的常规化提供了强有力的证据。从业人员要能越来越灵活应变、别出心裁，而不仅局限于成为单纯的会议策划师、展览设计师或节庆协调者。大多数情况下，在场馆工作意味着要接触各式各样的活动。

此外，趋同的其他重要方面是与意义和影响有关的。当作为政策和战略手段时，通过融合多种风格和形式元素，活动可拥有更大的吸引力，并产生重大的影响。为取得更大的经济效益，规模较大、形式多样的活动变得中规中矩；为树立积极形象，需要更多的新闻报道来覆盖不同的目标群体。此外，在促进社会融合方面，政策制定者必须确保活动能够与众多利益诉求保持一致。

本书最后一章呈现了一个趋同模型（图12.2），通过结合交换理论，试图总结活动领域正在发生什么，并从理论上说明其潜在作用力和演变过程。

2.活动的功能

"功能"使我们联想到公共政策、商业和职业活动管理的世界。为何要举办活动？它们的预期成果是什么？这些问题是活动的关键出发点，切不可心存侥幸。试想，如果会议策划者假定一场大型会议的目标仅是演讲嘉宾的陈述，而事实上，组织者和参会人真正需要的是一个绝佳的社交场合，这时该怎么办呢？

像剥洋葱一样，功能是层层递进的。在最外层，表面上看，活动也许被定位成所有居民都参与的社区庆典或节庆。但是否期望能够吸引旅游者呢？或者树立积极的城市形象？再或者，是否能够为慈善和商业赚取收益？抑或是促成组织间的合作呢？这么列举下去，似乎会没完没了。在过去，节庆和博览会占有重要地位，但完全是产生于需要，人们没有进行刻意的商议或策划。那时，市场和集市是必要的贸易场所，派对和庆典是人们生活的有机组成部分，游戏也不像今天的运动那样专业。但那样的时代已基本不复存在，当下多数活动的策划都是基于某种特定的目的，例如经济、商业、社会、文化和其他政治目的。

因此,活动策划师和设计师很少能随心所欲地发挥。通常,在确定举办目标时,许多利益相关者会参与进来,并且他们的诉求经常存在冲突。当目标最终一目了然,或者说有优先顺序时,活动设计的工作才能真正开始。如果没有明确的目标,将会出现很多问题。但如果活动被具体表述为节庆、博览会、锦标赛或者大会时,那么设计者至少可以设想一些关于此种活动形式的特定内容。例如,如果利益相关者一致同意,要举办的是庆典或节庆,那么开始活动策划则不一定非要先设定具体的目标。原因是活动的类型已经成为社会建构。

接下来是一些关于活动功能的普通术语。它们没有固定的定义,却有广阔的理解空间。

(三)标志性事件

"标志"不仅是特色,也是质量或真实性的象征。可以说庆典就是节庆的标志(或特色)。此外,我们可以将标志性事件归为活动的一个特殊类别,代表那些最棒的活动,根植于特定的地点或文化当中。标志性事件经常重复发生,与主办社区或目的地有密切的联系,是其形象和品牌化的重要构成。标志性事件为目的地提供地方认同,并反过来从地方认同中汲取营养。里约热内卢和新奥尔良有狂欢节(忏悔星期二①),加拿大卡尔加里有牛仔节,爱丁堡有军乐节,这些都是各自城市中的永久性"机制",具有浓厚的传统韵味,并为当地旅游产业提供了竞争优势。本书将标志性事件定义为:在传统、吸引力、质量和宣传方面有重大意义,为主办场馆、社区和目的地带来竞争优势的事件。随着时间的推移,事件形象和目的地形象变得密不可分。从定义上说,标志性事件是所在社区或者社会的永久性"机制"。

如果城市和度假地想要设计自己的标志性事件,那它们需要满足多个标准,并牢记形式和功能趋同的作用。标志性事件必须能够吸引旅游者,树立积极的目的地形象,并成为目的地的联名品牌。它们必须能够被主办社区接受,最好成为当地的传统和惯例,这就意味着要让当地居民感受到标志性事件的举办是有益的。标志性事件必须由专业人士来组织和营销。许多标志性事件的规模都不小,至少相对于主办社区的规模是这样。还应注意的是,策划标志性事件应该以长期的可持续发展为导向。为达到这个目标,就需要采用三重底线法来考虑预期成果和影响评估方式。

(四)象征性事件

有时,人们用"象征性"(iconic)这个词语来描述社区中最负盛名的活动,但它不仅仅是指名望和声誉。"图标"(icon)是一个事物的图形化表示,换句话说,就是象征(symbol)。这么说来,可以用狂欢节来代表里约和新奥尔良,因为它是这两个城市的象征性事件。这也应是象征性事件的正确用法,与埃菲尔铁塔是法国的象征有异曲同工之妙。

"象征性事件"还有另一种用法。由于象征性事件本身有强大的吸引力,因此可在任何地方成功举办。它象征着一种可能有全球影响力的事物。例如,FIFA世界杯或者奥运会承

---

① 忏悔星期二(Mardi Gras),大斋节前一日的狂欢活动。

载着某种象征意义,代表着某种含义,因此无论在什么地方举行,人们都会追随。而这些象征意义,自然是活动研究的重点关注对象。

(五)顶级盛会

顶级盛会属于特定的类别。可以说世界杯是足球领域的"顶级"盛会,其声望无可比拟。好像所有的赛事和特殊兴趣领域都有其顶级盛会,有些有固定的会址,也有一些是巡回举办的。其中一些顶级盛会,如波士顿马拉松,同时体现着象征性和标志性这两种特征。

(六)大型活动

"大型"用来修饰那些规模最大和最重要的活动。1987 年 AIEST(国际旅游科学专家协会)大会的会刊中,可以找到有关大型活动的定义和内涵。其中,马里斯(1987)认为大型活动的观众数量应该超过 100 万人次,并且天然是那种"不能错过"的活动。范霍甫和威特(1987)在此基础上进行了补充,认为大型活动还应该能够吸引全球媒体的关注。

然而,我认为这是一个相对的概念。如果我们将"大型"等同于大规模,那大型活动就只是我们通常所说的奥运会、世博会和其他重要赛事。但事实上,即使是一场小型的音乐节,也能对一个小城的旅游、经济产生重大影响。所以,"大型"也可以指广泛的媒体报道,还有对目的地形象造成的影响,例如"一场能够吸引世界目光,并能将主办地打造成著名旅游城市的大会"。

大型活动是能够为主办社区、场馆或组织带来非同一般的高水平的旅游、媒体覆盖、声望和经济影响,规模宏大或有重大影响的活动。

需要注意的是,这个定义中,大型活动的影响范围也包括特定的场馆或组织。

(七)媒体活动

媒体活动主要是为节目观众创设的活动,通过借助电视和网络的力量覆盖全球。例如,为了达到更好的视觉效果,经过大量剪辑和包装的冲浪比赛,或是困难重重的荒野冒险。然而,对于媒体来说,任何活动都可以被包装粉饰,这也是吸引赞助或者获得旅游和政府机构补贴的重要原因。换言之,所有活动都可以成为媒体活动。但媒体活动属于功能的范畴,而非形式。

(八)公益活动

举办公益活动是为了筹集资金或推动善行,属于社会营销的一部分。其实,所有类型的活动都有此种功能。一般的资金募集活动有晚宴、音乐会、娱乐表演、耐力赛(捐赠者为参赛者提供资金支持)、名人运动会和拍卖等。

(九)企业活动

企业主办或为企业承办的活动都属于企业活动,一般包括产品发布会、会议、盛大的开幕式和宣传噱头。企业活动也特指那些依赖企业赞助和相关接待服务的大型赛事,如超级碗。企业赞助似乎已成为大型赛事的一种常态，事实上，这些赛事的运营也已经"企业化"了。

活动世界的一个重大变化是，为了促进品牌发展，增强与顾客和其他利益相关者的联系，体验营销开始盛行。"现场营销"的说法悄然而生，用来描述为达到上述目标而举办活动。另一个相关的概念是"品牌陆地"，公司为加深消费者的"品牌体验"而建设场馆，并定期或不定期地举行活动。在后文"专家观点"部分，简要介绍了德国专家乌尔里希·文施对企业活动的看法。

（十）宣传噱头

宣传噱头是指任何为达到宣传目的而举办的活动。谈到噱头，人们通常会联想到政客和影星。作为行家里手，宣传机构应特别擅长谋划博得媒体和大众眼球的活动或状况，使这些活动成为"新闻"。但由于意图一目了然，操作痕迹明显，有时会适得其反。请参见我们对"虚假活动"和真实性的讨论。

（十一）特殊事件

一般来说，特殊事件的表述常用于经过策划的活动，一个重要的专业协会 ISES（International Special Events Society 的缩写，国际特殊事件学会）将这个术语普及开来。但事件的"特殊"只是策划者或者观众的主观判断。杰戈和肖（1999）通过研究人们对"特殊事件"中重要因素的表述，发现观众的数量、事件的国际知名度、可感知的主办地形象和自豪感的改进，以及一次兴奋异常的体验等因素，是人们认为一个事件特殊的主要原因。

在一系列解释事件特殊性的因素中，我认为"独特性"是首要的（盖茨，2005），此外还包括风格元素（如接待、象征、节庆氛围、主题和真实性），实现多个目标，以及能够吸引不同的利益相关者和观众等。

以下是两种关于"特殊"的观点，一种是对组织者而言，另一种则是针对参与者和顾客。
- 特殊事件是发生于赞助商或主办方惯常活动之外的一次性或偶然性事件。
- 对顾客来说，特殊事件是超出其日常选择或体验的另一种体验经历。

（十二）旁观活动和互动事件

在"旁观"活动中，人们只能被动地参与，这也是其固有的特征。不像旁观活动，互动事件将人员考虑进去，体现了人与人、人与环境之间的互动。人们认为，有了互动，参与就能更加深入，因此互动是"体验设计"的关键因素。

（十三）参与者活动

参与者活动是为参与到其中的人们而创设的活动，而非仅仅局限于出席观看。"参与者"不只包括顾客，还有参展商、比赛者等，是活动不可分割的一部分。例如，没有参会代表，会议和大会就不可能存在;马拉松离不开赛跑者;舞蹈节也需要舞者参与。同样,展会的参与者就是参展商。由于参与者活动提供的是"定向收益"(即参与者活动是定制化的体验),可以被看作亚文化的表现形式,因此有条件的旅游目的地争先恐后的创办或者申办这样的活动。

三、活动是一个产业吗?

按照常规,产业是指生产同种产品或服务的经济部门,如汽车产业。由于活动的形式和目的多样,因此将活动称作一个产业似乎并不恰当。而且,在活动策划者和供应商心中,他们所属的行业类别是旅游产业、展览产业甚至是文化产业,而非活动产业。

多数情况下,人们使用产业这一说法,是为了使其行为合乎常理,并获得政府支持。"产业"这个词语意味着生产的经济性,从事艺术工作的人就很少将自己与艺术产业联系起来,艺术就是纯粹的艺术。毫无疑问,活动属于服务业的范畴,人们谈论服务业显得十分平常,将活动作为体验经济和创意产业的一个完整类别,这种趋势也越来越明显。为活动提供服务的私营部门和供应商不计其数,这就有了所谓的"活动产业"。拉杰等(2008:5)认为,虽然活动类型具有多样性,但如果硬要将活动作为一个产业的话,那么最强有力的支撑,就是这个"产业"里面的专业化支持服务。

其实,人们之所以将某个活动类别或是整个活动部门称为"产业",是出于不同视角和一定的政治目的。当与经济目标和经济产出有关时,称之为"活动产业"最合乎情理。但从活动的社会文化层面看,却显得有些莫名其妙。

四、能否将体验作为一种分类标准?

个人体验是人们自己在活动的整体环境中获得的,通常为它赋予某种意义,可以独立于活动的目标和日程,或与之勉强相关,因此个人体验无法事先由功能和形式决定。没有经过策划的活动,人们也能获得绝佳的体验,但设计者更希望人们能够在他们策划的活动中发掘到。迄今为止,多数活动设计者采用范式(即社会建构)来创设和运营活动,例如如何举办一场有效的会议,如何规划一个艺术节,以及如何运作一场锦标赛。或者,活动设计师通过保持创作的心态,依靠直觉,并凭借或微妙或公开的反馈,来判断人们的活动体验是否如预期的那样合乎心意。

活动体验种类繁多,依据体验对活动进行分类有一定难度。例如,不管是从节庆,还是从赛事中,人们都能获得欢乐、庆祝、兴奋、自我实现和审美的体验。尽管活动的形式和功能可能会截然不同,但是却能产生相似的体验(甚至有相似的意义)。由于现象学研究方法关注个人在体验时的心理状态,因此对深入理解活动体验大有裨益。

要识别所有与活动相关的个人和社会体验似乎不大可能,但只要我们突破语言表达的禁锢,无疑可明确其中最主要的部分。请参见体验相关章节,特别是关于体验的认知、情感和行为(意动)维度的部分,以及社交世界、参与和收益的相关章节。

第二节　经过策划的活动与未经策划的自发活动

在大众媒体的报道中，经过策划的活动占了相当的比重，这可能会出乎大家的意料。回想人们对娱乐和赛事的关注，专门播放这些节目的电视频道数不胜数（至少在有有线电视和卫星电视的地方）。此外，还有对政治活动（包括新闻发布会）、私人活动（如著名的婚礼）、展览（如食品和饮料展）等的广泛报道，所有活动的数量加起来是非常惊人的。

经媒体曝光的"自发"活动数量太多，以至于我们都开始怀疑这些活动（或事件）是否是经过详细策划的。确实，在许多情况下，未经策划的自发活动是人们蓄意发动的（也许是煽动者、宣传机构或社会活动家发起的），并且有明确的目标。但如果话题与"活动管理"或"职业活动经理人"有关，那未经策划的自发活动绝不同于我们要谈论的那些活动。

有时，未经策划的自发活动与经过策划的活动之间并没有明确的界限，因此活动研究有必要将它们都囊括在内。但事故、自然灾害、战争、叛乱以及重大新闻突发事件，不属于我们的研究范围。

但"自发的大规模庆祝活动"应引起我们的注意。例如，2003年卡尔加里火焰队[1]征战斯坦利杯[2]期间，成千上万名经常光顾第17大道酒吧的支持者涌到街上，开创了"红色英里"运动，他们穿着代表火焰队的红色衣服在街上狂欢，并得到了警察和市政府的默许。北美媒体对此争相报道。这种由社会现象衍变而来的活动有一定的存续期间（直到比赛结束），不仅需要许多类似于策划节庆时用到的措施和控制方法，也需要参与人士自己承担后果。后来，由于风险太大，卡尔加里的商界人士和政府官员决定，以后不再允许这种自发的庆祝活动。在2005年斯坦利杯期间，为了预防"红色英里"运动再次发生，他们实施了交通管制，并出动了大批警察维持秩序。

表2.1对经过策划的活动和未经策划的自发活动进行了区分。

表2.1　经过策划的活动与未经策划的自发活动

	经过策划的活动 （职业活动设计师和经理人的工作对象）	未经策划的自发活动 （自发的、不可预知的）
目的	目标或效果由活动策划者详细说明，受关键利益相关者的影响	自定义的目的；参与者的意图不明确或者较多样，甚至会有所冲突
日程	通常经过详细的策划和安排；活动设计师意在为客人、参与者和观众创造"体验"	自发的活动内容；或一度由机构发起，行为无法预测
控制	由经理人和其他合法的利益相关者（包括政府）进行控制	没有适当的管理制度，只有正常的公民监督；有时需要警察维持秩序
负责人	策划者和经理人对其正式负责	完全没有机构或法人负责；个人在法律框架下对其行为负责

---

① 卡尔加里火焰队：加拿大最好的冰球队之一。

② 斯坦利杯：美国、加拿大职业冰球全国锦标赛杯。

一、规模

多数经过策划的活动的规模都不大,大多由个人和企业举办。但吸引人眼球的总是那些面向公众的大型活动,它们不仅获得广泛的媒体报道,还能造成重大的影响。经过策划的活动有不同的规模,表 2.2 按照规模维度对其进行了区分,但不论规模大小,它们都有各自的影响和政策启示。

表 2.2　关于经过策划的活动的规模维度

	小型活动	大型活动
形式和功能	形式单一(如会议、比赛、私人活动)	融合多种风格元素,如赛事变成节庆,会议联合展览,或包含多种活动形式的社区节庆(即趋同或融合)
	策划时很少考虑吸引旅游者和媒体报道	主要为了经济效益和目的地营销
活动体验	大多是在个人和公司的利益层面	大多是在公众的利益层面
	私人体验或只在亲密团体中分享	安全第一,必要时疏散人群
		通过媒体报道和共同的态度影响整个社区
影响	作为一个整体有显著影响(如婚礼、会议、派对、大多数运动会)	每个大型活动都有重大影响(如节庆、主要赛事、博览会和展览会等)
媒体报道	个人、小型活动很少能够吸引媒体注意	媒体对活动非常关注,或主要是作为媒体活动出现
政策启示	与场馆和活动有关的一般性政策(如健康标准、绿色运营和许可等)	与特定活动相关的政策决定(如申办决定、基础设施投资、委托可行性研究和影响评估等)

二、频率和周期

活动的举办频率是否重要呢？在赛事中,一支队伍需要在整个赛季中比拼多次;在艺术和娱乐领域,音乐会和演出也常定期举行。总有粉丝或赞助人会多次参加。对于参与者、策划者和一些观众来说,这些活动已经成为了他们生活的常规。即便如此,每场活动的独特性依然存在。事实上,许多人对赛事着迷,是由于比赛当中的无限可能,以及比赛结果的神秘莫测。与电视和电影等娱乐形式相比,赛事是更加“货真价实”的体验。此外,演员、音乐家和表演者不可能丝毫不差地复制一场演出,因此观众可以带着“没有两片相同树叶”的期待再次观看。对观众来说,即使经常参加同一场活动,但由于每次的预期、心情和体验不同,每一次活动都是“特别”的。综上,我们可以得出一个结论,频率不是活动研究中的界定准则。人们对定期、常规的戏剧演出和赛事的兴趣,不亚于十年一届的节庆。

然而,周期却是一个关键的问题。通常,举办一次性活动需要申办,被寄予能够达到某些特定的目标(如吸引旅游者或产生收益),且不大可能在同一个城市举办两次。一次性的大型活动更是具有非凡的影响力。从定义上看,标志性事件是年度性和长期性的,与目的地或社区的品牌形象相辅相成。

三、行为(activity)还是活动(event)[①]?

活动包括许多行为,但严格来讲,行为却不能算作是活动。"行为"是指"一种活跃的状态""精力充沛的行动或运动""生动感"或"一种个人参与的特定追求"。休闲或娱乐行为是满足自身利益的内在奖励,而商务行为是为了获得价值创造收益,或出于管理需要而进行的。

经过策划的活动中的行为大多与主题相关(如音乐会上的表演,赛事中的比赛,大会中的集会)。活动的个体参与者和客人通常会将自己的即兴或自我行为(如交谈、进食、肢体语言、歌唱、欢呼、观看和深思等)掺杂进去,构成整个活动体验的一部分。活动中的行为也受环境、日程和人员相互作用的影响。

但行为和活动之间的界限并不分明。也许在个人看来,登山或冒险,就是经过策划的"活动",需要有目标、计划(包括攀登路线在内的多项准备)、紧凑的行程、详细的地点环境和同行人员等。这么看来,登山行为体现了特定的参与者活动,但这些活动充满个人色彩,并不面向公众。许多人将他们的生活和事业看作是一系列活动,其中有代表性的是那些经过策划的通过仪式。

四、时长或持续时间

一场活动能持续多长时间?之前我们提过,实际上,所有的活动都是个人连续体验的一部分,与众多利益相关者的行为相一致。因此,讨论活动的时长似乎毫无意义。如果一件事被称为"活动",那事实上也正是如此。我们经常见到持续时间很长的活动,例如利伯德(2008)提过,2005年,为纪念安徒生诞辰200周年,丹麦的庆祝活动持续了一整年。遍及全球的文化中心运动,也常是持续一年的"活动",多数以推广为目的。虽然包括许多不同的活动内容,但整体上看,其定位仍是一场单个的、引人注目的活动。

五、奥运会和大型活动研究

大型活动是指那些规模最大或知名度最高的活动。大型活动对人们有强烈的吸引力,对从各种视角研究奥运会、世博会和大型国际锦标赛的研究人员,更是如此。通过与国际奥组委合作,许多高校建立起了奥林匹克研究中心。由于每届夏季或冬季奥运会总能在主办城市掀起一股热潮,因此关于奥运会的文章或新书络绎不绝。例如,图希和维尔(2007)从社会科学角度对奥运会进行了研究。

---

① 在英语中,activity 和 event 两个单词都能译作"活动"。本书为了进行区分,取 activity 的"行为"之意。

从公众兴趣和政策讨论来看,关于奥运会和其他大型活动的话题要明显更多,但多数话题同样适用于其他活动。我们能够根据类型、规模、时长、周期、影响等诸多标准,对活动进行分类,但活动研究寻求的是研究的统一性,而不是将其分割开来。活动理论要能够涵盖所有的研究分支,当然在应用方面还是要因地制宜。

第三节　主要的活动形式

本节对主要的活动形式进行了介绍,并呈现了相应的案例。

一、文化庆典

"庆典"的同义词包括纪念、尊敬和扬名,其内涵如下:

- 一个令人愉悦的场合;纪念喜事的特殊节日;一次快乐的移情;在某天或对某事表示尊敬、欢乐或庆祝的仪式(如感恩节庆祝活动)。
- 举行仪式(有相应宗教仪式或庄严典礼的公开表现,如弥撒或婚礼)。
- 颂扬、称赞或喝彩。
- 广而告之。

在后面文化人类学的章节中,我们会对"文化"进行定义。但在这里可以说,"文化庆典"就是承载文化意义的或庄严或愉快的活动,包括多种类型的活动。与娱乐活动不同的是,文化庆典含有文化价值。

文化庆典包括节庆、狂欢节、文化遗产纪念活动、游行、宗教仪式等。文化庆典的研究大量借鉴了文化人类学的研究成果,主要关注文化、跨文化中节庆和庆典的角色和意义,是活动研究中最早和最完善的研究分支之一。

(一)节庆

尽管没有体现"节庆"意义的丰富多样,但我认为这个定义更简单明了。

节庆是主题化的公众庆典。

在其著作《时光之外:节庆随笔》中,法拉希(1987:2)强调,节庆是所有人类文明中都存在的社会现象。他认为,在现代英语中,节庆有如下含义:

- 一段神圣或者世俗的庆祝时光,有特殊的仪式;
- 纪念某人或某事的年度庆典,或庆祝重要作物的丰收;
- 包括一系列艺术作品展示的文化活动,一般指单个艺术家或单个流派;
- 一场博览会;
- 欢乐的传承。

此外,法拉希(1987:2)还指出,在社会科学中,"节庆"是指被种族、语言、宗教、历史纽带和共同世界观凝聚起来的社区成员,通过沟通协调,以不同的形式,直接或间接,不同程度上参与的周期性社交活动。不管是节庆的社会功能还是象征意义，都与一些显性价值密切相关，并且这些价值对社区的意识形态、世界观、社会认同、历史存续和生存至关重要。而节庆庆祝的根本就是生存。

"节庆"的表述被过分滥用和误用了。一些所谓的节庆不过是商业推广或派对。确实，"欢庆"（festivity）常被与"过得开心"等同起来。目前看来，许多社区节庆或一些人为制作的节庆，忘记了它们到底为什么而庆祝，或至少连节庆的意义都没有表达出来。因此，许多时候，"节庆"沦为了公共娱乐节目，或专为游乐准备的特别时光，而非一次庆典。即使是艺术节，如果没有关注意义，或没有将意义诠释出来，那它就不是真正意义上的"节庆"。试想只有音乐表演的艺术节，可以称之为节庆吗？

社会学家和人类学家不遗余力地研究节庆，原因在于他们发现了节庆的文化功能和社会功能。特纳（1982）认识到，人们需要为庆典留出一定的时间和空间。伊格尔顿（1981）、休斯（1999）、拉文斯考夫特和马陶西（2002）认为，节庆和狂欢节为发泄社会紧张情绪提供了一个公认场所，否则这些紧张情绪会带来破坏性的后果。艾克曼（1999）、法伯（1983）和格尔茨（1993）将节庆视作一种维持社会运转的手段。通过节庆，人们宣示自我身份，建立社区联系，并与外部世界进行互动。

曼宁（1983：4）认为，节庆提供了一个内容丰富的"文本"，通过阅读这个"文本"，可以深入了解当地文化和社区生活。他认为"庆典"是"戏剧性展示文化符号"的"演出"。庆典也是"公共性的，没有受到丝毫的社会排斥"，因此是一种"参与式"的娱乐。

一些学者深入地研究了节庆体验：

> 在节庆期间，人们弃日常所为，行日常所不为，实施平时受到约束的极端行为，并反转日常的社会生活模式。逆转、强化、侵入和禁欲是节庆行为的四个基本方面。（法拉希，1987：3）

然而，上面这种描述更像是针对"狂欢节"，并不符合当代多数"节庆"的现实。

> 由于发生在特殊的时空，因此节庆的所有构成，都可被看作仪式。并且，节庆的意义要远远超出在其字面意思和特定的方面（法拉希，1987：3-4）。
>
> 节庆的开端是一种限定式（valorization）（宗教活动中称之为神圣化）的框架仪式，这种限定改变了时空的日常功能和意义。为准备节庆的场地，一定的区域被划分出来，经过翻新、清扫、管制、赐福和修饰，并禁止实施一般性的行为（activity）。同样，日常生活的节奏被慢慢地或突然打破，专门用来开展特殊活动（行为）的"时光之外的时间"，被呈现出来。（法拉希，1987：4）

地理学研究认为，节庆作为竞争的空间，通过象征性的实践活动（例如，游行）来巩固或抵制主流的规范和价值观。20世纪70年代，人们普遍认为，节庆能够促进地方艺术的发展（理查德，1996）。奎恩（2006：291）对爱尔兰节庆进行了研究，发现在过去的35年间，节庆的发展带动了场馆基础设施建设，增加了社区生气，盘活了当地资源，拓宽了艺术和相关领域的发展，并吸引了大量旅游者。正如许多历史名城的"节庆化"那样（理查德，2007），"节庆化"是指在目的地营销和旅游推广中，对节庆的战略性应用。在这个问题上人们各抒己见，并不是所有人都对"节庆化"表示认可。

罗宾逊等(2004)探讨了反映地方和种族文化的节庆是如何成为文化旅游的一部分的。然而,许多节庆并没有"地域根基",完全是为旅游发展而创设的,这就引发了节庆的真实性和是否恰当的问题。因此,在当代经济和文化生活中,节庆的社会意义理应获得更多的关注。这种观点的发展势头迅猛,例如在《节庆、旅游和社会变迁》(皮卡尔和罗宾逊,2006b)和《节庆地点:振兴澳洲乡村》(吉普森和康奈尔,2011)中,都对其进行了论述。

英国艺术节庆协会对艺术节进行了分类,包括音乐、舞蹈、视觉艺术、戏剧、电影、喜剧和街头艺术。当然,也可对这些类型再进行细分。其他流行的节庆类型有科学、食品和饮料、文学,以及儿童和家庭艺术。关于历史遗产和宗教题材的节庆也非常普遍。在北美,"社区节庆"风靡一时。这些蕴含许多庆典、娱乐、观赏和运动元素的节庆,常成为当地的标志性事件,甚至是旅游吸引物。实质上,这些节庆庆祝的是社区本身,不仅为社区居民提供了一种认同感,还能够增强社区的凝聚力。由此可见,解读节庆显而易见的主题,并不是理解其意义的最好方式。

【研究札记】

电影节

文章以一个区域电影节的参与者为调查对象,对电影节的成功因素进行了评估,意在为电影节经理人和赞助商的未来规划提供借鉴。不仅分析了参与者的特征和参与体验,并且研究了电影节对当地社区的经济影响。

此外,文章还对电影节能够成为独特"产业"的原因进行了概述,特别是电影节在产生经济效益,以及成为主办社区文化机遇方面的价值。

Grunwell, S., and Inhyuck, S. (2008). Film festivals: An empirical study of factors for success[J]. Event management, 2008, 11(4): 201-210.

1. 节庆的演化

引发开展节庆的有机力量起源于社区庆祝的需要,它们仍一如既往地发挥作用,但形式和功能却在快速变化。与变体的"节日""欢庆"和"喜庆"等词一样,节庆的说法已被滥用并变得商业化了。节庆活动变得司空见惯,甚至是平庸至极,不再特指文化庆典,更别说是神圣的仪式了。例如,我们定期参加当地海鲜餐厅的"龙虾节",或在整个假期里变得"喜气洋洋"(包括过度消费食品和饮料)。

越来越多所谓的节庆充其量不过是娱乐产品,以至于我确信,提到节庆,许多年轻人只能想起户外音乐节。参与者的表现更像是参加一场狂欢节,而狂欢正是他们的目的。体验中仍不乏类似节庆的元素,能够引发社群的形成。

许多节庆的产生是源于其工具主义价值,这些节庆不再是社区或文化的真实反映,而成了政策工具。奥沙利文等(2009)在研究威尔士节庆时发现,当有政府参与时,当地的节庆是由社会文化目标和经济目标驱动的。绝大多数节庆是立足本土、面向当地居民的。目前,对节庆的评估主要是在经济影响方面。因此,节庆所宣称的目标与实际影响之间,显然是不对等的。

2.流行音乐节

斯通(2008)通过研究发现，现代户外流行音乐节起源于20世纪60年代的美国，蒙特雷和伍德斯托克分别于1967年和1969年举办了音乐节。在英国，最早的音乐节是1968—1970年的怀特岛音乐节和1970年的格拉斯顿伯里音乐节。并且英国音乐节的数量每年都在增加。斯通将音乐节定义为：在至少一天内发生，有两个以上现场表演，并最终被包装成一个整体的循环演出。其中一些在室内举办，甚至有些是免费开放的。这里的"流行"囊括了所有的流行音乐流派。它们可以是竞争式的（如乐队比赛）、营利性的、公益性的，可在单个场地，也可在多个场地举行。这些音乐节的日程也许会包括传统的节庆元素，如喜剧、戏剧、舞蹈和周边产品等。夏季是音乐节举办的高峰，天气状况很大程度上决定了成功与否。斯通认为，观众的数量和范围都在增加，不再仅仅是年轻人或是上了年纪的嬉皮士的专属品。不过，作为一个娱乐选择，音乐节的花费日益高昂。那些属于亚文化群体或反主流文化的人士，就表达了他们对音乐节成本不断增加的不满，并反对音乐节的商业化、职业化和政府管制。

与流行音乐节相关的体验多种多样，包括露营和群体体验等。斯通说道（2008：223）："较为特别的是，许多节庆变成了大人们的游乐场，代表着一种边缘性的阈限区域，以享乐主义和以放纵不羁的玩乐为主。"此外，人们参加音乐节也是为了进行身份建构和宣示主张，与"大众文化资本"的积累有关。换句话说，参加音乐节是理所当然的。

斯通也说明了关于流行音乐节形式和主题的最新趋势。当下，音乐节的多样性显著，现场直播越来越有针对性，并且社交媒体在吸引观众方面效果突出。最新的形式和主题有宗教、城市、度假目的地、高端、神秘、青少年的、有意约束的、精品、女士、绿色环保、家庭、有两个会场的、经济、政治、禁止露营的和虚拟节庆等。

（二）狂欢节

狂欢节是大斋节①之前的庆典活动，与盛宴、服装、游行和狂欢密不可分。忏悔星期二，或者说油腻星期二，是狂欢季的最后一天。人们蜂拥到狂欢节或忏悔星期二的活动中，纵情享乐狂欢（甚至是沉迷酒色），通过变装、游行和化装舞会反转平日角色，将狂欢节推向高潮。人们或是盛装打扮，或是衣着褴褛，参加盛大的派对，将平时的社会规范甚至是法律束之高阁。

特纳(1974)和一些人类学家、社会学家对狂欢节尤为关注。那些传统宗教节庆中的"神圣"元素，经常被拿来与狂欢节的"世俗"作对比。狂欢节是一个非常热门的研究话题，最近有许多相关的著作面世，例如雷吉奥(2004)对特立尼达狂欢节的研究，哈里斯(2003)对狂欢节相关的民俗理论和表演的研究，以及纳斯(2004)从旅游和"文化产业"角度出发，研究了特立尼达狂欢节。

狂欢节反映了节庆的"世俗"面。作为文明的一个完整组成部分，狂欢节包括狂欢、变装（包括假面）、角色反转、社会许可和景观等内容。对一些人来说，狂欢节是一种获得认可的

---

① 大斋节，也称封斋节，是基督教的斋戒节期，由大斋首日（圣灰星期三）开始至复活节前日止，一共40天。

非暴力不合作形式;但对另一些人而言,狂欢节属于需要禁止和约束的活动。仪式、欢庆、狂欢和忘我等狂欢节元素扮演着许多角色,有人说它们是社会的安全阀门,能够应对低靡的气氛,引导社会朝着健康的方向发展。

在许多欧洲国家,狂欢节是一个古老的传统,在罗马天主教徒众多的城市,这种传统更是根深蒂固。欧洲还成立了相关的专业协会 FECC(Federation European Carnival Cities 的缩写,欧洲狂欢节城市联合会)宣称,欧洲的狂欢节至少有 9 种不同的类型,包括在里约热内卢等欧洲以外的城市盛行的桑巴舞或加勒比狂欢节。

狂欢节的历史悠久,虽然有截然不同的风格,但也有共同的特征,都有假面舞会或化装舞会、游行、戏剧表演、盛宴和疯狂的派对等内容。从威尼斯狂欢节官网,我们看到了如下提示:

> 有些人抱怨说,狂欢节就是"瞎混日子",是"用户至上的典礼"。但我们认为,狂欢节有着千年历史积淀的传统,既真实纯净,又精妙绝伦。不管其形式再古老,还是一如既往地向实地参与或精神上支持的人们展示着无限生机。

意大利新闻博客这样描述狂欢节:

> 自共和国时期,威尼斯每年都要复兴一次这项古老的传统。据说在 1296 年,著名的威尼斯狂欢节成为了官方欢庆活动。最开始,狂欢节持续的时间比现在要长得多,大概 6 周甚至是几个月时间。狂欢节期间,威尼斯人在许多场合都戴着面具,掩饰他们的真实身份。由于戴着面具,人们毫无压力地做各种事情,整个威尼斯都在纵情享乐。但人们似乎玩的太大了,威尼斯共和国不得不颁布了关于面具的法律和规定,对市民的道德败坏行为加以控制。在 18 世纪,狂欢节以及期间的舞会、盛大景象、面具和戏剧表演,使得威尼斯闻名于整个欧洲。自威尼斯共和国时期至今,狂欢节最重要的日子是大斋节前的最后一个周四和忏悔星期二。当威尼斯共和国受奥地利统治时,狂欢节有很长一段时间停止了,但最终在人们的强烈要求下,这项趣味盎然、寄托人民情感的传统得以复兴。现在,威尼斯每年都要举办狂欢节。期间,城市变成了面具的海洋,幸福、色彩和音乐在这里发酵。

当下,狂欢节仍在不断发展。在寒冷的季节,"冬季狂欢节"方兴未艾,例如已成为城市标志性事件的"魁北克冬季狂欢节"。澳大利亚墨尔本的"仲夏狂欢节",是全球大大小小的同性恋狂欢节的代表,其中许多已经成了重要的旅游吸引物(皮茨,1999)。以下这段话摘自"仲夏狂欢节"的官网:

> 在澳大利亚,狂欢节使财政花园变成了同性恋者的天堂。为迎接仲夏的结束,仲夏狂欢节身着崭新、美丽的"财政花园"裙装,款款地迎接同性恋游戏、劲爆的音乐、热辣的舞蹈和勇敢的体育比拼等。

"集体忘我"是狂欢节的一部分,类似于在大街上载歌载舞(埃伦瑞奇,2006)。埃伦瑞奇认为,从人类文明出现伊始,"集体忘我"就是人类文明的一部分了。社会统治集团的控制,表达和行动的自由意愿,这两者之间一直存在着冲突。宗教和政治齐心协力地压制着天性的发展。埃伦瑞奇发现，赛事也变得狂欢节化了，并指出抗议活动正在不断改造着狂欢节。此外，特纳在其著作《仪式的过程》（1969）中提出的"群体"概念，还有涂尔干（1965）提出的"集体欢腾"，都是与之相关的概念。

巴赫金认为，狂欢节是人民群众为自己创造的事物，是一种解放天性的力量，而景观却是权利阶层所喜闻乐见的。德波尔在《景观社会》（1983）一书中指出，景观出现在"没有节庆的史诗"中。也就是说，在景观中，观众只是被动的旁观者和消费者，而不是体验的参与者。它与权利和控制有关，而狂欢节或欢庆活动却能够提升社会的"包容性"。

（三）文化遗产纪念活动（Heritage commemoration）

文化遗产纪念活动是为纪念某人或某事而开展的悼念仪式、特定的典礼或范围更大的活动（甚至是节庆）。通常，纪念活动多以国庆节、国王或女王的生日、战役或战争（如荣军纪念日）为背景举行。日程中要有能够象征和诠释要纪念的人或事的内容。

"文化遗产"并没有固定的范围，但多与政治有关。不仅有深厚的历史意义，而且作为一种价值判断手段，决定了事物重要与否。作为联邦政府部门，加拿大文化遗产部"主要负责制定和实施相关的国家政策或项目，以推广加拿大文化，促进文化参与，激发公民权利的行使，提高公民生活的参与度，加强人民之间的联系"。加拿大文化遗产部实施的一揽子项目有"庆祝加拿大"活动（包括加拿大国庆节庆祝活动），申办和举行大型赛事，组织博物馆和画廊展览，参加世博会，以及成立加拿大艺术委员会等。艺术委员会的工作包括支持举行艺术节和跨文化节庆，资助艺术家旅行，进行加拿大文化之都评选等。

下文引自加拿大文化遗产部的官网：

> 国庆节是将整个加拿大，从东海岸到西海岸，聚集起来的大好时机，我们可以自豪地庆祝国民财富和丰功伟绩。而加拿大当今的成就，建立在我们祖先的大胆设想和共同理念之上，并通过新一代加拿大人不遗余力的努力，为世人所瞩目。
>
> 我们的文化遗产在作家、诗人、艺术家和表演家的作品当中留存下来，代代相传。国庆节的设立正是为了歌颂这些文化遗产，为了庆祝科学研究的伟大发现和商业的成功，更是为了铭记历史。而历史的每一个新篇章都比之前更加动人、精彩万分。

相比其他活动类型，研究领域对文化遗产活动的关注较少。因此，为了研究文化遗产活动，不得不借鉴一般的人类学和社会学研究成果，以及关于文化和遗产旅游的研究，目前后者是非常热门的研究话题。在对文化遗产活动的研究中，最近的贡献者有弗罗斯特、惠勒和哈维。

【研究札记】

纪念活动

弗罗斯特、惠勒和哈维（2008） 纪念活动：牺牲、认同和失调。

文章回顾了关于纪念活动的研究，并对可能引发争议的意义进行了讨论。作者通过研究澳大利亚的三个意义重大、与冲突相关的年度活动，发现有些主题也可适用于其他纪念活动。首先是牺牲的主题,例如在战争中牺牲的年轻人。活动中也许包括一些欢庆元素,但本质上还是以纪念和寄托情感为主。不同利益相关者对组织和意义的看法不同,这很常见,有时会导致团体的排外主义倾向。甚至,不同参与者群体之间也可能相互矛盾。进而,所有这些因素促成了一种政治主导的环境。最终,一些参与者将参与活动视作一种朝圣,例如为纪念澳纽军团日,许多澳大利亚人虔诚地赶到克里米亚战争中的加里波利战役的遗址。

Frost, W., Wheeler, F., and Harvey, M. Commemorative events: Sacrifice, identity and dissonance. In J. Ali-Knight, M. Robertson, A. Fyall, and A. Ladkin (eds), International Perspective of Festivals and Events: Paradigms of Analysis [M]. Oxford: Butterworth-Heinemann, 2008: 161-171.

霍尔等(2010)也对澳纽军团日纪念活动进行了研究。

(四)游行和队列

"人人爱游行"的说法好像普遍存在,并且由来已久。一般情况下,游行是一场经过组织的庆祝队列,最受欢迎的游行更是移动的景观和娱乐庆典。作为一种经过策划的活动,游行的独特性在于,群众看到的娱乐活动或者事物,在动态行进的队列中经过他们面前,城市街道就是天然的舞台。停止来来往往的车辆,把街道变为游行的场所,这也是观看游行的乐趣之一。游行本身就是活动,也可以作为节庆和赛事庆典的一部分。游行的体验无外乎以下几种:欢乐、奇妙(特别对儿童来说)、嬉戏、大范围社交、欣赏展示的艺术、技能、象征和文物。

游行有许多重要的变体,包括船队、骑兵队、宗教队列(一般有神圣的事物)和有战争武器的阅兵式等。一些游行仅仅由人组成,但常见的游行元素包括花车、游行乐队、娱乐部分(舞者或挥舞旗子的人)和重要人物(游行司仪、选美皇后)。本书第四章的"历史"一节,就简要介绍了一个游行,它是有记录以来规模最大、历史最悠久的游行之一,并且我们可以从中得知,游行在千百年中并没有什么大的变化。

汤姆林森(1986)从社会学的角度出发,发现在小城镇的游行中,充盈着反映社区价值观的形象和象征,比如纯净、美丽、幽默、宗教和政治价值观等。游行这种演出形式不仅针对当地居民,还面向外来人士。另一个关于游行的典型研究是格里波(2004)的《梅西的感恩节游行》。

(五)宗教活动

在节庆活动和其他庆典中,常包含一些宗教仪式。但宗教活动最先表现的就是庄严的礼仪和仪式,在特定的宗教背景下,是神圣的象征。一些宗教活动已成为国家的节日,准确地说是圣日,如墨西哥的亡魂节。日本的"祭"也是一种宗教活动,通常由社区的人们自愿举行,以庆祝一些宗教或精神主题。

朝圣是出于宗教或精神目的的旅行,强化了集体的宗教和文化价值观,通常指向有重大意义的地点和事件。沙克利(2001: 102)将朝圣看作"线性活动",从朝圣者的动机和体验来说,旅程和到达目的地同等重要。

朝圣是对圣地的追寻，一次神圣的旅行，一种庄重的体验。对许多人来说，朝圣是一种责任。整个朝圣过程可被概念化成一个人一生当中的特殊事件，一个通过仪式和一种转变体验。但宗教朝圣常与意义明确的活动相关，其中规模最大的是麦加朝圣，每年吸引数百万信徒（沙特阿拉伯政府对此实施管制）。还有印度最大的宗教集会——大壶节，每3年庆祝一次，在4座城市中轮流举行①。据说2001年的大壶节吸引了超过2 800万的朝圣者（辛格，2006：228）。

【研究札记】

朝 圣

朝圣地是宗教文化和传统的宝库。印度朝圣地的节庆活动将组织者、朝圣者和游客聚集起来。通过观察洒红节，欣德发现了空间的层次性。首先，寺院的私密空间和高僧的静修处只对古鲁②、教士和宗教团体开放；其次，宗教官员、朝圣者、信徒和拜访者能够光顾半开放的空间；最后，所有人都可以进入公共区域，但必须遵守当局制定的法律和秩序。在文章中，作者还讨论了包括文化变迁过程在内的宗教旅游。

Shinde, K. Managing Hindu festivals in pilgrimage sites: Emerging trends, opportunities, and challenges[J]. Event Management, 2010, 14(1): 53-67.

二、政治活动

由政府或政治团体举行的活动都属于这一类别。政治活动常出现在新闻当中，包括但不限于：工业大国的G8峰会、皇室婚礼、教皇巡游和相关的宗教节庆、VIP会晤（如政府首脑间会晤）、美国总统的就职典礼、王子加冕仪式、政党大会。

大多数政治活动是安全的众矢之的，需要最高级别的安保措施。当领导集会、政府会晤时，或VIP出访时，不仅媒体在密切关注，那些想要抗议或破坏的人士也在伺机而动。为妥善安排这类活动，需要投入大量的财力物力。另外，在这些政治活动中，计划外的娱乐元素越来越多。

三、艺术和娱乐

几乎所有的行为、运动、艺术展示和事件都能被当作"娱乐"。很多流行文化形式也属于这一类别，包括音乐节、颁奖典礼、戏剧、艺术展和舞蹈表演。毋庸置疑，文化庆典中的重要

---

① 大壶节：印度教集会，是世界上参与人数最多的节日之一。相传，印度教神明和群魔为争夺一个壶而大打出手，原因是壶里装有长生不老药。结果不慎把壶打翻，4滴长生不老药分别落到印度的阿拉哈巴德、哈里瓦、乌疆和纳锡4地，因此这4座城市分别每3年庆祝一次大壶节，也就是每个地方要相隔12年才举行一次，所以是难得一见的宗教盛事。从1月9日开始，为期42天。（参考来源：大壶节百度百科）

② 古鲁：印度教高僧或领袖。

活动内容也能被看作娱乐性的,但基本目的还是有所不同。

确切地说,娱乐通常是被动的、消极的,人们完全是为了享乐而体验,无须考虑其文化、历史意义或者价值观念。这么说来,娱乐很大程度上是享乐主义消费,而非一种文化庆典。这也解释了为何"娱乐"是一种商业,一个巨大产业的一部分,且不受政府的社会、艺术或文化政策约束。

"戏剧"是涵盖多个子类的活动,包括戏剧艺术、音乐,以及其他经过改编且有"舞台"环境的表演形式。戏剧原理已被有规律地应用到活动当中了。在后文中,我们也会探讨有关戏剧的研究,以及戏剧和表演的类别。但在此之前,还是有必要先对主要的艺术形式进行区分。

四、表演艺术

从定义上说,几乎所有表演都是经过策划的活动。个人和团体可以自发进行表演,如唱歌和吟诵,但正常情况下,我们不会把这种艺术表现形式称为"活动"或"娱乐"。

一般情况下,表演艺术需要有实施表演的人,如音乐人、歌唱家、舞蹈家或演员,还有观众。所谓的"高雅文化"有交响乐、芭蕾、歌剧和传统戏剧表演。而"流行文化"涵盖一切音乐形式(从爵士乐到新世纪音乐,从流行乐到嘻哈乐)、舞蹈(现代舞、踢踏舞、爵士舞等)和相似表演形式,如街头艺术和幻术等(魔术)。电影和电视中的娱乐活动主要是间接的(不是亲临现场的)表演。就时尚来说,它既属于表演(时装秀),也是视觉艺术。

艺术活动的其他分类标准有:
- 专业艺术家还是业余艺术家;
- 竞争还是欢庆;
- 多种流派还是单一流派(如是只有爵士乐,还是包括许多音乐类型);
- 单一文化还是多元文化;
- 付费演出还是免费演出;
- 定期的、周期的还是一次性的;
- 暂时的(如有时效的视觉艺术,一次性的表演)还是长期的。

五、文学

文学包括印刷的文字,如书籍、杂志,甚至是网络日志(博客)。当文学以娱乐为目的,或采用一种能产生审美的写作手法时,我们才称其为"艺术"。标榜诗歌等文学主题的节庆或经过策划的活动很常见,其中有阅读形式的表演,故事节就是它的一种变体。

六、视觉艺术

绘画、雕刻和手工艺是最常见的视觉艺术。巡回的、一次性的视觉艺术"秀"或"展览"都是经过策划的活动。"装置艺术"是介于展览和特殊事件之间的一种类别,建筑也属于一种视觉艺术。电脑游戏和互联网等媒介已成为视觉艺术表达的热门途径,并且,所有这些艺术形式都可作为经过策划的活动的主题。

七、商业和贸易活动

这类活动的出发点是推广、营销、现场交易或完成公司目标。显然，农贸市场、博览会和展览会（贸易展和消费展）的目的都是营销和销售。

世博会是为了营销整个国家，推动国际贸易，促进旅游产业的发展。大多数情况下，会议、大会是与协会和企业事务相联系的，通常包括学习、士气建设和制定政策等内容。出于内因（如培训）和外因（如节庆活动中的盛大开幕式、展示和销售）双重目的，公司会选择举行或赞助多种类型的活动。

不应被忽视的是，一些企业活动和私人活动也有一定的文化意义（如韩国人参节升级为重要的年度节庆），或是政治意图（在世博会上，为吸引注意力和提高盛誉，国家之间相互竞争）。许多商业和贸易活动与酒店、度假区、会展中心密切相关，是旅游业和接待业的重要构成。当活动成为旅游吸引物，或开始塑造目的地形象时，它们就属于目的地营销的范畴了。

八、会议和大会

从古至今，人们出于多种多样的原因聚集在一起。但施佩尔（2002）认为，在19世纪末和20世纪，随着产业化和贸易的发展，现代会议产业才真正兴起。同时发展的还有各式各样的贸易协会、专业协会和亲和组织。1896年成立的底特律会议局，是美国第一个会议局。那时，酒店还是最主要的活动场所。

"讨论会"（conference）是出于商议和讨论目的的集会，为利于互动交流，规模越小越好。罗杰（1998）认为，讨论会通常是一次性的，不必遵循什么传统。在一个研究领域内，针对特定的话题或非常有趣的主题，通常举行无数次讨论会。

"大会"（convention）通常是指协会、政治团体、俱乐部或宗教团体的大型集会。一般情况下，参会代表要经过一道选择程序。在欧洲，尽管"代表大会"（congress）一般是指国际会议，但"congress"的用法较"convention"更为普遍。

企业和协会通过雇佣会议经理人来处理相关事宜。市场中存在着许多会议策划公司，其中一些已将业务拓展至特殊事件领域。此外，酒店、度假区和会议中心也雇佣专业人士进行管理，既负责营销，又负责承接会议和其他活动。国际会议专业人士协会（MPI）对协会会议、公司会议、科技会议和奖励会议进行了区分。但单词"meeting"是会议的统称，指所有出于某种目的的集会。一般情况下，"meeting"意为小型、私密的商务会议。

与会议的其他细分市场相比，"企业"市场要大为不同。首先，有大量会议需求的公司，倾向于自己雇佣活动经理人或会议策划人，大型协会也会如此。其次，相比协会活动来说，企业活动更加多样，包括培训、接待、产品发布、动员大会、放松活动、宣传活动、盛大开幕式和团建活动等。最后，企业客户倾向于重复使用同一个场地。因此，企业和特定的酒店、度假连锁机构能够建立强有力的合作。

九、展览（贸易展和消费展）

桑德拉·莫罗（1997）在其著作《展览的艺术》中（为国际博览协会-IAEM 撰写），强调了"贸易"展和"消费"展的核心目的，即为买卖双方提供一个有时效的、暂时的市场环境。

"消费展"对公众开放，通常要收取一定的门票费用。热门的主题有汽车、旅行和消遣、宠物、电子、园艺、艺术、工艺和其他生活爱好等。主办方以私营企业为主，巡回举办展会，因此不管在哪个社区，消费展都有明显的年度性。场馆也可举行自办展。制造商在展会上测试新产品，零售商试图扩大销售额，而消费者既搜寻新的创意，也追求娱乐机会。

"贸易展"通常只对受邀者开放，这些受邀者要么有特定的商业需求，要么是协会成员。参展的制造商和供应商意在销售产品和服务，或至少将其推向市场，使信息到达潜在顾客。常见的贸易展类型有工业展、科技展、工程展和医疗展等。许多贸易展还附设教育性质的会议或论坛。贸易展经常作为协会会议的一部分，例如活动产业的供应商在一个贸易展中参展，而这个贸易展隶属于一场专业协会会议。"国际贸易博览会"是一个特殊的类别，它们是规模最大的贸易展，面向全球或多国市场。因此，通常在重要的交通枢纽或有大型展览场馆的城市举行。

展览业研究中心是为行业提供研究数据的组织。据 CEIR（Center for Exhibition Industry Research 的缩写，展览业研究中心）称，"对制定购买决策来说，参观者对展会的评价是最有用的参考信息"。专业人士通过参观了解新产品，并与供应商面对面地进行沟通。在展会中，有竞争力的产品并排展出，有利于观众进行综合评定。这也解释了人们为何要去有许多制造商参展的消费展，因为可以货比多家。此外，展会的娱乐性和社会性不可被忽视，在获取新知识时，参观者也应得到愉快的体验。

展会有淡旺季的差别。在北美，展会数量最少的时期是每年的 12 月，两个高峰月份分别是 10 月和 3 月，这两月展会数量相当。夏季的 7 月和 8 月是第二个淡季。在展会旺季，对展馆的大量需求造成场地供应不足，这也是场馆建设如火如荼的原因之一。

【研究札记】

中国的展览会

文章讨论了中国展览业的快速发展和结构化演变。中国是亚洲最大的展览市场，包括广州在内的许多城市大规模地投资场馆和展会营销。文章认为"中国仍是国际上一个至关重要的新兴市场。从中国展览业发展中汲取的经验和启示，可作为开发其他新兴市场的有利参考。因此，不论是学者还是从业人员，都应引起重视。"

Xin. J., Weber, K., and Bauer, T. The state of the exhibition industry in China[J]. Journal of Convention and Event Tourism, 2010, 11(1): 2-17.

（一）交易会或集市（Fairs）

交易会有多个含义，有些经常会令人困惑。查阅字典，可看到如下定义：

• 在特定的时间和地点，为买卖商品举行的集会（即市场）。

• 一场展览会（如农产品展或商品展。通常伴有不同的比赛和娱乐活动，比如像州立博览会那样）；展商之间可能会打价格战。

• 使人们了解产品或商业机会的展览会。

• 一场活动，通常是为了慈善团体或公共机构的利益，包括娱乐活动和商品的销售（也称为巴扎）。

有时，"节庆"（festival）被看作"交易会"（fair）的同义词，但交易会本身有着悠久的历史，是周期性的展览会和市场。沃特斯（1939）发现，交易会的历史可追溯到早期人类物物交换和贸易的时代。尽管北美人民将"市场"（market）看作消费的场所，但最初交易会只是临时的市场。每个社会都拥有交易会，在特定的时间，商品在这里进行买卖，通常地点也是固定的，最终成为市场或露天市场。拉丁语单词"feriae"意为圣日（后来逐渐成为假日），是英语单词"fair"的起源。所以，以前交易会的日期通常是教会认可的圣日。

过去，交易会多与宗教庆典相关。如今，交易会通常包括一些娱乐消遣活动。但总体来说，相对于主题公众庆典，交易会的定位更倾向于生产和商业。确实，亚伯拉罕（1987）认为交易会和节庆完全相同的说法仍有待论证。但他也提出，在当代城市社会中，由于过去交易会中所庆祝的旧式生产方式早已不复存在，因此交易会和节庆几乎变成了同义词。

在 IAFE（The International Association of Fairs and Expositions 的缩写，国际交易会与博览会协会）的官方网站上，可以看到关于交易会历史的相关说明。北美地区大多数传统交易会都是国家级和州级的，每年在同样的地点举行。大多情况下，乡村和农业是不变的主题。其中一些被称为"展览会"或"博览会"，体现了一定的教育导向。多数交易会由独立的机构或农业学会进行运作，这些机构或学会看似独立，实则与主办地当局有密切的联系。典型的农业交易会和农业展元素有：农产品展示和农业比赛，销售和贸易展（如农业机械），各种消遣活动、餐饮、游行和娱乐等。此外，教育也是一项重要的日程，例如与四健会[①]的密切互动。在英国、澳大利亚和新西兰，这种类型的交易会通常称为"秀"（show）。

（二）世博会

"世博会"是一个特定术语，来源于1928年的一项国际公约，由位于巴黎的 BIE（Bureau International des Expositions 的缩写，国际展览局）进行协调管理。国际展览局制定了申办和举办世博会的相关制度。表面上看，世博会是教育性质的，并特别关注科技发展进程，但一些学者认为世博会不过是经过粉饰的商品交易会（本尼迪克特，1983）。

关于世博会的研究不胜枚举，反映了其经济和社会意义，以及在博览会爱好者当中的受欢迎程度。许多国家和城市，将举办世博会看作吸引全世界目光和发展旅游的绝好时机，并

---

① 四健会（4H clubs）：始于1902年，是由美国农业部的农业合作推广体系管理的一个非营利性青年组织。

且有助于促进城市改造和实现其他发展目标。因此,世博会的申办常常很激烈。

举办世博会需要付出高昂的成本,还有显著的环境和社会影响,目前对世博会的看法褒贬不一。为达到目的,政府尽其所能地利用世博会和其他大型活动。因此,霍尔(1992)认为世博会是一种政治手段。通过有计划地改造和开发城市,多数世博会结束后会留下一个永久性的建筑遗存(特别是像埃菲尔铁塔那样的标志性建筑)。但对旅游推广的大量投入,并不都能产生持续的客流。然而一些专注于世博会形象和纪念品生意的网站认为,人们对世博会的怀旧情怀正在无限蔓延。一些世博会取得了象征性的地位,例如1967年的蒙特雷世博会,常被当作国家级的盛会,但蒙特雷也为此欠下了巨额债务。

(三)企业活动

由企业或为企业举办的活动都属于企业活动,通常包括一系列针对企业外部的活动,或面向公众,或面向其他企业。萨热(2006:13)认为企业活动的本质是关系营销,"通过举办这些活动,企业可以与顾客面对面沟通,并建立起可以跟进的关系。在活动结束后,可以通过电话访问、安排会面、一对一邮件沟通等形式进行追踪。"萨热对活动经理人与活动营销人员的角色进行了区分。活动营销人员需要认识到:要将什么信息传递给客户? 观众购买是否是我们的目标? 这些活动对销售有何影响?

【专家观点】

乌尔里希·文施教授是柏林艺术大学(一所应用型大学)的一名院长,他既是一名从业人员,也是一名学者,专门研究企业活动。参考文献请见本章末的延伸阅读部分。

企业活动

本文将简要介绍企业活动的几个方面。企业活动从工业化伊始就已存在,然而最近才引起人们的重视。这些企业活动以面对面的形式展开,目的在于直接面向公众,使消费者了解其产品和服务,常被打上现场传播的标签。同时,这种表述也标明了大众传播方式的两个维度的界限,即"一对多"的沟通,和实时实地的"多对多"沟通或团体沟通。

在大众媒体成为主流传播媒介前,企业活动就已随着工业化的产生而出现了(19世纪50年代左右)。到19世纪晚期,美国的海因茨、法国的米其林和德国的林纳等一批有创新精神的企业家,开始采用一些新的方式来吸引消费者,如节庆中的产品元素,在码头进行产品展示、政治示威等。20世纪20年代,宝洁创始人普客特和甘布尔先生发现,消费者与产品的第一次接触(即所谓的"关键时刻",一是货架旁,二是第一次使用时)是营销周期中的关键节点。不论在过去还是现在,与产品的亲密接触得来的体验都是购买决策的关键。因此,自20世纪80年代后期,体验经济的说法开始形成,强调在饱和市场中,为激发购买决策,仅依赖价格竞争是远远不够的,还需要对产品的体验。

企业活动有多种形式，但都回归到了人类最原始的现场交流方式的活动，即有仪式感的欢庆活动和舞台化的娱乐活动。当今，为将信息传递给外部和内部受众群体，企业不断参加或举行开办展览会、大会、产品发布会，推广活动和奖励旅游，还有新型的活动形式，如埋伏式营销、游击营销活动等。也许下列数字可以说明活动市场的巨大体量：酒店客群中，有 1/3 是商务旅行人士；2006 年，加拿大的会议产值达到了 760 亿加元（约 800 亿美元），包括住宿、交通、娱乐、餐饮等；2006 年，德国展览市场创造了 29 亿欧元的营业额（约 30 亿美元）。但对以上数据还是应该慎重看待。

　　时间会证明，活动到底是一个独立的产业，还是广告业或旅游业的一部分。但目前，企业开始不约而同地发展和培育自己的活动品牌，如红牛的诸多赛事活动，或健力士啤酒在圣帕特里克节的活动。这似乎表明，在企业内部与媒体和娱乐密切相关的业务分支正在兴起。

　　在注意力管理中，企业通过开展活动为人们提供独特的体验。这种体验能产生一定的关注，但无法一直聚焦某些特定的注意力，因为它是一项永不间断的活动——"生存"的产物。因此，设计过程就是会展活动的策划而非组织的开端。对会展活动研究来说，这意味着，除了一直以来进行的主要的基础经济研究和项目管理研究之外，其人文学科的属性越来越强。为举办一场在经济上成功的会展活动，策划者需要对人性有深刻的理解，而且还得借鉴社会学、美学、宗教研究、心理学和生物学等多个学科的研究成果。

十、教育和科技活动

　　这类活动经常被当作商业和贸易活动，然而它们并不相同，原因在于教育和科技活动注重的是知识的创造和交流。这类活动主要包括学术和专业研讨会，以及有特定主题的大会。事实上，许多小型或者私人会议也有同样的举办目的。

　　教育是这类活动的标志性体验，包括参与性教育、示范性培训等。但并不是说它们不能是社会性的和有趣的活动。当然，多数人参加科技和学术大会是为了追求知识，但也可能是为了与老友和同行联络感情。这更像是一个与年龄有关的变量。

十一、赛事

　　"体育运动"是身体强壮的人参与的活动，需要战术支持、体育训练和心理准备。在规则框架下，最终结果由技术决定，而非运气。体育运动存在于有组织、结构化的竞争环境中，必有一个获胜者。（加拿大不列颠哥伦比亚省，体育部）

赛事是关于体育运动的比赛或集会，可分为不同的类别（所罗门，2002）。其中一种分类如下：

- 专业或业余；
- 室内或室外（或对特殊场地的不同需求）；

- 周期性(联赛、季赛或锦标赛)或一次性(表演赛或友谊赛);
- 本土级、地区级、国家级或世界级;
- 竞赛性,观赏性,或两者都有;
- 体育节庆(运动庆典,通常是为青少年举办,包括多种运动形式);
- 单一赛事或综合赛事;

另一种是根据赛事的形式进行划分:

- 周期性的比赛或竞赛(联赛内);
- 定期的锦标赛(联赛或邀请赛);
- 一次性的运动"景观"(媒体或观众导向);
- 巡回表演赛或邀请表演赛;
- 体育节庆(强调庆典,通常是青年化的);
- 综合赛事(如奥运会、精英运动会等)。

这是一个数量庞大的活动类别,在世界各地,任何时候都有大量的赛事活动在举行,运动种类、赛事形式的多样性也在不断增加。其中,媒体的作用深远,由此产生了一个完整的活动类别——"媒体活动"。如果没有赛事,也许媒体活动就不可能存在。

在其著作《赛事管理和营销终极指南》中,格雷姆等(1995)提到,在美国,有成千上万与体育运动有关的工作,特别是在活动策划、管理和营销方面,工作机会不断增加。他们认为(1995:8)赛事和其他特殊事件存在共性,如都是服务导向,都包含庆典和戏剧、媒体报道等,并且在组织运营上也是相似的。此外,观众和旅游者参与动机也存在一定的相似性,特别是在参与仪式和参与传统方面。像奥运会这样的传统赛事通常包括一些庆典和节庆内容。并且围绕运动会策划有浓厚吸引力的节庆或特殊事件,已成为当下许多赛事的惯例。

【研究札记】

赛　事

作者发现,竞技体育赛事的增长相当可观,参赛队伍的旅行也相应增加。他们认为,特殊挑战在于需要穿梭于不同的地区和国家。由于比赛或长时段的系列赛通常在不同的场馆举行,参赛队伍和支持者需要随之移动,因此后勤工作极其复杂。但在主办社区看来,这些赛事都是一次性的,包括那些吸引全球媒体报道的大型活动,如汽车拉力赛、自行车赛、国家橄榄球和板球循环赛或其他锦标赛等。另一些重大挑战有:场地的选择和调度、区域或国际间的旅行安排、需求的不可预知性和体育旅游体验的变化无常。

Morgan, M., and Wright, R. Elite sports tours: Special events with special challenges. In J. Ali-Knight, M. Robertson, A. Fyall, and A. Ladkin(eds), International Perspective of Festivals and Events: Paradigms of Analysis[M]. Oxford: Butterworth-Heinemann, 2008: 187-204.

十二、娱乐消遣活动

一般情况下,娱乐消遣活动是由公园、娱乐机构、非营利组织和亲和团体(如教会、学校和俱乐部)出于非竞争性的原因而举办的,通常是玩耍性质的。因此,我们需要借助社会心理学、游戏和休闲理论来理解这种活动的体验及收益。

在策划和管理方面,娱乐消遣活动通常是非正式的,甚至由团队进行自我组织。但只要有人参与进来,我们就将其归为"行为"而非一场活动。事实上,娱乐消遣活动没有数量和规模的限制,如纸牌游戏、实况足球、舞蹈和体育课、即兴演出等。这当中,许多活动并不符合我们对"特殊性"的定义,它们会定期举行,毫无独特性可言。另有一些娱乐消遣活动,归属相当模糊,无法明确到底是属于经过策划的活动,还是自发活动。

十三、私人活动

人一生中会有许多通过仪式,且根据文化背景的不同会有极大的差异,但所有的通过仪式都属于经过策划的活动。从产业的角度看,当通过仪式在某个场地举行,以满足个人和小型顾客群体的某种需求时,通常被称为"聚会"(functions)。婚礼、生日庆典、受戒仪式、葬礼、节日主题派对和教会聚会等通过仪式,或需要专业人士进行策划,或完全由参与者安排。这种体验既是个体性的也是社会性的,也许还蕴含着多重意义。其中多数通过仪式可被看作庆典,离不开一定的主题和情感刺激。

市面上已有不少从业指南类的书籍指导婚礼、派对和其他私人聚会的策划与设计。在全球范围内,婚礼是一种相当重要的活动,已成为一个大型商业领域和学术研究的对象,例如,奥特内斯(2003)所著的《灰姑娘的梦想:豪华婚礼的魅力》。在《成功的活动管理》一书中,肖恩和帕里(2004)对英国的婚礼"产业"进行了详细描述。

聚会网声称,在美国,军队、学校、教会和亲和团体等每年要组织10 000场聚会。相比之下,私人聚会、家庭聚会的数量更是不计其数。

关于在正式场合举行的宴会、派对等活动的细节和案例,可参见场馆、酒店和餐厅管理的研究文献。

十四、非主流形式的活动

接下来,我们来看看那些处于"经过策划的活动"边缘的活动。本节是为了说明,很多时候,概念的界限并非那么明确,同样,"策划"不过是一个程度问题。毫无疑问,每个活动都能带来新奇的体验,甚至其中一些体验完全是由人们自己创造的。常见的有快闪、游击演唱会、枕头大战和圣诞老人大集会。

在某种程度上,这种活动起源于反政府情绪,甚至是无政府主义。它们极度依赖个人通信设备,这也解释了为何其中大部分现象是新近才产生的。

"快闪"是其中最普遍的一种形式。人们在接到某条信息后,在指定的时间、指定的地点同时出现,并做一些出人意料的事。以下来源于维基百科:

当"比尔"最先组织快闪运动时,他将其定位成艺术性的恶作剧。当时,为了看起来有趣,并且为了不被打上"不尊重抗议活动"或"拙劣模仿"的标签,他试图使快闪成员表现得荒诞不经,但无关政治。2003 年 5 月,一个名为"快闪计划"的地下团体,在曼哈顿组织了第一个现代快闪运动。

游击演唱会最早由一个叫作"1-UIK 计划"的葡萄牙嘻哈乐队引入。继而于 21 世纪早期和中期,先后在英国和美国的朋克摇滚、独立摇滚和噪音摇滚乐队中流行开来。在概念上,游击演唱会和快闪有些类似。典型游击演唱会的布置非常迅速,通常在不适宜现场音乐会的地点举行,如地下室、大堂、野外、停车场等,并通过网站留言板、短信和演出开始前的传单进行宣传。

枕头大战是由快闪运动发展而来的流行风尚,由移动俱乐部(Mobile Clubbing)的创始人发起,很大程度上借鉴了恰克·帕拉尼克的小说及据此改编的电影《搏击俱乐部》。目前,枕头大战已在世界范围内流行开来。枕头被事先藏好,在约定的时间,参与者拿出各自的枕头互相击打,直到将枕芯全部打出,在看似荒诞的场景中释放年轻的活力,但持续的时间并不长。

枕头大战的组织是自发的,成员由一个想法联系起来,但只有一个松散的共同目标。他们想要将传统的公共空间变成枕头大战的场所,在这期间,一群陌生人能够融入到社区当中。此外,他们还想要为通勤者带来一些乐趣和困惑。和移动俱乐部那样的快闪活动一样,枕头大战也是想要使人们重新审视公共空间的使用方式。在许多方面,枕头大战都与偶然事件相类似。

加西新闻社(卡尔加里先驱报,2005 年 12 月 14 日,周三,A3 版)曾报道过一场称为"圣诞无政府主义"(santarchists,由英文单词 santa 和 anarchist 合成)的运动:

> 从 1994 年开始,在节日中,装扮成圣诞老人的民众欢天喜地地出现在北美的各个城市,这种庆祝方式,被称为圣诞老人大集会,是快闪运动的一种变形。人们突然聚集在事先约定好的地点,做一些百无聊赖的行为,然后迅速散去。先驱报曾引用乔迪·富兰克林的观点,认为圣诞老人大集会是"古罗马节日神农节的一种后现代复兴"。

这些新近产生的现象都有一个目标、一个发生地点和持续很短的过程,却并没有真正意义上的日程,只有行为本身。以圣诞老人大集会为例,它们通常无关痛痒,但有些确实想要传达一些信息。对一次快闪行动而言,需要某个人或某个团体来发起,但并没有实体组织,也没有人对其真正负责。那么,如果出现了意外状况,又该归咎于谁呢? 我能理解这些活动是游乐性质的,也能够明白它们作为行为艺术和抗议手段的价值,但还是对维基百科中的一种描述尤为吃惊,它声称一些快闪族正在重塑公共空间。这和将某个场地变成暂时的节庆和活动空间的"限定"(valorization)过程有些类似,只不过快闪族的目的想必是向人们说明,这些空间理所当然的"属于"大家,或是表明任何空间都可以作为欢庆或表演的场所。然而,当这些活动在世界范围内变得井然有序时,如何才能组织一场随意且不合规范的活动呢?对枕头大战来说,到底又会发生什么?

第四个国际枕头大战日

任何宜居的城市都至少有一场年度枕头大战。组织一场大型的枕头大战,也许是众多免费活动中最为轻松的了,当然也是回报最为丰厚的活动之一。建议那些想要组织枕头大战的人不要申请许可。当然,如果未来有针对免费活动的取缔措施,这种状况也许会改变。但在此期间,也并不是所有人都赞同我们的活动。

资料来源:枕头大战日官网。

但对未经策划的自发活动或快闪运动来说,通常伴随着风险:

费城采取措施,防快闪于未然:继骚乱事件发生后,市长呼吁父母督导孩子的功课。维琪·马布雷和泰德·葛思坦报道,2010年4月23日。

最初,快闪不过是在大街上跳跳舞,像雕像一样站立不动或是大型的枕头大战,如今却没有那么简单了。例如,为抗议汽车驾驶员的不尊重行为,旧金山和洛杉矶的自行车爱好者开始阻塞交通。再比如,在冬季空前的暴风雪期间,华盛顿的人们开展了一场临时的雪球大战,但在一位便衣警察拔枪之后,一切都变了味儿。此外,两周前的费城,一场变质的快闪运动将适宜游览的南街变了样。短短数分钟,平日里晚上气氛良好的街道上,涌入了大量看起来要搞破坏的人们,其中多数是年轻人。

十五、消遣式骚乱

这种说法来自媒体对北爱尔兰一些事件的报道,以下节选自2010年7月14日的BBC北爱尔兰新闻(在线):

"消遣式骚乱"一词产生于贝尔法斯特,形容暑假开始后,按照惯例,会爆发街头骚乱。

在连续3个晚上受到骚扰之后,多内根神父说:"我夺下了孩子们手中的石头。这有点像专为捣乱设计的迪士尼主题乐园,实在是太荒唐了。"

其中,大多数年轻的骚乱者不过些无聊至极的孩子,在无事可做的市区寻找些乐子。

但在这些暴力活动中,最小的参与者不过才8岁。

对于其他休闲和活动形式能否制止消遣式骚乱,以及"消遣式骚乱"的说法是否合适,都还有待论证。但它和偶尔发生的体育骚乱一样,都是让人感到不安的现象。

[学习指导]

本章探讨了经过策划的活动的本质,重点强调了其时间和空间维度。通过了解"非主流形式的活动",如快闪和游击演唱会,我们发现,经过策划的活动和未经策划的自发活动在活动内容和体验方面存在相似之处,这也使得我们能够更好地理解一般意义上的人类活动。具体来说,专业人士和商务人士会更多地关注经过策划的活动,但在政策制定者和研究人员看来,未经策划的自发活动同样很重要,同样值得注意。

尤为重要的是,能够根据形式、功能和体验对活动(及相关术语)进行区分。本章呈现了一种基于形式的活动分类标准,并对其中主要的类型进行了介绍。事实上,这些活动类型都属于"社会建构",从节庆、会议等所包含的传统、共同期许中发展而来。此外,还可根据功能对活动进行划分,如象征性事件、标志性事件和大型活动,这种分类能涵盖多种活动形式。但由于任何活动形式都可能含有多种体验,因此,很难根据体验对活动进行分类。

从文化庆典到私人活动,本章回顾了经过策划的活动的主要类型,并为研究活动体验的本质、体验的多重意义以及如何设计和筹划这些体验进行了铺垫。后面章节会对这些话题进行更加深入的探讨。此外,要能够将活动与结果、政策联系起来。需要思考对不同形式、不同功能的活动来说,最合适的研究方法是什么。

[研究问题]

- "活动"和"经过策划的活动"的定义。
- 活动的时间和空间维度分别是什么?对活动经理人来说,活动的时长、频率、规模和周期是否重要?对观众和社区也是如此吗?
- 解释如何根据形式、功能和体验对活动进行分类(即类型学),说出每种方法存在的问题,并举例说明。
- 基于本章的分类标准,为什么据此进行划分的经过策划的活动都属于"社会建构"?
- 描述经过策划的活动类型的本质区别,包括在体验和标志性风格元素方面的根本不同。
- 为何活动研究也要关注未经策划的自发活动和"非主流形式的活动"?举例说明经过策划的活动和未经策划的自发活动的区别。
- 是否由于趋同的存在,不同活动形式和功能间的差异会变得无足轻重?讨论引发趋同的因素。

[延伸阅读]

Ali-Knight, J., Robertson, M., Fyall, A., and Ladkin, A. (eds). International Perspective of Festivals and Events: Paradigms of Analysis[R]. Oxford: Butterworth-Heinemann, 2008.

Allen, J., O'Toole, W., Harris, R., and McDonnell, I. Festival and Special Event Management (5th edn)[M]. Milton: John Wiley & Sons Australia, 2011.

Falassi, A. (ed.). Time Out of Time: Essays on the Festival[M]. Albuquerque: University of New Mexico Press, 1987.

Robbe, D. Expositions and Trade Shows[M]. New Yorks: Wiley, 1990.

Rogers, T. Conferences and Convention: A Global Industry (2nd edn)[M]. Oxford: Butterworth-Heinemann, 2007.

Weed, M. Olympic Tourism[M]. Oxford: Butterworth-Heinemann, 2008.

Wuensch, Ulrich. Facets of Contemporary Event Communication-Theory and Practice for Event Success[M]. Bad Honnef, Germany: K.H.Bock, 2008.

第二部分
基础学科和密切相关的领域

第三章 人类学、社会学、哲学、宗教学和心理学

通过本章的学习,学生应掌握:

- 这五门学科对了解活动在社会和文化方面的作用、意义、重要性和影响的贡献;
- 人类学、社会学、哲学、宗教学和心理学中有利于活动研究的主要理论和方法论;
- 每门学科对于理解活动、先例、实践、效果、模式、过程和政策的本质和意义的具体贡献。

第一节 人类学

人类学对活动研究有着最基础的贡献,尤其是在我们现有的对节日和庆典的理解方面,而且它还为我们提供了适用于活动仪式和阈限的理论框架。相比之下,生物起源和人类进化则是体质人类学的主题。考古学尤其注重考察留存下来的物质文化和人类的手工艺制品,人类文化的演变是考古学关注的焦点。

有时候人类文化学也被称为社会人类学,社会文学人类学或者是人种学。社会学和人类学两门学科是在同一时期发展起来的,而且都涉及社会组织层面。这两门学科都研究社会体系和结构,此外人类学家还考察文化的符号象征,例如艺术和神话。

表 3.1 人类学

	本质和含义,活动经验	参与活动的先例	计划和执行活动	结果和影响	过程与方式
人类学 -对人类起源和发展的研究					

	本质和含义，活动经验	参与活动的先例	计划和执行活动	结果和影响	过程与方式
文化人类学 -对文化本质和功能的研究以及对文化的系统比较 -以文化的符号象征为焦点来研究社会组织	-文化的重要性和庆典的意义 -习俗、仪式 -符号象征 -朝圣之旅 -阈限性 -真实性 -交融性	-参与活动的文化影响（例如，消费主义、传统、可被觉察到的自由）	-文化节目 -由文化定义的风格要素	-文化冲突（例如主客互动、文化的真实性、传统的持续性）	-文化的趋势和巨大影响（例如价值、全球化对活动的影响） -文化政策

一、文化

舒尔茨和拉玟达（Schultz and Lavenda，2005：4）把文化定义为"人类作为社会成员所习得的一系列非天生的行为和想法"。文化既被学习和传承着，也在发展着，并呈现出不同的范围，具体反映在信仰系统、符号和仪式行为上。文化是对于"为什么人类是人类，以及人类为什么要做他们在做的事情"的解释中最重要，最核心的内容（Schultz and Lavenda 2005：4）。研究文化这个复杂系统的首要原则就是"整体论"，也就是说，对于活动的研究学习必须要放在一个广阔的范围内，比如活动可能包含文化重要性的高度符号象征。

文化及其研究经常被人们争辩，甚至变成了有高度影响力的冲突或者高度的政治冲突。是谁在为被剥夺权利（尤其是选举权）的群体辩护？历史如何判断战争中或者是殖民地开拓过程中的胜利者和失败者？确实，一些人类学家有过相关研究（Mitler et al，2004），他们在关于文化人类学的著作中坚持，这门学科应紧随当代的热点问题。他们的著作采取了实用主义的方法，将重点放在理解社会不公平、文化改变和过程上面。他们探索的问题包括贫穷和性别歧视。

一些人想要区分通俗文化和高雅文化。它们之间的差别并不显著，甚至有些人否认差别的存在。但是从公共政策和现实市场来说，两者还是有很大差别的。戏剧、歌剧、芭蕾舞、交响乐、严肃文学、画廊和博物馆与高雅文化相关，它们往往被认为是国家财富，因此会得到政府的补贴。当然，富裕的人们也常常与高雅文化相伴。相比之下，普通人倾向做的事情就组成了通俗文化，它属于消费主义领域，一些私人公司向观众有偿提供运动、娱乐、各种社交媒体以及一些其他的产品。通俗文化中的产品和体验有着更多的标准，在日常生活中，大多数与此相关联的人甚至没有考虑过这正代表着"他们的文化"。

由于那些常常不被看到的差别，我们既有大众消费性质的娱乐性节日，也有一些文化学术庆典。私人企业通常以赞助的形式向通俗文化提供资金，并希望可以得到预期的市场利润，但是当他们向高雅文化提供资金的时候，这个企业就被看成一个"好的"企业，这个举动也被看成慈善事业。

二、礼仪与仪式

文化人类学家经常将他们的注意力放在经过策划的活动范围内的文化表现上，尤其是节日和狂欢。礼仪和仪式中到处充满着文化意义，对于活动设计者而言，这些礼仪和仪式也可以被看作基本单位。礼仪和仪式是"行为的模板形式"（Mitler et al，2004：293），或者说是法定礼节。其中一些有宗教或神话意义，而另一些则跟政治和团体认同有关。"周期性的仪式"包括丰收节日和像国庆节这样的年度纪念仪式。庆典的主题和它们所代表的含义值得思考。

"生命周期仪式"也可以被称为"通过礼仪（rites de passage）"。个人和群体通过庆典和派对来纪念生活中的重要时刻，有时是神圣的，不过大多数是世俗的。根据van Gennep所讲（1909：21），生命周期仪式出现在分离、转变、重聚三个时期：我建议把从早先世界分离出来的礼仪叫作"前阈限仪式"，把转变阶段过程中的礼仪叫作"阈限仪式"，把进入一个新的世界的团结庆典叫作"后阈限仪式"。

特纳（1969）发现了生命周期仪式的三个阶段，也就是个体与正常生活的分离（感情上的或者是象征性的，有时候是身体上的）、转变（在这个"阈限"阶段，一个人也许会学到一些新的东西或者是表现出一些特别的行为）和重聚（包括对归来的欢迎，或者是一个新的身份）。后来特纳（1979）应用朝圣之旅的阈限的概念以及狂欢节的相关概念。

当正常的社会角色或者是行为标准被推翻的时候，例如在狂欢节时，那些"老规矩"就会发生逆转。人们会在化装舞会上或在庆祝欢庆的游行队列中戴上面具，这也是人们在狂欢节狂欢的时候努力保护自己身份或是尊严的一种方式。除了以上几种礼仪，Falassi（1987：4-6）还论述了一些其他类型的礼仪。他将礼仪全面地分为如下几类。

"涤罪礼仪"：一次远离罪恶的洗涤，就比如日本的"祭"把火或圣洁的水作为神圣的纪念和象征。

"行程礼仪"：标记着从生命中的一个阶段到另一个阶段的变迁，例如入会仪式。

"逆转礼仪"：通过象征性的倒置，包括在狂欢节上常见的戴面具或者穿戏服，性别的错误辨识，角色的混淆困惑，在宗教的地方来举行世俗的活动。

"明显的展览礼仪"：将具有高度象征价值的物体在展览上展出，可能是可触碰到的或者是备受尊敬的；经常用在保卫者和社会的/政府的上层集团施展权力的行列中。

"明显的消费礼仪"：食物和饮料在宴会上被消费，给客人的礼物（在派对上的礼物或者是"战利品袋"和庆典上的奖品，西海岸原住民的古老的冬节）；宗教的圣餐是一种特别的形式。

"戏剧仪式"：对神话故事和传说的复述，或者是历史的重现。

"交换礼仪"：礼物交换中的商业贸易（买或卖）和公益捐赠。

"竞争礼仪"：各种形式的游戏、运动或争斗，可以是高度不可预测并以荣誉为基础的，也可以是可预测的仪式性的。

"分离价值化礼仪"：发生在活动的结尾。需要预留时间和空间，比如在庆典的结尾，或者在正式、非正式的欢送会上。

在大多数经过策划的活动中都会有礼仪和相关的象征主义,它们可以被用作纲领性的要素。例如,专门用于会议或者是展览的场馆必须要转换调整一下,才能适于举办一个活动。最小的入口处必须加以控制并划分好界限,这样人们才能在正确的时间到达正确的地点,继而被应允进入活动现场。这已经被定义为一个特别的地方,但是人们越来越大的交谈声,做各种准备时候的骚动声,正在看到的一切和正在被看到的一切,全都进一步为场馆增添了这种特别感。

如果会议的策划者或者是会场的工作人员哪怕是做了一点最基本的准备,那么这空荡荡的空间也会变得很明显。如象征物(旗帜、公司的横幅、协会徽标、赞助者说明)、音乐、食物和饮料,其他可感觉到的刺激感(灯光、气味),发言者和官员的入场。最后开幕式一定要显现出这场特别的活动仅仅是为了那些特别的出席者而设计的,但是会议的开幕词不一定非要包含有宗教祝福的文化分量(即"神圣化"),它们一定要展示出一种"作为仪式",清楚地传达出"我们已经开始了"的信息,这个地盘现在是我们的,我们可以尽情狂欢,尽管不久之后又会是空荡荡的。

三、阈限、化合、交融

维克多·特纳在朝圣之旅(1979;Turner and Turner,1978)阈限和交融(1974)(引用范·基尼)的工作成就对旅游业和活动的学习产生了巨大的影响,包括直接编入这本书的经过策划的活动的模型。鉴于阈限的体验与宗教仪式和神圣相联系,"化合"则是世俗生活的一部分,既包括欢庆宴和嘉年华,也包括狂欢节和反串。

根据特纳所说,阈限和交融可以在典礼进行过程中独立地发生,因此它们与节日或者狂欢节有着明确的联系。他也通过与人们相互关联的典型对阈限和交融加以区分:

首先,在这个有许多类型评价标准的政治—法律—经济化的社会中,社会是有结构,有差别的,而且经常是按照等级划分的,它们按照"更多"或者"更少"把人们加以分门别类。其次,在阈限时期形成的社会没有结构或者说仅仅形成了初步的结构,是个相对来讲没有差别的社区,甚至是那些顺从于元老们的普遍权威的平等个体之间的团体。(1969:96)

Communitas(交融)是拉丁文,意思是人们之间互帮互助,或者说是人们为了团体的利益而聚集在一起。特纳强调了没有明确结构的聚会和人人之间相互平等的感觉。与文明世界相似的一个观念是,交融可以是在人们的欢快和庆祝中突然产生的,或者是在一个更加永久的社会构架中自发产生的。特纳(1969:132)对交融的三种形式进行了区分:一是已经存在的或者是自发形成的交融。个人对相聚的临时体验。二是标准的交融:有组织地将交融转变成一个永久的社会系统。三是意识形态的交融:可被应用于一些乌托邦式的社会模型中。

在这三种形式中,第一个,也就是已经存在的交融是人们希望出现在很多人出席的活动中的。人们想要并需要和谐一致地走到一起,活动可以成为通向更高水平的社会交融的一块跳板或者积木吗?

四、人类学交流理论

在人类学的交流理论中，重点在象征主义上，例如在文化大背景下事件的象征性价值。按照定义来说，仪式就是象征性的，囊括了宗教仪式和神圣物件（宗教物件）的展示，包括传达一次活动本质的深刻含义（例如，奥林匹克就是一个全球性的年轻人和运动爱好者的庆典，是一个人民之间的友好庆典）的旗帜或者礼节，以及赞扬那些传递美德、声誉或者成功的事物。

该理论与强调理智选择的经济学交流理论是相悖的，在人类学交流理论中，社会秩序和对人类发展的追求出现于人与人之间潜在的礼仪文化和象征文化的交流中，这通常是自然情况下一定会出现的。交流的过程被瓦解以后，社会就会变得无序和充满冲突。根据马歇尔（1998）所讲，人类学的方式利用了涂尔干所声称的——并不是合同里的所有东西都是契约性的。换句话说，理智的（商业）交流本身是不能成为稳定的、道德管理的社会秩序的来源的，相反，它是以稳定的、道德管理的社会秩序为先决条件。社会的强制性规则和命令划定了人们追求兴趣的范围，而社会的观点一定是在这种象征（或是集体象征）里表现出来的。

象征主义的一个更加现代化和极其重要的形式就是品牌营销，因为活动本身就有目的地营销的功能。一方面，代表着国家、城市或目的地的活动有着极富吸引力的图像和含义。例如，目的地可以通过活动被激动人心地、浪漫地、精致地或者现代化地传达出来。另一方面，以文本形式呈现的活动的象征性内容也许会下意识地影响判断。活动经常代表了对社会世界和亚文化很重要的一些东西。

五、研究惯例和方法

"推论法"（以实证主义为惯例的公式化表述和对假设前提的测试）和"归纳法"（利用已打好基础的理论或基于论述）在文化人类学中都会被用到。在第十二章我们仔细探讨了研究范例、方法论和方法，我们将对此进行回顾，但这一次我们将考察与文化人类学联系最紧密的内容。

第二节　人种学

对人种学的描述或者是对一个文化群体的分析影响着文化人类学的调查工作。传统的"人种学"包括人们的生活方式，这种生活方式也是人们为了获得对生活文化和道路的深层次的理解。尽管这门学科的早期发展存在明显的偏见，并且把现代文明和远古文明分裂开来，今天的人类学家坚信文化不应该被拿来研究，而应让它通过自身的价值观系统地进行演化，即"文化的相对主义"。

霍洛韦等（2010）检查了在活动研究中人种学方法的应用，主张一种更加定性的方法进行与经历相关的研究。人种学使得研究者可以更好地探索文化背景中的结构和相互作用，以及人们赋予活动和他们所处环境的意义。

【研究札记】

人种学研究

　　研究方法包括对掌握关键信息的人的实地调查,这些人既有从 8 个民间部落选出来的 102 名舞蹈表演者,也有对部落进行研究的部落研究员。对参与者的观察要保证可以获取对地区环境和意义的更深层次的理解。考虑到中国政府一直都在发展海南岛的文化旅游并将其市场化,研究者还利用了政府文件和学术性著作加以分析,尤其是在将文化作为人们来海南岛旅游的吸引力点的发展背景下。研究者还调查了大量的媒体报道,将注意力放在原始旅游业上,并借助内容的分析来描绘原住民的生活和相关的地区存在的问题。

　　谢(Xie)记录了李的部落在接触政府、旅游业和旅客后,是怎样提升并改造传统舞蹈的(使其更娱乐化)。当然,传统舞蹈也在随着旅游业的发展而演变。象征性的层面被保存了下来,但是最原始的意义却被丢弃了,它吸取了新的含义而且已经变成了原始文化本身的一部分。与旅游业目前的消极力量不同,谢总结道,作为一种旅游文化产品,舞蹈礼仪的商业化导致其演变成一种人们对部落文化自觉真实表达。这种舞蹈现在被看成是由李的部落人民发明的,这也成了他们自豪感的来源。

　　Xie,P.中国海南的竹竿舞:真实性和商品化[J].可持续旅游期刊,2003,11(1):5-16。

　　这种研究就是归纳式的,在开始的时候通常没有理论上的看法或主张,但包括案例研究,对参与者的观察和采访。立意取样往往比随机取样更受青睐,因为这样会便于与具有特别爱好的人的交谈和对他们进行观察。

　　研究人类学尤其是人类节日的当代著作是很丰富的,例如卡瓦尔坎蒂(2001)发表在《文化分析》杂志上的印第安人"牛舞蹈节"的人种学研究。在先前的研究记录中,Philip Xie用了对参与者的观察以及其他方法来检测中国传统的旅游和文化表演。

第三节　伦理学

　　一个标准的行为准则法典已经被美国人类学协会所采用。伦理上的问题既包括保护被调查者的秘密,也包括可能改变被研究群体的风险。如果研究者相信应用人类学,那么"行动研究"就可能会是合适的。行动研究的目的就是促成改变,并且在学习并从中创建理论的时候对改变过程进行评价和塑造。

　　霍洛威等(2010)记录了进行人种学研究时与"看门人"(尽管这类人在定量研究中也可能很重要)有关的伦理学问题。"看门人"也就是允许数据库或者是一行人与活动建立联系的人，也许会在工作时建立限制条件或者积极地寻求成果，当然这一切都是以他们自己的观点为出发点的。一些研究者认为调查对象在充分知情时的同意和积极参与是伦理学上唯一正确的方法，这也将被用于包括视像传真在内的观测技术。

我们也应该考虑一些特殊的在线调查案例。当一些人在网络上发布一些的东西时，尤其是发布在博客上的内容，研究者就会考虑是否能通过引用这些材料追踪到其本人。参与性质、活跃的在线调查可以包含许多问题，但是研究者必须清楚地观察和记录互动过程，尤其是讨论过程是否在以某种确定的方式被引导。

第四节　社会学

社会学与人际之间的互动有关，或者说是人们的"社会生活"，其焦点放在为什么人与人之间的关系形成了群体、组织和整个社会，研究社会规则和进程，社会行为和大规模的社会过程。研究最多的是社会行为，社会学家研究了受社会各方面影响的所有行为，这些影响因素包括经济和政治体系、家人和朋友、机构和环境。

根据在线资源，这个学科的主题主要包括如下几个方面。

- 社会化进程：学会如何做人并且以符合其他人期望的方式为人处世（简而言之，就是会交际）；
- "社会生活"的结构：价值、准则、角色和地位（社会管制）；
- 价值：我们的信仰，对我们和社会整体来说，什么才是最重要的；
- 准则：在任何一种社会情境下所期待的、可被社会认可的处事方式；
- 角色：我们希望别人扮演的社会角色；
- 地位：赢得的和指定的；
- 社会群体：家庭、同龄人、机构人员、兴趣团体；小组中的关系；
- 文化和个性：对文化认同的影响因素，包括年龄、性别、种族渊源和地方主义；
- 亚文化：具有特定生活方式的群体。

表 3.2　社会学

社会学	本质和含义；活动经验	参与活动的先例	计划和执行活动	结果和影响	过程与方式
-对人们互动或社交生活的研究，包括团体、机构和整个社会相互之间关系的典型——他们是如何产生并起作用的	-活动的社会意义 -活动中的社交经验 -符号互动	-影响需求的社会因素（例如，家人、种族、宗教、文化、社区、社交、环境和亚文化）	-设计和人群管理的含义 -活动主办者和股东的组织行为	-对社交群体和整个社会的影响 -居民对活动的观念和态度	-影响活动领域的社会趋势和力量（例如，全体居民和人口特征） -社会发展政策 -创新的扩散

一、研究惯例和方法

社会学家利用科学方法以及长期以来被采用的"实证主义"开展研究,但是,"人文主义的社会学"也有较长时间的传统,强调文化价值、含义、象征符号和标准,多种文化间的比较也很重要。定量的和定性的方法都要被用到,就像人种学——与文化人类学非常相似。社会学家所研究的东西和研究方法受几种明确的观点和理论方法支配。社会学中的可被替代的、相互矛盾的惯例现在流传很广(Veal,2006)。

维尔(Veal,2006)评定与休闲和旅游有关的社会学研究的价值,总结出:根据大规模调查和定量分析("实用主义者"惯例)得出鲜明的早期模型/预测并没有很好地起到作用。在19世纪70年代至80年代,更多的定性分析法流行起来,不仅包含了单纯测量和预测人们将会做什么事情,还包含了分析人为什么会做那些事情,以及做这些事对人来说意味着什么样的转变。关于休闲利益和约束的理论发展和研究在这个年代增多起来。

(一)批判社会理论

从历史角度来看,社会"现实"是通过社会的、文化的和政治的力量构成的,批判社会理论方法正是以此为前提的(Habermas,1973)。批判性研究者的角色就是来揭露矛盾和冲突并且帮助消除导致人们疏远和异化的原因。根据"批判性理论",资本主义的社会结构边缘化了一些特定的人并且剥夺了他们的选择权。"冲突理论"强调社会上的冲突,尤其是社会阶层冲突、男女冲突以及不同种族之间的冲突。马克思主义的惯例很大程度上忽略了恩惠,但是冲突确实是很明显地存在的。

(二)功能学派

从这个角度考虑,社会上的所有事情都有它的目的和功能。这种观点的基本价值就是强调以社会公共价值为基础的社会舆论和社会和谐。功能主义学者更倾向于从大型社会结构的角度去解释所有事情。

(三)符号互动

在社会心理学中,符号互动学家很重视人们去了解别人的方式。他们更倾向于关注个体,尤其关注我们是怎样通过自己的行为来创造我们的社会生活(而不是关注社会是怎样塑造了个体)。一个关键的问题就是已经存在的象征符号的设置及其含义,正是这些象征符号为"互动"赋予了含义。

休闲和工作的含义是在社会的相互影响中产生的,因此我们"工作"或者"闲暇"传达的含义一部分是被我们的社会生活决定的。确定的活动也许暗指工作(一次会议),也许暗指其他的闲暇(一个音乐会或者节日)。当然,一些"节日"也会有文化代表性,而商品展览会则有商业代表性。我们期望经过策划的活动是以一种确定的形式举办,在特定的环境发生,而这些社会结构就正是这一想法的体现。

欧文·戈夫曼著有两本与事件研究有关的书。(1959年,《日常生活中的自我呈现》;

1974 年，《框架分析：关于经验组织的一篇随笔》）。他用"戏剧"作比喻来展示人们是如何做一个"社会行动者"的。在任何一个给定的社会互动中，一定会有一个基于定义的对于所发生事情的共识，否则就不会有"行动者"之间的和谐。"表演者"经常会培养一种足以很好地影响他们自己的效果。在交流理论和社会学中，"框架"是一个对媒体报道内容或社会交流的选择性控制过程。框架决定了媒体所报道的内容应该怎样被包装和呈现以便大众所获取的一定是令其满意的解释和规则。

二、社会和文化资本

社会学家皮埃尔·布尔迪厄（1972，1986）对经济资本、社会资本、象征资本和文化资本进行了区分。经济资本是指对现金或者其他资产的掌控，而这些现金或者资产是可以被投资并且获利的。社会资本包括具有影响力并且被广泛支持的资源，这些资源起源于群体会员、相互关系和网络等。文化资本包括知识、技能、教育和被某些人掌握的其他有利条件，正是这些条件导致了更高的社会地位。父母们被告知要把这些有利条件传输给他们的孩子。有一些人会因为他的诚信、威望或者受到的赞赏而超群，在此基础上，他的象征性资本就会增加。

在有关网络价值，通过机构和政策培养社会凝聚力的需求等方面，这些观念通常会和传统的哲学思想和社会理论保持一致。对文明社会的见解和（通过庆典实现的）交融所具有的力量之间有着明显的概念上的关联。换句话说，社会的网络化有它的价值，这种价值正是可以通过一些庆典和活动来培养的——这种价值也可以导致在一些社会领域和群体中的活动的产生。

相互作用和信任是社会资本的基础，在某种程度上，这些社会生活中的品质可以在所有的社会团体和社群里找到。在社会资源很丰富的地方，人们更有可能表现得有礼貌；更有可能主动地去和陌生人讲话，更有可能平等地相互交流并且会在不经意间做出一些善意的举动。换句话说，我们在我们所生活的社会团体中"投入"一定量的社会资源，并且期待其他人也会做跟我们一样的事情（这跟"社会交换理论"很相似）。"志愿主义"可以被看作社团层面上的一种社会资源，并在社团基础上做出决定，或者是一种非正式的商业交易以及自发形成的庆典。

百能（Putnam，2004）更多地强调社区所增加的价值，但是其他人的研究，例如布尔迪厄（Bourdieu，1986）、科尔曼（Coleman，1988，1990）却把社会资源在个体层面上概念化了。如果一个人的朋友、同盟者和合作伙伴是建立在"物质的社交网络"中的话，他们的社会资本就会增加，并且是在"被投入的"和"被花费的"导致种种经济、社会、精神和情感上的利益的时候。一些人通过深思熟虑、慎重选择之后的人际网络来积累社会资本，但另外一些人则在不经意间就获得了社会资本。

【研究札记】

社会资源

芬克尔解释道，设得兰群岛传统节日的主题（海盗主题）是依照社会团体、旅游业、地域传统和性别传统而设立的。在仪式性重复的基础上，整个社会群体聚集在一起的地方就是所谓的圣地。每年都会有1 000多名志愿者服务于这个节日，这只是社会团体衔接上的一个表面现象——女性不被允许参与海盗火戏剧表演。有些居民抵制旅游官方促进的广告导向，但有些人却认为这样增加了观众也是不错的。总之，作者认为这个节日就是引起社会资本主动发挥作用的一个较好的典范。

Finkel，R. Dancing around the ring of fire：social capital，tourism resistance，and gender dichotomies at Up Helly Aa in Lerwick，Scotland［J］. Event Management，2011，14（4）：275-285.

三、社交界

昂鲁（1920：277）用"社交界"一词来描述"行动者、活动、惯例和正式机构可以合并成一个有意义的、相互影响的重要的社会组织单位"这样一个概念。尽管指导方针、期望值和规则确实是存在的，但社交界的参与是自愿的（1920：277），也可以是部分自愿的。因此社交界的次序是谈判协商的结果，而它的范围则是那些所谓的"谈论或者辩论的范围"。

考虑到休闲选择可能会导致多样化的关系，因此在一个社交界的完全参与是不可能的。合作的调解依赖于沟通的各种渠道而不是受空间条件、亲属关系或者一些其他正式关联的限制。尽管如此，一些会议（或者是活动）的举办地也是很重要的，一些地方与社交世界有关是因为这些地方关注行动者、惯例和活动（例如，目的地就是赛跑者心中的麦加）。交流中心是很重要的，它们正是社会交流的聚集地，而交流为社交界的论述划定了界限。从社交界的撤出也许会以失去人与人之间的联系为代价。

昂鲁为进入社交界提出了一个非常有用的框架。他的分析检验了参与者（行动者），他们做了什么（实践），他们社交活动中的重要事件以及被卷入社交界中的或者是影响社交界的组织。

（一）行动者

在一生中，人们可能属于许许多多的社交世界。昂鲁（1980：280）对这些类别作了区分。以其他社交界作参照和比较，"陌生人"被描述为边缘的、分离的和表面性的。"旅行者"出于好奇参与进来，但却缺少在一个社交界的长期参与。这些"游客"不是文学意义上的旅行者，只要社会群体可以为他们提供一些奖励，如娱乐或利益，他们就会一直是社交世界中的短暂成员。"常客"（1980：282）是与社交世界结合为一体的惯常参与者，这表征了一种大量社交参与的承诺。最后，"知情人"是被委托责任最多的，他们拥有社交活动的私密情况，决定着社交活动的声誉、价值和关系，招募新成员，组织活动，在社交界的成功和失败中发挥着最关键的作用。

（二）活动

在昂鲁模式中，"活动"是对参与社交世界的人的重要的个人事件，例如他们的第一次或者是最重要的有声望的赛事。但是，也可以是参与者出席的经过策划的活动，包括那些尤其是为吸引特定社交界的成员而策划的活动。但是，许多活动的组织者可能并不是有意识地要去吸引有名的社会群体。然而，很明显，活动是内部人员自己设计的；这也是格林和查利普（1998）根据女性足球运动员旗帜中亚文化的统一性发现的。

（三）实践

"实践"有其自身的行为规模，尤其是社交世界里成员的实践活动。这包括去游览活动，参加俱乐部，买卖以及相应的互动。象征性的和仪式性的内容能反映社交世界的价值，包括地位标识、会员资格以及规定的或者是渴望的说话和做事方式。亚文化以及其他著名的社会群体更倾向于发展他们自己的"语言"。

（四）正式机构

一些机构可以发挥塑造社交世界和促进成员之间联系的作用：如在性质上通常按照等级划分的团体和机构，为了市场目的建立分支机构的公司，俱乐部和团队，试图吸引群体的旅游组织，迎合特殊兴趣的活动，以及聚焦于一些特定领域的杂志和电子杂志。

昂鲁发展了社交世界分析的层次，从当地的到特定区域的，既涉及分散的又涉及社交系统的。当地的或者是特定区域的一个社交系统可能有界限，但那并不是限制它们的因素而是塑造了它们的规模和范围。昂鲁的研究已经使得全球性分散的社交世界有了很大的发展，旅行、经过策划的活动（周期性的或者是一次性的）的增值、网络的力量以及其他形式的人际交往将拥有共同爱好的人聚集在一起。

【专家观点】

兰帕特森博士，社交世界在活动旅游中的中介调节作用。（兰帕特森是昆士兰大学旅游学院的副教授，盖茨博士正在执行他描述的研究。）

我们用昂鲁的社交界框架来检验相关的活动、旅游行为和有着特定爱好的人的偏好。研究的思路是比较各种形式的闲暇活动——业余运动和艺术，追求的生活方式以及爱好。人种学分析已经证实了这种方法的实用性，而且已经找到了实物证据来支持活动旅游事业的概念。

关于社交世界大体上是如何导致、调解活动和旅行中的参与情况的新理解已经被建立了。在动机、激情、自我识别、生活方式、自尊和健康上的证据是显而易见的。在活动、旅行、网络、交流、活动的投资组合、专业化和开始一项事业上的证据也是很明显的。为此，一系列问题被提出来，以分析网络民族志证据和那些在指导更深层次的采访和更大范围的调查的时候可以被利用或者修饰的东西，或者是对交互网络民族志加以利用。

社交世界至少以两种主要方式来调解旅游偏好和会员的行为模式。被卷入其中的个体当然可以制订他们自己的旅行计划，既可以是有特定兴趣主题的活动，也可以是其他社交世界的体验。但是，一些组织试图去影响那些决定，并且，人与人之间的人际网络也会受影响。理解这些过程将会拥有深刻的市场含义,也有其他的理论结果。

已有明显的证据显示,那些不同的休闲和运动追求都形成和支持了旅行中的兴趣,导致了参与式的、庆祝性的和竞争性的活动中的等级制度以及在社交世界网络的体验中的其他等级制度。当然,也很有可能是对旅行以及活动规模的兴趣一下子吸引了这些社交世界里的成员。

一些正式组织在试图影响它们的会员,有的组织通过成立俱乐部、协会,举办活动和组织社团等来使自己成为会员社交世界的一部分。另外一些则利用广告以及其他的促进手段,例如通过吸引活动和旅游赞助来增加会员的数量。也有另一种可能性存在,那就是秘密参与社交网络,随之而来的不仅有合法问题,还有道德伦理问题。

随着社交世界和活动旅游事业上的研究和理论向更深层次地展开,一些命题和建议已经发展了起来。有人建议,社交世界可以从以下几个方式来缓和旅行样本和偏好:

(1)会员之间在线的和远距离的交流会激发对特定活动和社会机会(例如,分享真人生活经历)的兴趣,这种兴趣可以增加旅行需求。

(2)活动为个人和群体的发展,形象建设,加强社交世界价值赋予了机会。

(3)活动可以向社会成员传递象征性的/符号性的信息。

(4)为了更加有效,商业机构向社交世界推销特定的旅游产品和活动,这些商业机构一定反射出并且保护了它们会员的价值和动机。

(5)本质上,活动是社会性的而不是竞争性的,活动对各种各样的社交世界都有着不同的呼吁,而这只有在价值和实践的背景下才可以被理解。

四、亚文化

这是一个既含糊又灵活的概念,一些学者将其视为偏离标准者,但其他的一些学者则更多地将其与服饰的显著风格和象征性行为联系起来。本书的重点放在了社交世界和人身上,这些人正是引起活动旅行兴趣的各种各样休闲活动中的人。

五、社交网络理论

分析社交网络(弗里曼 等,1992;斯科特,2000)是一种围绕活动政策和管理检验利益相关者关系的一种非常有用的方式。一个"社交网络"包括单个的"行动者"以及他们之间的紧密联系,既可以是正式的,也可以是非正式的。在一种情况下,我们可以说一个人(行动者)所拥有的关系越多(例如,活动机构),那么他积累的社会资本就会越多。但是更重要的是,社交网络自身获得资源,网络是政策和策略的有力决定因素。在这一网络体系中,人们协商制定未来的节日活动(拉森和玛莎,2001;拉森,2002)。

六、创新理论的传播

创新,既包括科技上的创新,也包括想法上的创新,并通过各种各样的正式渠道和社交网络(罗杰斯,1995)交流传播。个人和群体在适应创新理论的时候并不是对等的,相反,这里有"改革创新者""早期采用者""早期从众者"和"落伍者"。当谈到可以提供竞争优势或者是增加效率的改革创新时,作为一个改革创新者或者是一个早期采用者也许行之有效,但"做第一个吃螃蟹的人"还是有代价和风险的。

我们可以观察到改革创新在全球范围内的活动领域传播开来,它们通常通过大众传播媒体的影响。当然也很明显,很多活动的策划者是在复制观点,在某种程度上这可能是好的,但是如果没有系统的企业管理的基准研究,这只会引起标准化。

【研究札记】

创新和节日

作者讨论了冰岛旅游业是如何迅速成长的,这种成长也越来越多地被作为一种促进经济发展的选择提出。在这个领域的改革创新是被公众所促进的。在一个旅游业创新的课题上——Gisla Saga 课题,Pingeyri 有一个小渔村,他们当地有一个节日——Dyrafi jarardagar,这个节日已经与"创新"课题联系了起来。利用行动者网络理论,研究者认为:

为了获得旅游业中的文化和经济发展,遵守多样化的法规是很重要的。通过探索实践已经建立的课题指出了与当地社群协调的旅游创新的几种方式。

如果每个城市和地区都追求同样的活动旅游策略就会导致"节庆化",那将有可能是一个不好的结果。

创新和传播不能一定说是好的或者坏的,依据战略和市场,理解它们是如何起作用的才是最重要的。尤其是,市场营销人员需要了解哪个群体将会是第一个采用他们产品和服务的,然后这些人就会将他们的产品和服务传播给其他一些可能的消费者。

Jóhannesson, G. Emergent Vikings: The socical ordering of tourism innovation[J]. Event Management, 2010,14(4):261-274.

七、社会交换理论

"社会交换理论"(霍曼斯,1958)表明,在一个市场(如购销)中的明确的经济行为是不同的,因为社交行动期待可以得到奖励。在这种情况下,资源交换(也有信任和支持的赠与)是在对预期消费和利益进行评估的基础上个人自由选择的结果。人们在给予的时候会感到一定的压力,但是交换应随着时间的推移将其平衡。这个理论也可以代表社交网络关系中的权利和从属思想。在活动研究的背景下,也可以用这项理论来解释居民对活动的理解或者态度的变动。例如,从活动旅游中受益的人们更倾向于对活动及其延续持积极肯定的态度,但没有从中获利的人更有可能持批判性的、不太支持的态度。

八、社会学对活动研究的贡献

社会学与活动研究高度相关的一篇文章是埃里克·科恩所著的《旅游业在定性社会学中的传统》,文章指出了对活动和节日的研究有着重要意义的三项道德传统。这三项传统分别与特纳(见人类学一节)、布尔斯廷(见历史)和马康纳的著作有关。

马康纳(1973,1976)关于旅游业的社会学论文主要强调正在进行的真实性和可靠性的讨论,这一概念之所以被提出是由于现代生活的不真实性。他的著作运用了欧文·戈夫曼(1959)在戏剧理论上的观点,表明"舞台表演的真实性"正是现代游客想要寻找的。这种术语受到了持久的欢迎,就像"虚假事件",他的著作直接刺激了早期关于"伪造性"节日的文章(佩普森,1981),而且也促进了巴克(1977)利用活动来促进游客与敏感文化群体之间"边界维护"概念的产生。

在旅游业的有关文献中,商品化和真实性是非常重要的与节日相关的主题。格林伍德(1972,1989)首先指出,旅游业使文化商品化,尤其是节日导致了居民心中"活动"含义的丢失。科恩(1988b)将商品化定义为一个事物在金钱条款上变得有价值或者是有交换价值的过程。科恩的"突发性真实性"的概念被用于节日中,科恩描述了如何使一个被重新塑造的,以游客为导向的节日随着时间的推移因为其真实性而被大家所接受。因此,商品化也许会导致一个节日被赋予新的含义,既有针对游客的,也有针对当地居民的。

杜维德(Duvignaud,1976)的关于节日和庆典的社会学概念性论文提供了一些处理方法的参考资料,那些现象正是用这些方法得到解释的,这其中就包括辩证法,就像涂尔干(1965)将欢庆视为集体利益的强化,但其他人将节日视为一种固有的颠覆。杜维德也讨论了将节日视为一种娱乐和纪念仪式,结果是没有人来纠正这个解释。

许多社会学理论被间接地应用于解释活动研究,既可以通过休闲研究的方式,也可以通过社会心理学的方式。该学科的特别主题包括:

- 塑造价值观和休闲观的社会趋势和力量;
- 社会变化(例如全球化和均质化);
- 人生阶段对活动的兴趣和出席情况的影响;
- 人口数量以及人口统计学因素;
- 人类生态学(人群、时尚、趋势);
- 家庭、性别、种族、文化、社团、社会阶层对需求和行为的影响;
- 社交世界、虚拟社区或者品牌社群(对赞助者和活动公司有着巨大的兴趣);
- 在活动中的社交行为、矛盾理论;
- 异常(偏差)行为(特定类型的活动,活动中的越轨行为);
- 社会成本与效益(犯罪、卖淫、体育比赛或艺术参与、公民自豪感、归属与分享、整合、衔接);
- 经济发展与社会不平等(活动所反映出的权力结构)。

更具体的活动研究的应用会在接下来的内容中涉及。

九、体育社会学

当前体育社会学的研究领域包括体育和社会化,体育和社会分层,体育结构,体育的政治经济,体育和媒体,体育自身因素和情感因素,体育暴力,体育政策和体育的国家认同,以及体育和全球化。霍恩和曼琛莱特(2006:1)在对《社会学评论》的特别补充中讨论了体育的社会学研究,指出仪式化的、合理化的商业演出和亲自实践,使得富有表现力的表演、日常生活的瓦解以及社会地位和归属的确定成为可能。关于奥林匹克,罗奇(2010)认为巨型的活动对城市的现代化变得越来越重要。

十、环境社会学

这是一个有关社会环境影响的研究,不仅包括社会环境的影响,还包括环境问题产生的原因以及解决问题的方式,甚至还有该如何判断环境已经出现了问题。例如,我们可以问——象征社会的产物是如何产生的? 如"巨型的活动具有环境破坏性",或者"节日是一种改变人们对待环境态度的方法。"

十一、活动和城市社会学

巨型的活动对城市的形式和生活有着深远的影响,但小型活动的影响也不可忽视。我们可以一起来看看哈利西勒的研究。

【研究札记】

城市社会学

西勒(2000)的论点是:"从街头艺术节、游行、朝圣者旅途中的暴乱到居民游行示威,这样富有表现力的并且能够起到一定作用的活动已经是城市社会生活中最显而易见的内容了。"

在定义大型活动的时候,西勒说(2000,183):

从城市分析者的角度考虑,任何一个规模较大的独特的活动都可以被看作大型活动,只要其对城市有深远的意义或者持续的影响。也就是说,如果活动被认为有如此深远的意义以至于其可以在某些方面重新设定城市议题,导致一些城市空间上的修改或者变化,就将变成城市的文化遗产。

他根据大型活动在塑造城市进程中的作用对其进行评定,例如,变化因素、变化的催化剂、土地利用的改变、城市规划中的创造性、调动基金、支持项目研究(除非此项目被认为花销太大或者太不易实现)。通过要求工作在一个确定日期之前完成的方式来督促一项议事日程;在选定区域范围内提升基础设施,例如交通运输,建设重新定义城市空间的特色结构。

H. Hiller. Toward an urban sociology of mega-events〔J〕. Research in Urban Sociology, 2000,(5): 181-205.

十二、活动和乡村社会学

罗伯特·贾尼斯基(Robert Janiskee)通过对乡村节日的研究(1980,1985,1991;贾尼斯基和德鲁,1998)不仅揭示了乡村节日在社交生活和旅游业中的重要性,还揭示了乡村节日的季节性和地域性分布。面对旅游业导致的社交分裂,乡村社团表现得尤为脆弱。除了旅游业之外,带来这一挑战的还可能是为了寻找便利设施而大量涌入的新居民。另外,活动和旅游业有助于社区的发展和自力更生。活动是旅游业"产品"中的一种,即使是最小的社团也可以开展活动,只是没有大量的资金,而且如果长期发展的话也会出现志愿者和领导人资源的不足。

在《节日地点:振兴澳大利亚农村地区》(吉普森和康奈尔,2011)一书中,不同的作者探索了很多主题,这些主题都是关于节日和活动在乡村生活中的作用,包括经济发展、地域性认同感、传统(居住在乡村意味着什么)、社会融合(尤其是在那些由于生活方式和旅游业而为小镇带来新居民的地方)和社群发展。例如,戴维斯认为,乡村节日是领导关系发展、社交网络和能力建设的催化剂——所有的这些都对保护和振兴受到潜在威胁的社群有着重要作用。

第五节　哲学

哲学家利用推理来创建生活和信仰系统的理论,而不是凭借经验主义的调查。但是哲学的本质和范围受社会价值观和科学发现的影响。深思熟虑过生活含义的人们大体上分为两种类型:一种是那些采用宗教含义和精神含义的人;另一种是那些探索他们自己内心价值取向和思想的人。哲学也与宗教和唯心论的本质有关,但是不包括宗教信仰和神圣的启示,只包括推理。

表 3.3　哲学

哲　学	本质和含义,活动经验	参与活动的先例	计划和执行活动	结果和影响	过程与方式
-对于经验本质,生命和信仰系统含义的批判思维 -审美 -道德标准 -现象学 -解释学	-审美体验 -塑造个体世界观的体验 -如何获得体验的伦理学含义	-生活作为一种推动力对其含义的探索(自我发现) -将审美体验作为一种动力的欲望	-作为执行和管理活动的价值和伦理基础(例如,可持续性) -活动服务的哲学	-审美的估计价值 -对个人或者社会水平价值观和道德观的影响	-变化的价值观系统影响活动的策划和政策

一、体验的本质（现象学和解释学）

（一）现象学

什么叫作体验,我们又该如何研究它呢? 这正是"现象学"发挥作用的地方,将其用作一种同时研究人们的觉悟和行为的办法。应用于活动中去的话,我们可以在不同的时间,不论是活动之前、进行中还是之后,让人们来描述并解释他们的行为和思想。他们是通过何种渠道了解到此项活动的呢? 哪些意义是依附于他们的体验和行为而产生的呢? 活动是如何在感情上、智力上和精神上影响他们的呢? 现象学中的一个方法能很好地帮助我们理解经过策划的活动体验,正如下边的研究报告所证实的那样。

【研究札记】

现象学

作者在研究一个粉丝俱乐部成员高度参与的现象时,旨在揭示与粉丝相关联的经历有关的个人概念。手段目的理论(奥尔森和雷诺,2001)为将具体情况的调查(作为一个体育粉丝的属性)发展为活动旅行经历的重要性(功能上的和身体上的成果)提供了基础,然后再将其发展为一个抽象概念(价值和目标,例如自我实现)。目的——手段机制被用来引出非语言的交流、隐藏的情感和思想、坚定不移的信念以及它们之间的相互关系。陈(2006)总结出,社会化只是粉丝经历中一个最重要、最基础的方面,粉丝的经历包括通过友情来发展个人的自我意识、社交支持和群体认可。正是这些促成了生活中的享受、幸福和平衡。

Chen, P. The attributes, consequences, and valuse associated with event sport tourists' behaviour: A means-end chain approach[J]. Event Management, 2006, 10 (1):1-22.

（二）解释学

这是为了便于理解而引用的一个希腊词汇,现在已经演变成了一个与人类理解和"文本材料"解释相关的哲学分支。

所有的文字交流和象征性交流(包括表演和体育比赛)都可以被看作"文本材料",这些文本材料都是可以被解释的。研究者关于人类或者是真实世界现象的说法可以用两种最基本的方式来解释:研究者找到真相了吗? (如果仅仅有一个真相的话),研究者的分析报告又是如何说的呢? 如果研究者宣称知道真相,那么此研究人员很有可能是在一定传统下,被标准方式培养出来的实证主义人员。

二、审美和艺术

品位和审美不是绝对真理,它们因人而异,而且个体与个体之间有很大差别。考虑到认知、感觉和情绪反应,我们可以从一个科学的角度来看待品位和审美,但这绝对不可以解释我们所谓的"艺术"和"美"。尽管在我们的心里,这是一个哲学问题,但也是活动策划者需要考虑的东西。他们了解到什么可以取悦人,什么不可以,如何用个人的方式来解决实际问题。

那么活动中的艺术设计究竟体现在哪里呢?有一些节日和展览在"艺术"的范畴之内。那就是,他们围绕着艺术多样性的主题,大多数的节日以音乐和舞蹈这样的表演为主要内容,但大多数的展览以展示图画和雕塑这样的视觉艺术为主要内容。活动本身可以称作一种艺术形式吗?审美是否受限于活动上的实物(例如,展览上的艺术品和表演者)呢?或者说,人们是否可以从活动本身的形式上获得审美体验呢?

无疑,聚会和婚礼策划者自豪于他们的装饰艺术(从鲜花到桌子摆放),此外,通常情况下,厨师呈现的菜肴也至少有一部分是具有艺术感的,而不仅仅是为了吃。艺术也体现在活动的灯光、声音和味道,或者是职员和志愿者的演出服饰和戏装上(迪士尼的格言是:职员就是"演员")。但是将这种审美延伸至整个活动设计就会呈现出一些概念性的和实际性的问题。我并不确定活动的策划者和设计者是否完全将他们的活动看成了一种艺术形式。可以确定的是,在设计之中是有艺术存在的,但是我们是否可以坦诚地说,节日或者活动与交响乐队的演出是同等档次的艺术品呢?

【专家观点】

史蒂芬·布朗博士是一个活动的设计者,目前在南澳大利亚阿德莱德市的弗林德斯河大学。他是旅游主管,同时也是节日和活动设计以及项目管理的协调者。他把活动视为艺术。

约翰·特赖布(2009:11)认为,艺术的企图就是用不同的方式来体现事物的精神,这些精神可以将我们从传统的文字和语言限制中解放出来,并为我们提供诗意的、可视化的以及音乐上的表现,也会使与其对象之间产生更深刻的、不同的约定。作为一个活动的设计者,我的目的就是俘获、吸引观众的兴趣,让他们获得一种从传统中解放出来的体验,并为他们提供诗意的、可视化的、音乐化的表现。活动的设计有时候被称作是一种艺术,但它更多的是一种以观众为中心的哲学办法,如果这种方法得到正确地使用,那我们就可以把一个简单的活动转变为一件艺术品。

三、道德标准

什么是对?什么是错?什么是好?什么是坏?我们是如何来判断行为和政策的呢?这属于道德标准的领域,也被叫作"道德哲学"。显然,政治形态和宗教信仰都对人们的生活设定了一系列标准和价值观。有一些人通过哲学方法来发展他们的道德准则和伦理标准,但通常都会参照其他的人或者社会。我们不可能孤立地去谈道德和伦理。

道德标准适用于专业产品,在没有逐渐灌输对道德的和合法的行为需求的情况下,没有哪个活动的项目管理是完整的。然而学生也许会问,"合法的"和"道德的"是否是相同的呢?还有,我们是否应该让实施办法中许许多多的专业法规完全地、毫无疑问地支配我们呢?个人伦理学和境遇伦理学各自适用于哪些场合呢?我们在具体执行的时候应该在哪些地方制定规则呢?

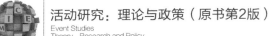

戈德布拉特（2011:412）在《特殊的活动》一书中讨论了道德标准的问题,指出典型的道德化活动产业问题应包括以下几个方面:

- 机密性的破坏（经常涵盖合同问题,有时候是专业交易中的纠纷）;
- 礼物和行贿（礼品会影响决策吗？行贿是非法的吗？）;
- 性骚扰（在一些国家是合法的;政策需求和培训需求）;
- 挖顾客（员工辞职时会带走他的顾客,任职时带来他的顾客）;
- 从他人的工作中邀功（清楚地确定到底谁是这项工作的负责人）;
- 剽窃想法（对智力财产的盗窃和剽窃行为是一样的;健全著作权保护机制）。

四、活动旅游是一个道德议题吗？

我们知道,旅游业会带来很高的碳排放,尽管如此,每一个城市和国家还是希望它们的旅游业能够越来越发达,从而有了可替代能源供应的解决办法,这仅仅是一个实践的问题吗？或者说,这是一个持续的道德问题吗？我们应该鼓励或者承受多大容量的活动旅游呢？

由于对这样的问题没有清晰的解决办法,因此要为一个特定的道德状态辩护就会很困难。这个窘境的出现就在于没有明确的解决办法,这也就意味着,任何一种观点或者政治立场都应找到一定的支撑,有一定的合理性。在未来的某一天,可替代性能源也许会很好地解决这个问题,但是这并不在触手可及的范围之内。大幅度提高化石燃料的价格可能也会解决污染和全球变暖问题,但是由此导致的经济崩溃会毁掉世界上数不清的工作岗位。对燃料和旅行征税同样都会有不可避免的经济成本和社会成本,这也许会造成不公平,即富有的人仍然可以继续做他们想做的任何事情,而穷人只能待在家里。简而言之,在活动上采用一种道德伦理观是不能解决问题的,但却会使争论升温。

五、活动服务的一种哲学

一些其他的应用专业化领域包括哲学观点,正如我们在"休闲服务"中所发现的那样。如果我们将"休闲"和"活动"视为一种公共产品,那么,向人们提供休闲、文化服务和活动服务就变成了一种政府性行为。确实,这种哲学观念嵌入在许多休闲和文化项目中,尽管很少在活动的要素中有所体现。

在发展"活动服务"的任何哲学主张的时候,下面的一系列问题是一定要处理的:

- 所有经过策划的活动从根本上来说都是好的吗？
- 在哪种情况下需要对公众支持做出解释？
- 是否所有的活动都要尽一切可能实现环境可持续发展？
- 是否所有的活动都要对个体和群体的健康有积极贡献？
- 活动专业人士要对社会和环境履行什么义务？（考虑伦理和道德）
- 艺术活动的价值是什么？什么样的活动是品位差的活动？我们应如何来判别美？（审美学）
- 从活动经验和其被赋予的多元含义中,我们可以学到什么？（例如通过解释现象学）

第六节　宗教学

宗教研究既包括研究宗教的起源和发展,也包括对信仰体系的分析比较,此外,还有其对社会的影响价值。我们通过使用包括人类学在内的方法仔细检查各种不同宗教的仪式、典礼和庆典,这都与活动的研究有着直接的关联。

表 3.4　宗教研究

宗教研究	本质和含义;活动经验	参与活动的先例	计划和执行活动	结果和影响	过程与方式
-宗教研究强调人类社交和行为 -宗教生活和体验	-信仰者的宗教体验(宗教仪式、象征和庆典) -朝圣之旅	-出席或拒绝活动的宗教动机 -探索属于宗教群体的激发因素的精神含义	-在活动项目中的仪式和象征主义	-宗教趋势和力量(例如,宗教游说的影响)	-对个人的精神影响 -对宗教的影响 -对个人信仰体系的影响

"宗教研究家"提出系统的宗教信仰的主张,并用他们特定的信仰和相关的价值观来解释或者批评人类社会的方方面面。许多活动在根本上或在主题上是与宗教相关的,还会包含宗教含义的纲领性要素(有些东西就如公开祈祷那样常见),神学对活动的研究是有贡献的。在许多社会中,现代活动反映出来的更多的是精神性问题甚至是神秘主义的问题。

一些文化节日与宗教是密切相关的。每年在日本神道教圣地举办的"祭"都有固定的日子。如下描述源自 The Japanese Connection:

"祭"是源自日本神道教的本土节日。最初,他们与水稻的耕种和当地社群的精神及身体健康相关。通过宴会或是庆典的形式,"祭"象征着当地社群本身的统一性和神道教的神灵。"祭"有时候是大而喧闹的,有时候是小而严肃的,有时候与传统高度吻合,有时候又会被现代的商业主义削弱,它已经根植于日本人民的生活中了。

在当代的日本,"祭"通常包括大规模的公众庆典,例如狂欢节,所有的人都会戴着面具,一起运动,一起随着传统的、标志性的彩车游行,他们甚至会玩火——这在西方人看来是无法容忍的。

【研究札记】

宗　教

尽管狂欢节仍然是里约热内卢最受欢迎的节日,但是除夕夜在科帕卡瓦纳海滩上的通宵庆祝已经成了一个强大的旅游吸引物。这个庆典是为了纪念海洋女神 leman jad 的。在巴西的通俗文化中,Leman jad 是我们都很熟悉的一个名人,她也是非裔巴西人宗教中最主要的一个女神。由于历史原因,非洲人和非裔巴西人的信仰常常和社会底层阶级的身份以及人种相联系,他们的信仰长时间以来被巴西的上层阶级所蔑视,被看作无知之人的迷信行为。非裔巴西人中的大多数执业医生中都是巴西的下层阶级,而且很明显,他们很多都属于混合种族。里约热内卢的通宵庆祝活动唤起了多元文化的、多元种族的、远离西方种族歧视玷污的民族国家形象。对巴西人来说,这个庆典是对仪式的巩固,但对外国游客来说,它是国家形象的包装和呈现。

Greenfield, G. Reveillon in Rio De Janeiro[J]. Event Management, 2010,14(4): 301-308.

第七节　心理学

对人类精神、思想和行为的研究构成了心理学。当然,还有许多分支和专门的应用,如教育学、阐释说明学("学习心理学")和产业心理学。心理学中也存在许多分歧,尤其是主要呈现在马斯洛的著作中的人文主义心理学,他所采用的现象学的方法和处于支配地位的科学主义方法或者实证主义方法直接处于对立面。

这一节我们来看一下两个主流分支:认知心理学和人格心理学。之后我们再去看对活动研究有着特殊的意义的两个混合学科的分支:环境心理学和社会心理学。

表 3.5　心理学

心理学	本质和含义,活动经验	参与活动的先例	计划和执行活动	结果和影响	过程与方式
-解释人类性格和行为 -对洞察力、记忆力、感觉、理解与思考能力的研究	-个人的需求、动机和偏好 -感悟与体验活动 -异常行为	-年龄、性别、教育、人生阶段、收入对需求的影响 -消费者行为 -自我介入	-对个人体验和转变的设计 -对市场营销和通信的影响	-对人格、价值观和态度的影响 -对未来行为的影响	-"体验经济"的产生

一、认知心理学

主流心理学大多数是实证主义的,并且常常采用实验性研究设计(既有实验室研究,也有现场研究)。处于支配地位的理论框架是认知主义。认知是记忆、经验和判断力的融合,这些起源于人的洞察力,可以帮助我们思考世界或环境中具体的激励因素。因此,可以用"认知"来理解和思考活动的促进因素。

"认知"是一个对感觉信息的接收、理解、选择和组织的过程。感觉器官和大脑是如何接受和解释促进因素的呢? 人类不是被动的,他们会积极主动地去探索环境,在一些情况下还会找到具体形式的刺激因素。人们创造了"思维模式"(或者是思维概念)来促进洞察力和知识的创造。如果我们没有任何经验或"心理地图"作参考,我们可能就不会感受到什么刺激因素。因此,我们拥有的策划特定类型活动的经验越多,我们就会越容易感知和解释他们之间的细微差别。

"经验"不仅仅是认知——他需要有更多的探索和投入,并且有改变个人的作用。我们经历的越多,就会更好地吸收新知识(例如学习)。但是经验可能也会使得我们的态度、价值观和性格全面转变,最终导致我们的行为变化。

"记忆"需要编码和储存,保存和回忆。我们知道,记忆可以随着时间成形和消失,当记忆消失的时候就很难再回想起来。那么,难忘的体验又是如何产生的呢? 愉快的或者是其他的记忆,又是如何影响未来的行为方式的呢?

"思考":我们倾向于称其为"高阶的心理过程",它包括"推理"(理解事物)、"创造性"(想象力,革新)、"判断力"(例如明辨是非对错,危险或安全)和"解决问题"(例如,解决一个难题,明白如何创造一个立体画面)。思考的基础在于我们如何使用已储存的知识,以及已有的经验如何形成我们处理事情的步骤和能力。我们希望知识和经验可以成为我们的"智慧"("有智慧的"是一个相对的概念,或者一个自我认知的品质)并对我们将来选择去做的事情产生更大的效果。

（一）自我意识、身份、自我观念和自我介入

你认为你是谁? 严肃地说,你是平凡的还是特别的? 聪明的还是愚钝的? 一个知识分子还是"派对动物"? 你想要成为的理想的自己是什么样子的? 是否和现在的你有所不同或者是更优秀呢? 是否很像你很羡慕的那个人呢? 这些问题都和你的自我意识和第二自我有关。

自我意识是一个基本的心理学概念,尤其是在弗洛伊德理论中,它是由我们性格(包括意识知觉)的一部分组成。它帮助我们了解世界,让我们知道什么是想象,什么是现实。我们的主要兴趣都是和人格统一性有关的,也就是我们认为自己是谁。作为一个"独来独往的人",你也许不会和其他人有过多的交流,但作为一个"爱参加各种社团组织的人",你也许存在于许多个社交圈,而且大大活跃于社交网络。我们如何鉴定自己? 你可以说自己是一个特定运动组织或者兴趣组织的成员。如何鉴定自己正好反映出了我们的自我意识,我们可以通过社交安排来寻找并确定自己的身份。

自我观念是指我们面对自己的信仰,以及面对他人对自己的看法的时候,我们是如何看待自己的,和我们希望他人如何看待自己的。当我看着一辆车的时候,我希望可以反映出我的自我观念,或者说我希望这是一幅看得出来的"有动感的"画面。这也适用于一个运动迷、一个跑步者、一个艺术家或者其他任何形式的可以产生兴趣的活动计划。市场营销人员知道如何将他们的产品和服务准确地推向那些有着自我观念的顾客,当然还有那些社交参与人群。

丹·丰克(Dan Funk,2008)在研究体育比赛和活动中消费者行为时运用了自我观念的方法,也是"心理学连续模型"中必不可少的一部分(Funk and James,2001,2006)。消费者和参与者通常经历认知、吸引、依恋、效忠的发展规律。自我观念能够在体育比赛、活动和团队中被明确地识别。

自我介入是另一个与心理建构体高度相关的概念，常应用于休闲研究，而且也是发展"活动旅游事业轨迹"理论的方法中不可或缺的一部分。很明显，一个人是不会与某个品牌、休闲活动（见"认真休闲"）、活动、体育比赛或者社交世界高度关联的，除非它们可以反射出我们的自我建构。

（二）人格

心理学家谈到了五大人格特征或因素，正是这五大人格特征或要素"以一种永久的方式，在几乎所有的场合，把个体区分开来"（Mannel and Kleiber ，1997：156）。人们考察过人格对休闲的影响，但是却很难将人格与活动相关行为联系起来。

"外向性"包含自信、合群性和追求兴奋这样的人格特征，正是那些"充满活力的人"的典型特征。外向的人经常参加体育运动和冒险。相反，"内向的人"很难被唤醒，他们不需要很多的刺激因素，他们更可能去玩虚拟电脑游戏。研究发现，旅行的偏好和风格与外向或者内向相关（Plog ，1972；Nickerson and Ellis，1991）。外向的人也是那些寻求刺激的人，他们更有可能去参加一场冒险性的、极限的运动，并且想要更多样化的活动（Zuckerman，1979）。

与"亲和性"相关的人格特征包括信任、坦率和利他主义，与此对立的是敌意、冷漠和自我中心。"亲和的"人会主动寻找社交场合，并且很有可能成为志愿者。自我放纵和逃避则在很大程度上与低水平亲和力相关。

"觉悟意识"：有条理、负责任、追求成就和自我修养是与这种人格特征相关的品质。管理者希望人们可以有高水平的"觉悟意识"，因为已经证实，这种人格特征与可靠性、责任性和组织性高度相关。斯特宾斯（Stebbins，1992）认为，"觉悟意识"与很强的目的导向和"认真休闲"有关。然而，拥有很强的觉悟意识也可能会造成低水平的自发性和高水平的强迫性。如果一个人的"觉悟意识"很低的话，那么就很有可能冲动，容易去寻求立即的满足。

"神经过敏症"：体验痛苦的一般趋势与神经过敏症有关。焦虑、敌视、沮丧和自我意识经常会伴随神经过敏症而存在。厌恶好玩的休闲体验也许是由于神经过敏症引起的。由于忽视了自己生活中的积极方面，不管是从个人经历还是社交体验中，他们也许都不会得到很多的乐趣。

"经验开放性"：这与艺术敏感度、多样性需求、非传统价值观、思想灵活性、文化利益和教育能力有关。这样的人更有可能找到感官刺激。

人格品质在休闲层面的研究已经开展，尽管一些研究者已经得到结论：人格对于活动参与范围的影响要比对体育比赛或活动选择性的影响更深（Mannel and Kleiber，1997：163）。目前还没有调查证据显示它与经过策划的活动的关系，但是在如下几个方面的背景下考察与活动相关的认知和体验，读者不难发现这之中的关联。

- 心理控制源：觉察到你可以掌控自己，有选择的自由性到底有多重要？这会限制你对休闲或者愉悦工作的感知吗？
- 注意方式：你一般如何处理环境和社交的刺激因素？你会很容易深度参与一个活动

或者是心理过程吗？

- A 型行为：一些人总是被驱使着去竞争以取得成功，总是担心如何才能把事情做完，因为他们总是认为自己的时间已经快要用完，从而对他人感到不耐烦。他们要怎样才可以放松下来呢？如何让他们集中注意力呢？

- 玩性：你是一个幽默，而且又充满好奇心，有创造力的人吗？男性和女性可以一起玩得很开心吗？或者说存在社交限制吗？

- 自带目的性人格：这些人可以在他们所做的几乎所有的事情中找到固有的兴趣和愉悦。（Mannel and Kleiber,1997:174）。

- 羞怯：害羞的人也许会感觉他们的生活缺乏控制，他们的社交能力比较低，因此他们很难找到令他们自己满意的体验。

莱昂和劳（Leung and Law,2010）评论了关于人格理论是如何被应用于旅游业和服务业的著作，这与活动研究息息相关。他们得出结论，4 个主要应用领域与消费者行为、人力资源管理、休闲和教育有关。大多数的研究者检查了人格的一个方面或者是多个方面，将其分成如下几组。

- 人格品质，最常见的有 5 大类。

- 受人格特征影响或者被人格特征影响的生物学因素（性格外向者和性格内向者，而外向者是感觉寻求者；可能包括强制力和冲动行为）。

- 影响行为的思想因素，包括需求和动机。

- 认知领域：对悟性、思想、感觉、欲望的理解（潜在的稳定动机和其他的在个人看来的意识经验；包括内、外控倾向和自我形象）。

- 社会和文化领域：人格和关系的公众方面（社交心理学）。

- 调节领域：与精神健康以及如何处理精神健康有关，也包括自我效能和病态性质。

- 品牌个性（品牌价值如何建构与自我建构）。

人格理论在经过策划的活动中的应用是很少见的。无疑，人格理论确实和志愿者和雇工的选择以及他们之间的行为有关系（压力、动机、关系、觉悟）。由于"人格"与信息检索及购买行为、活动及目标选择有关，因此活动的市场营销人员要去了解更多的人格特质，这也包括应用在自我介入范围中的心理细分。其他对活动质量认知有帮助的应用与在会议上的学习偏好或者采取冒险行为（正如在许多体育赛事上的那样）有关。精神性由于他的创造力而越来越多地被视为参与活动和旅行的动力。领袖人格也被研究过，但并不是为了活动研究。此外，与消费者自我观念相关的品牌活动特征还没有被仔细考察过。

（三）侵略性和反社会行为

节日庆典和体育赛事经常会失控，出现打架、暴乱或者犯罪行为。一些对不公平裁判的抗议就会导致这样的结果。我们可以通过活动的设计或是管理来避免这些糟糕事件的发生吗？莫耶（Moyer,1968）鉴定出了侵略性的 7 种形式，其中以下 5 种是与社会行为有关的。

男性之间的侵略：为了接近女性，男性之间的竞争是在一些相同类别的事物上展开的，如控制、地位等。（尤其要当心那些在聚会上或者是狂欢节上喝醉的男人）。

恐惧诱发型侵略：与逃离一种威胁的尝试相关的侵略（例如，枪击、打架、活动中出现火灾时群众的反应）。

暴躁型侵略：由于一些挫折而对可达到目标的直接侵略（例如，由于等待或者不安而导致的不耐烦和压力，由此导致对活动设计者的明显的敌意）。

守卫性攻击：对抗入侵者入侵固定空间的防护（例如帮派的互相影响，或者不相容的细分市场被迫混合的时候）。

工具性攻击：为了得到目标而直接展开的攻击，或者是对一个情境的习得反应（在一些活动上有组织的暴乱实例）。

"仪式化的侵略"解释了我们为什么会迷恋一些有竞争力的团队，尤其是在城市之间、国家之间的对抗中。这对缓和紧张局势很有帮助，但也会偶尔失控并引发观众之间的冲突或者是暴乱。"足球暴力"已经受到了很多关注（Scott et al.，2001）。

【研究札记】

反社会行为

作者的研究表明，反社会行为具有破坏活动积极影响的力量。媒体经常将焦点放在耍酒疯、粗暴行为和故意破坏文化的行为上，这就导致社会上的群体反对那些承受或者引起消极社会影响的活动。社会自豪感很容易以这种方式被毁灭。

Deery, M., and Jago, L. Social impacts of events and anti-social behavior [J]. International Journal of Event and Festival Management, 2010, 1(1): 8-28.

（四）心理学研究范式

与休闲和旅行相关的大多数心理学研究都是实证主义的或者是推理演绎的，而且大多数都应用了小的实验组（通常是学生）和自我实现问卷调查（维尔 Veal，2006：30）。通常，消费者行为尤其是有关旅游业的，很大程度上依赖于认知心理理论。

二、环境心理学

环境心理学对于增进活动研究具有很大的潜力。这是一个聚焦于对自然和已有环境的洞察和认知的跨学科领域。贝尔（Bell et al.，2001：6）将其定义为"行为和经验之间，自然和建筑环境之间的磨牙关系的研究"。"磨牙"也就意味着整体要比部分好得多，或称为一种完全取向。环境和行为"单位"已被研究，例如节日举办地、室内多用途运动主场、宴会厅或者是会议中心。特殊话题包括激励、刺激、压力、适应、回避冲突、环境设计、徒步旅行、工作和休闲环境。

表 3.6　环境心理学

环境心理学	本质和含义，活动经验	参与活动的先例	计划和执行活动	结果和影响	过程与方式
-对自然环境和已构建环境的洞察和认知 -环境设计 -徒步旅行 -行为环境和环境影响因子 -个人空间 -拥挤	-人们如何认知、理解、评价活动环境 -合适行为的环境线索 -感到拥挤或者舒适	-特定环境偏好 -对拥挤和环境中风险的恐惧	-活动环境设计和管理的含义（例如，可识别性；有趣的互动，迷情大自然，流动性）	-对个人健康有直接影响的环境因素，安全和满意度	-环境偏好和恐惧是发展中的和可被塑造的 -活动场地发展，活动地点的利用，经常提出与环境相关的新的机会或者创意

环境既被视为行为背景，又被视为行为的决定性因素。环境心理学家也检测了人类的行为对环境的影响。以节日举办地为例，环境心理学家仔细观察了出席节日活动的人们对环境的反应，为了反映出节日活动的主题，环境又是如何被设计和装饰的。具体考量包括环境容纳力、拥挤程度、个人空间、噪声和灯光、温度和空气流动。改变其中某个因素，例如改变灯光，会使得观众减少吗？音乐会使现场的气氛活跃起来吗？当然，活动的设计者通常是从他们的经验中获得答案的，但是环境心理学通常运用环境研究法或是其他办法来提出实际解决办法，并发展一般性的理论。尽管有时候也会采用实验室研究，但是最受欢迎的方法是现场试验、描述性和相关性的研究以及模拟实验。

狄扬（De Young 1999）记录了一些很重要的环境心理学研究主题。

注意力：人们如何注意到环境；对环境刺激因素做出反应。

知觉和认知地图：人们是如何想象自然环境和已构建的环境的；心理地图的形成。

喜欢的环境：人们倾向于寻找他们认为自己可以胜任的，感到自信的环境，倾向于寻找他们可以设计的环境，从而可以使自己在其中忙碌起来。

"环境压力"与"应对"：常见的环境应激源包括噪声和极端气候；对压力的处理就会牵涉物理环境和社会环境的改变，或者是寻求解释及理解情境的办法。

由贝尔（Bell et al.,2001:21）提出的"环境心理学的一体化模型"被应用在了活动研究上（见图3.1）。这个模型为环境心理学话题以及他们的解释提供了一个概述。人类与环境的相互作用既受生物因素的影响（例如，我们对于偶尔孤独的需求，或者是恐高症），也受到学习因素的影响（例如，我们被教育要尊重环境和他人的财产）。接下来，我们必须要考虑对环境的认知，或者是我们如何利用自己的感官觉察并领悟环境中突发状况的含义（这就是认知能力）。

"环境对行为的一般作用"包括对感官刺激的研究（这些感官刺激通过噪声、光线、气味和颜色的方式产生）、一般环境状况的影响（环境、污染）和社会互动作用的冲击（个人空间和拥挤）。

与这些一般因素紧密相关的是特定活动环境的"行为和经验的影响"。他们的设计、规划和管理明确地是为了创造、建议或者促进预期方法、行为和体验。我们需要仔细检查所有的一般或者是不寻常的活动环境，从体育场馆到公园，从会议中心到城市中心。每个因素是如何单独起作用的？或者是怎样与其他因素（例如，音乐会上一个观众的行为和心情）的效力下一同起作用的？为了达到预期目的和合乎礼仪的行为，活动场地的建设通常都带有目的性，但是一些不同寻常的环境为了暂时的活动目的是必须要被限价的。"设置功能可见性"和"约束条件"是那些被建议是否允许举办各种各样的活动场地的特征。

"改变环境认知"是指从经验以及在认知和动机的改变结果中学习。在活动中，这包括人们如何感知活动并将其含义与活动环境和设计因素联系起来。在接受了教育，有了活动经验之后，我们对环境的态度就会有一个积极的转变，例如对绿色经营和可持续发展的支持。最后，这个模型的相互作用包括认知上的一般性转变，即我们如何认知我们的环境。

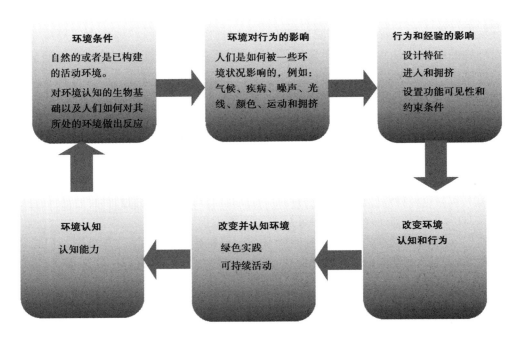

图 3.1　环境心理学和经过策划的活动

（一）环境偏好

根据卡普兰（Kaplan，1987）所述，人们会仔细查看现场的空间内容和受空间条件限制的配置。我们必须快速处理由感官获取的信息。卡普兰指出，人们偏好的场景或环境是"固有的""易辨认的""复杂的"，而且有一定程度的"神秘"色彩。"易辨认性和神秘性"需要更多的感知过程。当复杂性和神秘性一起出现的时候常会刺激参与度，或者是激起探索和理解场景的欲望。我们对活动环境和环境设计的反应反射出了特定的倾向，有一些是受文化的影响，还有一些则是与个体高度相关的。

【研究札记】

活动环境:热点和冷点

受空间限制和时间上的暂时性这一本质特征的影响,活动体验的性质是通过采访对参与者进行观察和主要赛事上的照片来研究的。研究结果有助于我们更好地理解参与者对于活动的环境和彼此是如何反应的,促进了体验的理论建立,设计和管理。当来观看赛事的观众沉浸于举办活动的村庄的各种各样的环境和四场赛事中的时候,他们的行为被观测着,观测人员得来的照片和记录使得对乐观经历和悲观经历的更突出的评价成为可能。研究结果也确定了社会因素的重要性,因为人们往往愿意待在别人待的地方,由此揭示出,惊喜可以创造出积极乐观的体验,并且实验性的"热点"是由时间和空间共同定义的。我们得出结论:对于整体的满意度而言,积极乐观的体验要比消极的体验重要得多。其含义和影响是根据活动体验的性质、他们的设计和管理以及相关的方法论的发展而产生的。

热点和冷点反映了观众对活动的认知以及他们对社区环境的预期(例如,举办地应该是激动人心的、活泼有生气的、有趣的)与活动的本质相关(例如,娱乐环节应该何时举办,比赛该如何设置,该提供哪些食物。)这些都可以被设计和塑造,可以随着活动的发展而改变(如果举办时间足够长的话)。当然,把冷点作为人群管理策略而创造出来也是有可能的——为了让人流畅通,或者改变他们的模式,以此来避免拥挤和消极的社会或环境影响。

Pettersson, R., and Getz, D. Event experiences in time and space: A study of visitors to the 2007 World Alpine Ski Championships in Are, Sweden[J]. Scandinavian Joural of Hospitality and Tourism, 2009, 9(2/3): 308-326.

(二)行为环境

根据巴克尔(Barker,1968)所讲,场地既有由文化定义的目的,又有对行为的预期。场地和合适的行为往往被感知为一个集成单元,或说是"行为环境"。有时候户外布置要比室内设备更模糊不清,尽管这取决于许多设计和管理因素。确实,当一个人去参加一场露天展览会的时候会接收到许许多多的提示,并且表现出与那些参加室内艺术展的人不一样的行为。难道客人在直觉上就可以理解那些标准规范和限制吗?为了行之有效,我们依照惯例,或者用巴克尔的话说就是用由文化所决定的"固定的行为模式"。

三、社会心理学

曼内尔和克莱纳(Mannell and Kleiber,1997:25)写道"社会心理学是对个人在社交环境中体验和行为的研究"。巴伦和伯恩(Baron and Byrne,2000)将社交心理学定义为"寻求对社交环境中个人行为和思想的本质和起因的理解的领域"。至于活动研究的目的,我们可以说能帮助我们理解活动中行为的本质和起因,这一切都是以对思想、群体和行为之间的关系

的研究为基础的。

表 3.7　社会心理学

社会心理学	本质和含义，活动经验	参与活动的先例	计划和执行活动	结果和影响	过程与方式
-研究个人在社交情境中的行为和体验	-作为社交经验的活动 -社会角色模式 -通过社交互动赋予活动主观含义（例如，作为社会建构的活动）	-社会参照人群的影响 -社会需求（寻求和逃避）	-环境设计 -团队的相互交流和动态 -制造一种社会气氛；归属感和分享	-社会群体需求的满意度	-家庭、社会群体和社会准则的变化对活动的影响

（一）自我决定理论

这项理论（Deci and Ryan，1985，2000）与人类动机相关，尤其是在社交情境中人格的发展和功能。至于休闲的重要性，德西和赖安考虑到人们参加的是否是完全自主选择的活动。人们通过基本人类需求的满意度来争取自己的成长、发展和清晰的自我认知，而社会环境既可以促进这种斗争，也可以阻碍这种斗争。当需求不被满足或阻挠的时候，人们在整体的幸福感和身体健康上就会遭受痛苦。

（二）社会认知与社会认知理论

班杜拉（Bandura，1977，1986）为理解、预测，甚至是寻找改变个人或集体性的行为提出过一个框架。这个理论说明人的行为是由个人的主体因素、行为因素、环境因素三者相互作用的结果。社会因素影响着我们的信仰及认知能力，环境改变人们的行为从而使人们反过来去改变它，主体因素则体现在人们对待问题时有不同的反应，所以同类型的因素也可能会造成人们的不同行为。

"自我效能"是班杜拉理论中的首要个人主体因素。它不同于个体自身的实际能力，是指人们对自己实现特定领域行为目标所需能力的信念。自我效能影响人们的积极性和休闲行为。根据我们对自身能把活动做到多好的评估，我们更有可能去参加能实现自己希望的预期效果的活动。自我效能同样也影响着人们对待失败的态度。自我效能高的人会把失败归于外部原因，且他们大多认为是自己掌控生活；而自我效能低的人易把失败归因于自己的能力不足，并认为自己的生活是由他人或命运决定的。

教育和训练之间有密切的联系。自我效能（或者说是对自己能力的信念）因为在某一方面精通或在某一方面成功而得到提升，也会因为遭遇失败而降低。向同龄人或尊敬的人等学习如何完成一项任务能够增强自我效能，同时，积极性的鼓励也很重要。

"社会认知"指的是我们如何理解、分析、记忆以及利用社会信息。拜伦和伯恩（Baron and Byrne，2000:80）指出我们所运用的心理模式是一种"围绕一个特定主题来帮助我们整理社会信息的思维框架"。"社会角色模式"适用于人们对自己在社会情境中的行为有所期望时，例如演讲者如何在会议中表现，司仪在晚宴上应如何表现，或者表演者们在音乐会上怎样表现。这一模式影响着社会认知的三个基本阶段：注意——我们留意到的信息；编码——记得什么，以及如何被记住；检索——我们如何获得信息并利用。

社会心理模式充当着过滤器的作用，在我们估量社会情境时帮助我们节省时间和精力，而这样一种模式的建立需要经验和相应的文化习俗作基础，并能够持续很久。但如果周边环境不存在暗示或这种暗示是误导性的，它们也会导致误解或不当的行为。我们会按照这些模式做事，可以说它们有"自我应验的预言"这种影响。

（三）计划行为理论

阿耶兹（Ajzen，1991）提出的计划行为理论具有很强的影响力，计划行为理论认为，行为是由行为意图所驱使的（例如，我真的想去那场音乐会），一个人做事的意图是行为的最直接决定因素。其中，意图是人对此行为的态度，某种主观规范或者所能被感知到的行为控制。

人们对待行为的"态度"被定义为人对此行为的积极或消极的感觉，而这些感觉来自对可能行为结果的信念及对其影响的渴望（例如，对我来说优先选择是摇滚演唱会，那里很酷，适合和朋友一起去或在那里交朋友）。

"主观规范"是指对其他人所想的感知，如你的同伴是否会同意你的这种行为（例如，我所有的伙伴都觉得某音乐会是最棒的，所以我想去参加从而融入他们）。

"感知行为控制"指对选择的感觉（包括拥有做某事的技能、资源和机会）。正如社会限制因素理论中说，当人们感知到他们并没有做某件事所具备的技能、资源和机会时，他们往往没有去参加的强烈意愿。

"计划行为理论"只适用于不被强迫的、理性的行为，并不是所有大型活动都会用到这个理论。正如我们所知，外来的动机也同样适用于一些大型活动，比如工作责任感和社会责任感。人们在非正常环境中或因酗酒、毒品、压力、疾病等因素处于不稳定的情绪状态中时，不理性会阻碍他们去参加大型活动。

（四）期望确认理论

奥利弗（Oliver，1977，1980）认为消费者满意度是由期望值和实际服务绩效相互影响决定的，期望值和实际服务绩效之间的对比结果影响着消费者的满意度。换句话说，如果顾客对服务有很高的要求但却感觉不到满意的结果，那么他就会趋向于不满意。一个不满意的顾客不会做出好的评价也不会产生忠诚度。

期望确认理论是 SERVQUAL（Service Quality 的缩写，服务质量模型）及其他定义和测量满意度的方法的核心。但是，很多研究者认为不做事前的期望测量，仅进行事后满意度调查会更合理且更具有实际意义。盖茨等（Getz et al.，2001）在评估一项冲浪运动时采用了这个"事后满意度测量方法"。很多人总是不带对服务或产品质量的期望去参与大型活动，但事后他们是能够判断自己满意与否的，这一点是相当有力的证据。另外，消费者越有经验，他们就越会对产品和服务产生期望。

【研究札记】

活动质量

作者们提出了这样一个问题：哪些元素影响着大型活动的服务质量。

这项针对澳大利亚爵士布鲁斯节的研究直接得出了 FESTPERF（Festival Performance 的缩写，节日绩效）——一个区别于一般的 SERPERF（Service Performance 的缩写，服务绩效）手段，不同于 SERVQUAL 模型的三因素解决方案，其中两点因素是专业主义因素和环境因素，这两者表明顾客满意度可能会引起二次购买。第三个因素是核心服务，此因素并没有预测活动参与者的二次拜访意向。这个研究的实践意义在于，它给出了一个特定的大型活动服务质量测量模型，可以将此模型应用于对其他类型的音乐节（例如摇滚、福音或者流行乐及其他）进行服务质量的测量。

Tkaczynski, A., and Stokes, R. Festperf: A Service Quality Measurement Scale for Festivals[J]. Event Management, 2010, 14(1): 69-82.

[学习指南]

作为一个学习领域，大型活动学习研究必须运用许多社会科学中的基础理论、方法和研究模式。跨学科理论有助于我们扩展对大型活动的认知，这些理论对大型活动的解读是无止境的。

对于本章及后面章节提及的所有基础学科，学生需要有能力概括它们涵盖的主题、核心理论和方法，书中会通过调查研究对这些做出说明。另外，它们与日后学习中的经历、案例讨论、学习产出和学习方式有着直接的关系。尤其是要将人类学、社会学经典理论和经过策划的活动经验模型联系起来。

[研究问题]

1.所有经过策划的活动都是文化现象吗？

2.解释大型活动调查研究文本中的人种学和现象学。

3.什么是社会文化资本以及这些概念在大型活动研究中是如何应用的？

4.大型活动研究中怎样使用社会交换理论？

5.将社会世界和社会网络理论与大型活动需求联系起来。

6.道德规范来自哪里？（联系宗教、哲学和专业主义）

7.所有朝圣文化都是实际存在的吗？

8.结合期望确认理论谈谈大型活动质量。

9.说说认知心理学是如何支撑我们对经过策划的活动经验的理解的以及为什么人们会参加大型活动。

10.形容五个主要的性格特征并解释为什么关于性格的理论对于活动营销如此重要。

11.解释适用于大型活动研究的环境心理学综合模型。

12.联系行为定式和活动设计的概念。

13.为什么对于理解经过策划的活动来说自我认知和自我效能理论很重要？

[拓展阅读]

[1] Ehrenreich, B. Dancing in the streets: A History of CollectiveJoy[M]. New York: Metropolitan Books, 2006.

[2] Picard, D. and Robinson. M (eds). Festivals, Tourism and Social Change: Remaking Worlds[M]. Clevedon: Channel View, 2006.

[3] Turner, V. (ed.). Celebration: Studies in Festival and Ritual[M], Washington DC: Smithsonian Institution Press, 1982.

第四章 经济、管理、政治科学、法律、历史、人文地理、未来研究等学科

通过本章的学习,学生应掌握:

● 基于这七个学科的贡献了解展会活动在社会和文化中的角色、意义、重要性和影响力;

● 熟悉经济、管理、政治科学、法律、历史、人文地理和未来研究等学科的核心理论和方法;

● 熟悉每个学科的具体内容以了解展会活动及其经验、结果、规范、过程和政策的本质意义。

第一节 经济

根据不列颠百科全书,经济是一种"追求分析和描述财富的生产、分配和消费的社会科学"。《娱乐休闲和旅游经济》(2005)的作者约翰·特莱博认为经济是在无尽欲望下讨论稀缺资源的学问。因此需要做出生产什么、如何生产以及如何分配的决策。

表 4.1 经济学

经济学	本质、含义与活动经验	参与活动的先例	计划和执行活动	结果和影响	过程与方式
-宏观经济学(或"政治经济学"):整个经济系统的作用 -微观经济学:消费者的经济业务(公司及其他组织)	-消费的体验和意义 -对金钱的感知价值及其构建的展会活动体验	-对消费或参与活动的经济奖励和障碍 -供给因素(比如旅行消费、替代品)	-活动的经营模式和经济可行性 -需求预测 -经济发展政策对活动的影响	-衡量经济影响和外部效应 -评估开支和收益(包括其分配)	-经济趋势与推动力(竞争、全球化)

一、宏观经济学和微观经济学

宏观经济学关注的是整个经济体系,有的时候又会指"政治经济学",因为政府和国际合约所涉及的是宏观层面的经济问题。大多数情况下,现代经济体系建立在自由市场的模式下,意味着市场发挥着自发调节经济运行的作用。但是,政府会在一定程度上干涉市场的运行以达到社会的、文化的以及环境的目标。在本书中,节庆旅游投资和行业资助代表了两种重要的政策干预。

"福利经济学"是有关公共政策的一个宏观经济学分支,它关注的是经济政策对某一国家或特定人群的福利影响。大多数征税多的国家实际上是在实现财富从富人到穷人的转移。政府如何决策税收开支是政党间进行公开辩论的重要议题。主张社会福利的政党认为政府资金应该用来资助穷人和残疾人,支持政府在经济上的强势介入。保守的政党则倾向于减少开支,让市场当中的微观个体而非政府来自发进行经济决策。因此,主张社会福利的政府或许会支持对文化节日、展会活动的补助,而一个保守的政府则更倾向于以减少税收为消费者争取更多的自主决定权(即通过减税刺激生产和投资)。

在福利经济学领域有很多两难抉择。例如,我们应该支持那些为了一部分人的利益而牺牲其他人利益的政策吗?许多人的确支持重新分配政策,比如改变税收制度,且现代政府喜欢采用定期进行民意测验的方式来做各种各样的决定,或对现行的活动进行民意评估。那么,如果一个再分配策略真的以伤害了一些人的利益为代价来满足另一部分人的利益,它可行吗?当然这些严肃的政策问题不会受到展会活动的影响,但当我们讨论到用市政开支对展会活动予以补助时,诸如此类的问题就会被提及。

"微观经济学"关注的是个体行为决策,在市场机制中,供给和需求决定价格。经过策划的活动中,涉及微观经济学的问题如下:

- 是什么决定了一个展会活动及其原材料的价格?
- 展会活动上的卖家和买家是如何在市场作用下匹配的?[这对展会活动中的竞标来说非常重要:详见盖茨(2004),对市场的评估以及从理论和实践方面市场对旅游机构竞标展会活动的作用。]
- 如何对拟举办的展会活动进行可行性评估?
- 活动组织管理的类型和活动如何运行之间的区别是什么(即政府性、非营利性和营利性)?

二、经济交易:理性选择理论

该理论重点探讨微观经济学及消费者行为。人们通常会在想要得到自己预想的收益时表现得有理性,做理性的决定;尽管大家都知道那只是一种假象,但他们在权衡收益与开支时都表现得自觉又明智。如果人们真的能够在每场交易中将个人和群体利益最大化,那么经济系统将达到最高的效率。不幸的是,"理性行为"不可能完全实现,不道德和非法的行为往往会发生,因此经济系统需要在某种程度的规制下运行。当然,存在一些有待讨论的例外情况。

（一）选择理论

企业要想获得利润往往面临很多关于投入方面的约束（物资、劳动力、租金），需要做出艰难的决策。某种投入的组合可能会使得成本最小化，但在这种情况下能办好一场吸引人的活动吗？如果不把利润作为目标，那么可能存在一系列合理的要素投入组合，事实上如果可以接受损失，那么组织者倒大可不必对资源利用太过小心。很少有关于展会活动组织者如何做出这种选择的研究，但有运用特定利益集团理论来比较活动组织者和供应商力量以及它们如何影响非营利展会活动可行性的研究（安德森和盖茨，2007）。

（二）资源配置理论

当一桩交易、一个机构对某一活动有多重目标时，则需要决定优先次序——一般来说是不可能将资源均等地分配以完成每个目标的。我们可以衡量达成每个目标所必须配置的资源，然后根据它的优先性或重要性来做出最优决策。资源配置理论启发我们，在展会活动中需要思考如何对活动进行价值比较从而决定如何利用资源。

（三）机会成本

机会成本同样也是经济学的一个核心概念。公司或政府利用资源去完成一个活动时，所利用的这些资源实际上也能在其他地方发挥作用，因而会产生机会成本。有关文化、健康以及旅游的活动是否值得投资已经成为一个越来越严肃的政策问题，因为其他的投资机会都是在迎合商业或社会目标，它们显然能够创造更多的利益。政府会通过补贴或直接供应的方式来满足那些非常重要但微观个体可能不愿意或者没有能力去满足的消费需求。因此，政府会以合理的方式支持节庆、运动赛事或者其他一些服务大众的娱乐活动。

【研究札记】

机会成本

作者认为，一般情况下，大型体育赛事的经济分析关注积极效果和影响，但忽视运用稀缺资源的机会成本和效率。这篇文章运用对投入产出效率的衡量来替代对投资的度量，更清晰地表明了作者的观点：举办大型体育赛事要分析很多因素后才能决定，而不能孤立地决断。这个观点是站在利益相关者以及不同利益团体的角度提出的。

Preuss，H. Opportunity costs and efficiency of investments in mega sport events ［J］．Journal of Policy Research in Tourism，Leisure and Events，2009，1（2）：131-140.

三、商品及服务需求

在经济学中，需求决定了特定情况下商品或服务的价格和数量间的关系。在每一个价格水平下，供求关系使得买家会获取相应数量的商品及服务，消费者通过支出他们的可支配收入获得效用(比如生存、愉悦、快乐、满足)。他们拥有做选择的权利,特别是涉及娱乐和旅游时。在一场活动中,个人所能支付和所愿支付的最高价格与实际价格存在差价时,或者一场免费的活动给大众带来效用时,就形成了消费者剩余。(例如,活动效果超出了我的预期,我很高兴,所以想多付一些钱;这太棒了,他们本应该收些入场费。)

在一定程度上,个体认为某场活动的价值越大,其支付意愿就越强,所以需求取决于对消费者效用、选择以及偏好的假设上。根据边际效用递减规律,消费者对展会活动的满意度终将越来越低。在供求方面,有两种"弹性"需要考虑。

收入弹性:收入增加,消费者会消费更多的商品及服务。因此人们对休闲、旅游及展会活动的总体需求与他们的可支配收入直接相关。但是,与其他的产品和服务相比,人们会更喜爱展会活动并且想要为它们花更多的钱吗?众所周知,当国家发展时,收入增长的中产阶级会把钱更多地投向休闲和旅游方面(实际上,这些商品有相当高的潜在需求)。

价格弹性:价格增高,总体需求会降低。所以当一场展会活动收费变高时,代表它想要减少消费者——或者说是想吸引不同档次的消费者。一些展会活动可被看作吸引对价格不敏感的消费者的"奢侈品",或者说是那些只对高消费的活动感兴趣的消费者。

在自由竞争的市场中,供求最终将达到平衡,没有多余的活动供给,同样消费者也没有多余的消费需求。但是这种情况并不可能存在,理由如下:事实上,展会活动受政府资助和非营利性价值导向颇多,很少单纯在市场经济运行规律驱使下运行,除非是在和其他活动作比较或是揭露市场扭曲程度时,才会出现这种情况。

四、展会活动的经济需求

经济学家所作的关于商品和服务需求的常规假设一般不适用于展会活动。有多种活动可供消费者选择,其中有一些是免费的或是受资助的。所有因私人原因而引发的活动(即固有动机)本质上是可被其他形式的娱乐活动替代的。对于大多数活动,我们应该考虑价格弹性,在竞争性的环境下,供给方必须对价格的上涨保持警惕。

当决定活动入场费时,组织者必须充分考虑到价格对潜在需求的影响。价格弹性总体上是指当价格上涨时,需求会减少——主要原因是钱是稀缺资源,但也因为消费者有许多备用选择。特莱布(Tribe,2005:76-77)解释了弹性是如何受到商品及服务的重要性、替代品与互补品的数量、人们对商品及服务的偏好、消费者的认识程度及需求调节的时间长度等因素影响的。此外,一些商品及服务由于非常有用且价格便宜,即使价格上涨,对其需求的影响也不大。

收入的需求弹性因素也需要考虑。一般来说,人们花在休闲与旅游上的钱会随着可支配收入的上涨而增多。同时,当利润和税收上涨时,公司和政府也会有更多举办活动的需求。对展会活动的需求既与财务状况有关,也与偏好有关。事实上,展会活动(比如休闲娱乐)可以被称为"偏好品",因为人们喜爱旅游及娱乐活动。

经济学提供了需求预测的基础,在展会活动上常被称为出席人数预测。由于展会活动的需求及人们的兴趣只在某种程度上受成本的影响,从而为需求的预测带来了难度。

（一）支付意愿

支付意愿是一个用来决定活动需求及设定价格的非常有用的经济学概念。例如，了解自己愿意为一场流行音乐会的门票付多少钱，想想自己愿意为一个社区节日的门票多付或少付多少钱。通常人们虽然不能说出他们到底愿意为可能的机会付多少钱，但他们至少可以货比三家，正常消费——我们称之为"价值定位"。比如说，我们经常去看电影或借录影带，那么一场音乐会值多少钱？两倍？三倍？市场调研人员利用这些价值定位可以找到一个大多数目标消费者会购买的价格范围。

有关支付意愿，存在一个问题，就是一些人会误导你。为什么会有人支持你为了一堆不值钱的东西付很多钱呢？难道"他们"不会利用这些信息去提高价格吗？所以，研究人员认为支付意愿通常大于人们真正愿意付的钱；另外，研究人员需要意识到如果价格升高，一些人会避免去买或者根本买不起。

游客经常比当地人为了展会活动花更多的钱。针对加拿大首都地区展会活动的研究（库伯斯和莱布兰德，1989）发现，那些为了展会活动去城市旅游的人比当地居民花的要多。这是因为他们是为了活动而来的，并且很有可能只参加这一次。而当地居民则有很多机会去参加（或者参加当地其他的活动），并且很有可能不止参加一次，所以他们每次愿意花的钱会少一点。由此看来，通常游客的数量虽然不多，但代表着高收益的市场。

（二）定价

定价战略和战术在管理与市场营销中发挥着重要作用，但有关人们如何应对价格策略的分析则需要经济学和心理学的理论方法。只有少数研究人员解决过和展会活动相关的价格问题。克朗普顿和拉夫（Crompton and Love，1994）研究过有关主题性展会活动需求的历史（Dickens on the Strand of Galveston，Texas）以及该活动替代其他活动的机会、参考价格的强度（Strength of reference price）、出行成本、目标市场的丰裕度及目标市场的价值等问题的回应。研究人员认为参与率与展会活动的生命周期以及展会活动探索新市场的迫切程度相关性最大。如果一场展会活动中有50%的参与者是初次参与，且他们对价格不敏感，而另外50%的参与者是通过提前得到折扣或其他的特定方式获得优惠，那么就有可能实现在不减少需求的情况下（对初次参与者）提升价格，因为对他们来说需求价格弹性是较低的。

对展会活动的门票问题进行了研究后，哈佩尔和詹宁斯（2002）注意到很少有娱乐项目（比如，音乐会）存在广泛的价格歧视。但是在艺术领域很常见（比如交响乐和歌剧），基于活动质量、座位位置等因素，艺术领域经常会有25种或者更多种的门票价格；而在体育赛事中，不管质量或是球队比赛成绩如何，同一季的门票价格通常是一样的。哈佩尔和詹宁斯给出的理由是艺术机构可能更了解他们的消费者，或是在艺术领域与表演者近距离接触很重要。运动赛事运用亏本商品销售策略使人们买到更便宜的座位，然后在商品和点心上获取利润。众所周知，为了对粉丝公平，一些表演者坚持票价要尽可能低。此外，不断变化的市场条件以及新科技可能会导致活动定价的变化，比如说网上预订及购票会改变消费者行为。

（三）直接需求和派生需求

人们付费参加展会活动形成了展会活动的"直接需求"。当价格升高，通常情况下直接需求便会下降。如果活动免费，直接需求便无法被测量，但是此时对"支付意愿"的研究可能就有重要意义。大家都知道预测一个活动的需求是非常困难的（举例可见泰格兰德，1996；Pyo 等；斯皮林，1998；米尔斯和麦克唐纳，1999），所以在展会活动举办之前，对偏好意识、兴趣水平、市场范围、细分市场以及市场渗透情况等进行多年的研究是很正常的。

"派生需求"与直接需求不同，它指的是由一场活动引发的人们对目的地产生的额外影响，比如提升目的地形象、吸引额外的参与者等。人们可能会在一个展会活动开始之前就去了解设施的搭建，这样就为目的地带来人流，或者仅因为"要举办活动"本身，举办地就得到了众多关注。不断增加的场地容量是另一个可以解释展会活动导致游客增多的原因，因为活动带来新的场地和更好的住宿接待设施，更好的市场环境以及政策支持。

在奥运会开始前的几年，奥运会举办城市通常会吸引很多的会议来举办，而且吸引来的活动也越来越多，如果不是有奥运会主办城市这个名号，想必就不会举办那么多的会议和活动了。在奥运会结束之后，也会有一系列"连锁反应"吸引着越来越多的活动、会议等前来举办。但随着时间的推移，这个效应会变弱。不过，派生需求会受到外在变量的影响，如果单靠它去预测对经济的影响就会变得有风险。康和柏杜（1994）的研究得出，1988 年首尔奥运会对韩国的旅游需求并没有形成长期的、积极的影响，并且认为这一现象更倾向于解释发展中的旅游目的地而不是成熟的旅游目的地。

五、展会活动与经济发展

"发展"可以认为是经济增长，也可以指城市发展和革新、社会和文化发展，或是突出环境问题的可持续发展。许多范例或是一些关于发展的观点都影响着政府政策，包括与展会活动有关的政策。

"现代化"指的是西方化的过程，即通过基础设施的进步以及工作模式的转变逐渐进入工业化社会。很多发展中国家迫切地想要发展旅游业，从中反映出的是对现代化的渴望，而旅游业对现代化进程的推进有快速且显而易见的成效。展会活动特别是巨型活动尤其符合这一点，因为它们是带动全球化交流的重要标志。比如说，韩国中央政府直接标明要通过有效运用特大活动推动现代化体制建设，中国也在跟着这样做。中国正在大举推进基础设施建设，包括机场、高速公路、会展中心以及旅游度假村，以此推进工业现代化的进程。

从第一届开始，世界博览会就与现代化相联系——世博会已经成为国家展示科技发展水平以及吸引大量参观者的一种方式。举办国际性会议与展览仍然被视作推动贸易以及获得有价值的经济发展知识和信息的一种方式。

"依赖"理论强调第三世界国家的发展问题，或者是发达国家中贫穷区域的问题，它们都使用了"中心—外围"模型（从结构上说，核心通常占主导地位）和"新殖民主义"（运用经济力量而不是直接的武装力量使发展中地区屈服）。在这一视角下，在作为"外围"的欠发达地区，展会活动可以被看作对主办地文化的挖掘，或者说是为了实现某种特定发展模式而对

当地宝贵资源的不合理使用。

自20世纪70年代起,经济新自由主义成为主要的发展模式,在这种体制下政府的直接参与减少,市场力量成为重心。新自由主义运动下的"供给学派经济学"更偏向于保护消费者利益,发展自由贸易和私营经济,而不是政府干预或集中规划。当然,极度缺少政府干预会导致出现供给不足以及其他一系列问题,所以我们今天见到的是政府对市场活动的不同程度的参与。对全球化现象持批评意见的专家认为,"新自由主义"政策使穷人更贫穷而富人更富有,而且贫穷地区特有的文化和生活方式也在随之消失。

在加拿大及其他一些国家,新自由主义政策的实行导致了艺术及大型活动总体上缺少资金支持,从而提高了企业赞助对大型活动的影响。对艺术机构及非营利组织而言,"产品"商业化诉求的提高导致了创新力的降低。不仅作为旅游业的一个重点,而且作为新兴的、有竞争力的产品,展会活动必须适应新自由主义的思想,即任何政府资金都可能与特定的投资回报率联系起来。在新自由主义思想下,大型活动的价值体现在形象开发、市场营销、品牌化等几个方面。

"可选择性发展"关注人类需求以及人类发展的结果,关注性别平等、固有权利、物质问题、精神问题、社会问题以及可持续发展。地方参与和授权是这一思想的特点,并且强调参与和授权的过程。"三重底线"理论强调旅游的"环保"理念,强调要更多地关注"绿色"活动。因而,强调展会活动的文化及社会价值,以及合理处理诸多影响因素的理念体现了"可选择性发展"或"后现代"理论的思想。

【研究札记】

展会活动和经济发展

维特佛在澳大利亚黄金海岸及布里斯班研究展会活动政策,发现城市中关于展会活动的政策主要受"可选择性"理论影响,而不是受经典的经济发展理论框架(也就是现代化、独立性及新自由主义)的影响。维特佛坚持认为"展会活动正迅速成为许多澳洲区域战略性计划、发展、旅游及休闲政策中必不可少的部分",她使用"政策内容分析"去估计影响政策形成及内容的内外因素。"可选择性"范例的标志是指展会活动的发展不仅是为了旅游业或品牌效应(这点在澳大利亚及其他一些地方很常见),更是为了促进文化多样性,提高当地人民生活质量以及保存历史遗留。此外,促进社区发展是另一个在黄金海岸和布里斯班发现的人们参与展会活动的原因。

维特佛得出一个结论:政府需要知道影响展会活动政策目标的思想基础。当然,如果一个经济体系像新自由主义描述的那样完备,就没有必要考虑这些问题了。展会活动、运动、艺术和商业都适应了新的现实并且在达到新自由主义和全球化目标的基础上进行竞争。维特佛提出了一些比较有实际价值的建议:研究人员应该调查以促进展会活动发展为导向的政策,只有这样,政策才能具有实践意义而不只是武断的意见。

Whitford，M. Regional development through domestic and tourist event policies：Gold Coast and Brisbane，1974-2003. UNLV Journal of Hospitality［J］. Tourism and Leisure Science，2004，（1）：1-24.

对特大型展会活动的长期和发展性利益的研究需要极度谨慎。其实，很难也很少有长时间的研究去"证明"举办一个活动能促进经济增长或社会发展。斯皮林（1998）为此做了一个透彻的研究并得出结论：挪威利勒哈默举办的 1994 年冬奥会，对主办地区的经济没有产生长期影响。相关利益仅局限于旅游业，特别是局限于对举办大型展会活动的地区。

六、为市场干预和对展会活动的资助正名

市场经济是以企业及消费者自由选择并作出决策为前提的，因为政府干预通常会导致扭曲及其他负面的、不被预见的后果。但是，在许多政策领域中，包括社会、环境及文化领域，干预常常被看作是合理的。提到经济问题，以下概念在本章节中相当重要。

"市场失效"是市场不能有效地发挥作用，不能合理地进行生产、消费以及分配，也可以说是市场力量不能够服务于已知的大众消费偏好。米尔斯和德怀尔（Mules and Dwyer，2006）提到接待地或是旅游公司都不能捕捉到展会活动带来的所有利益，所以他们不会对此进行投资。因此，旅游业（通过目的地营销机构）通常会批量地资助展会活动，尽管这要考虑到外部性与搭便车行为。"搭便车"行为就是展会活动经常需要公共性资助的原因，因为政府税收收益来自各个企业而非某个特定的企业。

如果任何形式的展会活动都被当作"公共物品"，那么市场也难以运行下去，因为公共物品是每个人都能同时获得利益的物品。公共物品具备"非竞争性"和"非排他性"的特点。非竞争性意味着一个人获得利益不会使他人的利益减少，非排他性意味着一旦货物存在，没有有效的方法能使别人不获得利益。由于公共物品的这一特征，任何一家私人企业都无法提供这种物品。

"经济效益"是投标展会活动及创办大型活动的有效理由。从某种程度上来说，公众设施和公园都可以从大型活动中获取收益。当产能过剩时，创办展会活动的边际成本可能远少于所能实现的新收入。确实，很多设施和公园都是因为旅游收益才建设的。

吸引游客去参加展会活动是一个有关效率的问题。安德森（Anderson，2006）建议以居民为主要目标人群的展会活动中，应创造出更大的吸引游客的能力，而且可以在不用向游客收费的条件下完成。因为旅游收入的提高有可能给当地居民带来直接价值（展会活动的费用变低）或间接价值（当地政府税收增多以及区域内的经济繁荣）。

七、展会活动的经济影响

我们一提到展会活动"产业"，就会想到它的经济影响。首先，经济学家会通过展会活动所创造的就业机会、出口收入（也就是通过会展旅游）和居民财富这些方面去度量该产业的经济价值；另一方面，政府的介入往往是无根据的，而私人部门在市场的作用下能够更好地满足需求。事实上，政府层面倾向于满足基本需求而产业的目的在于通过市场力量满足经

济需求。

另一个重要的观念是"外部性"。正常的自由市场经济经常忽略一个特定商业、交易或展会活动所产生的外在影响。比如说，与旅游导向的展会活动相关的空气污染、噪声及交通事故常常不被算作经济影响因素。其实它们应当被计入展会活动成本和收益的综合评估中。第十章中我们会回过头来讲经济影响并对经济影响进行分析，第十一章是和政策有关的内容。

第二节　管理

管理是一个非常广泛的学习领域，它和社会学、心理学及经济学联系很密切。管理领域中有四个方面的内容（营利、非营利、政府性、旅游目的地）与展会活动相关，需要考虑在内。

有人可能会说管理是一门学科领域而不是一项行为规范，但它却是对从许多行为规范中提取的知识的运用。它是展会活动学习中一项非常重要的学习内容，并且不像其他相近的专业领域一样有其核心内容，管理学适用于每一个人类活动的领域。

表 4.2　管理

管　　理	本质、含义与活动经验	参与活动的先例	计划和执行活动	结果和影响	过程与方式
-营利性、非营利性、政府性、目的地管理 -企业理论 -制度理论 -管理职能 -企业生态学	-用户至上主义（作为娱乐产品的展会活动） -展会活动商品化	-市场效率 -形象和品牌化	-主题和战略性策划 -市场效用和效率	-利益相关者的影响	-管理理论和实践的进化 -影响商业和企业家精神的因素变化（企业发展政策） -竞争环境下的转换

一、商业管理

许多为展会活动提供服务的公司是营利性的商业公司。我的观点是，所有的展会活动都应该被视作为了赚钱而开展的。这些钱需要用来维持组织的存在，提高活动的质量，它也可以以营利的形式分配给投资者。如果展会活动被当作商业主题活动来运作，那么主办方需要严格按照管理原则，通过关注长期可行性来评估活动的可行性。

一个行业的存在有几个原因，如果展会活动被当作一个行业，需要符合以下几点：为投资者赚钱（特别是公共或私有"企业"）；满足需要或填补市场空缺（特别是展会活动的消费者、赞助商和投资人）。

这些准则没有违背任何展会活动所附属的社会或文化价值。确实，许多非营利性展会活动的组织是为了提供公共物品或满足社会需要,但它们仍然需要像独立企业一样运作。营利性展会活动经营公司为什么存在?为什么非营利性展会活动组织者在展会活动市场中占据重要的位置?这是因为它们各自代表着一种类型的企业,或者说靠提供产品或服务来换取收入或资源的组织。

"企业家精神"具有许多解释,许多人或多或少受到以下几点的激励:独立(做自己的领导);创造力(创造有价值或能产生财富的东西的行为);利润(变得富有,或仅仅为了生存)。

私有展会活动企业和非营利性展会活动组织通常都是由企业家创办的,它们创办的目的并不是因为企业家要凭借它们来生存。比如说,许多非营利性展会活动组织是由那些想为自己举办一场活动或创造一个职业而创建的。例如,在关于卡尔加里的案例调查中,盖茨等(2007)采访了几位企业家化的节日创办者,他们发现若没有企业家的主动性和领导力,活动是不可能存在的。

(一)基于资源的企业理论

企业和组织需要能够为它们提供可持续竞争优势的稀缺资源,这些资源能够得到企业保护而不被模仿、转移、流动或代替(Penrose,1959;Barney,1991)。这些资源如果被运用于展会活动,就能转化成知识资本(创造力、知识)、忠诚的利益相关者(见"特定利益集团理论")、一片特殊的场地或是一项捐款,而其他展会活动或组织者就无法同他们一样利用这些资源。

(二)基于知识的企业理论

基于知识的企业理论认为,那些拥有、学习并且保留珍贵知识和能力(并将它们深深植入脑中)的企业以及那些拥有管理系统和利益相关者网络的组织,能够维持其竞争优势,并且做得更好。信息系统同样能带来优势,运用到展会活动中时,管理者需要发展更独特的知识能力并确保其被保留下来且得到不断更新。想想将创造力、艺术知识、商业知识、管理知识融合起来所能带来的效用吧!

(三)利益相关者理论与网络理论

利益相关者是指能够影响整个组织或被组织影响的个人或群体。"利益相关者理论"(弗里曼,1984;唐纳森和普雷斯顿,1995;米切尔 等,1997;贾瓦哈和麦克劳克林,2001)解释了展会活动的起源、运作和发展,并为活动所有者和管理者如何管理他们和利益相关者的内外关系提供了方向。

根据米切尔等(1997:865-867)的研究,核心利益相关者的特质如下。

● "权利":指在关系网络中强加其意志的能力;

● "合理":指在一定的社会道德、价值观、信仰系统架构下,从广义上对正确的、合适的实体采取行动的一般性概念和假设;

● "紧急":指利益相关者发出的需要即刻注意的信息强度;

● "利益相关者的特征":拥有"权利""合理"及"紧急"这三个特征。

运用"政治市场矩阵"进行类比，拉尔森与威克斯特朗姆（2001）以及拉尔森（2002）调查了瑞典的几个展会活动。他们发现利益相关者运用"权力游戏"在各个权力阶层协商，他们为了实现展会活动的目标而形成联盟。在利益相关者中被认可的重要角色大体上有"守门人"（决定谁能加入）、商议者、联盟建立者、信任关系或合法关系建立者以及身份建立者。梅里利斯等（2005）运用利益相关者理论分析了澳大利亚布里斯班友谊赛是如何被冠名的。在这个例子中，建立信任和合理性是非常重要的。米佛林和泰勒（2006）在评估青少年导向的展会活动所获得的成功时同样运用了利益相关者理论。

活动组织集团需要有效管理利益相关者的关系并长期维持下去，如果成功的话，它们可能会成为社区的永久"机构"。这就意味着组织集团有了能够度过经济危机和解决社会问题的支持（盖茨 等，2007）。此外，利益相关者理论还有一个关乎道义层面的问题，就是管理者应当和那些受组织影响的人一起工作。

在利益相关者理论的另一个应用中，斯皮罗普洛斯等（2006）研究了20世纪在悉尼举办的希腊节。由于这场活动的"利益相关者"环境与种族划分有着密切关系，这意味"社会关系网络"具有重要的价值。"网络理论"与利益相关者理论具有密切的联系，"社会关系网络"对于企业家来说是非常重要的，特别是开展新活动需要资源及帮助的时候。"社会资本"在这里指的是关系网络中能帮上忙的人或组织。组织性网络显然包含所有的利益相关者，但在这种网络中，仍然需要强调那些网络中的"中心"组织以及它们之间的"关联程度"和"桥接"关系。

【研究札记】

展会活动利益相关者

作者研究了利益相关者的参与引起的价值创造。通过网络和共同构建的框架，研究了利益相关者的参与行为。

这项研究分析了在北极地区的大型活动中，七个不同的利益相关集团和它们参与活动的目标以及参与活动的架构。此外，这项研究探讨了利益相关者对它们自身及其他活动参与人员所创造价值的评估（也就是共创利益）。利益相关者包括组织和个人，研究表明各种群体都有参与大型活动的理由，都能获得对自身有帮助的价值体验。

Prebensen, N. Value creation through stakeholder participation: A case study of an event in the High North[J]. Event Management, 2010, 14(1): 37-52.

（四）合作理论

合作理论（伍德和格雷，1991；贾马尔和盖茨，1995）讲述各种各样的利益相关者是如何为形成合作关系、联盟关系及其他形式的合作关系而共同努力的。在真实的合作中，每个成员需要放弃部分权利从而和他人一起达成共同目标。比如说，基于展会活动形成的专业机构可以叫作联盟，但通常情况下成员不会为此放弃各自的独立权利。某个展会活动可以和其他展会活动或旅游机构搭档来合作销售,但每一个活动本身是不会放弃任何独立自主权的。但如果不同活动需要彼此之间工作更亲近,可能是共享办公室、工作人员和资源,这项合作可能就存在"独立性"的缺失并且出现一些必须用所得来平衡缺失的弊端。

很多时候,合作存在于"政策领域",比如旅游和文化,或是一些大项目。例如朗(2000)在"视觉艺术之英国年"活动中,研究了旅游与现存艺术之间的合作。与永久存在的协作关系相反,它们是契约性质的,且只能短期存在。朗(2000)从这一案例及其他关于合作的例子中得出结论,合作理论可以用来解释活动组织者和赞助商的关系,以及目标调解、达成经济效益以及处理政治性利益。

【研究札记】

合　作

斯托克斯调查了澳大利亚展会活动企业和部门的内部组织关系。她确认了被用在展会活动策略中的关系和知识,以及共享知识是人们参与到关系网中的一个重要动机。利益相关者包括社区代表、公共部门管理者(比如展会活动和旅游机构)、企业领导人、展会活动管理者和旅游业供应商。利益相关者在哪些地方获取和转移关于展会活动和旅游的知识通常是计划好的。"社会空间知识网络"的核心要素是:活动空间、地点目录和信息节点。

她的研究结论是:澳大利亚境内的展会活动公共部门依靠部门内部和部门间的合作来达成展会活动发展和旅游业之间的生产联系。企业的利益相关者大多体现在州层面,因为州一级别的工作重心在于旅游发展,比如说展会活动的投标。在区域一级上,社区导向更明显一些,因为旅游所带来的结果受到更多的关注。为了筹划展会活动而产生了正式的联盟和合作,并不是一般性的策略。

Stokes, R. A framework for the analysis of events-tourism knowledge networks[J]. Journal of Hospitality and Tourism Management, 2004, 11(2): 108-123.

(五)资源依赖理论

所有企业都需要资源,有些企业非常善于得到并把握资源。在这一视角下,成功被定义为通过减少对其他组织的依赖或者成为其他组织的依赖对象来最大化组织的利益(普弗费和萨兰西克,1978;普弗费,1981)。缺少重要资源的企业会去寻找能够提供这些资源的关系,从而产生了依赖性。这是"社会交换理论"的一种形式,对面临稀缺资源竞争和资源可获得性不确定的展会活动是非常有用的。

展会活动的失败可能是由于对环境的不"适应"。例如,一次展会活动可能因为文化差异、缺乏主要内容或内部管理存在缺陷而导致其无法从主办社区获取利润和支持。

唐纳森(1996)提出,"适应"不仅指一个组织对环境过程中意外事件的适应,还包括对资源的稀缺性(还有哪些资源可选择)的适应。具体指展会活动运作环境的本质(资源使用者之间是竞争关系还是共生关系)、资源可获得的确定性还是波动性(比如说是否能保证长期支持）以及对不同层次资源的需要（是否每年都需要相同的资源）。

许多策略可以应对这些关于资源的问题。展会活动组织者可以尝试从很多源头去得到资源，比如为活动衰退期存储资源（也就是准备基金），或更换新的资源提供商；也可以尝试减少需求（比如降低成本），影响资源提供者（例如通过政策游说）或和其他组织形成寻找资源的合作或竞争关系。

这个理论曾经被盖茨等（2007）结合利益相关者理论一起使用，用以解释大型活动的失败与制度化。其他关于组织生态和制度的理论同样考虑到了组织内部的多样性、环境依赖性以及竞争利益这几方面。

【研究札记】

资源依赖

用资源依赖理论和利益相关者理论分析瑞典举办的一场以旅游为导向的街道展会活动的财务状况。

一个五年的时间序列数据显示了最强的利益相关者（也就是拥有最大讨价还价能力的利益相关者）的成本，比那些较弱的利益相关者的成本要高很多，展会活动给较弱的利益相关者带来的收益要高于较强的利益相关者。

Andersson, T., and Getz, D. Resource dependency, costs and revenues of a street festival[J]. Tourism Economics, 2007, 13(1):143-162.

（六）竞争优势和比较优势

"比较优势"是指一些展会活动或活动组织机构本来就拥有更好的资源或者拥有吸引资源的优势。这项优势可以是来自它们所在社区的支持，也可以是它们自身的地理优势。"竞争优势"来自对所拥有资源的有效管理和利用，例如给目标消费者提供他们愿意支付的服务（展会活动），并且将自己的展会活动做得比竞争者要好。

波特（1980）的经典竞争力模型分析发现，很多展会活动事实上处在一个相对弱势的地位上。一场活动首先需要考虑竞争环境中的威胁，总体上说办一个活动是简单的，但可能会有很多同类的活动，因而市场竞争会非常激烈，并且展会活动本来就很容易被其他活动或其他形式的娱乐和销售活动所取代。买家（公司和消费者）可以到处观察，除非几乎没有活动或组织活动的机构。那么，展会活动应该如何参与到竞争中去呢？

在波特的战略中，为达到和维持竞争优势，企业应采取的策略包括注意成本（保持低成本和把省下来的钱给买家），注意具体的目标市场或区别（在展会活动领域内保持独特）。如果有补助和资助可以进行补偿的话，展会活动也可以从价格上进行竞争。通过区别目标市场，针对目标对象进行竞争是很有效的，但不幸的是许多展会活动的目标市场都是一般性市场，而没有进行必要的市场细分，许多活动供给者都认为细分市场很难实现。

在会展研究中，展会活动或会展公司的竞争很少受到重视。对这个重要话题的研究需要和利益相关者理论、制度和人口生态理论以及销售和定位策略联系起来。

（七）代理理论

"代理理论"考虑的是所有者和管理者是如何互相影响的。"可能双方的动机都是私利,而这些私利可能会产生分歧"(斯考特,2001:105)。有时管理者会比所有者更清楚事情的发展,比如指挥者不在时工作人员参与活动的努力程度。这就导致了信息的不对称,所有者需要通过检查或提供奖励的方式才能确保他们的政策意图得以实施。

代理理论的一个核心问题是:管理者永远都需要为了接受服务的消费者的利益而行事吗? 展会活动管理者经营活动的目标是为了赚钱还是仅仅为了提供工作保障呢? 抑或是为了达到活动发起者或核心资源提供者的目标呢? 其他情况也会有遇到同样的问题。例如,一个需要政府机构投标承办的展会活动,或是某一主体雇佣会展企业通过举办展会活动赚钱等情况下,都会存在代理问题。

会展研究中还有代理理论的其他潜在应用,它关系到组织文化与创立者以及领导者的角色问题(他们能够永远随心所欲吗)。其实,专业化、官僚化和制度化的过程很有可能会使这些代理问题增多,越来越多的管理者可能卷入到利益关系中,并且感觉到展会活动与他们的个人或群体利益相关。

二、组织生态理论

组织生态理论,或者说是互相联系的理论碎片(汉南 等,2007),关注的是环境中各种类型的组织。大多数管理理论认为,良好的实践和合适的策略能确保成功,生态理论模型则强调在环境因素的影响下,组织可能成功也可能失败。我们必须考虑不同种类的节事和活动的特征以及展会活动组织者的努力程度。

组织生态理论的相关研究包括汉南和弗里曼(1977,1984)、卡罗尔(1984)、汉南和卡罗尔(1992)和鲍姆(1996)。最早汉南和弗里曼(1977)提出了为什么有那么多形式的组织? 再看后来的研究,卡罗尔和汉南(2000)总结说,显然组织的多样化对个体和社会结构来说都有很重要的作用。

组织生态理论在任何给定的环境下都会去解释组织的初创率、增长率和死亡率。鲍姆(1996)解释说所有这样的理论都由三个观察引起:第一,多样性是所有组织的性质,而不是特定的组织才有的;第二,组织通常在融入快速变化的不确定性环境时会遇到问题;第三,组织的产生和消失很有规律,就像动物的出生和死亡一样。

（一）展会活动群体和组合

本质上,"群体"是由"种类"定义的,就像人口种群一样,但组织生态学中就不同。鲍姆和奥利弗(1996)所形容的群体概念如下:参与相似活动和有相似资源利用模式的一系列组织构成了群体。群体形式作为将一系列组织孤立或隔离过程的结果,包括科技不相容和制度性行为,比如政府规定。

换句话说,我们不能假定所有展会活动或者所有周期性体育赛事是相似的,因为它们可能有不同的活动设计(或者是提供不同的服务)和资源依赖。极为多样化的展会活动形式和风格（比如表演和视觉艺术、幽默、演出、典礼、纪念会），所有制的变化（营利、非营利、公共）和规模地点的不同，这些因素使活动很难成为一种单一的"类型"。将表演艺术类的展会活动看成一个种类，并把其他展会活动看成它的相似物似乎更为合理，但这种类比在实际上没有多大意义。

我们可以从公共政策和旅游产业策略两个层面来看待展会活动的组合。这是因为当我们考虑展会活动在社会营销和地区营销中能为政策和策略做些什么的时候，展会活动之间的区别就没那么重要了。作为政策的工具，展会活动可用于"组合"的形式（盖茨，2005；在亚基斯，2010）来达到一些特定目标及对所拥有的资源负责，特别是当使用公共资金的时候。在一个给定区域的展会活动群体内，单个活动的失败不会有太大影响，但如果在某一组合中，单个活动的失败就有可能导致非常严重的问题。

在生态学理论中，单个有机组织（比如大型活动）和其他组织性群体及影响其成员的"社区"共用空间和资源。例如，展会活动可能需要和其他文化性机构和旅游景点共用场地和资金。"社区"是那些共享相同"生态系统"的种群，这里的生态系统可以被定义为城市或国家。当运用于节事活动或展会活动时，生态系统的类比可以呈现出许多有趣的维度。我们可以分析许多和展会活动环境相关的联系，不限于利益相关者的关系、营销、所有权和决定权。

（二）组织生态学的核心要点

测量和追踪"重要的数据"是基本步骤，也就是寻找展会活动群体的统计资料。这些数据很难获得，主要是因为没有机构专门负责追踪并记录新的活动，比如初创、死亡/失败、增长率和群体的总体健康状况（我们一会儿再谈"健康"）。除非有政策或目标，否则展会活动的总体群体状态和其健康程度，在大多数情况下甚至都不会成为一个需要研究的问题。

（三）结构惰性

组织生态学强调一个观点——组织有结构惰性的倾向。也就是说，组织并不总是能够适应不断变化的外部环境，这也是组织失败的一个很大的原因。通过"选择"，将那些不能适应市场变化的组织筛选出来。确实，社会要求组织具有责任性、可靠性和可预测性，因此更加剧了组织的惰性。和制度理论一样，组织的核心诉求是占据一个有利可图的市场以确保自己得到资源支持。

（四）竞争与合作

研究认为，和其他非营利部门一样，很多节事和展会活动会通过合作和分享来获益，虽然这可能是很困难的。基于活动"小型""志愿者管理"的本质特点，合作一定会存在某种障碍。鲍姆和奥利弗（1996：1421）的实证研究发现非营利部门相对成功的部分原因是：①它们更倾向于合作而不是竞争，这有助于它们的扩张；②非营利组织具有更强的社会合理性，因而使其比竞争对手有更强大的实力，从而阻碍了营利性部门的扩张；③非营利性部门投资于能促进其进一步发展的制度环节。

许多展会活动管理者认为他们不是直接与其他展会活动或展会活动组织者竞争的,但这是一个谬论。在组织生态学理论中,生态系统只有有限的资源,社区和各种组织趋于增长直到达到极限。关于展会活动如何进行资源(包括对象、赞助商、赞助金等)竞争的研究还处于初始阶段,目前还仅限于对节事活动管理及利益相关者的研究。

(五)生命周期

根据这个理论,新的和老的组织都有可能失败。然而,更老的、更广泛意义上的组织更有可能存活,因为它们的可靠性使得它们能吸引更多资源。与之相反,当周期性展会活动逐渐成熟,它在竞争阶段中退化的危险性会逐渐增大,同时衰老的危险也在增大(或者说是管理失败),通常是因为满足于现状或拒绝适应、拒绝妥协以获得利益相关者支持的保守文化。新的展会活动在得到足量资源和在摸索如何生存的过程中可能会遇到困难。假设缺乏严格管理,展会活动在自由市场环境中创立的开始阶段,就可能没有足够的资源去度过危机。一个核心可变因素是展会活动初始的、固定可获得的资源——它需要多长时间才能在经济上自给自足? 许多节事活动确实会死亡,它们的失败通常是由缺乏资源直接导致的。

(六)市场定位理论

在一个生态系统中,某一细分市场通常被一种已经发展到能够获得特殊资源的且具有竞争优势的种类所占有。但在组织生态学中,单个个体也可以占有市场。占有狭窄市场的活动是一个通过服务小范围观众或是依赖少数核心资源使环境潜能得到最大开发的专业化组织。作为机构来讲,它们通常是很成功的,但仍无法避免因为难以预测的环境变化而冒险,比如面临新的政策等。另外,"通用"性展会活动采用某种策略从多种渠道获取资源,从而实现经济上的自给自足,避免过度依赖。它们通常更青睐许多小的赞助商而不是一个或少数几个大型企业的支持。它们试图平衡资助金、赞助、门票销售和其他收入的关系。通用性展会活动接受更低程度的开发从而换取更大程度的保障(汉南和弗里曼,1977:948)。如果外部环境频繁变化,可持续举办的活动就会朝着"通才"方向发展。如果环境条件在改变,"市场细分的宽度"决定着一个组织可能占有的资源或市场空间。例如,面临经济威胁,专业化的组织还能有可利用的资源或稳定的目标对象吗?

(七)资源分配

这个概念和通用性组织与专业化组织相关。它推测了在市场集中化的作用下,组织的出生率和死亡率,通用性组织和专业性组织有时能够分割自己的可利用资源。卡罗尔曾总结"当专业化组织在市场集中度很高的市场中运营时,应将可利用资源转化为更好的成功机会"(卡罗尔,1985:1272)。阿奇波尔德(2007)发现无论是对商业还是非商业化的组织来说,对资源的控制都是很重要的。一些大型的通用性组织总是倾向于运用所有资源,面向所有对象,这给专业化组织留下了发展空间。在展会活动领域中,人口数量和他们的经济水平必须都要考虑,城市应该给专业化组织提供更多的机会。

（八）密度依赖性

该理论假定群体的密度是指在一个区域内部实体（也就是大型活动）数量的多少（汉南和弗里曼，1977）。当密度增加时，"合法化"（也就是节事活动/展会活动的产生被认为是自然而然的过程）和"竞争性"都有可能增加。密度越大，竞争程度也越激烈，导致活动"创建率"降低，"死亡率"增加。随着时间的流逝，这种动态张力可能会引起创建率的倒 U 形曲线（也就是新的，刚起步的大型活动）和死亡率的 U 形曲线。考虑将巴特勒（1980）的"临界极限增长理论"（目的地生命周期模型）运用于整个组织群体是可以的。图 4.1 加入了这个理论，提供了一个在给定环境下大型活动发展的模型假设。

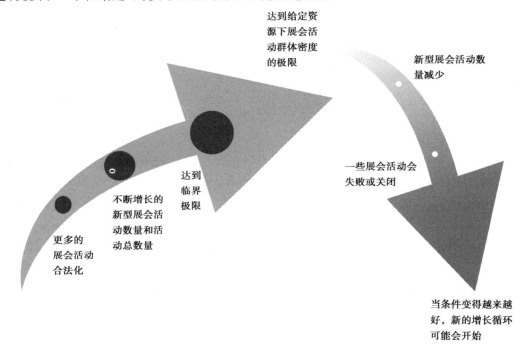

图 4.1　组织生态学——密度依赖性

注：图片改编自汉南和弗里曼，1977；巴特勒，1980。

可以假定，在一些环境中（比方说，在一个对展会活动发展采用前瞻性政策的城市），节事活动所需要的资源有望增加（比如更多的资助金），而面临的竞争程度有望降低（通过合作），因此导致 U 形曲线在时间上的延伸。在那种便利的、有支持的环境下，个体会展组织很有可能在规模增长的同时实现制度化。

（九）关系密度和关系网络理论

"关系密度"概念同样也是组织生态学理论的一部分（鲍姆和奥利，1992），指的是在环境中将组织和机构联系起来的节点的数量。在制度理论中这也被称为"嵌入性"，并且和社会网络理论相联系。举一个"高关系密度"的例子——比如说在一个有扶植和培养节事活动政策的城市,节事活动组织之间,节事活动部门和政治家、主要利益相关者、合作赞助商及其他资金赞助者之间可能形成更加正式和强烈的联系。

有关展会活动组织的研究较为匮乏,利用组织生态学做研究框架的理论发展也才刚刚起步。只有一个来自挪威的总群体研究可以用来引证,在这一研究中,研究人员运用"模糊集合"方式来定义节事活动的种群。

【研究札记】

节事活动总群体的研究

有关节事活动多样性的研究是为了描绘这个国家节事活动的整体情况。节事活动管理者通过问卷调查收集到了信息。得出的结论是芬马克郡是一个节日很多的地方,19 个城市的 72 000 人共享的节日有 60 个。这些节日包括音乐类、艺术类、体育类和市场化节日。最大型的节日都是主题性节日,因为它们每个都是围绕特殊主题而创立的,因此代表着节事活动的多样性和创造力。尽管这样,大多数节事活动上都有现场音乐和食物销售,并且所有节事活动都不止安排一项主要活动。

Jaeger, K., and Mykletun, R. The festivalscape of Finnmark[J]. Scandinavian Journal of Hospitality and Tourism, 2009, 9(2/3): 327-348.

(十)什么是健康的展会活动群体?

从各式各样的政府机构和非营利组织到合作赞助商和营利性会展公司,特别是在自由市场且很多人都参与的情况下,节事和展会活动的举办通常得不到什么重视。然而,考虑到展会活动对地方市场、旅游发展和社会文化政策等方面的功能而对其进行深度开发,意味着节事和展会活动处于越来越严格的审查之下。那么问题就出现了,我们所在的区域中有健康的展会活动群体或组合吗? 需要策略与干预吗?

在给定资源的情况下,群体需要有能力维持自己。在资源稀缺时,需要理智或通过自然选择做出对群体规模的调整(也就是会淘汰或惩罚弱者)。一个可控的或协调的开放式系统型组织必须有能力适应它所处的环境——若有可能的话,去影响外部条件——并通过这样的方法来维持平衡。这可能需要对群体规模做出相应的调整,或者全面减少对资源的消耗量。

然而,节事活动和其他举办展会活动的组织者没有能力实现群体内的平衡,因为它们是不协调的,它们的部门也不受任何机构的定向指导。由于节事活动是社会、文化和经济需求的表现以及它作为政策和策略工具的特殊性质,节事活动的健康发展需要附加的和必要的目标管理。其他周期性展会活动(在数量上主要是体育赛事)在这种情况下可以得到相似的解决措施——实施会展旅游政策和策略或者促进运动发展和人类健康。

最近,IFEA(International Festivals & Events Associations 的缩写,国际节庆协会)开始进行"节庆城市"的评选活动,它的评选标准也意味着维持一个健康的展会活动群体需要花费什么。它们的主要标准是:

- 社区概述：人口；可用场地及其容量；基础场地和停车场地的实用性；展会活动吸引的游客数量。
- 社区节事和展会活动：数量、种类和日期；预算；赞助支持；志愿工作数量和时长；出勤率；目标市场和达成数量；达成奖项；持证专业人员。
- 节事和展会活动的市政支持：政策和支持程序；直接资助；政府决策和展会活动批准进度；协调。
- 会展城市/政客参与：影响展会活动的规章制度；所提供的训练。
- 节事和展会活动的非政府社区支持：展会活动部门的志愿参与；所提供的总赞助；媒体支持；来自DMO（Destination Management Organizations的缩写，目的地管理组织）、商会和其他组织的支持；场地对展会活动的激励；所能利用的地方供应商；展会活动部门的产业直接参与。
- 利用节事和展会活动创造的"社区资本"，比如：品牌效应、旅游市场、公司招聘；媒体报道和公共关系；提高与"艺术"的互动；鼓励社会性庆祝活动；更好地利用设施和公园；展会活动的长期传承。
- 行动额外加分：技术发展；展会活动管理部门学位课程和证书的实用性；节事活动之间的共享；创立新活动的努力。

三、公共行政

在本书中对公共政策和法律的讨论代表了对公共行政的探讨。政府不用遵循市场原则，比如供给和需求，它们可以有诸多理由来创办和资助展会活动并且不用担心成本收益。我们将针对"公共产品""公平"和"市场失灵"展开讨论。

很多展会活动是由政府部门和相关机构主办的，所以展会活动中的公共行政问题值得注意。如果展会活动只是作为政府行为的某种手段，那么显然它是一种政府工具。在一些情况下，展会活动以企业的形式运营，最后或赚钱或保本，总之是以商业形式运营的。

公众和非营利行政机构仍然需要去学习管理学基础知识，例如金融、人力资源和市场分析，同时也要对法律、政策和机构性关系和政策有所了解。

四、非营利性管理

节事活动和体育赛事经常由非营利组织举办，非营利组织的存在可能因为某些其他原因，也可能专门为这些活动而设立。用"非营利"，而非"不盈利"去形容这些组织更精准，因为这些组织并非没有盈利，它们往往能够有额外的盈余（而且是应该有），但通常将这些盈余用在维护和改进组织和举办活动上。资金申请、筹款、治理结构问题、服务提供、需求评估、志愿者征募和管理以及程序评估是这个领域中特别有趣的话题。

本书中其他相关的主题还有企业家精神和群体生态学（特别是与社会行动相关的）。

五、目的地管理

"目的地"往往是为特定的旅游市场而设定的，它们的管理相当特殊，因为它们兼具公共物品(经济发展)和私人物品的性质(宾馆也会因此受益)。现如今展会活动旅游已非常完备,并且参与到全球化竞争中,目的地如何计划、竞标,以及在某些情况下如何创立和管理展会活动,激起了会展研究者的很多关注。接下来的延伸阅读中阐释了目的地市场组织是如何看待展会活动的。

【研究札记】

利用展会活动

在2000年悉尼奥运会期间,为了建立商业网络和促进国际贸易发展,澳大利亚建立了商业俱乐部。奥布莱恩的报告认为,不断累积的知识正被制度化且被运用到其他展会活动情境中。俱乐部采用的几个步骤包括创建关系网,获得公共部门和私人部门的支持,以及加强活动前、活动中和活动后澳大利亚各企业间的联系网以及提高访问国际网站的便利程度。澳大利亚需要确保举办展会活动的利益可以惠及全国。

O'Brien, D. Event business leveraging: The Sydney 2000 Olympic Games[J]. Annals of Tourism Research, 2005, 33(1): 240-261.

六、制度理论和制度化

在组织中,"制度理论"指的是原则和标准变成指导方针或行为控制准则的过程。例如,试问一个展会活动多年来是如何从利益相关者关系管理变成"制度化"的?这显然与组织文化和社会网络理论相关,和规划、决策、定位和控制系统直接相关。然而,我们在这里更想知道的是"制度"是什么以及展会活动是如何形成的。

将组织看作一个"机构",斯考特(2001)说这是一个有很大便利性的社会结构,它为社会生活提供了意义,意味着理所当然的稳定性。另外一些人认为一个机构是因某一特定意义而存在的,比如要达到重要社会目标或解决重要社会问题。

以下标准是对很多不同类型的展会活动进行对比研究后得出的关于展会活动制度化的重要因素:

- 一个能够成为"制度或习俗"的活动应解决重要的社会问题或达到重要的社区目标;
- 社会或社区不能没有它;
- 应该具有持久性,这是理所当然的;
- 能够确保获得支持——赞助商和机构愿意出资;
- 它们是高度可行的,所有人都知道该活动有一个响亮且正面的品牌;
- 精于管理其利益相关者关系;
- 重要利益相关者的内在化。

要获得对展会活动制度化的更全面了解,还需要和群体生态学、企业资源理论及利益相关者理论联系起来。

七、成功的关键因素

展会活动的成功是否有标准，是否有一系列的关键成功因素？经验是确保成功的一个重要因素，但研究人员并没有得出一个通用性的标准方法。对一种情况适用的方法可能并不适用于另一种，并且随着时间的推移，外部条件永远是在变化的。

乔丹（2006）基于2007年西印度群岛举办的世界杯板球赛的一项调查，研究了影响展会活动成功的关键因素。她所得到的因素适用于行政管理（决策制定和项目规划）、合作和沟通、社区参与以及如何吸取以前的教训。乔拉夫等（2008）也研究了新型展会活动的关键成功因素，它们包括：社区参与程度；贸易和旅游方面的新的合作与联盟；目的地品牌效应；媒体报道；新产品（巡演）；为当地企业建立的新的商业机会。

研究者们最大的目标就是帮助展会方在管理上做出规划性的决策，从而使成功的可能性增加，但显然不可能只凭借一个公式就能做到这一点。这也就是我们只会有告知、引导型的概念和理论，而不能完全按照它们来做的原因。

第三节　政治科学

政治科学是关于政治、政治系统和政治行为的理论和实践。政治科学家学习政府和它的运作、公共机构、权利和政策制定、政治、政府间关系和国际关系。从另一方面来说，政治心理学更关注价值观和政治思想，例如马克思主义和资本主义间的不同，或是对"权利"和"正义"含义的不同认识。

当前举办的活动包含许多政治因素，政治通常会影响活动的管理和市场。很多特大型展会活动背后都有意识形态方面的理由，社会中的主要势力会证明或加强其价值以赢得支持（霍尔，1994a）。

表 4.3　政治科学

政治科学	本质、含义与活动经验	参与活动的先例	计划和执行活动	结果和影响	过程与方式
-关于政府、公共政策和政治行为的研究	-展会活动可能会具有政治上的重要意义 -出席活动可能是一种政治性声明	-政治动机决定了是否参加活动	-把举办活动作为一项政治性"声明"（例如抗议；对党的忠诚；民族主义） -政府政策和程序	-对政治、政府、政党和法律的影响	-政治和政策是如何影响活动发展和出席人数的

基于政党的影响，很多国家的展会活动部门都有政策上的不同。例如，工党和保守党之

间的差异,但他们同时也传达出更多的反对执政党的必要性。"一个政党平台是否反映出党派间理念上的差异""反对是不是只是为了体现出不同",诸如此类的问题永远都是有价值的。比如说,有的人可能会认为一个"左"倾政党会强调平等问题和政府干预问题,例如使每个人都有机会接触到艺术;而"右"倾党派则会强调自由市场经济和私有化。

展会活动产业的政府干预通常都是合情合理的,原因在前面已经讨论过(也就是公共物品和市场失灵)。但这些观点都掩盖了可能的政治动机,比如说为了获取连任,通过活动传播政党特有的价值观或迎合、支持特定的利益团体等。

一、利益团体和中坚分子

很少提及是谁支持政府公共部门参与展会活动以及支持的原因,因为通常情况下这是很难得到答案的。显然,让政府发起、资助或竞标展会活动或多或少都会收到好处。展会活动的举办直接使旅游产业获得利益,但支持政府竞标特大型展会活动的观点典型地强调了展会活动的公共物品属性,比如带来更多的就业,促进经济发展,促进新的基础设施建设和增强公民的自豪感。

二、政治态度和选举机制

政治家经常会研究选举和潜在选民的态度及行为,包括政治活动和具体信息是如何影响选举人的。提到展会活动,联系最紧密的典型方法是运用居民和游客对展会活动影响认知的测量以及对展会活动的态度。但这项研究更具社会导向而不是政治导向。认知和态度是如何转化为政治行动和选举机制的,以及利益团体是如何游说从而达成他们与展会活动相关目标的,这些问题仍需进一步研究。

三、国际关系

作为贸易和文化交流的平台,展会活动通常不可避免地面临国际关系问题。特大型展会活动对提升国家自豪感和政权合法性,促进贸易和经济发展以及在全球化中展现一种文化价值和经济成就具有非常重要的作用。

四、政策制定

研究人员虽然没有对通过哪种方法来制定或实行展会活动相关政策给予太多关注,但是我们都清楚展会活动导致了有关健康和安全监管方面的问题。

是什么让加拿大政府(以及其他国家)做出了禁止香烟品牌赞助展会活动这样的决定?酒水赞助商也会碰到这样的问题吗?展会活动组织者是如何进行游说以取得成功(或导致失败)的?随着展会活动管理变得越来越完善和专业化,很有可能会看到更为有效的改进,但又是谁设置这些规定并加以控制的呢?

在政策制定中,一个与展会活动相关的有意思的主题是"不理智的决策制定"。在社会中享有影响力和权力的精英们倾向于去得到他们想要的,这是一个相互增强的过程。所以,当一个展会活动备受期待时,或者是当对某种风格的展会活动提供资助时,理性决策可能难以实现。各种关于对旅游业影响和基础设施收益的不实观点通常被用来做出一个看似理性的决策。那些使用理性观点来反对这种决策的人反而被冠以不爱国、不负责或愚蠢的标签。实际上,这就是权力滥用。

另一种解释是人们容易被情绪所支配。想想当一个国家和别的国家竞标奥运会时,这个国家能变得多么情绪化(想起2012年伦敦对巴黎了吗?)！在一个高度情绪化的环境中,人们更容易做出不理性决策。我们应该思考,如何避免或改善这种情况？应该去避免吗？

五、权力与资源

很多政策都可以被分析成是对权力的争取,而权力意味着对资源的控制。选举时,权力平衡发生转换:游说者或多或少发挥一定的影响,使得资源被再分配,新政策有可能出台。政治科学研究权力和经济如何相互依赖,在展会活动中,需要研究各种各样的政党如何发挥影响力以获得它们想要的目标。

霍尔(1994a)在他的研究《旅游和政治》中指出,利用展会活动去达到政治目的具有消极作用。特别是在城市内部,通常在城市化革新和经济发展的名义下,展会活动不仅被用作推翻正常规划的借口,也被用来取代势力弱小的团体。他明确指出特大型展会活动几乎总是由获利最多的社区精英举办,而普通居民的意见常常被忽略。霍尔提到支持澳大利亚悉尼竞标2000年夏季奥运会的人将反对者视为"不爱国的人"或"不是澳大利亚人",而公众的意见只有用投票才能取得。

有时我们将权力和主体价值观系统相混淆,但事实上统治总是基于一种价值观和信仰(比如将自由市场和社会主义对比),它为特定团体和政党提供了权力。如果政策反应整个国家的主体价值系统,那么反对一个国家在展会活动上的政策到底有没有用(比如是否要提供补助金和减免税收)？

六、公众有资格举办和参加展会活动吗？

在一些国家,人民被剥夺了参加公共集会的权利,更别提参加以游行示威为目的的公共集会了。鉴于很多社会中有难以逾越的障碍,比如成本、社会地位或者是只有精英才有渠道拿到的门票,普通民众参加展会活动的"权利"可能也是没有的。奥林匹克运动以及其他杰出的展会活动往往会确保把最好的和最多的门票分给内部人员、有政治影响力的人物以及赞助商,而公众只能去碰运气看看能不能有机会得到一张票。

托尼维尔(2010:98)在研究休闲、旅游和体育活动时总结到,人类的权利在本质上是政治性的。如果说人们需要休闲、运动或旅游,那么更合理的说法是人民有旅游的权利,有参加和举办展会活动的权利。

七、展会活动的政治科学研究

政治研究中同时运用了人道主义和科学方法论。政治学家运用这种方法和技巧需要以历史文献和官方记录为代表的核心资源,需要进行学术研究文章参考、调查研究、数据分析和模型构建。

霍尔(1992:99)认为,"重点需要放在展会活动资源分配和利益是如何影响这一过程的,特别是通过权力、价值观、利益、定位和资本积累过程的相互作用"。

席勒(2000a)关于公众支持开普敦竞标奥运会的研究涉及了展会活动竞标中的政治问题。鉴于展会活动在形象塑造方面的潜力,为宣传政治舆论提供了机会,展会活动可以引导媒体报道,甚至对活动的"联合抵制"在某种程度上也可以当作政治工具,特别是对待奥运会。

第四节　法律

各级政府都会出台大量法律条款,每一条都由警方或其他正式行动强制实行。法律要么禁止行动,要么授权行动。它管理着公众和组织之间的相互影响,以及在暴力和争端中的处置办法。法律的制定和强化是一个很庞大的系统,包括各级法院、法律执业人员和执法人员。民主社会的中心信条是"法治",正义是基于法律和法庭而不是任意决定的。这些规定都应该是为了避免权力的滥用和保护公民的"基本权利",当然,这些概念也会根据各个国家的情况而不同。

表 4.4　法律

法律	本质、含义与活动经验	参与活动的先例	计划和执行活动	结果和影响	过程与方式
-法律系统,包括立法者、法庭和警方 -具体的法律规章制度	-大型活动实际的和隐形的合约 -大型活动经验由社会/法律差异而形成	-在做旅游或参与大型活动决定时要考虑法律含义因素	-和大型活动运营相关的法律规章制度 -大型活动管理中法律层面的考虑	-合法的解释 -大型活动中失去或伤害的合法资源	-改变法律规章制度;可解释性

大型活动在政治和法律系统下运行,什么样的活动能举办,什么样的活动是被允许的,这些都是法律问题。每个活动主办者都知道自己需要遵循法律,符合管制机构的要求,以及当牵扯到合同审查、风险评估和许多其他技术问题时应遵循律师的建议。活动的组织需要得到法律批准才能进行,后续还需要缴税、审计并存档。具体可以参见大卫·贝克(2006)的书《大型活动法律须知指南》,此外还要牢记不同国家的法律是不一样的。

一、正义

"公平分配"是适用于经济发展和影响评估的原则,也就是谁收益谁付款的问题;而"法律正义"就是另外一个概念了,它和宪法、法院紧密联系。如果法律出了问题,权利受到不法侵害的政党能实现正义吗?

二、合法性考虑影响需求、经历和意义

当人们作出参加活动的决定时，评估法律责任和风险了吗？鉴于所有事情都可能出错并且经常引起警方行动和诉讼等情况，评估是必要的。大型活动需要在法律框架内运行，但是这能够表明大型活动与法律的关系吗？比如说，带着对抗的期待及不合作去参加一场抗议；参加派对或参加一些有不当行为的活动（吸毒、喝酒、性）可能将参与者和其他人置于潜在危险中。甚至最普通的活动经历，像参加音乐会、会议或展览，都会存在某种形式的风险。在某种程度上，法律限制一个人的行为和道德，如果没有法律义务，消费者和参与者对这些问题是什么样的感受？

尽管活动在风险管理和合同方面的建议很容易找到，但在法律层面上的研究却很少。有必要调查研究活动组织和法律，法律视角下的市场功能以及受利益相关者责任认知所影响的活动经验。我们需要探讨，诉讼带来的恐惧是否会严重改变活动管理的实践及一系列活动的经验。显然，很多形式的组织性、个体性风险在减少很容易观察到。

第五节 历史

从表面上看，历史只是和年份、日期有关的事件，但那些历史事件仅仅是个开始。美国历史学会这样规定：历史提供了唯一且广泛可用的事实材料，用以研究人类的状况；同时，历史也关注社会变革的复杂进程，包括那些造成当下我们周围环境变化的因素。这就是人们为何注重对过去历史的考试，以及社会为何不仅需要而且鼓励学校将历史设为一门主要学科的两个根本原因。

根据美国历史学会的定义，历史学家们能够评估证据，并对互相矛盾的证据做出解释，这是他们的基本能力。"评估过去某些变革的经验对理解当下社会发生的变革极为重要"，因为历史学家们经常要研究一个课题，在他们的学科视角中，提到"历史地理学""历史社会学"之类的名词是一件很普遍的事。本书中提到的所有学科都可以通过历史实情调查和解释的角度来学习。

表 4.5   历史

历　　史	本质、含义与活动经验	参与活动的先例	计划和执行活动	结果与影响	过程和模式
-对人类进化和历史事件的记录和分析 -史料编纂法对历史根据和解释的评估	-历史事件的重要性 -历史事件相关变化的意义 -人们如何体验活动的变化	-活动需求和活动消费的历史和趋势 -人们参加活动的原因和他们想得到的东西的变化	-活动的演变和生命周期 -活动和活动类型供应的变化 -策划和设计活动的变化	-影响的历史根据 -长期影响分析	-特定活动和活动类型的历史 -不同文化中经过策划的活动的演变 -经过策划的活动所反映的历史

一、史料编纂法

　　是谁记录了历史事件的发展,并确定了这些事件的重要性? 他们的依据又是什么? 大众眼中的史学方法一般是查找并理解文献资料,鉴定它们的真实性,比较多种渠道收集的信息,对它们做出解释。确定文献或证人证言的准确性都有一套固定标准,如观察者的知觉能力,以及带有偏见甚至说谎的可能性。对真相的探求——至少对发生了什么事和为什么发生这件事能够达成一致——是许多历史研究的核心。许多历史学家致力于描述历史"史实",然而有一部分人更关心如何研究和解释历史,这些人就是史料编纂者。

　　从这个意义上讲,我们就可以讨论经过策划的活动的历史,以及记录活动变化的编年史。事实上,对于历史分析,向来就有很多指责的声音。后现代主义者和理论研究人员常常认为,有太多的历史是从占主导地位的实证主义的视角出发的,为精英们而写,而忽视或贬低了少数群体,如战争中的被剥削者和失败者。如果我们错误地还原了历史,那么我们当代的价值和态度很可能也会是错误的。

二、美国对展会活动的历史解释

　　历史学家丹尼尔·布尔斯廷在其著作《图像:美国虚构事件导论》(1961:79)中宣称美国的生活是彻头彻尾的"虚构事件",并由此引发了一场关于活动真实性的持久的辩论。它们是阶段式的、设计好的,也是虚构的,就像许多名人和旅游产品一样。

　　目前美国的游客们喜欢用虚构事件来填补自己的旅游经验。他们渐渐开始期待更多比这个世界本身更光怪陆离的事,他们也渐渐开始相信他们在两周之内就能完成一生的冒险,同时又不必经历任何真正的凶险。

　　根据布尔斯廷的定义,虚构事件有以下特征:

　　●非自然产生。虚构事件的发生总是因为有人计划好了或有一个背后推手。

　　●大部分有预先计划但不绝对,以被报告或复制为目的,并且它的发生总是为了媒体的方便而安排的。

　　●就这些情况的潜在事实而言,它是模棱两可的。无论这些事件真实与否,都比不上它们的新闻价值和获得关注的能力重要。

　　●经常打算成为自我实现的预言。(就公共关系而言,如果我们策划了一个活动来展示某产品的优点,我们总是希望这些宣传能够被接受。)

　　这些虚构事件为何风行于世? 布尔斯廷认为虚构事件具有吸引力的原因是它被设计得十分戏剧化,包括一系列有趣的角色,以及具有代表性的画面,例如激动的人群、温暖的家庭,还有成片的气球。它们的设计很可靠,给我们这些观赏者创造了见多识广的幻觉,而且它们只会带领我们走向更多的虚构事件。

　　布尔斯廷尤其批判那些专业的公关人员,而他们对操纵虚伪事件的问题依然保持敏感的态度。迈克尔·特尼撰文:

　　　　公关从业人员有一些快捷而有效的方法来控制某个组织和公共互动的环境和

情况,其中一个便是控制"特殊事件"。他们的精心策划使得特殊事件在某一组织需要的时候发生,并使得事件朝着组织希望的方向发展。

记者们无疑很关心这些虚构事件,害怕他们自己被操控,导致他们对这些虚假的阶段性事件的报道变成一个谎言。朱迪丝·克拉克在她的文章《记者们是如何评判一件国际性"虚构事件"的"真实情况":那些掩盖了1989年越南军队从柬埔寨最终撤退的真相的研究》(Clarke,2003)中提到了这个问题:

> 作为读者们的代理信息采集者,记者们经常掩盖"虚构事件",其目的是提供给整个世界一个由组织者所设计的真相。这些组织者通常是富人或有权势的人,然而他们也是一个外部群体,想要使大众注意到自己的"真实"新闻。对于记者来说,是选择表面的价值从而掩盖这些事件,还是深入探索,寻求真相,这无疑是一个挑战。

三、经过策划的活动视角下的历史

很多人记得事件视角下的历史,包括新闻和经过策划的活动。这个世界的历史(或是它的一隅,又或是任意一个层面)必然包括经过策划的和自然发生的事件。战争不一定是计划好的,但庆祝和纪念胜利无疑是经过策划的。把日期和事件简单地列出来是人们纪念历史的一种方法。有些事情自然地发生了,而其余的事件是经过策划的。从个人角度来说,经过策划的活动已经日益占据我们追忆和解释历史——甚至地理的核心地位。

经过策划的活动现在似乎占据了媒体的更多时间和空间。这些活动吸引了我们更多的注意力,并且似乎影响了我们如何看待眼中的自己和自己在这个世界中的位置。我不想让战争和自然灾害的重要性打折扣,但一段时间之后——除非我们受到影响——它们似乎将变得模糊。但是,我们在特殊活动中的亲身投入,我们在电视上看到的大型庆典,参与的里程碑式的会议,以及将整个世界聚集在一起的千禧年活动,给我们带来的回忆似乎将永留心间。

为什么经过策划的活动能在历史上留下一笔,赋予某些历史意义呢? 有以下一些原因:第一,我们对成就和好时光的联系比对灾难和冲突多。当死亡和毁灭不断发生的时候,谁愿意记住这些? 我们对此心生厌烦。让历史黑暗部分的记忆变得鲜活的渴望,必须不遗余力才能恢复历史地点和事件,甚至导致了"黑色旅游"的产生。

经过策划的活动对发明创造、复兴、探索和人类精神的其他伟大成就的展现是多样而富于创造性的。这些活动帮助我们超越自身的生活而变得更加充实,普通的新闻几乎不可能做到这一点。当我们确实从一个新闻故事中感到满足时,这个故事往往来自一场经过策划的活动。想想运动、艺术、教育、贸易,全都需要活动来制造新闻。

关于活动的历史解释和它们在社会文化中的地位,我们可以引用几个例子来展现。在《自由的节日:1808—1915年非裔美国人庆祝活动中的记忆与意义》一书中,卡钦(2003)调查了废除奴隶制之后非裔美国人自有节日的发展。这段庆祝的时期是非裔美国人自我认知的形成和适应的重大发展时期。

约翰森(2009)专注于挪威南部的历史遗迹旅游研究,特别是两个节日视角下的海洋史研究。研究者们相信这种旅游形式最近的发展和庆祝表明了社区对"经济贫困"、人口减少、工业衰退的态度。

(一)生命周期研究

展会活动的演变和生命周期是与管理有关的十分重要的话题,包括展会活动在内的每个产品都有着自己的生命周期。生命周期既不能被完全预测也不能由模型决定。生命周期的阶段不是永远清晰的,但是展会活动确实会经历初创、成长和成熟,一些活动可能会消亡或者要求重生。许多学者研究了展会活动的这一现实以及形成生命周期的因素(盖茨和弗里斯比,1988;盖茨,1993a,2000a;弗里斯比和盖茨,1989;瓦力,1994)。这些研究可以参照关于组织生态学的讨论。

索菲尔德和李(1998)以历史视角考察了一个有800年历史的中国节日,展示了近些年来政治和旅游业是怎样影响其演化的。节日虽然有所改变,但是学者坚信此节日仍保留了其文化真实性。

索菲尔德和斯万(2003)研究了旅游业在帮助传承传统文化方面的贡献,如香港著名的赛龙舟是如何由文化向体育旅游业转变的。至于在文化环境中展会活动的历史等,贾维(1991)在关于苏格兰高地运动集会中也有说明。

贝佛兰登等(2001)对比了一些新西兰的葡萄酒节的组织和演变,包括它们在组织结构、程序、战略、消费者和危机阶段等。事实上,新兴的可持续的展会活动似乎能够从危机中学习进步,这使得它们需要重整旗鼓来避免衰落。在管理一章中我们将详细讲解展会活动的可持续发展和制度化问题。

(二)活动策划和管理人员的历史

许多人都和我一样喜欢阅读古代历史里的大型活动。经过策划的活动经过千年的风吹雨打,有许多形式和风格仍然不受干扰,保持不变。但是有一个问题显然很少有人提起:是谁策划和制造了这些古代活动？他们是可敬又富有的专业人士吗？有没有历史学家记录下他们的故事？我们能从他们身上学到什么？

虽然我对古罗马的活动很感兴趣,但这个时期的人们蔑视奴隶、妓女、演员、角斗士和拉皮条的人。也许活动策划人员经常遭到痛斥,就算是当他们因富有的赞助商慷慨资助而带来社会地位的提高时,这种情况也没有改变。不过他们有一份重要的工作,而且也一定是一份危险的工作。试想,在那些表演中有凶狠残暴的动物从监牢中被释放或是被屠杀,或是有一场在人工湖上进行的小型海战,一件件惨剧被报道出来,比如说疯狂的大象在人群中横冲直撞,临时的木座椅变得粉碎。所有标准都为了安全而设立。众所周知,流氓行为和观众骚乱导致活动不得不取消。这一切听起来都很熟悉。(有许多网站专门介绍古罗马和古希腊的活动。)

(三)迄今为止最盛大的游行?

托勒密二世·菲勒代尔弗斯的盛大游行使世人惊叹的不只是它的规模,还有它的许多元素与现代观察家所认为的游行和节庆活动十分相似（Rice，1983）。以下是历史学家、旅行作家阿忒那奥斯描述的一部分。首先他描写了精心护理和装饰的巨大帐篷，然后写到了游行的细节，充满宗教象征手法和壮观的景象。资料来自《古代历史资源》。

公元前285年托勒密二世·菲勒代尔弗斯的盛大游行和奇景。

首先，城堡里除了那些准备接收士兵、艺术家和外国人的地方之外，都准备好了帐篷。我会仔细描述这些帐篷，因为它们美得如此惊人，值得好好说说。它大到足以让130条为客人准备的长椅摆成一个圆……

现在我们要提到的是出现的表演和队列，他们将经过城中的运动场。首先，他们走的是路西法的游行（这个名字由金星而来），因为当金星第一次出现时，灾难就要来临了。之后的游行是为了纪念几位神祇……

接下来是一辆四轮车，14腕尺①高，8腕尺宽，被180个男人拉着。在车上有一幅10腕尺高的狄俄尼索斯的画像，画上他正在从一个金杯中倒出美酒，他的束腰外衣长得碰到了他的脚……在许多四轮车的后面，又有一辆25腕尺长，15腕尺宽的车，由600个男人拖着。车上有一个袋子，用猎豹皮做成，装有300杯的酒水。袋子里的酒渗了出来，最终在一整条道路上不停流淌。

壮观的景象仍在继续，无休无止。宫殿中无数奴仆们展示着国王的金船；24辆战车紧随其后，每辆都由4只大象拖着；还有皇家动物园——羚羊们拖着12辆战车，野牛们拖着15辆，鸵鸟们拖着8辆，斑马们拖着8辆；同时还有数不尽的骡子、骆驼等，以及24只狮子。随后而来的是国王的军队——包括骑兵和步兵。所有兵士都全副武装，装扮得华美而庄重。57 600名步兵和23 200名骑兵排成游行队伍，稳步前进……所有人都穿着指定的盔甲……

法语中有一句很适合用在这里的俗语：plus ça change，plus la même chose（万变不离其宗）。这句话显然很适合大型活动的世界，它们的形式以及诸多意义，已经在大多数文明里存在了千年。

第六节　人文地理

这门社会科学学科关注人文资源互动，尤其是人类活动的空间和时间模式，包括对环境的影响。人与人的互动就是一个主题，包括和别人见面的社会或经济原因，还有空间和场所是如何影响它的（Shaw and Williams，2004）。

地理分析可以直接和任何其他的社会科学相联系，而且和大型活动尤其相关，具体体现于经济的或是发展的，文化的或是社会的，历史的，政治的或是行为地理学等方面。地理分析也适合几乎所有形式的特定环境，所以我们也会提到城市地理学和乡村地理学，或是节事

---

① 埃及的测量单位。1腕尺≈17.72英寸≈0.45米。

地理学。此外,和自然地理或者环境科学的联系也是永远存在的。在地理学习中有时也会站在男女平权主义者或者福利主义者/马克思主义者的角度看待问题。

行为地理学主要凭借心理学的手段,关注认知过程中潜在的空间因素,从而做出决定和行为。和节事活动相关的话题包括"寻路"(人们如何移动),"认知图"的建立(我们精神的地图,就像活动地点一样),"场所依赖"(人类对某个区域的感情联系),对时间和场所态度的发展,以及在没有完全了解近邻的情况下做出的决定和行为。很明显,这和环境心理学有十分紧密的联系。

历史地理学学习的是时间顺序的地理图像,例如一个区域内节事活动的演化分布。人们面对他们身处的环境所创造出的"文化景观"会如何,这其中囊括了多种资源类型的以及特定地点的节事活动。

经济地理学是对地点、分布以及经济活动的空间组织的研究。研究的问题包括:经济的"规则"决定了资源的使用、集聚的形态和节事活动的分布和进化吗? 当地或国家的政治文化力量对大型活动形式有什么样的影响?

发展地理学通过调查研究探索影响经济、社会发展或是人口特征的因素。

福利地理学也是一门与我们密切相关的学科。为何社会上有些人处于弱势? 这和资源利用、城市形式或是经过策划的活动的分布和本质又有什么关系? 福利地理学者们的研究方法通常是"批判性的"。

文化地理学重点关注环境和文化的关系。举个例子,文化显然是由它的发源地塑造而成的,包括气候、资源;也因贸易与外部环境接触而形成,和政治、易到达性、通信的发展有关。文化旅游和我们密切相关,尤其在评估文化资源或景点的分布、文化区域、地方认同和独特性时。

表 4.6　人文地理学

人文地理学	本质、含义与活动经验	参与活动时的先例	计划和执行活动	结果与影响	过程和模式
-关注人文资源互动,尤其是人类活动的空间和时间模式,包括对环境的影响	-建立节事活动和资源文化、人文资源(如丰收节、季节因素等)的联系 -和活动环境以及意义建构的互动	-与距离和可接近性有关的要求 -某一区域内宗教和文化的影响	-活动设施 -地区分析	-环境影响的空间分析	-空间、时间模式(农村分配;作为城市更新计划一部分的活动增长)

一、节事活动的空间和时间模式

很显然,节事活动的时间和空间分布是地理学者们研究的一个课题。节事活动的分布模式至少有一部分是基于自然资源的,如一些起源于农产品、采矿业及其他经济领域的活动,或以这些为主题的活动。但在强大的外部力量影响下,节事活动的空间模式正在发生戏剧性的改变。尤其是节事活动的资源基础已经不再是自然资源,而是扩大到那些为活动特

地创造出的资源。

罗伯特·詹尼斯基对节事活动的地理研究做出了许多贡献，这些贡献让他值得被世人铭记。他在1980年发表的论文中，调查了节事活动的主题、地点、时间和程序，并报告了南卡罗来纳乡村音乐节的参与率和收益。在1991年发表的论文中，他更加深入仔细地探究了节事活动在美国的历史，包括节日的设立时间以及随着时间流逝而显现出的节事活动的空间布局。1994年的论文记录了他的"节日表"资料库是如何通过搜寻数量庞大的公共资源和采访而建立起来的，并分析了节庆数量的增长状况。透过图形格式，他清楚地看到了节事活动呈指数型增长，在1970年之后新生的节事活动更是如雨后春笋般涌现。

在罗伯特1996年的论文中，他调查了美国社区庆祝日的月度或季度模式，使人们清晰地认识到：庆祝日极少在冬天、深秋和早春举办。虽然区域格局可能不同，但纵观全国，很多庆祝日都选择在7月的第四个周末举办。在论文的总结中，罗伯特提出了问题，"还有多少节事活动可以再举办一次？"其他的论文作者也观察到了节事活动举办数量的增长，但他们对某一地区或一年中某个时段所举办的活动的研究都没有得到相应的结果（琼斯，1993；理查德，1996）。

当代大多数节日都选择在夏天或是天气好的月份举办（参阅瑞安等1998年的著作《关于新西兰的节事活动》），这些活动可能会受到来自其他大型活动的压力，如在春秋季举办最多的商务会议，以及某些常在冬季举办的运动会。文化因素和传统使得特定节日在特定的季节中占有优势，但现在许多节事活动都设计得十分巧妙，能够克服传统旅游业的季节性模式。尹（2000）和他的同伴对活动的季节性做了研究，调查了密歇根的活动市场。维克和弗森梅尔（1995）发现在美国中西部的活动，夏天是最受欢迎的季节，秋天次之。

二、展会活动旅游：地理视角

供求互动对地理学者们来说是一片沃土。对一个特定的节事活动或是一个地区的节事活动的需求分析和预测有一部分取决于人口分布、竞争以及发生于其间的机遇。在所有这些线索中，博林（2000）使用了地理学者的传统研究工具——距离衰减函数——来计算瑞典和节庆相关的旅游活动。他发现随着距离增加，愿意旅游的人越来越少，就算再次举办的和精心策划的节事活动有更大的吸引力也无济于事。

盖茨（1991）解释了某个地区几个潜在展会活动旅游模式的模型。一个是把节事活动都聚集到服务中心，而不是把它们分散到广阔的乡村地区。这与"吸引力"的概念相关联，同时对成本和效益的分配也有影响。泰格兰（1996）曾分析过节事活动影响的区域，但仅限于挪威利勒哈默尔的冬季奥运会。这一分析手段对活动策划，尤其是对那些有多个会场的大型活动而言，有很大意义。影响区域展会活动的因素主要有：可进入性、会场选址、旅客流量、运输管理和其他活动的情况。

（一）活动的吸引力

通过对无数参加节事活动的游客的调查，研究者能够得出这样的结论：绝大多数节事活动收益都依赖于当地或是附近地区(一天能够来回)的游客,而不是远距离的游客。就连万国博览会和奥运会也毫无例外地把自己绝大多数的门票卖了给当地居民。因此,每个节事活动都必须评估自己的旅游"吸引力"。这个活动对不同目标人群的吸引力有多大? 谁会来旅游并且留在当地过夜呢?

李和克朗普顿(2003)分别评估了新泽西海洋市 3 个节事活动的吸引力。比较了 3 个在同一城市同一年举办的节日(分别在 5 月、9 月底和 12 月到 1 月举办)能吸引到的游客数量(尤其是因节事活动而来的游客)以及游客旅行的距离。结果证明,这 3 个节日都大大增加了当地对游客的吸引力,提高了经济收益。其中,9 月举办的节事活动吸引来的游客大大多于其他两个节事活动。麦克切尔等(2006)研究了中国香港的节事活动对游客的吸引力,认为只有一部分人会为了节事活动而来旅游,但节事活动造就了游客对城市的整体印象以及提升了城市本身的文化价值。

活动场所的分层可以通过分析已有的节事活动和活动场地来决定,这就是区域营销的意义。若能更好地测量节事旅游活动的空间分配和开支分配,一定会像时间切换和替代的研究一样,对预测节事活动的影响起到辅助作用。在时间和空间上对节事活动进行分析,对于更好地理解节事活动的发展动向和潜在竞争来说很有必要。范霍文等(1998)使用了一项值得被广泛应用的技术,即人的"需求地图",这有助于他们研究节事旅游的模式。

(二)时间切换和转移

毫无疑问,人们会因为节事活动而改变自己的旅行计划。举个例子,人们因公因私都会去某个地点旅行,但是决定在行程里安排参观节事活动则是因为大型活动会给这趟旅程增加额外的价值。这种"时间切换"在估算节事活动的经济影响时是一项重要限制条件,因为这些人的花费不能被归类成节事活动自己的收益(Dwyer 等,2000)。这种转换更容易在大城市和那些全年都有强大吸引力的热闹场所发生,相反地,对小城镇和农村地区来说,节事活动可能是人们来旅游的唯一原因。于是,节事活动希望在那些更小的人口中心获得更大的影响。

进行影响评估的另一个理论和方法论的关注点是"转移"。当节事活动占用既有的食宿接待设施时,普通游客会减少,因此在旅游旺季举办大型活动通常达不到预期目标。例如,胡尔特克兰茨(1998)证明 1995 年在瑞典哥德堡举办的世界田径锦标赛影响了许多可能会到来的普通游客,最终游客量的增加其实非常有限。当然,为节事活动而来的游客也可能会因他们自己的消费模式而创造更大的经济影响,同时,宣传价值也是要考虑的一点。

重大的节事活动也会驱使人们只为参加活动去某个地方而非其他地方。因此,在 1986 年加拿大温哥华举办的万国博览会期间,平常的旅游模式被打破——温哥华和不列颠哥伦比亚交通繁忙,但加拿大其余的省份可谓冷冷清清(李,1987)。事件地理学者们对收支的时空分布、社会公平问题尤其感兴趣。有两个尤其专业的地理问题分别是如何确定要被估算经济收益的地区和如何测量游客花销的空间分配。

三、经济地理学和中心地理论

中心地理论这一经济地理学的经典概念在节事活动研究的领域里被极大地忽视了。总的来说,中心地理论认为居住点之间是存在层级的,即很多小的居住点和一些比较大的居住集中地,而比较大的集聚地通常会得到高阶服务。当然,现代的实际情况和过去传统的、以农村为基础的模型大有不同,但仍有某些相同的基本事实得以留存。

丹尼尔(2007)将中心地理论应用到了某场运动会上,发现两个协同举办的邻国的经济效益差别甚大。更大的人口中心得到了大部分的经济效益,因为它能够提供必需的服务设备和场馆。小一点的城镇很难从节事活动中创造经济收益,它们不得不和附近的城市进行品牌合作。

四、活动场地

就理论的建立而言,一个关键性的问题是:某种特定类型的节事活动对资源的依赖性或其扎根于特定环境的程度。我们应从地理的视角出发,更多地探索真实性,例如确定一个食品节是如何同时展现和强化特定的场所感的。即使节事活动和节事活动旅游的经济和环境影响已经被许多人研究过,节事活动如何塑造城市环境的问题依然值得注意。解释节事活动的时间和空间变化,而非详细调查它,也值得我们关注。那么,资源、文化、政策和经济对这一模式是如何解释的呢?

所有节事活动都需要会场(通常是具体设施,不过有时也会是一条街道或是某个开放空间),人们组织管理会场,游客消费,赞助商则出资扶持。随着社区和目的地在旅游业和投资领域变得越来越有竞争力,更多的经济资源会被投放到节事活动上。于是在政策扶持之下,节事活动的本质和分布正以惊人的速度被塑造成型。

在文献中很少提及活动场地的研究。传统上,很多节事活动都会与一个承担着特殊的文化重要性的特定地点相关,至少是暂时相关的。历史城镇的广场和公园,甚至街道都具有这一重要的功能。但最近的几十年,因特定目的而建造节事活动场地成为一种风潮,包括多功能的运动与艺术建筑群、节日广场和公园以及为社区节事活动策划而建造的海滨设施。这些社会投资导致了一些特殊地点的产生。这些特殊地点能通过纪念碑、特殊用途的建筑、吸引人的地标建筑和景色而被识别出来,并被频繁地用作大型活动的场地。它们毫无疑问能吸引把这些地点视为必去景点和城市标志的游客。许多作者都曾经写到节事活动在城市的更新工程中扮演的角色(休斯,1993;谬耳斯,1993),我们可以得出这样一个结论:节事活动的策划和活动场地的建造已经成为城市发展中的必需元素。

活动场地的本质是什么? 盖茨(2001)调查了许多节庆的场地,比较了欧洲和北美的情况,建立了一个概念模型。但这个模型的测试和详尽构建还需要环境心理学、城市规划、艺术、活动管理、社会学多个领域人才的合作。这个模型主要关注的是设置(选址与设计)、管理(包括程序)系统和人这三个元素的相互依赖关系。对研究者来说,其中一个重要问题就是调查活动场地和游客以及当地市民之间的相互依赖。

在进一步的研究中很需要关注"某个地点或是社区举办节事活动的容量"这个重要的话题。人群通常会增加节事活动的吸引力,那么人群规模要多大才算太多了? 维克汉姆和科斯泰特在 2000 年进行的一项研究中调查了某地的吸引力和活动策划中人群数量的关系。阿伯特和盖迪(2000)认为有效的人群管理技术能够减少管理的法律责任。对某一地点而言,通过航空测绘确定人群数量(雷博特 等,2000),或是通过抽样的空间分层(丹顿和福斯,1993)评估节事活动的游客参加率和空间构成,已经受到较多的关注。

五、应用于展会活动的地理方法

人们经常把地理和测绘联系在一起,这是一个调查人和环境之间互动的方法。技术的进步让个体和微观层面的互动发展变成可能,下文的研究可证明这一点。

【研究札记】

展会活动游客的地理分析

当前,对旅客流动性与游客自身经历之间的关系进行研究已经变得很罕见。之前的研究都是在时空上关注旅客们的活动,最常用的是时空记录的方法。然而,这个方法有一个致命的缺点:这些记录都是调查者的个人观察和记录。而这个缺点可以通过使用 GPS 设备而轻松补救,GPS 设备能够直接记录携带设备者的行动,因此取代了个人对行动的记录。这项新的措施被用于研究 2008 年在瑞典厄斯特松德举行的两项冬季世界锦标赛的游客在时空上的活动。除 GPS 设备之外,调查问卷也是常用的研究游客活动和经历的方法。在尝试着综合这些方法支持节事活动分析的过程中,人们进行研究的目的是评估 GPS 设备在一个户外运动会中的可行度,并深入研究游客在时空上的活动以及经历。为了能够回答游客在宏观层面上如何活动的问题,人们用实时拍摄下的比赛区域的鸟瞰照片把这些研究方法整合起来。

Pettersson, R., and Zillinger, M. Time and space in event behaviour: Tracking visitors by GPS[J]. Tourism Geographies, 2011, 13(1): 1-20.

第七节　未来研究

人类对未来的迷恋和我们对过去的好奇是一样的。远景规划和设立目标都是以未来为主导的做法。当我们策划节事活动时,我们实际上是在寻找未来的样子。普通的研究让我们能够说出未来可能的样子,但市场调查给了我们更大的信心,让我们相信自己的策划会获得巨大成功。于是,毫无疑问地,"未来主义"或是"预测未来的研究"正慢慢流行起来。

预测未来的研究并不是预言,也不是任由人类想象力肆意驰骋的科幻小说,而是真的预测未来。这是一种跨学科的研究手段,用于理解当下的形式和潮流会如何影响未来(因此,在某种程度上而言,它是一种对未来影响的预测),以及未来的形式会如何被现在所执行(或不执行)的政策和活动而影响——就像我们要怎样减少温室气体排放从而避免全球变暖的结果一样。

表 4.7 未来的研究

未来的研究	本质、含义与活动经验	参与互动的先例	计划和执行活动	结果与影响	过程和模式
-对未来的思考(我们能否预知或塑造未来) -潮流分析 -对环境和未来的调查 -预测和前景规划	-我们思考时间的方式如何影响我们的经历以及我们附加给它的意义	-人们如何策划未来的活动 -虚拟现实会取代活动体验吗	-适用于活动的对环境和未来的调查	-预测活动对未来的影响 -未来的情境(可能出现或是人们希望出现的未来)	-我们思考时间和未来的方式发生的改变 -我们如何设想关于活动的未来

一、未来是社会建构

根据定义而言,未来是未知的,某种程度上也是不可预测的。就连我们思考它的方法和我们所使用的语言也都是社会建构。对某些人来说,未来充满了科幻小说的画面,对另外一些人来说未来则是一片混沌,充满未知。而对企业家来说,未来就是机遇。

当我们说出像"这是一笔不错的投资"(也可以说"再过几年我会变得更富有")或是"我会等到价格跌了之后再做决定"(科技改革的开端总是昂贵的,然后消费者会发现价格急剧下跌)这类的话时,实际上我们是把未来吸纳进了我们当下的生活中。事实上,因为科技的发展实在是太快了,而且大多数革新已经被预测到(或是通过电视节目和展览提前销售),我们不会再因革新而惊讶——我们只会惊讶它还没有便宜到让我们去购买! 也就是说,未来已经被想象出来,并且被部分地消费了。

人们正在疯狂地迷恋未来,并且未来也有直接的政策含义。政治家们不仅需要承诺一个更美好的未来,也要给出一些实实在在的交付物。我们开始会觉得未来理所当然地会更好,那些承诺也一定会成真。

二、"未来"研究的方法

对于未来研究的重要来源之一就是由杰罗姆·C.格伦和西奥多·J.戈登共同编写的《未来研究的方法》。从他们的文章以及其他资源中可以得知,以下是被认为适合与节事活动相关的未来研究的方法。

（一）趋势分析和推断法

趋势分析和推断是一种基本方法，用以论证如果现在的力量和趋势延续下去时，未来会发生什么。对于那些对未来的讨论来说，这是一个很有用的起点。一个与其相关的问题是如何把快节奏而又短暂的流行从缓慢增长却永恒的趋势中分离出来。流行通常是被某些特定人群接受，而趋势能够影响整个社会。根据维基百科上对未来研究的解释，趋势主要有两种类型："大趋势"影响了许多世代，囊括许多因素之间复杂的互动（例如节事活动旅游的增长和全球化就是主要的社会趋势）；"潜在趋势"是一种潜在的新趋势，它是从改革、项目、信仰或是一些有潜力增长并最终成为主流的活动中诞生的。人们如果想要在早期阶段区分这些趋势，有可能会出错。

当"大趋势"被确认之后，它的许多"分支"或是相互关联的趋势就得以发现和评估。举个例子，整个节事活动旅游的趋势中会有很多小众市场的趋势独立出来，包括马拉松赛事、食品和酒类节事活动之类。人们可以就节事活动的某一种市场细分观察趋势，例如性别、参与度，或是他们的目的地选择。

（二）德尔菲法

德尔菲法是一种传统的技术，用于使一种评价或是对未来状况的预测达成一致。这种方法通常需要多轮调查，用于确定趋势的类型和未来可能的结果。专家小组经常使用德尔菲法，所以它同时也是一个创造新知识——至少是综合多个专家的知识和意见的方法。

理论上，经过多轮分析，一些有分量的证据可以引领我们达成一致，起码是对即将发生的事情及其后果做出优势评价。当然，少数派的观点也是很有用的，因为这些观点可能描述了策划者需要考虑到的备用方案。

虽然德尔菲法在节事活动行业的应用具有一定的局限性，但卡尔森等（2000）使用德尔菲法调查了节事活动评估的实践和需求，韦伯和拉德金（2005）请专家小组来评定了影响会议业的趋势。

（三）远景规划

我们可以用两种方法来想象未来的样子。第一种方法：我们问一句"会发生什么？我们该如何面对可能会发生的事情？"这种情况下，可能面临不受欢迎的未来的趋势，它是从一个预测的或是备选的未来状态出发再往前推进。第二种方法：我们问"我们如何保证我们想要的未来一定会来？"这种方法会导致一些策略和行动的出现，试图把未来塑造得符合我们的心意。例如某些政策或活动能够达成人们想要的社会或经济影响。所有未来的前景都始于对历史、现代力量和状况以及潮流的理解。前景源于理解，而非梦想。对节事活动了解越多，对前景规划和策略策划就会越得心应手。

在杂志《未来主义者》（2011年5—6月刊）上，两位未来主义者（哈莱和玛丽恩）提供了四种前景和两种观点，他们称之为"全球大危机"。他们认为许多趋势都将导致危机的产生，包括全球气候变化导致食物和水的缺乏，以及解决问题的政治意愿的缺少。他们预测到由于制度失灵，某种程度上经济将普遍恶化（例如全球经济危机）。其他的威胁还包括恐怖主义、网络攻击和大规模杀伤性武器。他们让一些专家来评估这些威胁可感知的严重性，并总结出从悲观到乐观的四种前景。这些未来主义者相信地球将会面临严峻的挑战和各种残酷的问题，他们认为一种新的秩序终将会出现——基于全球通信科技和人工智能的一种秩序。媒体所谓的未来主义并没有什么问题，哈莱和玛丽恩2011年的文章中也评价了许多当时与未来有关的书籍和观点。

三、展会活动领域的全球性挑战

联合国大学美国理事会的年度系列报告《未来的状态》提到，千年计划已经从1997年开始定义并追踪"15个全球性挑战"。这些挑战是通过德尔菲法小组讨论确定的，并每年更新一次。

在展会活动领域里有10或15个全球性挑战吗？以下是我的建议，每一个都可以作为辩论或是未来研究和政策研究的主题：

• 恐怖主义、经济危机、全球气候变化和制度、政治的不稳定对展会活动的威胁比绝大多数商业、休闲和旅游的威胁要大得多。

• 所有的展会活动都要变得环保和环境可持续发展，但这仍然不能够保证稳定性。

• 展会活动旅游总是伴随着不稳定性，除非在所有的运输方式中，可再生能源都取代化石燃料。

• 展会活动必须为市民的需求而服务，不能被单纯地看作旅游业和地区营销的工具；活动必须作为平等、公正和减少贫困的工具。

• 社会精英所策划的或是为他们而策划的展会活动不应该得到公共资源支持。

• 展会活动管理的职业化必须在全球范围内进行。

• 展会活动策划必须和其他环境、社区、经济、旅游和休闲策划的形式完美结合。

• 所有级别的政府都应该采取综合性的政策，并扶持展会活动领域的项目。

• 展会活动必须在社会、文化、环境、经济方面平等地被评估，以求变得稳定。

• 对展会活动的策划、执行以及管理的教育都应加入展会活动的研究中。

• 展会活动领域将继续增长并且变得多样化，直到出现展会活动在多个领域的供应超过资源或需求的威胁。

• 新的展会活动类型将源源不断地出现，从而导致决策者、策划者和管理者意想不到的挑战和机遇出现。

根据千年计划，全球性的挑战是相互依存的，不能单独解决。合作是必需的，合作需要集合政府、国际组织、公司、大学、非政府机构和创造性的个体的力量。

［学习指南］

每个学科都因为自身的存在和对展会活动研究的潜在贡献而被讨论过，学生们应该能够证明经济、管理、政治科学、法律、历史、人类地理学和未来研究的应用。这本书将以学科为基础,将理论和管理问题、活动设计、公共政策制定,甚至是旅游联系在一起,尝试浏览整本书,然后找出主要讨论的话题。例如,活动定价、政府支持以及政府竞标活动的理由都与经济学原理有关。

[研究问题]

- 展会活动的经济需求是什么? 如何衡量?
- 理性选择理论为什么不能解释所有与展会活动需求相关的决策?
- 意识形态如何影响展会活动政策?
- 什么是权力? 它如何影响与展会活动相关的决策?
- 为什么决策者和旅游策划师都很关心展会活动的整体人数? 此时适用什么理论?
- 说明利益相关者和网络理论对会展管理做出的贡献。
- 一个展会活动怎样才能成为一种习俗(一种制度化的活动)? 有什么启示?
- 讨论布尔斯廷提出的"虚构事件"概念和它的真实性。
- 展会活动地理学主要探讨什么问题?
- 在地理学层面上定义展会活动的"吸引力"以及如何衡量。
- 对未来的研究中使用了什么研究方法? 这些方法如何在策略设计和决策中得到应用?

[拓展阅读]

[1] Becker, D. The Essential Legal Guide to Events: A Practical Handbook for Event Professionals and Their Advisers. Self-published, 2006.

[2] Tribe, J. The Economics of Recreation, Leisure and Tourism [M]. Oxford: Elsevier, 2005.

第五章 密切相关的专业领域

通过本章的学习,学生应掌握:

- 为什么活动在与活动密切相关的专业领域中很重要,以及有多重要?
- 其他领域对活动研究在理论上和实践上的贡献。
- 活动经验的本质与活动经验设计的共同利益。

第一节 介绍

与活动密切相关的领域有很多,它们都能为活动做出贡献并从中受益。虽然这些领域中的专家也许不会称自己为"活动经理",但是活动的协调、策划和营销都是他们工作的重要组成部分。就发展自己领域的跨学科理论而言,休闲研究是最先进的,它或许也是对活动研究贡献最大的,所以我们从它开始。旅游业和酒店业也是和活动密切相关的产业,尤其当活动作为一个产品或是景点时。我们会以一些新兴的,处于发展中的相关领域作为本章的结尾,如游客研究。活动也在它们的研究范围内。

第二节 休闲研究

公园与休闲地运动起源于 19 世纪中期的北美,通过当时基督教堂对娱乐节目的鼓励,有益的、社会责任型的活动凸显了出来,例如户外娱乐、露营、社区运动以及孩子们在监护下的玩耍。由于公园和开放场地提供设备,例如娱乐运动所用的设施,使得这些活动得以实现并减少了懒散活动、青少年犯罪、饮酒和赌博的发生。公园和娱乐设施的增长导致人们对学院级别的专业训练的需求变得越来越多。

娱乐和公园管理的专家们对公园的管理,以及对娱乐设施、休闲节目和设备负责任。他们的专业技能从场馆安排、管理、营销到社区发展、疗养型娱乐活动方面都有涉及。广告娱乐需要商业管理和旅游业的知识;酒店业则需要综合到休闲设施中。而活动既是休闲设施的使用者,又是休闲策划中的一个元素。公园和娱乐设施存在于所有级别的政府、非营利组织、教育和宗教机构、私人俱乐部、军队和私人公司中。大多数城镇都拥有可举办许多活动的运动场，以及给活动或其他公众集会提供场地的公园。于是政府雇佣越来越多的项目经理来策划这些活动，或是雇佣活动的协调者来监管节庆活动的策略和投资组合。许多活动也确实涉及活动旅游方面。

正如戈德比和沈（2008）提到的，休闲研究起源于欧洲社会学系，主要关注工业社会中人们的空闲时间。早期休闲学的学者们关注工作、休闲模式以及时间的使用，在那以后他们调查了和社会等级、郊区城市化、科技的影响、社区生活以及工作安排对休闲生活的影响。

研究休闲和娱乐这一新兴领域的学者们开始把源于基础学科的理论应用于实践，或是在一个社会科学框架中测试可能的理论。

一、什么是休闲？

在如何定义休闲这一问题上，人们产生了很多争论。它常常被定义成生活方式的一部分。对一部分人来说，休闲就是活动、空闲时间、有意义又让人满足的经历，或是以上几点的综合。很明显，我们想当然地认为休闲就是建立在空闲时间和自由选择上的，所以为了一个节庆活动的"内在价值"而参加活动就是休闲（这是休闲和许多种类的节庆活动的社会建构）。当人们是为了"外在的"原因（如强制参加、工作要求、社会义务）参加活动时，这就不能算是必要的休闲活动了，虽然我们还是想要在这些活动中留下值得回忆的经历。

奈林格的"休闲范式"极具影响力。对于奈林格（1974）来说，休闲的定义标准是"感知到自由"，也就是个体相信无论自己正在做什么，选择权都在自己的手上，而且他们是为了这件事本身给的奖励才去做的。奈林格建立了一个图表形式的模型，包括"完全职业"（被强迫的去做，有外在动机）、"完全工作"（有强迫成分，但动机是内在的）、"休闲的工作"（自由选择，但有外在动机）和"完全休闲"（自由选择，且动机是内在的）这四个部分。

我们认识到在选择和行为中存在许多约束，没有人能完全自由地、随心所欲地、随时随地做自己想做的事。并且，工作和娱乐的内、外在动机常常存在交集和联系。

表 5.1　公园、娱乐管理和休闲研究

类型	定　义	本质和含义及活动经验	参加活动的先例	计划和执行活动	结果和影响	过程和模式
公园管理	-为娱乐、美观或环境保护而建的公园	-与大自然相交融 -作为一种疗法的户外体验	-公园是有吸引力且受欢迎的活动环境 -户外活动有一种特殊的吸引力	-以公园的使用方式去策划活动 -场馆策划	-必须从环境、社会和个人的维度评估影响	-公园的需求变化和政治支持 -资源可用性和质量的变化

续表

类型	定　义	本质和含义及活动经验	参加活动的先例	计划和执行活动	结果和影响	过程和模式
娱乐管理	-公共娱乐 -有益健康的活动	-作为令人满意的社会和个人经历的活动 -从娱乐中得到的健康和幸福	-某特定种类的活动所需的娱乐设施 -设施作为一种吸引物	-对娱乐场所的设计	-对个人和社会的影响	-对公众娱乐和政治支持的需求
休闲研究	-娱乐和休闲的理论 -内在动机 -休闲约束	-活动产生休闲利益 -深度休闲 -最优激励 -生活方式的意义 -休闲哲学	-参加活动的休闲动机 -休闲约束和协调 -娱乐专业化 -自我投入 -承诺	-设计流程、场所和活动的理论意义	-如何衡量休闲的利益（如健康、自我满足和社会融合）	-休闲潮流、风尚

　　"生活方式"可以被定义为一种生活的模式，或是一组反映个人偏好的活动和价值。毫无疑问，休闲和旅游绝对是我们生活方式选择的一部分，我们常会说"休闲生活"，"他是个环球旅行者，一个往来各地旅游的富豪"这样的话。

　　我们要如何定义自己的生活方式？通过我们的物质财富的同时，也用以下几点作为参考：

- 我们的居住地点（海岸、山边、郊区、城市）以及居住地对娱乐和活动机会意味着什么；
- 我们做什么（兴趣爱好、旅游都和特殊兴趣活动相关）；
- 我们和谁联系（社交网络，包括参加的活动）；
- 我们的品味以及我们如何表达出来（艺术、音乐、食物、酒以及我们参加的相关活动）。

　　肖和威廉（2004）讨论了游客消费的新形式，这和活动研究密切相关。他们认为"后福特主义者"（例如紧随着大规模的旅游而来的，强调标准产品）的游客会寻找"社会文化资本的累积"（2004：132）。肖和威廉（2004：130）相信家庭生命周期和生活方式是"旅游新形式"更为显著的变量。这些新的形式有象征性的意义。具有高度个人主义的消费者们希望能根据他们的需求进行产品分化。非正式性和自然性也是游客消费的新特点（2004：131），还有"为了个人快乐而应用"和"相信自己所有的感官"。科学技术正被日益整合进消费过程中。在生活方式的一些特定组成部分中，这些趋势都导致了环保、文化旅游业的潜在增长。

二、休闲哲学

皮珀(1952)和其他学者都很关注"纯粹的懒惰不是休闲"这一问题。基于宗教的哲学理论,皮珀认为真正的休闲包括了沉思的庆典。而且在他的思想框架中,节日是必需的大自然的圣歌(也就是一种宗教仪式)。一些同辈人认为休闲以娱乐、享乐主义的形式存在,包括一些离经叛道的危险行为(罗杰克,1995)。近来,罗杰克(2005:17)把休闲定义成"一种以选择、自由和自愿主义为休闲的基本成分的自愿活动"。罗杰克的解释基于人们如何谈起自己的自愿行为,包括工作。在权利与公民社会的一场讨论中,罗杰克认为休闲是那些"活动积极分子"生活中的正面组成部分。

如果有人不仅仅把休闲定义为自由时间或自愿行为,那么休闲就趋向于成为一种价值负载或是意识形态建构。许多人都认为休闲必须是一种被社会广泛接受的行为,休闲有益健康并能使身心重塑。还有一部分人认为休闲真正的核心与资本主义理想和粗俗的消费主义有关,反映了谁是这个世界上有钱又有权的人。从历史的角度来说,正如韦伯伦(1899)所分析的那样,只有某些社会阶级(强迫或是剥削阶级)才有休闲活动,或是能悠闲地活着。而且他们经常有炫耀性消费(物质主义)和炫耀性有闲(浪费时间)的行为。批评家们直接指出,在各种社会和经济体系中谁能拥有休闲以及他们做的事仍有很大不同。

一种普遍的哲学观点是,娱乐和休闲是人类的基本需求,由此解释了公共休闲设施存在的必要。随之而来的是,休闲活动创造了无数个人利益,从而产生了更大的社会利益。休闲科学研究院把这些利益归类为:经济、生理、环境、心理和社会利益。近年来,休闲、体育活动和健康之间的关系引起了更多更广泛的关注。

和德莱弗的研究(德莱弗 等,1991)相关,基于利益的管理强调要提供满足客户所需的服务。很明显,利润是一个营销术语,客户显然愿意为显著效益和体验效益付账。然而,是不是利益也能够证明公共投资和补贴的意义呢?

这种哲学能够转移到活动研究上吗?事实上,我们能够合理地谈论活动的服务设施吗?或仅仅是谈论休闲的某一个元素?毫无疑问在许多管辖范围内,活动因自身的权限而被看作一种合理的"公共物品",尤其是文化庆典。业余体育运动常常被归属到同一地位,主要是出于健康原因。然而商业活动却更容易被看作经济发展和旅游的一部分。

最后,休闲归根结底属于有信仰和承诺的人们。首先,问问自己为什么相信举办或支持一场活动很重要?是不是因为那些需要公开讨论并通过政治进程进入公共政策的事?那些支持从何而来——工商业界、艺术文化组织、街道居民委员会还是其他社会设施?人们有权利去参加一场公共庆典或是选择为工作和娱乐而参加活动吗?什么事可能会发生?和休闲设施一样,会不会某些活动被认为是"公众物品",而其他的被认为是"私人物品"并留给自由市场处理?这之间的平衡因地区而存在差异,并随着时间而变化。

表 5.2　应用于节庆活动研究的休闲的意义和哲学

什么是休闲？	节庆活动研究中的应用
-休闲作为工作中的自由,使沉思以及漫无目的的艺术成为可能;从哲学角度来看,休闲是对理解的追求(葛拉齐亚,1962) -空闲时间/不工作(奈林格,1974) -自由选择的活动/有内在动机的追求(凯利,1987) -休闲作为自愿的活动(罗杰克,2005) -休闲作为沉思和唯心论的产物(皮珀,1952) -玩乐(赫伊津哈,1955;埃利斯,1973) -享乐主义,娱乐(罗杰克,1955) -生活方式 -社会剥削阶级的"炫耀性休闲/消费"或是悠闲的生活方式(韦伯伦,1899) -休闲作为一种体验(令人开心又满足,难忘且有改变的体验)	-大多数经过策划的活动都应该属于休闲体验的广义概念;许多活动虽属于商业、经济领域,但活动承办者仍然希望参加者能够有愉快的体验 -外在的促进因素适用于很多活动,但参加者仍然经常保留拒绝参加活动的权利 -那些目的在于学习和审美的活动符合希腊哲学的观点 -这种哲学适用于宗教活动和朝圣,还有许多活动中的神圣仪式和典礼 -玩乐和享乐主义都是嘉年华、节日中必不可少的 -玩乐在那些基于游戏和比赛的活动中不可或缺 -许多活动希望人们达到的理想精神状态是快乐 -无数的娱乐和消费活动(如食物和酒)都迎合享乐主义的观点 -活动可以是深度休闲的生活方式的核心(参与性、承诺、专门化),并导致活动旅游业的产生 -活动的参与度作为一种社会地位的象征 -精英们提倡并赞助那些有声望的活动 -一种用来理解经过策划的活动体验的方法 -实验抽样以及其他方法来理解经过策划的活动以及它们的意义 -体验经济中的活动 -适用于活动的有经验的设计

三、休闲体验

　　体验是休闲的一个基本概念。根据曼尼和克莱伯(1997:11)的理论:"成功是基于一种可预见的创造或是令人满意的体验来构造休闲环境。很明显,我们必须对心理和体验的本质有一定理解。"

　　一个人意识到、感觉到、学习或是记住了什么——也就是这个人的个人体验——经常从这个人的行为中被推断出来。曼尼和克莱伯也认为需要研究内在的心理倾向(例如观念、感觉、感情、信仰、态度、需求、人格)和环境性影响(作为个体社会环境的一部分而存在,例如他人、群体规范、人为现象和媒体)的相互作用,从而调查人类的体验。

　　为了研究休闲体验,研究者们关注人们正在做的事(行为维度或是"意动"维度)、心情、情感和感受("有效的"或是可估计的部分)以及思想和印象("认知"部分)。同样相关联的还有对注意力集中点、集中度和专注度、自觉意识、自我意识、自我丧失、能力意识、自由意识、觉醒、激活和放松、强度和持续时间的研究。学者对人类的感情的研究要多于对认知的研究。

"最佳体验"是一种心理的高度参与、投入于一项或多项活动中的状态。举个例子，马斯洛（1968）提出的"高峰体验"（人们体验到最高的幸福和满足的时刻）的概念，以及克希克兹米海利（1975）提出的"心流"（人生中最幸福的时刻）概念指出，"在一次自愿行动中，人们的身心都达到极限，从而完成一件困难却值得做的事情时"（1990:3），"心流"就会产生。

近来，研究者们开始认为休闲体验在本质上是多维的，特点是有无数可以发生的体验。例如李等（1994）提到了休闲体验本质的不可持续性、动态性和复合性。对大多数人来说，休闲是许多快乐（有时候也可能不快乐）的体验（通常具有感觉有趣、能享受并放松的特点）的综合。应用社会心理理论带来的结果是，休闲和节庆活动研究者们现在更加关注研究人们对休闲和活动行为的感觉、态度和动机，而不是单纯地关心未来活动或休闲趋势的参与率。也就是说，把"体验"的多样性、频率和质量作为一种研究整体生活满意度的方法，比人们实际参加的休闲或活动的类型更加重要。

应用于经过策划的活动的研究，很明显，人们有一个问题要问：活动能够提供休闲体验吗？活动管理和活动旅游中一定有这样一种假设：大多数活动存在的目的就是提供休闲体验，以娱乐、享乐主义、庆典、游戏（包括运动）、文化表演和自我发展（包括学习和审美）的形式而存在。活动策划者认为这些都属于休闲领域。而且，主要和商业有关的活动也把上述的休闲元素加进了自己的活动中，使得活动本身更具吸引力，也更有记忆点。和旅游当局合作，会议和展览把旅游和其他附加项目也加入自己的活动中。

研究者们日益关注参与者的体验。安格鲁撒等（2008）调查了2006年火奴鲁鲁马拉松赛的参赛者们，并且得出这样一个结论：他们珍惜这次参赛经历的程度甚至和这次比赛对夏威夷经济状态的影响一样大。这是因为第一次参赛的参赛者们给这次参赛经历赋予了远大于其本身的价值，他们也比非初次参赛者花更多的时间练习。并且，火奴鲁鲁马拉松赛也迎合了他们寻求刺激的人格特点。然而，这种价值会随着参赛次数的增加而下降。

阿特金森（2008）研究了铁人三项选手是如何完成动作并把铁人三项这种耐力运动作为一种休闲单独反映出来的。他们发现铁人三项选手聚在一起，就像志同道合的演员们相互认可的"痛苦小组"一样，他们通过运动学习并品尝自己身心上的疼痛。阿特金森（2008）讨论了他们如何在铁人三项这样一种能引起参赛者的"临界状态"的赛事中仪式化地"惩罚"自己。铁人三项比赛作为一个经过策划的活动，能引起人的生理兴奋。对大多数参赛者来说，一开始觉得很新奇，而当铁人三项选手们努力把自己的身体推向极限时，这项赛事就变得更激动人心。在被看作一种社交活动的集体跑步、骑马和游泳等运动中，运动员们会给自己的身体带来更多的压力和损伤。

（一）一生中的休闲（生命周期方法）

整体来说，随着年龄增长，人们参加的休闲活动会逐渐减少。我们可以假设（缺少特定证据）这也同样普遍地适用于参加经过策划的活动，即把经过策划的活动作为一种休闲。虽然肯定会出现例外，但这仍值得研究。退休人群会突然开始参加更多的社交活动吗？生命周期如何和"参与性""深度休闲"以及"旅游业"的概念相关联？

休闲研究者们发现：人们对多样性和变化的兴趣在生命周期各个阶段存在区别。年轻时，人们的经验主义（猎奇求新，愿意尝试）是最强的。随着我们变得成熟，社会环境也在飞速变化，年轻人很容易适应新的变化。伊索-阿霍拉等（1994）发现，"通过新的休闲活动猎奇求新的倾向随着生命周期的推进而逐渐减小，然而通过老旧却熟悉的活动来保持稳定的倾向却在增加。"

（二）休闲事业和休闲社会化

罗伯特（2006：156）说："能够准确地预测个体未来对休闲的运用，就是这个人最后的行动。"人们是保守的，而且随着年龄的增长而愈发保守。我们倾向于遵循常规，通常不会冒险。因此，纵向地调查休闲事业是很有用的，这也和其他概念有关，例如深度休闲、娱乐专业化以及参与性。

艺术的早期介入，尤其是在家庭社会化的背景下，用"高雅文化"解释了终生参与行为（罗伯特，2006：157）。这和人在自己小时候没有培养对歌剧或是芭蕾的兴趣，而成年后展现出对这方面的兴趣不一样。早期参加运动并不一定会使人终生投身运动事业，让坚定的人们长期参加运动比让他们停止一段时间后重新开始运动要简单得多。

（三）自我决定理论

德赛和瑞恩（1985）提出这个理论来解释内在动机是如何运作的。有内在动机的行为在明显缺乏外在回馈或人们拥有自由选择权时发生。作为结果的体验是最具有挑战性的，并导致了流动。

有内在动机的行为是建立在先天对竞争、联系（爱和有意义的社会联系）、自我决定的心理需求的基础上的。

（四）自我概念

自我概念是指一个个体对自我和他人的感觉（马库斯和北山，1991）。在集体主义文化中，人们倾向于相互依赖，而在个人主义文化中，人们则更为独立。学者认为自我概念会影响人们的认知、感情和动机。

【研究札记】

自我概念

在提出有关内外在动机对比和自由选择与休闲的本质理论时，必须考虑到文化间的差异。亚洲文化和其他具有相互依赖的自我概念的文化会给归属和保持和谐赋予更大的价值，这和个人主义正好相反。对他们来说，和世界的关联可能比自主权和自由选择更重要，所以基于自由选择的基本假设的休闲似乎是一种"西方的"概念。在策划一个活动、交流利益以及思考节庆活动对个体和社区的影响时，就应该考虑到像这样的文化差异，应该独立评估个人和群体的利益。这些作者提到盖布瑞亚和黄(1996)的发现,在中国文化中,一年一度的节日和吸引许多观众的体育比赛促进了正常的社会阶层之外的社交和联系,从而把人们从传统的行为约束中解放出来。

Walker, G., Deng, J., and Dieser, R. Culture, self-construal, and leisure theory and practice[J]. Journal of Leisure Research, 2005, 37(1): 77-99.

(五)休闲约束

休闲研究者和理论家们(杰克逊 等,1992;杰克逊,2005)想知道人们为什么参加活动,以及是什么阻止了人们做自己想做的事。约束大体上被划分成以下几个类别:内心的约束(人们的观念和态度)、人际约束(例如缺乏进行休闲活动的同伴)和结构上的约束(时间、金钱、供给和可接触性)。人们如何协调这些约束是一个很重要的研究课题。我们在第8章会更详细探讨这些细节。

(六)休闲活动的参与

基于心理学理论,哈威茨和狄曼科(1999:123)把休闲活动的参与定义为"动机、激励、对娱乐活动或是有联系的事物的兴趣的一种不可观察的状态"。就休闲活动、旅游和对生活方式的追求而言,已经证实人们对事物和追求的投入程度容易影响他们的偏好、行为和满意度。一个人要如何真正地参与到活动中,又是另一个问题,而且更难回答。而且,学者们并没有引用太多与旅行和参与相关的证据。

很多研究者都使用扎奇科斯基单向的"个人涉入集量表",但是凯尔和奇科(2002)认为存在一个普遍的共识:最好将休闲活动的参与概念化为一种多维的结构,以下这些方面是最为重要的。

吸引力:从一个活动或产品中能察觉到的重要性和兴趣,以及参加或是消费它的快乐。(例如,跑步能够提供一些具体的利益,但参加马拉松比赛能够给我们什么额外的快乐呢?)

标志:活动或产品消费传达给人们的潜藏的内容(例如和某个活动相联系的威望)。

生活方式的"中心":指活动和产品在社会背景和一个人的生活方式中扮演的角色(对艺术有高参与度的人们在不同艺术活动中能够展现不一样的兴趣层次,也会从他们的参与中寻找不同的利益)。

参与的领域中有时也包括了冒险,例如那些受雇于盖茨和麦克康奈尔(2011)的人测试参与者对山地自行车的参与度。具有高度参与性的游客们为顺利进行的节庆活动赋予了更大的价值,因为他们在很大程度上投入了自我(以及他们的时间和金钱)。冒险元素可以解释这个事实。这些游客非常讨厌活动进行的不顺利。我们推测,这个事实也同样适用于与其他的决定有关的冒险。对那些参与度不太高的人来说,不佳体验的风险也许相同,但导致的心理结果却不一样。

凯尔等(2007)在那之后修正了他们的标准,更加强调社会层面上的"持续参与休闲活动"。基于调查研究,他们修订的新的等级标准包括吸引力、中心、社会联系、身份表达和身份确认等方面。

作为参与理论在旅游和节庆活动方面应用的另一个例子,瑞恩和特劳尔的论文(2005)也值得一提。他们基于对参与者的研究认为,选址对运动游客来说是次要的考虑因素。大师运动会吸引大量对运动有热情的人,他们基于自己对运动的追求参与到活动中来——包括旅游。这些人只参加地区级别的活动,他们参与的赛事是一个从地区性到国际性的"事业"。"可以假设参与者们参加比赛的一部分原因其实是为了实现自我认同"(2005:179)。那些愿意去旅游的高参与度的参赛者们也许会对活动很挑剔。

(七)娱乐专业化

布莱恩(1977:175)把专业化描述为"从普遍到特殊的行为的连续,可从运动中使用的设备和技能中反映出来"。作为活动增长的体验,这可以被理论化为人们会从普遍的行为进步到更加专业化的行为,并且和消费模式相关联。布莱恩等对活动的定义也发生了改变。参与行为也会有自己特有的风格,于是初学者和经验丰富者会很容易被区分开来。许多活动已经应用了这套理论,而且在比较参与者们的动机、参与行为、对管理的态度和对信息的使用时也用到了此理论。很明显,这和自我投入、承诺和休闲有关。

【研究札记】

娱乐专业化

使用了随机选择游客和要求邮件回执的调查方式,涉及亲身参与并观察这个活动的人群。参加节日的游客的专业化程度由他们的行为、承诺和技能的等级来衡量。只有小部分游客是高度专业化的,或很认真地观赏鸟类。这些游客对这次节日并不那么满意——表现了对详细区分的需要。大多数游客似乎对鸟类很有兴趣,但他们不能把对鸟类的兴趣和追求休闲方式的兴趣结合起来,从而享受节日整体。对于承办者来说,这也帮助他们达到增加知名度和提高鸟类保护能力的目标。作者认为专业化能够用于其他类型的活动,来增进对游客目的和行为的理解。

Burr, S., and Scott, D. Application of the recreational specialization framework to understanding visitors to the Great Salt Lake Bird Festival [J]. Event Management, 2004, 9(1/2): 27-37.

(八)承诺和深度休闲

"承诺"是一种社会心理学建构,用于解释持续性行为的存在。在探讨休闲的"语境"中,金等(1997:323)把它定义为"那些让个体坚持一种休闲行为的持续性模式的个人的、行为的原理"。他们寻求能够在奉献、内在坚定、中心、花费和社会因素方面寻找承诺。贝克(1960)用"孤注一掷"来描述个体不再继续曾经坚持的事(例如丧失友谊、个人、时间和金钱的投入,还有失去备选方案)之后,这个人会如何改变。

　　金等(1997)确定在大盐湖鸟节的例子中,承诺和社会心理学上参与行为的等级是高度相关的。根据这些相同的研究,参与行为更像是一种承诺的结果,而且或许是"深度休闲"的根源。

　　罗伯特·斯特宾斯(1982,1992,2001,2006)的"深度旅游"概念和承诺以及参与结构紧密相关。深度旅游是"一种以其自身的复杂性和挑战性而给业余爱好者、沉迷某种兴趣的人或职业志愿者带来的坚定追求。这种追求是深刻而持续的,总是基于实质性技能、知识、经验,或是三者的结合。"

　　这就像追求一项事业,只是没有酬劳。深度休闲的参加者"典型地成为一个庞大的社交世界、群体、活动、网络、组织和社会关系的一分子"。深度休闲给的回报包括"满足个体的潜力,表现个体的技能和知识,有值得珍惜的回忆,以及使自己变得更有价值"。

　　根据斯特宾斯的理论,深度休闲的特点包括:韧性(学着克服约束);发展一项事业(包括成就和奖赏的阶段,由专家协助,或许包括一系列能导致高度参与的活动);需要有意义的个人努力(需要知识和技能、旅行);如收入一样的长期效益(例如自我满足、自我概念、自信的增加以及社会身份);和社交世界相关的一种理念(和对群体利益的"社会客体"相关联的共同利益与互相交往);活动的社会认同(一种亚文化)。

【研究札记】

深度休闲

　　这篇论文运用深度旅游和社会认同的概念,探索了"深度"参与者到伦敦旅行并参加 2007 年马拉松大赛(FLM)的经历。民族志研究的设计被用于综合采访、观察和参赛者观察。早在马拉松赛事开始前的四个月,数据收集就已经开始了,包括监测参赛者的经历,这些参赛者都把自己的活动看作对"深度休闲"的追求(斯特宾斯,1992)。随后开始的是在活动结束后对参赛者的大量半结构化采访,为期两周。关键的调查结果是参赛者在跑步时拥有的认同的力量。马拉松赛事前后,到伦敦旅游并住下的行为加强了这一现象。数据中呈现出大量的主题:参赛者的独特气质、语言和行为,个人想在比赛中竞争得有意义的努力,参赛者在活动中表现出的韧性,参赛者在训练和竞赛方面获得的长期利益,以及和长跑相关的"事业结构",这些都被看作认同感的结果。参赛者也遵循和跑步亚文化相关的某一种雏形规定的行为准则,导致了他们在群组中穿着、行动和价值观的一致性。

　　Shipway, R., and Jones, I. The great suburban Everest: An 'insiders' perspective on experiences at the 2007 Flora London Marathon[J]. Journal of Sport and Tourism, 2008, (1):61-77.

　　调查者们研究"在澳大利亚昆士兰举办的冬阳节中,狂热的参与者"的休闲活动和游客的行动。通过观察参与者,马克凯拉定义了"描述并解释参与者行为的 9

个领域，包括专业旅行、生活方式、身份增强、自尊、狂热、社交、固定消费、竞争以及技能发展"。

Mackellar, J. An examination of serious participants at the Australian Wintersun Festival[J]. Leisure Studies, 2009, 28(1): 85-104.

四、休闲研究的研究方法

在休闲研究领域，北美区域的方法，通常和社会心理学一样，主要是实证主义和定量研究。但是关于价值和信仰，以及理论在社会问题和政策问题上应用的因素正在增加（曼尼和克莱伯，1997：27）。休闲研究者们频繁地用大规模调查、实验和时间表来定量观察和衡量休闲活动，并且发展或是测试自己的理论。更多定量和阐释方法还包括参加者观测、无组织采访、案例研究和反省。

研究者们通过让人们讲述脑海里有什么来观察他们的经历。只有在我们知道某种行为对一个人意味着什么的时候，才能够充分理解这一行为——这是现象学的一种观点。"实验抽样"（契克森米哈，1988）是用于休闲研究领域的相关手段，我们在这本书中还将详细探讨。

第三节 旅游研究

在研究旅游时，常常把它视为一种有相关的教育项目来督促职业生涯规划的产业，和酒店业一样。然而，就像休闲和活动一样，学生们仍把旅游业作为一种社会、文化和经济现象来学习，并思考它所有的潜在影响。旅游和休闲一样，在经过策划的活动中占据主要地位，旅游已经从一个管理方向发展成了拥有自己的高等学位的成熟研究领域。当学者们定义旅游时，他们倾向于把基于产业的方法和基于多学科交互的更广义的"旅游研究"方法分开。

莱珀（1981）认为多学科的方法对旅游教育来说是一个障碍，需要的是学科交互的方法，能够整合其他学科和领域的概念。与之相反，特莱珀（1997）认为仅从学科地位得不到任何东西。为此，罗杰克和阿里（1997）提出了问题：旅游研究从哪儿开始，休闲研究又到哪儿结束？

如果有人把旅游看作休闲领域内发生的一种社会现象，那么旅游和休闲的研究显然存在着重叠部分。它们的重叠部分主要在商业和管理层面，因为无数企业就是为了提供娱乐或旅游体验而存在的。活动可以被看作休闲和旅游的交集。但无论是休闲还是旅游研究，都不集中讨论活动的策划、设计、体验和管理。在休闲和旅游研究领域中，节庆活动被看作景点、活动或是旅游/休闲结构的更大的层面，就像商务旅游、朝圣或是深度休闲一样。

表 5.3 旅游研究和大型活动旅游

类别	定义	本质和含义及活动经验	参加活动的先例	计划和执行活动	结果和影响	过程和模式
旅游研究	-对旅游和旅游经历以及旅游产业的研究					
大型活动旅游	-和经策划的活动相关的旅行 -借助活动的目的地发展和营销	-整体的大型活动旅游经验 -大型活动中旅游业的角色：景点、地点营销、创造形象、绘制动画 -为多种多样的社交世界准备的有代表性的活动 -大型活动旅游业轨迹	-影响活动旅游需求的一般旅游需求 -大型活动旅游的具体动力 -媒体范围和媒体活动影响需求 -基于游客的活动日益增加	-对活动游客的营销 -打包 -主要为游客或目的地形象而策划的活动 -目的地大型活动前景	-活动旅游的影响 -经济影响和环境影响 -收支的估计 -成本收益分析	-活动旅游趋势（例如，长或短距离大型活动旅游的需求正在变化） -正在变化的长或短距离大型活动旅游需求

一、活动旅游——目的地视角

就像在任何细分市场或是具有特殊因素的旅游市场中一样，我们可以从两个角度定义"活动旅游"——消费者角度和目的地角度。首先，我们把活动旅游看作目的地用于发展并营销活动，从而增加自身旅游业和经济收益的一种策略。活动在旅游业中扮演以下五个主要角色。

（一）作为景点的大型活动

虽然许多旅游组织都对国际旅游业施压，但毫无疑问大多数活动是依赖当地观众而存在的。但是不管活动是真的旅游景点（例如，能够吸引非本地游客前来），还是让已经来到当地旅游的游客能够多待上几天的原因，这些活动都有旅游价值。活动也能让当地居民在当地消费，而不是在外地消费。

我们能够通过增加的游客数量、延长的旅行距离或是增加的旅游频率来衡量活动的"吸引力"。重要的目标是利用活动来克服季节性问题，并且在国家或地区范围内扩大需求。目的地经常根据活动的吸引力、等级或旅游潜力来给活动分级。博思（1994）记录了荷兰的大型活动分级。经济计划小组和主文化资源（Lord Cultural Resources，1992）为加拿大的安大略

设计了一个系统。这些经常被用于协助分配资金决策。

活动旅游的资源不是仅有节庆活动。资源通常包括能够策划活动的组织、提供赞助的公司、提供帮助的机构以及所有可能的资源（人力、金融、自然、政治的）和主题。其中一个需要考虑的问题就是文化和环境资源经常是属于公共领域的，任何人都可以"勘探"，不需要赔偿，也不用考虑影响。"普通法"适用于这种情况，作为一个社区，它的资源可能会因举办过多的活动、太多的活动旅游或是缺乏良好管理的节庆活动而受损。公众政策和活动管理之间存在围绕资源管理和可持续性原则的争论。

活动的目标不应该是最大化游客量，而是创造出可控的平衡的活动前景，使其能满足多样需求并创造多种利益（详见第 12 章）。更应该强调活动旅游的质量，也就是吸引高产量的、专注的活动游客。这些包括活动的竞标（埃默里，2001；盖茨，2004）以及因旅游目的而开始一场新的活动，如在主题年举办活动，改善当地的活动，把一个或多个活动提升到"标志性"的地位以及偶尔主办一些主要的大型活动。

【研究札记】

活动作为景点

这篇文章调查了亲友旅游市场，也就是拜访亲友然后参加当地的活动。"从105 个完成的调查中随机抽出的样本有 10 个特殊活动或地点。这个工作给调查者提供了数据，在把开普敦岛推成这个市场的组成部分时，数据显示'刺激'是最有效的方式。"布朗得出这样一个结论：这是一个重要的游客和市场组成部分，关键在于直接向居民推销。

Brown, K. Come on home：Visiting friends and relatives——the Cape Breton experience[J]. Event Management, 2010, 14(4)：309-318.

（二）"赋予生气"的活动

度假地、博物馆、历史城区、文物遗迹、遗址、市场和购物中心、体育场馆、会议中心和主题公园都有特殊活动的项目。景点和设备的建设已经意识到"鲜活因素"的优势——设计一些解释者角色，以及（或者）用感官刺激和吸引人的氛围，让这个地点"活过来"。

"鲜活因素"在大型活动中的潜在优势，对设备和景点管理者尤为重要：

- 吸引那些原本认为设备或是景点本身不有趣而不打算参观的游客；
- 鼓励那些以为一次游玩就足够的游客进行重复观光；
- 为景点和设备吸引公众注意力和宣传，包括强调和景点有关的历史事实；
- 鼓励游客待得更久，消费得更多；
- 把那些为了特殊功能而来的群体作为目标。

（三）大型活动和区域营销，合作品牌策略

科特勒等（1993）在他们的著作《区域营销》中把活动的价值定义为提高社区的形象和

吸引游客。他们证明了一个区域为了追求更适宜生活的、繁荣的社区,如何为投资和游客而竞争。"区域营销"提供了一种框架,活动和活动旅游可以在其中承担多种角色,如形象创造者、生活质量提高者以及旅游景点。更加传统的促进经济发展的措施使得工业化、物质基础设施而非文化基础设施承受压力,而且旅游的经济价值得不到重视。

活动和目的地之间的"品牌合作策略"就是一种吸引人气的策略(布朗 等,2001;查理普和寇斯塔,2006)。佳奥等(2002,2003)相信在目的地品牌的使用中,活动一定有潜力。但是没有一个活动或目的地的经理能很好地激发这种潜能。这种策略的目的就是用活动的正面形象来加强目的地的品牌。冲浪者天堂的冲浪比赛就是一个经典案例。因为多数目的地都有一大批各种类型的活动,远远超出了可控范围。也许更为明智的做法是,关注一个或几个形象佳的、"标志性"的活动,从而得到区域营销和品牌化的目标。

【研究札记】

活动的区域营销

这篇调查关注、分析了这些瑞典城市怎样以及为何希望主办这次欧洲电视网歌曲大赛。主办这次活动能为瑞典区域营销提供一些关键的案例研究资料并提高瑞典的城市竞争力。

作者在对股东的访谈中发现,地区有关当局更多地用合作关系而非竞争关系来应对活动。投标申请的理由趋于多样化,这其中包括展示这个城镇或城市对举办活动是多么感兴趣。而当地居民将活动预演本身看作一场好玩的派对。

Andersson, I., and Niedomysl, T. Clamour for glamour? City competition for hosting the swedish tryouts to the Eurovision Song Contest [J]. Tijdschrift voor Economische en Sociale Geografie, 2010,101(2): 111-125.

(四)活动用于塑造形象

很显然,主要的活动可以塑造主办社区或者国家的形象。而受某些活动影响,人们会根据自己的喜好把这些城市或者国家当作潜在的旅游目的地。随着全球媒体的关注点都集中于主办城市,即使是在一段相对较短的时间里,活动的公共价值也是巨大的,并且有些城市会基于上述情况将大笔资金投到极具吸引力的活动。例如,王(wang)和吉特尔森(Gitelson,1988:5)研究过每年在南卡罗来纳州查尔斯顿都会举办的斯波莱斯节(Spoleto Festival),这个节日并没有显现出经济上的合理性,"但是查尔斯顿需要用此节日来保持一个令人满意的城市形象。"卡梅伦(Cameron,1989)也指出节日、节庆活动以及文化旅游的角色地位一般来说是改变城市形象。

1988 年卡尔加里冬季奥运会对当地影响的纵向分析(Ritchie and Smith,1991),展现出一个地区的正面形象是如何迅速增长,达到峰值,并在后来走向衰退的。所以说,对于一次性的活动来说,增强自身形象的程度是有一定周期的。但是在旅游基础设施、旅游市场营销和组织方面的附加效益存在潜在的支撑形象效应。

当消极的公众信息开始抨击特定区域时会发生什么？从某种程度上说，负面新闻、事件是可以被解决的：在最小化消极影响的同时予以反击。艾哈迈德（Ahmed，1991）称即使大多数活动可能都被限制，牵扯到自然灾害或者会挑起一些不愉快和有争议的记忆，一些负面形象依旧可以通过组织举办相关节日活动和纪念活动转变成正面形象。

海德（Hede）和加戈（Jago，2005）将上述讨论放入理论环境当中，其间所有行为均经过推敲和安排（阿杰恩和菲什拜因，1973；菲什拜因和阿杰恩，1975；菲什拜因，1980；阿杰恩，1985，1991），发现积极的看法是依靠周围事物宣传（或者是亲眼所见，又或者是在某些地方读到过相关信息等）创造出来的，而这种对一个地区积极的看法会引导公众来此地旅游或者产生想要来这里度假的欲望。

这种理论，又或者说是信念，是大幅度提升区域形象的基础。哈德森（Hudsen，2004）等在概念化上述理论流程时，发现活动可能会影响大众的旅游选择，也推断出其中还有很多干预因素会影响旅游行为。尤其是体育活动，公众想要观看节庆活动的想法可能会使其到别处旅游，就是为了参加到体育赛事当中去。事实确实如此，许多体育赛事并没有提供过多的关于主办国家的形象描述或者信息，但是参与人数依旧很多。

一些有限的关于媒介影响的研究指出增强的区域形象很难维持下去，这一点无须证明（Mossberg，2000）。波（Boo）和巴瑟（Busser）的一项研究（2006）得出这样一个结论：节日活动并没有在参与者心中为主办地区留下积极的印象。事实上，似乎人们会因为较萧条的市场和较差的品质对该地区产生消极印象。研究者指出有必要进一步分析出活动和增强区域形象的关系。然而海德（Hede，2005）总结出在电视广播上观看过2004年雅典奥运会的澳大利亚人确实对雅典的印象全面改观了。里奇（Ritchie，2006）等推断出节庆活动的媒体广播宣传帮助堪培拉改变形象，并且建议活动可以成为各国首都的推广策略。

【研究札记】

活动和区域形象

这些研究者建造了一个模型，用于展示举办国际大型体育活动，与国家形象、产品形象及购买意向之间的相互关系。

根据2006年意大利都灵冬奥会实证研究设计出一个模拟实验。实验所需的两个样本人群均出自挪威未获得学士学位的大学生。收集到的数据来自奥运会开幕之前及闭幕之后。实验结果表明：一个国家的形象可能会因为举办大型体育活动而改变，但是却无法保证一定会为东道主国家提高形象，也有可能会恶化形象。而这项研究也强调出正确策划举办国际性体育赛事的重要性。

史密斯·A（Smith A，2008）利用重要赛事促进周边城市地区形象发展，例如2007年英国德特福德承办环法自行车赛首站比赛。在阿里奈特·J（Ali-Knight J）、罗伯逊·M（Robertson M）、法伊奥·A（Fyall A）联合编写的《从国际视角看节日活动和展会活动：分析范例》中提到：这次环法自行车大赛意在促使英国的品牌价值更具持续性、世界性（赛事体现出的国际关联）和连通性（国际媒体）。但是史密斯认为媒体总是痴迷于某些主要知名景点(伦敦市中心)并企图避开发展不太好的周边城市,但也有一些其他混杂的事件分散了媒体的注意力。史密斯总结出一个道理:利用媒体干预来使外界对地区产生良好印象的做法是很难保证预期结果的。

Gripsrud, G., Nes, E., and Olsson, U. Effects of hosting a mega-sport event on country image[J]. Event Management, 2010, 14(3): 193-204.

(五)活动作为地区发展促进因素

大型活动,像是世界博览会或者奥运会,大多数都是由主办地区政府扶持的,因为它是补充地区开发体系的重要催化剂。美国诺克斯维尔世界博览会被当作加强地区形象和物质再开发的城市革新催化剂,而且博览会为田纳西城(Mendell et al.,1983)留下了众多基础设施、会议中心、私人投资、比以前更好的税收政策和许多新的工作机会。邓根(Dungan,1984)给出了一系列大型活动为城市留下的直接或间接的物质遗产。1996年亚特兰大夏季奥运会为佐治亚州创造出20亿美元的基建计划,其中包括体育设施建设、亚特兰大中心城市花园建设、改善住房和教育基础设施建设(Mihalink,1994)。

大型活动意在吸引投资商向酒店业投资,尤其是旅店和饭店。有时候添加这些新增事物的提案提出的很及时,与此同时人们也希望这些新的基础设施能在需求量上保持持续增长。体育赛事通常会让举办地建设或改善基础设施,而这些设施可以在以后的时间里成为吸引其他活动来此地举办的因素之一,改进会议中心或者艺术中心设施也可以起到相同的效果。通过这种方式,一个共同体利用活动可以在旅游发展方面得到一个"质的飞跃",同样也会加速区域发展,提高地区竞争力。

"杠杆型"活动是另一个相关概念。这个概念意为通过加强旅游者(由节庆活动吸引而来)在活动上或在主办地其他方面的花销,并以旅游者与主办地建立新的经济关系为条件,达到利用举办节庆活动的机会拓宽当地经济利益的目的(Faulkner et al.,2000)。活动所遗留下的"遗产"也是促进城市发展的"催化剂",在一定程度上来说这也是活动计划的一部分。里奇(Rithie,2000)从两届冬季奥运会里推导出十条使投资在相当长时间里发挥最大作用的经验。在第10章会详细讨论这个主题。

【研究札记】

"杠杆型"活动

在这篇研究论文当中,作者描述了信息系统是如何协助活动来使观众(通过提供更多他们想要的信息)和本地商业获利的。

在这个活动当中,对行动资讯系统"ilbi"(智能本地信息)进行了测试。ilbi通过无线射频识别技术为旅游者、活动参观者、当地群众提供现场信息。论文里提到的一个案例研究显示,安装以目标地行为咨讯系统为基础的无线射频识别所要经历的选择和挑战。

Peters, M., Piazolo, F., Köster, L., and Promberger, K. The deployment of intelligent local-based information systems: A case study of the European Football Championship 2008［J］. Journal of Convention and Event Tourism, 2010, 11（1）: 18-41.

二、城市竞争力作为举办活动的资本

任何一个城市都可以宣称自己是活动的中心城市,但是这意味着什么? 在这个充满高度竞争的市场里,城市不可避免地想要为自己打上烙印并且利用这种方式来赢得公众的注意和尊重。瑞典哥德堡就经常说自己是欧洲活动的中心城市,而加拿大的埃德蒙顿将自己认定为节日活动的中心城市。新加坡想要成为亚洲的活动和娱乐中心城市（Foley et al., 2008）。

爱丁堡在 2010 年赢得了国际节庆协会颁发的世界节庆活动城市奖并被誉为"最杰出的世界交流窗口"。国际节庆协会对此评价道:"一个好的活动为一个城市带来的转变是非常神奇的。在爱丁堡,这种神奇的力量并不是从 1 个活动中散发出来的,而是 12 个。"

澳大利亚的墨尔本在与 24 个城市的激烈角逐中连续三年被《体育事业杂志》评为"终极运动城市"。该奖项的标准包括:在 2006 年到 2014 年期间城市举办过一定数量的年度性体育赛事、大型活动,或者拥有大型活动托管权;有一定程度的联合举办经验;设施、场馆、交通,住宿;政府支持;安全措施;举办活动历史;全民体育热情度和生活质量。

第四节　接待业研究

这个专业领域的研究主要集中于酒店、度假村和餐饮服务（例如承办酒席的地方,餐馆和酒吧）而且还要考虑旅游业的相关要素。许多专业课程主攻会所管理、工商业宴会、休闲服务、校园餐饮、会议设施、运输业、主题公园,国家公园和娱乐场所运营。渐渐地,会议和活动管理也包括在接待业里面。通常接待业和旅游业项目中都会融合商业元素,在某种情况下也会蕴含体育和休闲元素。

酒店经理、俱乐部经理、会议中心经理和餐厅经理要负责好在自己所在的地方举办的活动,或根据举办地的财力进行"宴会"营销。许多度假村的开放主要根据自己的娱乐设施和环境背景是否适合相应的节庆活动和展会活动。在酒店、餐厅和其他接待场所普遍负责承办的宴会有:

- 婚礼宴会;
- 私人宴会（毕业宴会、犹太教成人礼）;
- 会议承办;
- 娱乐性活动;
- 公司宴会（例如新产品发布会）。

对于接待型企业要负责举办会议或者产品展览推销会就必须要有超越一般餐饮设施的专业设施设备和相应服务。现在的主要趋势就是一个接待型企业利用一些独特不落俗套的场所作为开会地点,例如博物馆、历史性建筑物甚至还有动物园。

大多数接待活动都是根据类别安排的,所以通常需要对员工进行实地培训并且要求员工拥有工作经验。在大学水平这一标准线上,专业接待型企业越来越看重员工在学校是否学习了接待方面的知识,或者有没有相应的学术基础。这其中包括基础企业管理、服务管理与服务营销,专业接待场地管理和活动及宴会管理。这些通常需要配合餐饮业。

表 5.4　接待管理和接待研究

	本质、含义与活动经验	参与活动的先例	计划和执行活动	结果和影响	过程与方式
接待管理 -酒店、度假村、餐厅管理;服务供应;食品;宴会活动 **接待研究** -主办方与参展方(客人)的相互影响和相互依赖 -接待和服务的本质	-活动中的被接待者(参展方或客人) -联合接待可以成为举办活动的特殊经验	-服务质量在未来的需求中有决定性作用 -因为有专业化的服务,公司宴会和私人宴会的需求量保持增长趋势	-服务质量 -氛围 -技术条件(灯光、音响、安全措施、卫生条件)	-商业影响 -客户满意度	-行业活动的竞争环境是动态的 -提高客户对服务质量的期望值

作为一种核心现象,接待业研究通常是处理主办方与观众间的相互影响和相互依赖关系的。作为主办方,主办地通常会肩负一系列的法律及社会责任,并且需要大量的社会服务,例如商业化服务、技术支持和基础人性化服务。

服务质量在接待业研究中占有很大比重,与其相关的理论也应用于活动管理当中。通过以下研究记录说明,客户与客户的相互影响对于形成办会经验和参展观众的参展素养很重要,并且在某种程度上主办方负责人的管理可以加强这种相互影响。

【研究札记】

活动接待

活动需要建设人性化的设施,主办方可以利用这些设施来增强主办地的正面社会影响,实现参展观众间的口碑相传。这个研究的目标性是调查管理在亚洲是怎样促进客户间的相互影响,在西方参展观众对展会所做的评价和行为结果。结果发现,亚洲在利用管理措施来加强社会影响方面要优于西方。在这个研究里也提到了活动项目经理到底是什么还有未来的研究方向在哪里。

Levy, S. The hospitality of the host: A corss-cultural examination of managerially

facilitated consumer-to-consumer interactions［J］. International Journal of Hospitality Management，2010，29(1)：319-327.

第五节　教育及解说

受过专业教育或者经过非正规学习的人都可以在各种活动和大型会议上工作，但是通常对"受过专业教育"这件事的重视程度不够。吉特尔森等(Gitelson et al.，1995)做了一个研究，即通过一个少有的视角来阐述活动的专业教育目标和相关效应。

赞助商和社会营销者都非常关心如何才能更好地将他们的信息传达给受众。我们也需要关注活动本身是如何宣传自己的，比如向参加者解释这次活动的象征意义和文化内涵，通过活动中的学习机会来吸引更多的观众。活动设计者和程序设计者因此必须要依靠专业知识和学术领域，也包括他们的理解力，以及认知心理学与学习方法的应用。

表 5.5　教育及解说

	本质、含义与活动经验	参与活动的先例	计划和执行活动	结果和影响	过程与方式
专业教育 -什么是知识 -教学 -学习风格 **解说** -在各种方面理念和解说的实践（例如，传统文化遗产、博物馆、节庆活动）	-举办节庆活动是为了丰富经验 -通过活动来阐释 -活动意义的解释与理解	-教育水平的影响 -学习、借鉴的欲望是参加活动的原因 -在影响需求方面，可用性的理解	-学习过程中要设计一些研讨性内容（例如，研讨会、演讲、实习交流） -程序设计方面的解说（多种解说方式）	-参与学习（即教育实施的措施） -衡量解说的有效性和作用	-教育等级的提升是受需求和某种事件驱使来完成的 -因为需要一些举办过重要活动的经历，所以解说的重要性增加

一、学习理论

"学习"是一个过程，需要学习者的积极参与——因为知识不会简简单单地通过老师或者其他途径传输给你。"经验"经常被称为最好的老师，而且也确实如此，毕业生们经常喜欢说他们上班第一个星期里所学的东西要比他们上学的时候学到的要多得多（老师对此持保留意见）。另外对于基础知识的学习，学习过程更加注重客观性，比如解题技巧、解题习惯和方式等。老师们总是强调他们的工作就是要确保学生们有学习热情，活到老学到老，始终在探索学习的意义和方法。

布鲁姆分类系统（布鲁姆，1956:201-207）将认知领域教育目标划分为六个等级，其中知识是认知领域教育中最低的一等但却是最基础的：

- 知识是对以前学过的东西，比如：事实真理、专业术语、基础概念和解答方式所产生的记忆。
- 理解力就是通过组织、比较、转化、演绎、分类等方式对事实真理表达自己的见解。
- 应用就是去应用自己所学的新知识来解决问题。
- 分析就是检查信息并按照特定方式将其分成不同部分。人们可以通过推理和查找信息来分析具体事件。
- 综合推理就是用一种新方式编辑整合信息，通过整合各种元素来塑造一个新的解决问题的模式或者一个新路径。
- 评估是对观念理论的陈述和辩论，通过一系列设置的基本标准对所给信息做出判断，例如思想的有效性和工作质量。

人们是怎么学习的？四种主要的学习方式可以普遍适用于以下环境，包括会议等其他教育型活动（这些方式并不相互排斥，有些人通过一种方式或几种方式的结合来使自己在学习方面更上一层楼）。

- 视觉（通过"看"来学习）：电影、图解、表演；
- 语言/听觉（通过"听"来学习）：演讲、讨论会、座谈小组、录音；
- 读和写（通过"处理文本信息"来学习）：打印阅读材料，需要参会者记录信息，做笔记等；
- 知觉或者体验：这其中包括人们在发挥创造力和讨论问题的时候、去旅游的时候、和同伴一起参加活动的时候、进行实验的时候以及将自己所看到的与所思所虑相结合的时候。

世界专业会议协会（Meeting Professional International，MPI，2003：62）在它们的"系统规划指南"中建议，员工们必须要知道如何正确并精准地学习。协会讨论了一系列与活动相关的实践结果是如何影响学习的，这其中包括情感触发、社交因素、会议设置及方案。会议策划者通过学习来增长自己的经验，例如案例分析、公共专业演讲会、专业讨论会、招贴会、展销会、参与式研讨会和"体验式学习"（即在实践中学习）。

希利亚德（Hilliard，2006：46）指出，"教育就像是最能表示一系列因果关系的函数"。但是，又很少有研究去钻研这种方式应该怎样运用到会议活动当中。希利亚德（Hilliard）因此论述了会议项目策划人可以怎样通过学习，训练组织成员，从而更好地达到他们所期望的目标。而这种方式普遍会面临这些问题：过于重视内容而不重视宣讲或者发表方式；只是单向信息流的传递而不是创造一个互动交流的学习环境。

【研究札记】

活动学习

文章提到社会维度是博物馆研究中很重要的一个方面。许多参观者表示他们会在参观博物馆时和同来的人讨论或分享信息。但是，另外一些调查表明，有些参观者更喜欢一个人逛博物馆或者自己单独学习。帕和巴的研究就是旨在探索单独和共享式学习在本质上有哪些定性、定量的区别和结果。他们在博物馆的展览区里进行了一个实验，40个单独的成年人和40对结伴的成年人分别参观了展览区。实验期间，研究者对被实验人群进行观察和询问，并且部分被实验人群会在4周后接到电话，电话内容主要是询问关于所参观的博物馆展览区展品的问题。实验的结果几乎推翻了曾经推断出的"分享信息比个人自主获得信息更有益于学习"的结论，并发现对于精学者来说，单独式和共享式都有益于学习，只是两者的优势侧重点不同而已。

Packer, J., and Ballantyne, R. Solitary vs. shared learning: Exploring the social dimension of museum learning[J]. Curator: The Museum Journal, 2005, 48(2): 177-192.

二、解说

这可以表示为用语言解说（翻译），或者是用信号、标志（即符号学）等解说，但是，我们现在对各种教育交流形式更加感兴趣，因为我们想要揭示这些形式的本质和关联。解说者为公园、文化遗产、动物园、博物馆、美术馆、水族馆、主题公园和旅游公司工作，是要确定游客们真正理解了他们所展示的内容，或者观察游客的行为等。美国国家解说协会是一个国际化社团，其成员遍布世界各地而且协会的口号就是：解说是一种交流过程，目的是在观众的兴趣和资源的内在含义之间建立一种情感与理智的联系。

关于公园和文化遗产的解说，人们认为弗里曼·蒂尔登（1957）对此有很大影响。他对于遗产解说的六项原则广泛应用于：

1. 解说需要和游客个性或者经验发生关联，否则解说是无效的。

2. 解说不是信息的汇总，而是建立信息基础上的启示。解说和信息两者相差甚多，但是解说里包含信息。

3. 解说是结合多种人文科学的艺术。解说的能力可以通过训练来提升。

4. 解说的主要目的不是灌输，而是启发。

5. 解说必须全面，照顾到整体，而不要纠结于琐碎片面的枝节。

6. 对于12岁以下的儿童做解说，其方法不应是成人解说的简化版，而是要用根本上完全不同的方法为其讲解，最好是组织不同的活动项目。

布拉姆韦尔和莱恩（1993）认为解说是支撑旅游业的奠基石，但是他们也在其中找出了一些问题和缺陷。其中一个观点就是认为解说可以改变文化资产的内涵，例如强调其经济作用。决定对游客解说什么是一个很重要的问题，虽然也许只有几个主题和故事可说，但这很可能会是一个政治性的问题。难道只有不寻常的、壮观的事物需要解说吗？所以，这里又有一个理解"解说"的缺陷,就是"总是过于关注解说花哨的景点,而忘记或者说忽略了大众旅游最根本的需求。"

(一)专题解说

基于认知心理学的研究,"专题解说"有一个关键前提,即让人们记住主题远比让他们记住事实更简单。如果活动策划者能利用并开发这个普遍的理念体系,他们就能够更简单地与观众交流而且观众也很需要这样有意义的而非单纯娱乐活动的经历。专题解说意在建立可以拥有持久影响的访客体验,进一步转化为更高水平的顾客满意度、良好的口碑、更好的业绩和回头客。所以人们也把专题解说称为战略性交流方式。

爱达荷大学的山姆·汉姆教授(Sam Ham)是与发展、应用(在公园、文化遗产和旅游业)专题解说关联最大的人。汉姆博士、安娜·豪斯戈(Anna Housego)和贝蒂·维勒(Betty Weiler)一起撰写了《塔斯马尼亚岛专题解说规划手册》(2005)。这本书作为澳大利亚国家创新型体验战略的一部分,我们可以利用他们所提到的计划步骤来改善现有的节庆活动,现在我们来看看他们对主题的定义和解释:

主题应该是一个"用来带回家"的信息,它解说的是故事寓意也是游客在参加节庆活动时总结出的主要结论,这些都是游客可以向别人叙述的。

主题是一个完整的观念,是你和小组中的其他人想要把一些信息的精华、本质传递给游客的一种方式;对游客来说,你与他们交流时的措辞方式并不重要……当一个故事的寓意对游客产生很重要的影响时,那么这个影响就会使游客在很多方面都有所感悟,这才是真正地使"主题"升华了。

如果一个活动的主题仅仅是娱乐的话(在许多活动中这很寻常),就没什么可解说的了。但是对于文化庆典、宗教典礼、艺术节和其他经过策划的活动来说,我们希望观众可以在情感和理性上受到双重影响;我们也希望观众可以有一个记忆深刻的,甚至是颠覆思想的经历。活动的观众和消费者也许不会记得这个活动所提供的全部信息,但是他们会因为主题而引发一些对于这个活动的思考和代入感,因而他们可以对此次活动产生自己的想法。把有形和无形元素(像一些标志和情感投入)加入到解说中更能增强活动的主题化。

理论上,主题和各型各异的解说媒介(或者是工具)的目标人群不尽相同,主要是根据受众不同的喜好及参与程度,还有活动策划人对他们的影响程度,因此目标人群的测定就需要一个更加公平的研究和评估过程。在规划和研究中,更高一层的效益可以通过更大的投资来实现。结果评估一定要有衡量观众行为的标准(包括观众身处活动当中和活动之后),还要有关于情感和认知性结果的问题和这个活动口耳相传的说法对其他人的影响。

(二)解说工具

对于活动解说而言,解说工具可以包括以下几种。它们也被当作不同的"媒介",根据观众类型和特定情况,每种工具都有其相对应的使用方式,导游会向你解释旅途中的一些设置、表演、食物和饮品，因为这些都具有它们本身的文化意义。

- 标牌：并不只是指明方向，还有解释性。
- 印刷信息：方案和纪念品。
- 网站：为潜在顾客所准备的通知性工具；在活动前后扩大活动的影响。
- 以学校为导向的课程，与学术课程相结合。
- 视听演示（幻灯片、视频、音频）。
- 交互式演示：参加展览会、计算机模拟设备、可以用于交流的机器人。
- 实况解说：其中包括表演和故事叙述。
- 观众可以直接参与的或者是体验式学习（从"玩"中学）。

【研究札记】

活动解说

利用这个可以描述为"街头艺术"的纪念节，阿雷拉诺说明了活动的策划者是怎样让人们参与活动，而不是普通人所理解的"策划者只是袖手旁观"。"参加者不仅仅只是被动的观众，他们需要在这种活动中面对多重戏剧化的艺术处理。经过一些适当的重新构思，就像让演员以第一人称演历史剧一样，运用这样的场景来传递一种我们想让别人看到的画面。"解说活动也是相互的，需要通过展示者向观众解释他们在做什么，解释他们存在的意义、角色和地位，以此来展开一个双向交流。"除了穿上那个时期的衣服还有和演职人员有相互影响之外，观众已经融入历史剧当中。即兴演出和管理都会激发主动性的学习，即从实践中学习。"

Arellano, A., A history of Quebec—branded: The staging of the New France Festival[J]. Event Management, 2011, 15(1): 1-12.

第六节 传播学、传媒和展出研究

传播学可以被定义为人与人之间通过运用一个共有系统中的符号标志来交换和获得信息的途径的学科。贾沃斯基（Jaworski）和普理查德（Prichard, 2005:2）认为沟通是"涉及文化背景时所提供的并能让人理解的一种实践、流程和媒介"。

这个领域覆盖了很多种不同的主题，同样也存在着许多争议点，尤其是在演讲、语言修辞、跨文化交际、信息论、公共关系、宣传和大众传播技术中的体现尤为突出，它通常包括广播、传媒和展出研究。活动被当作一种传播工具或者是一种人工制品，这些观点均来自活动营销（即在活动中赞助商的信息）的内容，并且这些观点都是把活动当成一种传播文化的方式。

表 5.6　传播学、传媒和展出研究

	本质、含义与活动经验	参与活动的先例	计划和执行活动	结果和影响	过程与方式
传播学研究 -信息理论;标志和符号 -传播学中的理论及争论 **传媒研究** -研究大众传媒的本质和对个体及社会的影响 -传媒的内容和代表性 -观众 -新媒体 **展出研究** -研究报告和展出的用途包括经过策划的活动	-活动被当作一种标志和传播工具 -活动的同质化,通过大众传媒的影响 -虚拟 -体验 -活动作为亚文化和反主流 -打造专属于自己的活动经历	-活动的符号性象征可以鼓励"消费" -广告的效果对决策的影响 -另类体验的欲望	-沟通有效性 -商标化 -解说 -寓教于乐 -为大众媒介和细分市场设计的大型活动 -实施者和观众的融合	-评价市场有效性造成的态度或行为的变化 -全球化的观众群 -对原有传播方式的取代 -个人和群体身份	-技术发展和传媒趋势(电视报道、虚拟现实、互联网) -大众传媒的趋势影响活动部门 -对活动的价值观和态度

　　简单来说,信息理论与在"发送者"(例如节庆活动或某些元素)和"接收者"(一个人或者更广泛的观众群)之间的传播过程有关。马斯特曼(Masterman)和伍德(Wood,2006:4)描述了活动的组织者是如何将"信息"通过特定的"媒介"表达出来的,并且使这些信息通过精选出来的特定图像、语言文字或者标志"译成编码",而目标群众可能因环境"干扰"(即所有竞争性刺激及信息)无法获得信息,或者因为意义不明确以及社会或文化偏见从而"解码"(即翻译错误)错误。如果这个过程没有受到监视和评估,那么"发送者"的功效就被浪费了。

　　这里有很多关于传播和信息的争论,例如:信息明确吗? 准确吗? 让人信服吗? 接收者能得到发送者想要传达出来的信息,并且按照发送者的意愿行事吗? 会因为文化的差异而导致传播过程出问题吗? 会有某些信息渠道或者媒体更有效率吗? 很显然这些问题都需要涉及活动管理。

　　传播学也可以变得富有仪式性,把活动举办得更具特殊意义,比如朝圣和成人礼。信息必须通过正确的方式传播,并且要了解其真正的含义。活动只有在这种环境下才能既可作为娱乐,又可以让参与者了解活动更深层次的文化意义。

一、媒介研究

　　媒介研究涵盖了大众传媒对个人和社会的影响,它也分析媒体的内容和陈述。媒介研究的先锋学者,马歇尔·麦克卢汉(Marshall McLuhan)在《通晓媒介》一书中写道,"媒体就是信息",这也许是最著名的误解之一了。来自多伦多大学文化与科技麦克卢汉项目的马克·费德曼(Mark Federman)在该项目的网站上解释称:

　　　　麦克卢汉告诉我们,"信息"就是"一项新发明或创新引入人类生活后,给人类

生活在规模、速度、模式上带来的变化"，并称它不是内容或用法上的革新，而是由这种创新所带来的个体间动态的变化。麦克卢汉一直认为媒介媒体从某种意义上来说就是生长介质，就像在种子周围肥沃的土壤，或者是培养皿里的琼脂。换句话说，媒介就是我们身体或感觉或思想的延伸，是在不断变化中产生任何事物，并且因为这种变化是从我们所想象或创造的事物中出现的，所以我们所有的发明、创新、思想和设想都统称为麦克卢汉式媒介。因此我们了解了"媒体就是信息"的含义，我们可以通过虚拟的变化（通常指容易被忽略的和不易发现的变化）来了解任何我们想象或创造的媒介的性质和特征，从而改变它们（影响信息）的效果。

我个人对麦克卢汉的格言的解读就是活动不仅是一种传播工具，而且是一种媒体变革。我们只有通过仔细观察这些变化、想法和其他内容，才能了解活动。

广告效果及技术研究成为媒介研究的奠基石。"传媒批判理论"关注的是媒体的所有权是如何影响社会行为，及其在活动领域里的应用。它主要用于了解赞助商的赞助和媒体报道，如何将一个当地的生产链转化为全球性事件，或者一个大型活动怎么转变成一个广告平台和传播文化的工具。

汤姆·麦克菲尔（Tom McPhail，2006）提出的"电子殖民主义"受到国际认可。他认为，随着时间的推移，大众媒体会影响越来越多的人并使英语得到更加广泛的运用，从而形成全球范围内更大的相似性。

二、活动研究

活动，包括经过策划的活动，是通过多个视角来研究其对社会所做出的贡献的。维基百科是这样给它下的定义：

> 表演既是学术研究的对象也是实实在在地被经历和被实践的活动。活动所拥有的并不只是表面上的价值，一个体育赛事，一场庆典，一场抗议都会用他们自己的方法展示自身的价值。活动有具体实施者、消费者、观众以及相关的环境设定。在这些活动中，主体的自我展示最为充分：性别、社会角色、年龄、性格都涉猎其中。

约翰·戴顿（John Deighton，1992）认为，消费者和活动在以下情况中会有相互影响：人们参加活动（被动的旁观者）；人们参与到活动当中（主动性角色）；消费者消费产品（他们购买具有代表性的物品，使用的时候也许有人会看到，因此会加深产品在人们心中的印象，这样的例子就可以叫作展出戈夫曼1959年出版的《日常生活中的自我呈现》）；给消费者"展出"产品，这是一个带有比喻含义的术语，营销者会利用戏剧类比手法，或者实物展示来促进销售（例如汽车广告总是对车的速度和外形等加以特写，以表达出这种汽车可以在你的生活方式中产生非常积极的作用，通过这种渲染手法来增加汽车销量）。

戴顿也简单地评估了人们怎样使自己的经验更富有意义。拍照片通常能为旅行或者参加活动记录值得纪念的画面，而不是坏的一面。当一段时间过后再拿出照片来看，尤其是和别人分享的时候，这些照片就变成了一段美好记忆、经历的载体。人类记忆的唯一缺点就是我们可能会通过照片或者故事回忆起自己的往事，但却不记得自己当时真实的体验是什么样的。讲故事、记叙事件——是人们给自身经验赋予以意义的另一种方式。基于此,人们创造出了很多种研究方法,其中包括要求人们构思一些故事或者去分析别人在博客上写的材料。这种记叙事件的方式是一种"社会建设",并且社会文化、习俗甚至这个事件的其他参与者都能对这种"记叙"产生很大影响。它们是独一无二的,即使有许多种表达方式但总归都是同一种现实经历。

当需要评价活动质量的时候,戴顿认为活动必须要从其他角度考虑产品和服务。参加活动的人会把对活动的满意归结于自己的参与度和参与心情,或者受其他观众的影响,而不是活动策划者和展示者。当然,让观众感到惊喜也需要考虑人们对活动的期望,可以通过好的营销策略和优质的活动规划来满足人们的期望,但是要满足人们的猎奇心理,就需要很多其他的新元素来填补。观众会对这种"惊喜"感到欣喜还是不满,这也是个问题。

活动期间,参加者会被要求对活动的满意程度和活动质量进行评价,以便确定活动的利益是不是惠及每个人。即使活动正式结束,参展观众还是可能需要用很多时间来消化,最后才能了解所参加的活动是如何影响他们自身,以及对于他们生活的意义。一个好的活动设计者要能够在活动中找到机会来"教育"观众,所以可能导致观众对活动的评估在开头、中段以及结尾是不一样的结果。举个例子来说,比如观众们对于解说活动、艺术或者竞赛的特定模式并不了解,他们在对活动的质量和满意度方面做出自己的评判之前,需要花一些时间来了解,工作人员也需要对这些种特定活动的观众进行讲解。

戴顿认为展出失误与展出背后的意图有关,期望是其中的重要一项。如果观众在某些方面感觉受到"欺骗",比如活动内容和电视广告里提及的完全不同,那么他们就觉得活动质量对他们来说并不重要了(例如对口型假唱而不是现场演唱;伪造事实结果而不是任凭发展)。从技术层面来讲,观众会认为这样的活动负责人是无能的。此外,缺乏新颖、独创性是导致活动失败的另一方面原因;如果活动中的所有东西都可以被预测出来,那就没有出彩的地方了。最后,如果观众没有被带入活动当中,活动策划缺乏参与性的话,策划者则被认为是展会失败的罪魁祸首。

戴顿总结:"活动框架"应该为特定的活动而设计,而不是设计"技术框架",这样观众们才不会像发现运动员在参加全明星赛或者表演赛过程中没有尽全力打比赛那样失望而归。在"节日活动框架"中,组织者策划的结果应该是整个活动一定要和观众有互动,并且要让参与活动的人员有一定的自发性。这一环节中的风险是真实存在的,许多营销学和传播学中蕴含的知识都是从这个结论中得出的。例如,在服务质量评价模型当中,消费者的期望值会直接影响他们评估活动的质量和满意度的行为。

（一）活动艺术（行为艺术）

活动艺术的组成成分就是一个组织或者个体在特定时间节点、地域产生的一系列暂时性行为,而这个解释也可以用来定义"活动"。街头表演也可以被当作行为艺术,但是当观众全部都忽然跑开,你就应该想到"快闪族"来了,这是一种以观众参与的突发性的且以短时表演为首要目的的行为艺术。

（二）装置艺术

有时候装置艺术家会接受政府或者某些公司交给他的请求，对方大多数是为了给特定的地方增加生气，吸引媒体的眼球或者为实现旅游以及地区营销目标。装置艺术家会运用多种类型的媒体媒介，并且这种装置性艺术往往是暂时的。这种艺术主要是为了用实际有形的经验和理念来改善现有环境。大多数装置艺术是室内艺术，经常在美术馆里展示。当这种装置艺术被放到室外，他们绝对能够吸引许多注意力，就像是一种没有具体方案的经过策划的活动。

第七节　艺术和文化管理

从表面上看，艺术和文化管理是一种应用管理，这其中包括商业实践和理论，用来运作艺术和文化组织以及这些组织的内部工作。现在这些变得越来越复杂，我们总会听到许多工作在艺术和文化部门的人认为他们所做的工作并没有与商业有关，或者觉得是普通的管理功能，如营销并不适用于他们的工作。为什么？因为他们所做的工作需要"创作者诚信"并且不应该被商业理念所稀释或同化——发展受众和可访问性远远要比商业利润更重要，当然，这也比被旅游文化所曲解的"真实性"更重要。

到目前为止，艺术管理的本科学位课程只有一种方式会将自己的专业与节庆活动挂钩，即艺术性节庆活动或者是在艺术文化场馆（剧场、音乐厅、博物馆、美术馆）举办的活动。这也是一种到基层宣传培养艺术与文化欣赏能力的途径。在这些项目里，商业管理被应用于政府和非营利性组织实施或者授权的活动。基层建设也被艺术与文化管理所覆盖，这其中包括推广方案、募捐、志愿服务和伙伴关系建立，而这些对于一个活动项目经理来说是非常有用处的。可能更为重要的是，对于学生来说，他们会通过学习艺术与文化管理了解这种管理在基层建设中扮演着何等重要的角色。

表 5.7　艺术与文化管理

艺术与文化管理	本质、含义与活动经验	参与活动的先例	计划和执行活动	结果和影响	过程与方式
-艺术和文化组织管理 -艺术与文化建设 -文化对社会的影响	-艺术性和文化性活动 -培养艺术与文化的欣赏和阐释	-参与群体影响活动的需求量	-艺术和文化管理也涉及场馆管理和策划活动 -活动中的志愿服务	-艺术与文化的合作关系 -通过场地与绩效评估满意度	-改变文化规范 -精英学者是如何看待"什么最重要"这个问题的 -场地,活动和组织的分配

第八节 文化研究

日常生活的意义和习惯是文化研究的主体,而文化研究是从人类学、社会学、艺术和传播学的各种理念当中应运而生的一项研究。文化习俗会使人们在某种特定的文化环境中做一些特定的事情,例如看电视、外出吃饭等。研究者仔细研究了艺术或者流行活动,例如看电视等,是如何与职位、思想意识、种族、社会地位或者性别产生联系的。有一批狂热的马克思主义拥护者倾向于文化研究,或者研究者以一种更为中立的角度来了解大众文化,以及消费者是如何给各种文化表现形式添加附加意义的。因此现代阐释学被用于研究文化生产或者艺术品的各种"文本"。

表5.8 文化研究

文化研究	本质、含义与活动经验	参与活动的先例	计划和执行活动	结果和影响	过程与方式
-关于流行文化和日常生活的批判性研究	-艺术和娱乐性活动的魅力 -文化展出的重要性和本质 -有深度且流行的文化 -文化政策	-文化首都 -参加活动的外部因素	-将活动部门和政治权利、统治地位相联系	-成本和收益的分布	-文化是动态的 -跨文化的对比和相互影响

第九节 体育管理和体育研究

一、体育管理

体育管理主要应用于体育组织,而这些组织对体育营销、人力资源、经济、组织结构学、组织行为学、道德规范(伦理学)、信息技术、政策发展还有传播学的内容都有涉及,比如专业的俱乐部和公立体育机构。北美体育管理协会主办的杂志《体育管理》中有文章写到,体育赛事活动和因体育赛事而带动的相关旅游业会对活动业产生有益影响。

体育最根本的性质与"竞争"一词有直接的关系,其特点均有定期的和一次性的特征,所以在活动中的协调、实施和营销才是这项工作的最核心的问题。这些通常用于体育类的机构包括国际体育联合会、专业体育俱乐部和团体、公立体育机构和健身俱乐部管理、普通娱乐活动(在公园,娱乐部门或者协会的活动)、体育委员会以及体育营销公司。

格拉汉姆(Graham)等(1995)在他们所写的《体育赛事及营销终极指南》中很细致地描

写了这部分内容，其中包括职业的类型和某些特定的体育赛事活动案例。在鲁宾逊（Robinson）等（2001）所撰写的《定义体育产业的专业性》一书中提到了许多对体育事业有贡献的人，这些人叙述了自己的职业生涯和路径，而其中大部分都会涉及体育赛事。

表 5.9　体育管理和体育研究

	本质、含义与活动经验	参与活动的先例	计划和执行活动	结果和影响	过程与方式
体育管理 -体育组织，场馆、活动管理 **体育研究** -运动心理学，社会学，历史学和地理学	-体育是商业产物也是公共产品 -为健康而运动 -体育运动作为一种社会现象 -体育运动作为娱乐项目	-参加或观看体育赛事的动机 -体育旅游需求	-体育场馆经理人管理和主持体育赛事 -各组织之间的竞争 -体育赛事作为体育旅游业的一部分 -社会结构、模式还有组织致力于体育运动	-体育旅游业的冲击 -体育赛事活动涉及个人幸福感和社会利益	-体育的发展趋势及潮流（即新型运动的传播） -体育发展政策 -体育史 -体育地理学（体育赛事和体育运动的模式）

二、体育研究

"运动心理学"主要的研究对象是运动员，但是体育迷也可以是研究对象。为什么"赛场斗殴"这样的情况时常困扰着足球这项运动？为什么球迷们经常会庆祝过度？在男性球迷、女性球迷和伪球迷三者之间，对观看比赛有何不同的出发点？"运动社会学"更多的是要涉及在活动研究中从事体育产业的团队或者组织，包括这些组织是怎样对活动进行策划、实施和谋得利益的。这其中包括许多特定的研究方向，例如运动亚文化、体育政策和国家认同感、体育和媒体、体育暴力，还有性别、地位、人种、民族是怎样影响体育的。而"运动人类学家"主要对体育运动的文化重要性，以及文化差异对体育运动的影响这两方面很感兴趣。

【研究札记】

马术赛事旅游

研究者采用韦恩式球迷（体育迷）动机衡量表（1995）来测试体育迷们谁去观看现场马术比赛。这个衡量表包括 8 个常规动机，从本质上来说分为内在和外在动机：躲避现实；良性压力（被活动中的某些积极情感所激发出来的压力，并且在特定情况下这样的压力被认为是一种激励作用）；关于体育运动的审美和赏析；自尊心；团队从属；家庭；娱乐和比赛。结果显示，就动机而言，不存在性别差异。马术赛事通常被认为是一项高级社交活动,参与的人大多不被"定义"为运动员。在这项活动中排名前三的动机分别是"娱乐""团队从属"和"家庭"。即使那些被定义为体育运动的项目也会把"娱乐"放在首位,但是通常都会伴随着"审美"和"良性压力"。

Daniels, M., and Norman, W. Motivations of equestrian tourists: An analysis of the Colonial Cup races[J]. Journal of Sport Tourism, 2005, 10(3): 201-210.

运动经济学包括体育组织、团队、赛事经济。尽管大众体育和体育业余爱好者都经常公开声称支持并鼓励全民追求健康生活、全民健身、国家资助专业运动场馆和运动团队,但是这些都存在一定的争议。同样的,因为一些体育赛事而修建场馆和设施的这种问题,也几乎总是要对花费和利益这两项进行激烈讨论。

体育史包含体育赛事和运动场馆的历史,而这些赛事和场馆通常都和奥运会相联系。"运动地理学家们研究了体育赛事的空间分布和运动员的地域分布,结论表明一项新兴运动和体育赛事的传播是空间和时间维度的结合"。

体育旅游的出现就好像是旅游业的一个分支,尤其是它也逐渐变成旅游目的地竞争力的一个主要因素。在接下来的研究中会有关于体育旅游的大量实例。

【研究札记】

体育旅游业

这个研究利用心理连续体模型(PCM)中的吸引过程来揭示和检验5个关于参加澳大利亚长跑节的国际性参与者的假设。利用结构方程模型揭示了人们参与这项活动的原因,即之前参与过的其他长跑活动,对参加这样有组织的长跑活动的欲望,对主办地产生乐观的看法和良好的感觉,社交影响、活动声望、身体的缓解放松、文化经历、文化学习和知识发掘。

Funk, D., Toohey, K., and Bruun, T. International sport event participation: Prior sport involvement; destination image; and travel motives[J]. European Sport Management Quarterly, 2007, 7(3): 227-248.

第十节　场馆、俱乐部和集会管理

活动通常是在单一或者联合的室内体育场、会议中心、露天体育场或者剧场里举行,而这些都可以由国际装配经理协会管理。当控制和管理一个场馆和活动时,首先要想到的是:有的时候客户们会花钱来使用这些设备,又有的时候他们会通过竞标来争取场馆的某项工程。同样地,酒店、俱乐部、餐厅等一些其他拥有相应功能的设施也包含在这种商业活动中。

　　俱乐部通常都具有隐私性，大多是由俱乐部会员来管理俱乐部，或者需要付费才能在俱乐部里享受会员资格，并且这些俱乐部与运动（即高尔夫俱乐部、帆船俱乐部等）、健康这些方面息息相关。非营利组织包括种族民族集会，通常也会经营具有某种设施的俱乐部。

　　有一本杂志叫作《俱乐部管理》，它的目标人群主要是专业的并且在美国国家俱乐部经理协会注册过的俱乐部经理。在俱乐部里举办娱乐型和酒会型活动的现象很普遍。通常这样一场活动的"总导演"需要去负责预定一些文娱活动，安排宴会，雇用专业的装饰装修工。

　　对于这种管理已有许多相关研究，包括普瑞达和瓦特（2003）关于体育场馆限制人流的调查研究；耶尔曼（Yeoman）等（2004）在与会者管理方面的研究（包括与会者需求、人数流动、场馆容量、排队时间和服务质量）。而目前最新的一本研究文献就是《场馆和活动管理杂志》。

表 5.10　场馆、俱乐部和集会管理

场馆、俱乐部和集会管理	本质、含义与活动经验	参与活动的先例	计划和执行活动	结果和影响	过程与方式
-设计并管理活动	-俱乐部会员的期望和参与度 -经历经验是通过场馆和场馆管理所产生、塑造的	-有些场馆吸引人的地方就是它们自身所拥有的特点 -大型活动通常都需要大的场地	-活动是在场馆里实施的，并且也是活动主办地 -政策和规章制度会对俱乐部和场馆有所影响	-不公开还是公开，要通过活动类型和场馆决定 -小型非公开性活动还是大型公开性活动	-场馆技术应用和设计 -几种受欢迎的俱乐部类型 -地域模式（供求因素）

第十一节　剧场研究

　　剧场研究一般来说包含了大量丰富的艺术领域研究，主要有表演学、文学作品创作、剧场内部技术和剧场历史。

　　戏剧创作也是活动研究领域的一部分。虽然它们通常是被编剧公司当作一种最常规、应季、符合招标要求的商业行为创作出来的，但也是为了某些节庆活动创造的。并且戏剧或者其他的创作形式，在观众的眼中都可以被认为是一种特殊的节庆活动。更重要的是，所谓剧场和表演的概念，正在活动的基础上逐渐被传统和文化特色所渗透。并且剧场、剧院这种地方与所有类型的活动都有一定的联系，从体育赛事（尤其是专业摔跤比赛）到大型会议，从节庆活动到商品展销（充满娱乐性和表演性）。

表 5.11　剧场研究

剧场研究	本质、含义与活动经验	参与活动的先例	计划和执行活动	结果和影响	过程与方式
-戏剧创作的专业训练 -戏剧 -表演 -戏剧历史和类型	-应用于活动的专业剧场 -活动作为娱乐性和社会性活动 -文化内涵	-文化习俗、传统会为戏剧带来需求 -机会和供应影响需求 -独特的戏剧创作会刺激旅游行为	-创造性 -演出脚本 -布景设计（舞台）	-个人与社会利益 -剧场的商业用途	-艺术和文化政策 -改变社会价值

一、编剧活动

把戏剧效果带到节庆活动中来没有错，但并不是百分之百都可以行得通的。首先，戏剧效果是出品公司为某些特定的活动所创造的，其次，虽然许多活动的生成都是有戏剧背景的但是只有几种特定的活动能将戏剧内涵完全的表现出来。

潘恩和格利摩尔（1999）以理查德·谢克纳（Richard Schechner）所撰写的《表演理论》为理论框架进行深入研究，他们称剧本的内容可以被塑造成各种形式的故事，并且可以描绘出一场演出的主旨，还可以通过多种媒介传递出主旨大意。对于一个会议来讲，剧本又称为会议日程，可以总结出会议总流程，还可以通过这种方式让出席会议的人员了解整个会议的进行方向；对于一个大型宴会来说，剧本又称为宴会背景。"脚本"是演出的计划书，并且也包括一些明确指令和演出大体方向。一个脚本里也可以有一些即兴发挥和惊喜的成分在里面。

戏剧效果展示在某种程度上就是节庆活动本身，"演员"需要严格执行他们的脚本内容。工作人员，甚至是活动志愿者，也算是"演员"，因为他们在形成活动经验中占很重要的比重。因此，每一个参与活动的工作人员都必须有一个"脚本"。潘恩和格利摩尔在研究中强调，在任何工作环境中都应该按照"剧场"的工作方式让员工进行活动。当然戏剧效果也和观众有相互影响，如果这种效果可以通过一种积极的方式在情感、心理方面渗入观众的内心，那么这种参会经历会是独特且记忆深刻的。最后谢克纳将"演出"定义为依赖观众的一种行为方式。表演能够被人感知，并且可以很简单地将观众带入其中。相互影响是肯定存在的，但是"观众"不见得一定要知道自己是演出的一部分或是受到了脚本的影响。

二、表演类型

谢克纳（Schechner）区分了四种类型的表演（见表 5.12），每一种都包含脚本规定的不同程度的变化或不变的表演形式。第一种是即兴表演，这种方式在脚本方面非常灵活而且演出完成的效果是不可预测的。即兴剧场通常用于喜剧表演，而这种表演形式也会经常用来描述像"快闪族"那样的活动。即兴表演不仅需要很多准备还需要演员的各种技巧,这样才能达到与戏剧表演相同的效果或者应用到特殊的活动中去。观众们应该快速意识到他们是这种活动的一部分,并且他们要和演员一同经历一场演出,所以不可避免地,观众会被带入到由脚本所规定的"惊喜场景"中。但是即兴活动需要一个前提或者想法,一个开头或者概念。而这种表演形式有很强的观众参与性和代入感。

与即兴表演不同的舞台表演,就是表演的时候有正戏和音乐伴奏等。在舞台上的表演通常都是准备完全的(记台词,多次排练)并且演员和观众是完全分隔开的。在这种类型的活动中,很少有人会参与两次,除非整个表演的结构细节处理得非常好,非常细致,让人有种想要深入了解的感觉;或者就是整个表演令人非常享受,以至于还想再看第二遍。只有这两种情况出现,人们才会去第二次。

匹配表演是经过编辑和编选的,就像是电影或者是电视剧。编剧们把许多相关的东西放到一起形成一个整体,而观众们会被要求转移到几个场所,就像是某些犯罪剧,试图在所有事情上都给观众营造一种真实的场景,给观众增加心理上的刺激感,尽管这样的表演在时间和空间上有些许的不连续性。

街头表演,众所周知,是由街头艺人、游吟诗人或歌手进行的表演,这种表演是非正式的而且高度个人化的,有时也会在节庆活动的时候进行专场表演。表演者做一个表演首先是要吸引大家的目光,然后才能感染观看的人,让观众自愿地给捧场的钱。街头表演者要把普通的场地当成舞台来展示自己并且在某些情况下有可能将表演变成一种独特的、短期的节庆活动。它们的表演脚本相对来说较稳定或不变,毕竟表演者基本都是魔术师、吞火表演者、流浪歌手、小丑等。但是每次的表演都是观众与表演者相互影响、环境背景(街上的杂声)和剧目(他们必须要有根据某些特定的表演而改变成的剧目,并且可以随意改变剧目间的顺序和演出时间)的特殊融合。

表 5.12　谢克纳(Schechner,1988)4 种表演类型

表演类型	特　点
街头表演	不断变化的表演;稳定的剧本
即兴表演	不断变化的剧本;稳定的表演
舞台表演	不变的表演;稳定的剧本
匹配表演	不断变化的剧本;不断变化的表演

第十二节　健康研究

从卫生健康方面来看,大型集会活动也存在很大风险。我们越来越关注节庆活动的卫生、健康及相关领域,经常会把风险管理、安全保障、消费服务和规章的相关元素与其结合在

一起。因为活动旅游是会被灾害疾病、现实状况和恐怖(主义)威胁影响的。

2004 年的雅典奥运会进行了大型的卫生健康检查。检查后组委会认为疾病(食物、水、旅游者所带来的)、体育事故和运动伤害、恐怖主义和刑事犯罪、天气原因和其他不可抗力是活动的主要风险。而且活动的参与者从哪里来,有多少参与者在场馆内外(人数密度),以及参与者的流动和走向也是需要注意的。

一个涉及"卫生健康"的研究模型必须包含以下几个方面:社会心理领域(参与者是什么人,他们的参与动机、行为,是否有酒瘾和毒瘾,情绪,在主办地待多长时间);生物医学领域(群体和个人健康状况,伤病的潜在威胁,参与者的年龄和性别,参与者的活跃程度,由温度和天气影响的生理机能,酒瘾和毒瘾对生理机能的影响);环境领域(出勤率和人数密度,室内和露天场馆,活动的范围、类型和本质,固定或移动,温度和湿度,药物和酒精的获得方式)。

表 5.13　健康研究

健康研究	本质、含义以及活动经验	参与活动的先例	计划和执行活动	结果和影响	过程与方式
伤病研究 -原因、预防、治疗	-活动受到健康卫生因素的影响 -安全又健康的参与体验 -被酒精和药物所影响的参与体验和行为方式	-害怕受伤和生病是影响活动参与的一种约束条件 -有些涉及健康卫生的活动会促使参加人数增加(例如,健康生活博览会) -有些活动涉及酒或者药物文化	-健康卫生安全条例影响活动设计和管理 -旅游和活动的约束限制 -安全的需求	-活动及相关活动对人群健康的影响 -活动在社区里收到了不好的名声	-活动和疾病的传播 -在活动中,随着活动的持续,进行伤病统计

医疗保障专家想要对这些风险进行评估,还想要满足各种服务需求,就要想出可以实施什么样的预防方式并且把风险降到最低。对于一个大型活动来说,需要特别重视暴力事件和疾病爆发的潜在可能性。所以考虑是否在此地举办活动的另一个重要因素就是主办地应对危机或者大型疾病爆发的能力如何。

【研究札记】

活动与健康

通过食物传播的疾病是在活动中需要担心的问题。调查者通过调查印度节庆活动中的食品供应商来研究食品违规问题,他们发现大多数的供应商都被培训过,也了解规章制度。

Lee, J.-E., Almanza, B., and Nelson, D. Food safety at fairs and festivals: Vendor knowledge and violations at regional festivals[J]. Event Management, 2010, 14 (3): 215-223.

第十三节　城市与社区研究

　　城市与社区研究,更贴近于专业的城市规划,主要是处理城市社区根据政策规定的发展规划问题。这是一种跨学科的研究,城市与社区研究是从多种学科的综合研究中得出的,这些学科包括地理学、历史学、经济学、社会学、建筑学、设计学、文化人类学和政治学。节庆活动研究融入了许多城市和社区的研究主题,尤其是当大型活动和活动举办场馆都在市区的时候。许多研究文献都表明了城市和活动研究之间的重要联结关系。

表 5.14　城市和社区研究

城市和社区研究	本质、含义以及活动经验	参与活动的先例	计划和执行活动	结果和影响	过程与方式
-城市的变化与发展 -社区 -地域特性 -计划、发展和设计	-活动是城市文化建设的一部分 -城市环境的关系(例如城市中的古迹) -大量人口对活动的影响 -场馆大多数位于市内	-想要远离城市生活环境的想法 -与许多节庆活动场馆相邻 -市内居民会有越来越多的机会参与到活动中去 -亚文化和社区影响(被认同和融入的欲望)	-城市策划者和设计者为活动建造适合的活动空间;相应地,活动空间也需要活动给其带来人气 -活动管理部门也在城市管理之下 -以城市为基础的旅游业和文化机构	-活动对城市形态、居住地、规划和宜居性的影响	-城市节庆政策(在城市发展和地区营销的背景下) -城市内活动的地理位置 -城市内活动的历史和演变过程

【研究札记】

活动和城市政策

　　通过比较讨论活动研究和1991年谢菲尔德大运会的案例研究,说明规划、政策、城市环境进程和要素对特大型活动的影响。这项研究调查指出社会变迁、城市领导层和非理性规划的相互联系在节庆活动产生过程中的重要影响。

　　Roche, M. Mega-events and urban policy[J]. Annals of Tourism Research, 1994(21): 1-19.

　　这篇文章回顾了现有的城市节日文学研究,还讨论了一个城市的管理层对城市节庆活动社会价值的漠视。领导层把这种活动仅当成经济调度的一种手段或者是修复城市形象问题的快速解决方法。如果他们想要让艺术型的节庆活动在社区中展现出他们所想要表达的东西(赞美文化的多样性和生活质量的提高),那么他们作为城市管理者必须要设想得更为全面才可以。

Quinn, B. Arts festivals and the city [J]. Urban Studies, 2005, 42 (5-6): 927-943.

格尔德和罗宾逊(2011:140)强调艺术和节日在城市政策中的重要性:

艺术和文化项目在 20 世纪 80 年代中期的英国复兴城市中,扮演着越来越重要的角色,但是近年来这种注意力转移到了艺术活动如何能够支持社区重建,而不是基本工程项目。

第十四节　农村研究

农村研究并不一定是城市研究的反面,农村研究中的乡村生活方式、经济和地形地貌方面与活动研究有关。农业性节庆和活动,显然都是以农村为主题,且为农村经济发展做出了贡献。《节庆活动场地:复兴澳大利亚农村》(吉布森和康奈尔,2011)一书中写到了许多节日、其他活动和农村居民之间的联系。

表 5.15　农村研究

农村研究	本质、含义以及活动经验	参与活动的先例	计划和执行活动	结果和影响	过程与方式
-农村发展和变化 -农村的本质和农村社区的本质 -地方认同感 -计划	-活动是农村文化经历的一种 -古籍遗产、殖民主义、移民、殖民、模式、迁移等与农业之间的关系	-社交和娱乐的需求 -在县城与活动场馆间的行程 -习俗和周年性活动(尤其是与农业有关的)	-领导才能的增强 -活动的资源不足(财政、人力) -活动场馆的缺乏 -传统的场地利用方式 -有效利用活动促进旅游业	-最重要的事情就是活动对社区活力和环境的影响	-农村和地区政策的节庆化(在地区发展和地方营销的背景下) -大区域内的活动地域分布 -农村地区的活动历史及演变

第十五节　原住民、少数民族和多元文化研究

这种类型的研究可以归为文化人类学研究和文化研究领域,但是对于经过策划的活动来说,原住民、少数民族和多元文化方面的调查研究还有更重要的含义。不少节庆活动都是由特定的文化机构策划主办的,同时许多国家举办的多元文化(或者是国际性节日)节日庆典也早已被大家所接受。那些研究原住民、少数民族的学者最关注的话题就是原住民和少

数民族的相同点（自我认知和他人认知）、两种族群的文物保护还有他们所要面对的特殊挑战（例如，种族歧视、土地所有权和其他权利）。其实多元文化主义只不过是一种可以把人们有效团结在一起的方法。

【研究札记】

节庆和农村

在研究了 480 个节日组织者手中的 2 856 个澳大利亚节日数据和调查反馈之后，作者们开始考虑小城市的文化活动是如何为经济规划人员提供机会和约束条件的。文化性节庆活动无处不在而且多种多样，并且与当地社区在就业、志愿服务和活动参与度方面的连接性极强。尽管大多数活动都是小规模的，花费适度，围绕社区目标，但是区域性的文化性节庆活动依旧产生了巨大的直接和间接的经济效益。在文化和政治问题之间的争论中（例如，认同感、排斥感和优越感），也探讨了文化性节庆活动和经济发展规划之间的联系。

Gibson, C., Waitt, G., Walmsley, J., and Connell, J. Cultural festivals and economic development in nonmetropolitan Australia[J]. Journal of Planning Education and Research, 2009, 29(3): 280-293.

里德（Reid）确认了一系列因为主办活动而引发的社会影响，尤其是在农村社区里。她很抵触将这样的情况分为积极和消极两方面，并且一直在研究这种情况是怎样被社会影响的。从节庆活动利益共享者的角度来看澳大利亚昆士兰西南部的 3 个农村社区，里德发现了一些在活动影响中经常会被忽略的方面，这其中包括信任和尊重的建立，打破社会壁垒，忘却艰难的处境和与成功相联系。

Reid, S. Identifying social consequences of rural events[J]. Event Management, 2007, 11(1/2): 89-98.

节庆活动和特定的少数民族、文化游行活动之间有许多联系，尤其是在全球移民潮的背景下。种族特点可以通过表演的形式（包括音乐、服装、歌曲和舞蹈）、消费方式（食物、饮料、艺术品和手工艺品）、文学作品、语言和宗教（宗教仪式）传递出来。举办一次活动通常都是要去分享，加强相互间的理解还有促进社会协调发展，而不仅仅是一个族群的联欢。一个研究表明，一系列的活动研究是相互有关联的，例如切丝卡（1981）、索菲尔德（1991）、斯皮罗普洛斯等（2006）、布鲁斯特等（2009）。

"原住民"节庆活动（主要围绕本地人）在文化方面有着特殊的意义：提高结果的可靠性（例如，为了满足游客需求，表演和演出都变得商品化了吗？），为了保持神圣感会保留某些仪式，还有利用公共活动发表政治声明。许多当地的族群希望能够吸引游客前往，这样的想法基于两个原因，一是希望有更多人了解并理解自己的文化，二是为了当地经济的发展。正如欣奇和德拉米尔（1993）的研究报告中所写的。

表 5.16　原住民、少数民族和多元文化研究

原住民、少数民族和多元文化研究	本质、含义以及活动经验	参与活动的先例	计划和执行活动	结果和影响	过程与方式
-民族和文化组织的认同感 -文化古迹的保存 -组织所要面对的特殊挑战 -原住民的权利	-认同感的表达形式 -组织间的分享和相互理解的欲望 -对多元化的庆祝	-组织需要留存,或者去寻找它们最根本的核心(追本溯源) -了解学习其他文化(探索真实性)	-从公众的观点保留神圣性的仪式 -谁在控制? -解说的需求	-习俗商品化的威胁 -旅游业的影响 -跨文化理解	-节庆活动和宗教仪式的地域分布 -新习俗和节庆活动类型的创立 -文化和多元文化政策的影响

【研究札记】

少数民族活动

　　作为一个少数民族文化的例子,或者是对"印度特性"的一种表达,爱丁堡梅拉以及欧洲很多其他地方越来越多地参与到节庆活动中来。根据作者所说,这已经变成了城市夏季庆典季的主要活动。这种活动帮助了苏格兰人和印度人思考自己在社区中所拥有的认同感和团结性。但是,卡耐基和史密斯也提到如果这种活动举办的越来越成功,以至于变成一种吸引游客的手段,那么很有可能会降低当地社区的联系。

　　Carnegie, E., and Smith, M. Mobility, diaspora and the hybridisation of festivity: The case of the Edinburgh Melo[M]. In D. Picard, and M. Robinson (eds), Festivals, Tourism and Social Change: Remaking Worlds, Clevedon: Channel View, 2006: 255-268.

多元文化活动

　　这篇文章用阿姆斯特丹的世界杯作为案例来学习,这是足球爱好者的一项周年性的比赛,也是一个多元文化节庆活动。在荷兰整合政策的背景下,这项活动通过参与者、组织者以及活动对稳定、加强意识形态的作用审视了身份、社区、多元文化的分歧与争议。

　　Burdseya, D. Contested conceptions of identity, community and multiculturalism in the staging of alternative sport events: A case study of the Amsterdam World Cup foolball tournament[J]. Leisure Studies, 2008, 27(3): 259-277.

原住民活动

　　这次学习的案例是澳大利亚被誉为"最长久的农业节庆活动"的嘉玛节。这个节日强调了原住民生产者也需要有相应同等的机会(纠正许多错误的地方)并且还要维护和追求自己独特的文化。自1999年来，嘉玛节主要是以仪式性、娱乐性和政治为目的的一种聚集特定族群的活动，并且这个节日也逐渐变成了一个吸引游客的人文景点。菲普斯把这种庆典描述为"严肃又有趣也很重要的文化政治活动"。

　　Phipps, P., Performing culture as political strategy: The Garma Festival, northeast Arnhem Land[M]∥In Gibson and Connell (eds), Festival Places: Revitalising Rural Australia, Bristol: Channel View, 2011, 109-122.

第十六节　游客研究

　　游客研究组织认为把游客研究单单总结为一个跨学科的研究或一套研究方法是不准确的，这项研究不光拥有自己的专业组织还有相应的研究杂志。

　　之前的专业组织着眼于博物馆、动物园、自然中心、游客咨询中心、古迹遗址、公园和其他非正式的学习环境中的各个方面的游客体验。我们有义务通过对非正式学习环境的研究，评估和加强了解游客体验。

　　很显然，旅游业、接待业、休闲产业、艺术和活动研究都要考虑到游客和游客体验。

　　游客研究看起来似乎和相关领域研究没什么实际的联系，有可能是因为博物馆主题占据着主导地位，但是游客研究的潜在协同效应还是巨大的。下面的研究记录列举出了一系列关于活动和游客研究相结合的研究报告。

表 5.17　游客研究

游客研究	本质、含义以及活动经验	参与活动的先例	计划和执行活动	结果和影响	过程与方式
-了解和加强游客体验 -解说，展出设计和展出理念（包括标志牌） -学习，行为结果的经验	-活动作为一种学习经历 -通过解说来加强游客了解活动的程度	-学习经验的需求 -游客的特殊需求和偏好	-场馆里需要举办不同的展览和节庆活动 -不同的设置对游客体验的影响	-评估对游客解说的效果	-效果决定是否要以解说性活动作为吸引游客的手段

【研究札记】

博物馆里的节庆活动

作者提到了一些例子,例如博物馆持续扩大它们的优惠政策,吸引更加多样化的观众群。这样一来,了解不同文化群体间交流访问的动机就变得越来越重要。这篇文章结合了 414 个样本中总结出的 5 种不同类型的节庆活动数据,探究游客参加澳大利亚墨尔本的移民博物馆里举办的文化节庆活动的原因。74%参加活动的观众来自不同的文化种族,另外 26%的人就是普通观众,并且他们来参加活动的原因也不相同。对于一些社区居民和墨尔本地区相对新奇的社区节庆活动来说,社会认同感是人们选择是否要参加活动的重要原因。

Delbosc, A. Social identity as a motivator in cultural festivals[J]. Visitor Studies, 2008, 11(1): 3-15.

[学习指南]

以上就是关于专业领域的讨论还有这些领域对活动的贡献。所有这些领域都在某些方面与活动有关,所以活动研究可以通过这些领域反馈出重要信息。注意每个领域的基础理论和方法论,还有它们是怎样通过应用理论来引出活动研究中可能出现的情况,以及活动案例的直接应用。休闲研究最关注理论和哲学方面,因为这个领域专门研究活动和游客体验。有些休闲理论和概念在解释参加活动原因的时候是不可或缺的,同样对于活动旅游业也是如此。这些领域为了可以应用到活动的休闲设施发展出了一套独特的经验理论。

[研究问题]

- 所有计划的活动都是为了获取休闲体验吗?
- 区分人们应用在活动中的内在动机和外在动机。
- 讨论深度休闲、娱乐专业化、参与度和活动研究的相关性。
- 通过哪种方式可以将所有经过策划的活动归为文化旅游业的一部分?
- 体育旅游业和活动的关系很紧密吗? 还有什么是相关联的?
- 活动是如何有助于加强主办地的区域形象的?
- 为什么场馆管理人员和接待业的专业人士要参与到活动策划中来? 他们所在的领域对活动有何种帮助?
- 教学理念如何运用到活动中?
- 讨论专题解说的本质含义和应用范围。
- 展示信息理论是如何应用于活动研究和活动营销的。
- 活动最基本的原则是什么? 联系活动和社会互动理论说明。
- 区分文化管理和文化研究。
- 将谢克纳的四种表演类型应用到其他经过策划的活动中去。

- 依据经验,所有的经过策划的活动都类似于戏剧吗?
- 群众聚集时最可能爆发的健康卫生问题是什么?
- 城市认同感和农村认同感对活动的重要性是如何体现的?

[拓展阅读]

［1］Gibson，C.，Connell，J.（eds）Festival Places：Revitalising Rural Australia［R］. Bristol：Channel View，2011.

［2］Gibson，H. Sport Tourism：Concepts and Theories［M］. London：Routledge，2006.

［3］Schechner，R. Performance Studies：An Introduction［M］. New York：Routledge，2002.

［4］Stebins，R. Serious Leisure：A Perspective for Our Times［M］. Somerset，NJ：Aldine Transaction Publications，2006.

第三部分
理解和创造知识的框架

第六章 活动体验及意义

通过本章的学习,学生应掌握:

- 活动体验的认知、情感及意动维度;
- 休闲体验对比(内部动机对比外部动机);
- 将文化人类学背景下中介与类中介的概念运用到活动体验中,特指仪式和典礼;
- "共同体"的含义及其对活动体验的重要性;
- 消费者(嘉宾)、观众(参与者)、志愿者,组织者(员工)和其他利益相关者的活动体验各有什么不同;
- 体验与活动的类型有关,同时也与个体及社会经历有关;
- 为什么一些体验既难忘又能带来变化;
- 设计活动体验的范围及其局限性;
- 共同创造活动体验的意义;
- 限制体验和解放体验的区别。

第一节 定义体验

本章关注的是会展研究中的核心问题,即活动的体验及其相关意义。如果我们不能清楚地讲明何为活动体验,那么该如何进行计划和设计呢? 如果我们不明白体验对人们意味着什么,那么又该如何使其变得重要呢?

我们开始于一个精确清晰的探讨,定义体验的不同意义以及它是怎样既作为名词又作为动词来使用的。我们回顾关于休闲体验的解释,加入对体验经济以及企业界是如何发展体验市场的探讨,接下来便会引出一个从人类学、休闲和旅游研究中衍生出来的活动体验模型。中介认知体验和类中介认知体验,以及对特定地点和时间的设定,对建立该模型都是非常重要的。

特殊类型或者形式的活动会被重温,意在关注体验维度之间是如何关联的,以及人们是如何描述它们的。每一个利益相关者组成的团体,从顾客到志愿者,都会被考察,目的是展示活动体验过程中的巨大差异及他们是如何获得这些体验的。活动体验的意义也会从个人、社会、文化和企业不同角度来进行考察。

一、体验的综合定义

在正常会话中,人们可能会以不同的方式来使用"体验"这个词语,要么是名词要么是动词。在接下来的例子中,"体验"是被当作名词来使用的。构造这些陈述句是为了对要点进行阐明,因而每句话都附加了一些评论。

"我在会议中有了一次智力激发的体验。"

这句话揭示了体验既可以发生在认知方面(比如学习),又可以发生在情感方面(比如态度和情绪)。

"马拉松是一场富有挑战性和令人精疲力尽的体验,但我为能坚持到最后而高兴!"

跑步者在多个层面描述她(他)的体验:

- 身体上(精疲力尽),这是意动或者行为方面的体验维度。
- 对马拉松的感觉(感到高兴是一种情绪状态)。
- "富有挑战性",在此语境中,既可以关联到身体体验(他们要逼迫自己作出额外的努力来完成比赛),又可关联到事后评估,此处指跑步者感受到的一种完成比赛或者完成个人目标的成就感。

"我是一个拥有很多活动体验的人"。

(比如:我参与过很多活动而且从中学习到很多,在知识或者技能上一直有积累。)

"第一次参加万国博览会的体验是我人生中精彩的一页,我永远都不会忘记!"

这个人谈论到置身于活动之中,其中包含了直接观察和意识流,而且这里也同样附加了深刻的、具有改造性的意义。

我们也在不同情况下将"体验"作为动词来使用。下面是相关例子:

"作为活动策划经理,我体验过很多次近乎是败笔的活动。"

这是一个关于某事发生的简单陈述,而非一个价值判断、情绪反应或者一种关于价值方面的推论。

"我想去体验一次由滚石演唱会所带来的兴奋感。"

作为动词的用法带有了情绪和感觉,而且其指的是直接来自参与或出现在活动过程中所带来的理解和情感。

"在你成为主管经理之前,你应该从实践活动中去获取很多任务体验。"

这里,体验的意思是去经历一个变化,一个可以改变人的体验积累从而使其掌握更多学识和技巧的过程。

针对这些例子,请注意,意动层面的体验描述的是实际行为,是有身体活动参与的事情。更准确地说,在认知心理学上这是一个包含对实际行为的态度的部分。

认知维度体验指的是意识、感知、记忆、学习、判断和理解或者赋予体验以意义。这种体验大多出现在以教育或者分享观点和知识为主要目的的会议、讨论、论坛和一些商务贸易活动中。

情感维度体验关注的是感觉和情绪,以及偏好和价值观。以有趣或者带来快乐来描述的体验反映的是情绪;然而很多社会层面的体验反映的则是价值观,包括与朋友、家人在一

起，以及在一个较大团体中的分享和归属感。

人们在活动中是如何描述活动体验的，在活动结束后又是如何谈论的，在很大程度上仍旧是一个谜，引起活动研究者和策划者很大的兴趣。有一种可能是单方面满足参与者，但这无法实现组织者的目的（比如，学习、文化欣赏、社会融合、提升品牌知名度）。同样，也可能组织者得到了期望的结果（比如，赚到的收入、出席人数、品牌认知），但参与者的体验是不满意的，甚至是消极的。

二、"休闲体验"（对内在动机和自由的选择）

曼塞尔和克莱伯（1997）在探讨休闲体验时用到了直觉意识体验的概念（又称意识流），想要理解这个概念，需要对当时的行为进行考察。"休闲"体验应该在拥有自由感、能力及控制意识的状态下完成。我们来看看下面这些事例中的直觉意识体验：

- 体验的剖析（你体验到了什么？强度及持续时间）。
- 心情、情绪、感觉（关于体验的自我评估）；强度、放松、激励、活动（无聊/兴奋；活力/疲劳；主动/被动；活跃/困倦）。
- 参与情况（感知的持续时间；集中注意力；自我意识）。
- 认知组成（观点、信仰、思想、印象/想象力、附加意义）。
- 胜任或控制意识。
- 自由意识。

后面我们讲到用实验抽样和现象学的方法来研究体验时，再详述。

三、体验经济

当今世界的趋势是企业正在使用"体验"概念来迎合需求，以达到市场营销和品牌推广的目的。这种情况的产生源于明显观察到的对体验需求的增长要多于对产品的需求，而且活动的力量以及其他体验正在与消费形成感情上的连接，而传统的营销方法已经在影响上大大减弱了，所有这些促进了体验经济和创意产业的崛起。莫斯伯格（2006：51）是这样形容这个趋势的："这些产业的成长可以被解释为一种新的消费模式、新科技以及对聚会、护理、娱乐和快乐的需求。"

因而，现如今关于体验经济和体验营销的著作爆炸式地涌现出来。派恩和吉尔摩在他们富有影响力的《体验经济》（1999：3）一书中称，"公司不论是在吸引消费者上，还是与消费者进行私人的、难忘的联系上都在导演和规划体验"。当消费者成为交互体验（比如，合演者）的一部分时，体验就变得个性化了。四个领域的体验被从两个颇有意思的维度引出并推荐。

在他们的模型中，横向维度是一个简单的主动/被动对分，反映出用户或者活动参与者的活跃度。纵向维度则更为有趣，反映的是用户和活动的联系。当表演占据他们的注意力并且被带入他们的思维时，人们便"吸收了"体验。"沉浸"是当一个人虚拟地完全进入体验。

派恩和吉尔摩（1999：31）引用牛津字典对"娱乐"的定义："通过游戏娱乐，一个人欣然地使注意力被这个活动占据"。他们启示,这是其中一种最古老的活动。在审美的活动中,"个人沉浸在一个活动或者环境中,他们只需做一点甚至不需要做什么,而环境(不是他们自己)基本上是不被触碰的"。因而"被动参与"在派恩和吉尔摩的模型中等同于娱乐或者审美体验,而"主动参与"则等同于教育和空想。

教育,对于派恩和吉尔摩(和很多教育者)而言应该是互动的,学习者有责任参与进来,而教育者则是促进这个过程。比如在进行室外追逐和消遣时,心理上的参与大概要比身体上的参与更难被意识到。因此,身体上的参与通常被用来增加精神方面的参与。同样,让教育更有趣就如同寓教于乐,是一个好方法。

根据派恩和吉尔摩的研究,"空想"体验相较教育和娱乐体验而言,需要更大的沉浸。"相比扮演被动的角色或看其他人表演,个体成为一个演员,才能影响实际的演出"。这个角度展示的是大部分剧院和演唱会活动的反面,其更多的是类似于节日、派对或者快闪族这种全部取决于互动的活动。

理论家将派恩和吉尔摩的四领域模型视为基本的由阿荷拉定义的"寻求与逃避"的促进因素,这个理论被应用于所有休闲和旅行研究中,而且在很多研究中都作为活动参与者的动机要素。这也是一个模拟关于设计体验本质产生的思想非常有用的模型,但它太过简短而不能提供详尽的理论支撑。

《体验经济》一书对如何设计体验作了详尽的阐述,而且作者的指导与活动专家们的观点一致。当然,他们最初的对象主要是零售商。第一步是建立体验的"主题",包括起草一份参与流程以便囊括所有方面(1999:48)。

主题应该改变宾客的时间、地点和现实观念。通过给人留下印象深刻的"积极线索",高质量的顾客服务、设计环节、娱乐、食物饮品以及各种感官刺激,将主题设计得既实际又令人难忘。切记味觉会让人记忆深刻!另外,负面的因素应该被剔除。客人可以购买关于此次体验的纪念品。

在派恩和吉尔摩的研究中,惊喜是一个重要的要素,因为惊喜意味着"出乎意料"(1999:96)。而且惊喜建立在顾客满意的基础之上(简而言之,就是兑现承诺),并确保顾客无须做任何牺牲(他们期望的和实际所得到的经常有差距)。惊喜环节可以不出现在设计脚本中,也可在该环节加入一些特殊元素。惊喜可以体现在风格迥异的要素、特殊表演或展览、幽默甚至是害怕上,而且客人们经常对惊喜充满期待,因此惊喜环节也有风险。

通过"戏剧类比",派恩和吉尔摩进一步讨论了戏剧制作对不同角色和演员的要求,这些都与活动业息息相关。制作人在幕后提供资金支持,导演负责实际制作。利用戏剧演出法来阐述主题或故事,因为这些方法可以使戏剧、教育、体育或商业多样化,同样,在活动业中,这些方法也可以从不同背景给出意见。编剧应该为表演者提供脚本或者其他形式的指导。在舞蹈方面,他们都是编舞者;在运动方面,他们都是教练和训练员。歌手需要歌曲创作者和发声训练师。

技术人员确保一些重要的服务正常进行,而布景设计师则负责将布景工作做好。在活动中设计焰火表演、激光、有趣的声音和灯光效果;或装饰桌子时,布景设计师相当于技术人员。厨师不仅要会做菜,还要能做出既有趣又美味的佳肴。负责布置鲜花和气球的人应该

注重审美,但也要知晓在不同的场合,怎样布置才合适。好的布景设计师应该懂得环境心理学,无论他们是否正式学过。道具经理,舞台服装设计师,舞台工作人员,演艺公司都是必不可少的。

《体验经济》的最后一个主题是关于"变化"的。派恩和吉尔摩认为活动是在设计体验,但客人或顾客是不断变化的。许多活动设计师想要利用或引导这种变化,并从健康、学习、自我实现和快乐方面一一道出这种变化。这些变化都是从这些有意义的体验中得来的,并且还在不断累积。"当你设计了一次体验,你就改变了每一个参与者。"(1999:165)

如果一个活动只是为了展示、销售或娱乐,那么改变则不是设计师的目标。然而,活动好像正向着这个方向发展。公司希望职员对公司忠诚,并激发全部潜能,因此其公司职能在于改变他们的态度和行为。政府和相关组织不仅希望市民提供资金,同时也希望他们能更健康、更睿智、更关心国事。

四、共同设计体验

在派恩和吉尔摩看来,被动地参与无异于娱乐或运动体验,然而主动地参与等同于教育和空想。作为这个推理的延伸,我们需要考虑合作和释放体验。连续体验给出了如下建议:

(一)一级

单纯的娱乐是被动的,就像观看体育比赛或表演,并没有观众的参与或相关活动(突然想起来"电视迷")。而且,表演旨在征服人们的感官,尤其是视觉感受,并没有娱乐或学习的空间。而艺术欣赏有些许不同,因为要求人们有情感回应。值得一提的是,如果活动没有说明其具体价值,则可以理解为以娱乐为目的。

(二)二级

参与:作为运动员、演员、志愿者或组织者,要求人们参与到活动中来,并共同实现其意义。此次体验的意义可以是调解性的,也可以是促进性的,但意义不是由策划者创造的。有互动,观众至少在情感和认知层面有所参与(比如参会人员、艺术或表演鉴赏、展览欣赏)。

(三)三级

共同创造:用户创新是活动过程中的一部分。随着概念和活动的发展,体验的意义也在发生变化。如果活动的意义主要在于娱乐,那么共同创造者会有参与感,但这有一定的不可预测性。

(四)四级

释放体验:正式的活动策划组织由于过于拘谨,往往被人们拒绝,人们自己参与的情形可能会随时发生。在这种情况下,娱乐(自娱自乐)是一种心情,而不是目的。

【研究札记】

共同创造

共同创造给公司的营销政策增添了一个新的维度,为开发最终的产品或服务做出贡献。首先,该趋势已经在这一领域显现。接下来要定位主要用户,并分析他们的体验。针对探索性研究,社区是有用的工具,可以用来获取主要的用户信息。在数日的流行音乐节结束后,主要的用户体验可以说明该领域有哪些问题和需要,而且这些发现既科学又实际。科学方面的贡献在于发现了共同创造如何刺激环境的问题,其他科学发现是为了使主要客户更好地发挥自身作用,为公司提供更多价值。实际贡献在于为节日策划提供了一个七步模式,该模式可以将共同创造运用到节日中去。

Van Limburg, B. Innovation in pop festivals by cocreation[J]. Event Management, 2008,12(2):105-117.

五、旅游体验

奥伊(2005:53)提出了6种识别和研究旅游体验的方法。第一种方法来自认知心理学,并与休闲理论有关。先入之见,期望值和理解都会影响游客如何消费、评价和感受旅游"产品"。第二个方法极大地体现了旅游文化,这建立在一些消费观念之上,比如旅游可以有所收获,通过旅游可以收获知识、快乐和难忘的回忆。第三种方法(同样来自休闲研究)主要针对心情,参与的深度以及"心流体验"或"最优体验"。第四种是"现象性研究",比如李教授(2000)利用丰富、反射、内部的资料来描述个人旅游体验的直接性。第五种方法采用了厄里(1990,1995,2002)"聚焦旅游"的概念,即游客是如何注意到自身环境和日常生活中的不同,但因为游客缺乏对当地的了解,因此他们的经验是对他们自身背景的反映。第六种方法运用了派恩和吉尔摩在《体验经济》中的戏剧类比法。该方法认为,参与体验的程度在于游客与"产品"交流的程度。

奥伊(2005:54)还提出,由于受到了包括导游、工作方式及可利用信息等中介物的影响,游客体验开始显现或变得更加丰富,这些因素都可以吸引游客的注意力,甚至是操控他们的体验。奥伊说过(2005:55):"通过控制或引导游客的注意力,旅游中介可以控制游客体验。"人们在一个时间只关注一件事情,而且我们很容易被纷杂的信息或刺激物所淹没。当我们的注意力发生转移时,体验也会随之改变。而且个体会被不同的刺激物所吸引,即使是对同一刺激物,他们的反应也不尽相同。

六、奥沙利文和斯潘格勒对活动体验的看法

奥沙利文和斯潘格勒在其著作《体验营销:新千年的战略》中表示,在"体验经济"中有三种类型的演员:第一种是鼓吹者,他们大肆宣扬自己的产品,称其十分畅销;第二种是提高者,他们利用体验来提高产品的满意度,并以此和竞争对手区别开来;第三种是提供体验的

人，他们将设计体验作为自己的核心业务。根据奥利沙文和斯潘格勒的研究，活动体验包括如下部分：

- 消费中的参与和投入；
- 身体上、精神上、交际上或感情上投入的境界；
- 知识、技术、记忆或情感的改变；
- 有意识地遇到、参与或体验一次活动；
- 达到满足心理或内心需求的目的。

他们还列举出体验的五大"决定因素"：

1. 阶段：最初、中间或后来出现的活动或感觉。
2. 实际体验：影响参与或结果的因素和变量。
3. 亟待满足的需求。
4. 参与者或其他参与活动的人（性格、期待、行为）的角色对结果的影响。
5. 体验提供者的角色以及他们和参与者的关系（定制和控制体验的能力和意愿）。

奥沙利文和斯潘格勒抛出了许多关于活动体验的问题。体验的真实性和虚拟性的比例是什么样的？定制体验还是大量制作，要独特还是普通？主体是人、吸引力、设备还是表演？活动体验包括具体或不相关的内容吗？要为客人、参与的顾客或观众提供便利，还是让他们自行参与？活动要给参与者留下短暂的还是永久的记忆？真实性要达到什么程度？

七、有保障的、安全的体验

我们如何解释为什么带有文化特色的主题公园和娱乐性活动很受欢迎呢？原因之一是他们提供了有保障的、安全的体验。它们的预见性加上对个人安全的认可，可以满足顾客的期望，尽管他们的期望是有限的。然而，许多旅游和活动体验是不可预见的，存在较多风险。

为了确保安全和世俗性，不要求文化的真实性和惊喜，这就是策划人的责任了。参与积极性高的游客和世界上追求新意的人，会继续寻找特殊的体验。但大众市场并不能提供这些体验，这对那些专家和游客而言是有好处的。

八、"WOW"因素

活动设计师绞尽脑汁想给客人留下深刻的印象。斯蒂纳认为，"WOW"因素是活动设计师应遵循的主要原则。他认为，客人来的时候和走的时候都应该有一种"眩晕感"，这和活动设计师试图营造特殊、能带动客人情绪并给他们留下难忘回忆的体验一样吗？

"WOW"因素多与给人留下视觉印象的艺术和表演有关。听觉和味觉可以与装饰风格、灯光和其他节目中的元素相结合。因此，"WOW"因素可以是整体感官的反应。显而易见，这是可以设计出来的。但你可以设计出与学习、文化真实性甚至和身体相关的"WOW"反应吗？我们很难将其概念化，更不用说去设计或者策划了。

如果考虑满足客人的期望，并增加一些惊喜的成分，便可实现"WOW"反应。但如果过分强调，有可能让顾客失望，导致失败，造成错误的"WOW"反应（很糟糕的反应！）。

【研究札记】

活动体验

该文章通过人种学来分析 2005 年锡德茅斯民间艺术节的忠实观众,从而探索特殊体验的本质,并为研究这些问题提供一个框架。作者从文学中找出一个整体框架以便于将节日体验的内部和外部因素结合起来。比如,设计与安排、实体组织与社会交际、个人利益、象征意义和文化交流。这原本是用来分析信息以及参加节日庆典的人是如何评价这次体验的。该研究发现,节日为参与者暂时远离日常生活提供了时间和空间,共同营造和分享了特殊的体验。

Morgan, M. What makes a good festival? Understanding the event experience[J]. Event Management, 2008,12(2):81-93.

第二节 策划活动体验的模型

这个概念模型(图 6.1)很大程度上是基于社会文学和人类文学的,特别是与仪式和团体有关的类别。它本身并不是一个设计模型,但你可以看出隐含在其中的设计。

模型的核心叫作"中介/类中介"的独特体验区,这个区必须用时间和空间术语作解释。它的独特之处在于其安排和设计,一切皆为客人、观众或参与者准备好。设计师可以通过设计装饰风格增加娱乐性,设计刺激活动来使体验更具独特性。他们还可以利用法拉西的"物价稳定"概念,使参与者意识到,他们进入的时间和空间正是设计师为实现特殊目的而专门空出的。

开幕式中,类似横幅和标志的象征和主题都体现了活动的意义。一些活动体验是"神圣的"(带有宗教色彩),其他是"世俗的"(追求享乐,逃离现实)。然而,用法拉西的术语来讲,应该理解为不同寻常,超越常规,独一无二。如果可以,所有活动的参与者都应该感受到来自集体的归属感和共享感。

我们很容易把某个特殊的地方当作活动地点,比如说一个竞技场、剧院或会议中心,但它也可以是一个临时的活动场地或者是一个集合点。规模问题很重要,因为当我们从一个地点到另一个可以容纳整个社区的公共场所,我们的设计安排工作会变得更复杂、更难。然而,很多社区都希望有过节的气氛,至少在举办一些特殊的活动时,重要的入口和会议场所能热闹一些。

我们在开始活动前,会有准备工作和对此次活动的期待。大多参与活动的人都期待自己能参与其中(或者可以自己完成一些体验),或提前了解即将参与的活动。很多学者对人们参加活动特别是参加节日活动的动机做了研究,结果几乎印证了"寻求逃脱"理论,也说明人们希望活动能够不同寻常。希望你能偶然参与一次活动,并感到惊奇,但尽管如此,也还是会有一种不小心迷失、误入了一个特殊地方的感觉。尽管有的参与者并没有期待感,或者

他们从来没思考过这个问题,但是我们仍要给他们留下一种从普通到特殊过渡的感受。

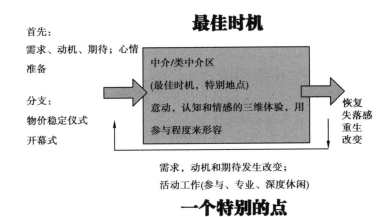

最佳时机

首先：
需求、动机、期待；心情
准备

分支：
物价稳定仪式
开幕式

中介/类中介区

(最佳时机，特别地点)

意动，认知和情感的三维体验，用

参与程度来形容

恢复
失落感
重生
改变

需求，动机和期待发生改变；
活动工作(参与、专业、深度休闲)

一个特别的点

图 6.1　活动体验的模型

　　匈牙利籍心理学家契克森米哈的"心流"理论符合这一模型。该理论建议人们寻求"最优唤醒",从而出现"心流"反应。该反应的特点是完全投入、高度集中、忽略自我、超越自我。从本质上来说,这是有益的体验。对设计师而言,他们可以从"心流"中受益,参与者预期会表现出心情愉悦(从想象中或者完全沉浸在音乐或活动中获得),成就感油然而生(运动方面取得成就,掌握一项技能或者激发了智力),或者自身发生转变(通过强烈的情绪或精神过程实现)。如何做到完全投入是一项真正的挑战,而只提供消遣娱乐不会有挑战性。

　　"边缘性"并不只依赖于事情或地点的不同。空间和时间的概念不存在于项目或地点本身,而只存在于出席者和参与者的头脑当中。因此,这种概念通过想象的渠道进入人脑(这是许多主题聚会的核心)。

　　普通人愿意暂时抛开自己的角色(比如在嘉年华中),接触一些新鲜事物和新的体验(比如讨论、临床学习、团队项目),和其他人一起参与活动(比如庆典),或者是比往常更积极地参与活动。

　　根据人们的口头记载或者就外部刺激而言,在快闪以及其他一些边缘案例中,正是因为参与者很大程度上形成了自己的体验。为了自己的社交目的或政治立场,他们暂时使用(或者释放)一定的空间,但很快又将该空间归回原位。

　　回归日常生活应该靠改变来完成,一种从特殊到普通的改变。这可能会产生一种成就感,感觉到自己焕然一新,有所进步,有所放松又有所失去。每件事的结尾,都能有所感悟这很重要,否则这次体验便没有什么特殊和值得纪念的地方了。在会议结束时,我经常有一种失落感,并不是因为项目要结束了而感到兴奋,而是因为要和朋友们和同事分开,这是失去"集体感"的表现,从而推动事物发展。高度参与项目或者有所动容的人都会有这种失落感,这是每件事和日常生活的意义所在。

　　对于那些喜欢的事物,或至少从参与中有所收获的人们而言,他们可能会将此作为自己的事业。和皮尔斯的"旅行事业"类似的是,我们从中学习,并想从中获取更多(比如一些节日活动的常客),或者我们渴望独一无二,甚至是来自不同活动的惊喜,或者我们想接受越来越困难的挑战(比如业余爱好者或竞技运动员)。

【研究札记】

中介试验和回顾

菲尔利和加曼建议,对于许多体育迷来说,他们很想回到和赛事相关的类中介空间,回忆和赛事相关的团体旅游体验。这个空间显示出强烈的社会意识或共同的文化认同感,和嘉年华相似的是,两者都同意摒弃社会准则。这也体现了人们想要从日常生活中解脱出来的欲望。在这个背景下,怀旧更是激起人们故地重游的想法,这也和赛事的志愿者有关。

汤姆·奥戴尔(2005:133)认为,在考虑中介或类中介体验时,我们不能过度强调脱离日常生活。他的观点是,相对一个普通人的生活和体验而言,旅游和赛事只能成为一个人特殊或独一无二的回忆。他说,"对大部分人而言,他们通过日常消费类型已经摸索到了'体验'的真谛。而且,我们需要培养体验的能力,从深度休闲、专业化、自我效能的概念中就可以看出。"

Fairley, S., and Gammon, S. Something lived, something learned: Nostalgia's expanding role in sport tourism[M]//In H.Gibson(ed.), Sport Tourism: Concepts and Theories, London: Routledge, 2006: 50-65.

什么使得体验有意义而且令人难忘?

莫斯卡多(2011)对既有效又有意义的消费者和游客体验的文献做了总结,这些知识尤其适用于项目设计(见表6.1)。她的讨论主要在于强调讲故事和有关游客体验主题的重要性。故事是专题判读的一种重要形式。将莫斯卡多的因素与让项目"特殊"的特性作对比,同时和《文体的要素》、自我投入与深度休闲的讨论作比较;思考哪一个反映出一般利益与目标利益的对比。表 6.1 还添加了一些特殊项目的参考。

【研究札记】

感知和项目体验

感知是一种生存状态,这需要人们主动参与到信息处理当中来,确保他们可以适应身边的信息并作出回应。通过感知,可以学到更多,获得更大的满足感、更多的理解力以及更好地控制自己的行为。活动经理人必须设法提高游客的满足感,将活动的负面影响降到最低,并鼓励游客利用感知来达到上述效果。为期两周的研究发生在 2005 年 7 月,地点位于加拿大曼尼托巴,当时正是温尼伯艺穗节。结果表明,游客对节日越感兴趣,他们的感知程度就越高。游客的感知度和他们对节日活动的满意度以及他们对结果的贡献有关。这些针对活动经理人的启示已做了讨论。

Van Winkle, C., and Backman, K. Examining visitor mindfulness at a cultural event[J]. Event Management, 2009, 12(3/4):163-169.

第三节　一般及特殊的活动策划体验

回顾之前以活动形式为基础对活动类型划分的讨论，我们得出活动形式是关乎社会建设的，而不是依靠独特的经验性科目。接下来的讨论试图说明，一般性和独特性的体验都与活动种类有关，但这并不等同于策划一项体验式活动。

表 6.1　与有效、有意义的顾客和游客体验相关的因素

因　素	活动的特殊参考（或高度使用）
主题：强烈，清晰，一致，由设计和服务场景支持	活动主题：戈德布拉特（2011），通过主题定位；盖茨（2005：321），开发主题；范·德·瓦根（2008）；盖茨等（2001），论服务规划/服务场景
故事或记叙文：可以使顾客扮演一个理想的角色，或给别人讲自己的故事。 真实性感知：可接触实物，地方或人（比如客观真实性）；与他人在场景中真实地进行交流；活动给人们提供了展示真实自己的机会（例如存在真实性）	约翰·戴顿（1992）论表演中的故事；克鲁克尚克（1997）论讲故事节；莫斯伯格（2008）论热情讲述；莫斯卡多（2010），布尔斯廷（1961）；格林伍德（1972，1989）；巴克（1977）；佩普森（1981）；科恩（1988b）；盖茨（1998b）；索菲尔德和李（1998）；王（1999）；罗宾逊等（2004）；谢（2003，2004）；皮卡德和罗宾逊（2006a）；诺克斯（2008）
交流、参与和投入：顾客是体验的共同创造者	利亚德（2006）论会议策划；哈维等（1988）论展览；罗尔斯顿等（2007）；派恩·吉尔摩（1999）
独特性、罕见、新颖和惊喜	论惊喜：谢克纳（1988）（剧院）；派恩·吉尔摩（1999）；彼得森和盖茨（2009）；论独特性：尼科尔森和皮尔斯（2001）；罗尔斯顿等（2005）；盖茨（2005）；福斯特和罗宾逊（2010）
访问方便：容易进入，移动和理解（例如清晰度） 多重感觉	论可达性：塞尔维特等（2007）；残疾人通道，达西和哈里斯（2003）；论辨识度与场地设计；盖茨（2005）。 哈维等（1998）发现将展览设计得更利于互动，调动人们的多重情绪，访客人数可以增加一倍
感情	波特瑞尔和克朗普顿（1996）：情绪状态是最佳状态不可或缺的一部分；罗素和拉尼厄斯（1984）：同样的刺激可以获得对场景的不同评价

续表

因 素	活动的特殊参考(或高度使用)
社交的机会	菲儿利和加曼(2006)论体育球迷的怀旧和共享的体验
个人相关:联系个人历史;可以私人化	温克尔·凡和贝克曼(2009):对活动的感知
全身心投入到场景中	哈维等(1998):博物馆展览设计对心流的影响
学习机会	里和贝克(2009):在会议中学习的重要性;对活动教育目标的评价。 吉特尔森等(1995);理解访客的诉求:谢(2004)

来源:莫斯卡多,2010。

一、一般性活动体验

　　一般性体验是指在任何活动中都可以获得的体验,因此相较于活动的主题、项目或环境而言,它与个体的心境以及特定的场合有更多的关系。我相信,许多人参加活动是出于一般的个人利益,比如娱乐或简单的放松(我们可以把它叫作"逃避现实"),然而对于大多数人而言,他们对经验的描述很可能是"玩得很开心"。和这些体验有关的意义可能不会很深远,我们不能指望这些体验会让人记忆深刻或让他们改变自己,但这也有可能发生。更重要的是,一般社会动机和利益都与休闲和旅游活动有关,我们将这种动机和利益运用到有着内在动机的活动上,特别是与亲朋好友共度美好时光,享受集体带来的归属感和共享感。

　　无论何时何地,只要人们聚集在一起,就能产生社会体验。显然,活动计划为他们提供了便利。的确如此,社会和文化为获取便利共同创办了活动,或者是他们发现一些活动很擅长提供便利。

　　尤塞尔和李(2008)对节日和活动动机的经验研究作了批判性的文献综述。他们发现最常提到的一类原因是社交目的(24%),紧接着是新奇(19.0%),家庭团聚(18.8%)和逃离现实(15.7%)。其他原因是文化探索(5.0%),娱乐(5.8%)和吸引力(4.1%)。下面的研究札记也证明了社会因素的重要性。

【研究札记】

一般活动动机

　　英国对有孩子的家庭做了研究,结果表明,家庭团聚十分重要,紧接着是社交性,再是家庭参加特殊活动的兴奋度。研究人员认为,家庭成员愿意牺牲个人意愿,参加一些会令孩子们满意的活动。他们对新颖性和独特性不感兴趣,只是为了与家人在一起。

　　Foster, K., and Robinson, P. A critical analysis of the motivational factors that

influence event attendance in family groups［J］. Event Management，2010，14（2）：107-125.

研究表明，社交对于观看武术比赛的观众而言是至关重要的。以观看美国跆拳道公开锦标赛的观众作为样本，经调查发现，他们中的绝大多数都热衷运动。他们对服务质量的理解与性别和年龄有极大的关系，但与性别因素相比，社交因素排名更靠前。

Ko., Y., Kim, M. K., Kim, Y. K., Lee, J-H., and Cattani, K. Consumer satisfaction and event quality perception：A case of US Open Taekwondo Championship ［J］. Event Management，2010，14（3）：205-214.

我们将在第 8 章着重讨论关于处理节事活动动机的问题，用模型展示主要的服务、一般的以及特定的会展收益。

二、特殊活动体验

在这一部分，我们研究应该或可以和某些活动有联系的体验。

（一）文化庆典

一般来说，文化体验是为了获得、学习和理解知识，寻找新鲜事物，以及鉴赏游客身上所体现出来的和目的地有关的文化。以了解文化为目的的游客和活动参与者希望能在情绪上和认知上对地方、人和生活方式有所了解，包括像历史古迹、文化表演、餐饮或当地人等有形方面，以及艺术和建筑的标志物等无形方面。只是观光、享受娱乐或表演不能构成文化体验。

总体来说，庆典和纪念活动能够反映并培养家庭、社会团体、社区或国家的归属感和共享感，其价值逐渐显现，地域感也能清晰地呈现出来。活动的主题是庆祝，尽管多数情况下，社区才是庆祝的主体。对于所有的文化活动，我们应该注意其真实性和它作为体验术语的意义。在提到意义的章节，会对真实性进行详细的讨论。

（二）节日和嘉年华

之前提到，节日和嘉年华是快乐的体验，但也有一些庄严性、宗教性或以狂欢为主的世俗性节日。在很多嘉年华和化装舞会中，角色扮演和角色互换很常见。他们不仅包含仪式，还有应景的标志作品。社会学家和人类学家，例如特纳和法拉西，对这些体验领域已经进行了深入的研究。

许多活动被称为"节日"，但除了有娱乐性和派对气氛之外，没有其他特点，如果可能，观众和其他参与者只能自己创造更深刻的体验。对主题的理解可以帮助人们了解活动、地点、标志物和历史环境的文化意义。

【研究札记】

音乐节体验

此次研究的对象是参加塔姆沃思乡村音乐节的人,目的是研究他们参加音乐节的主要动机以及此次音乐节和其他音乐节有何不同。研究人员对 1 500 余名游客进行了调查,结果发现,热爱乡村音乐是他们参加音乐节的主要原因。然而,研究结果还显示,活动的多样性和节日氛围也是吸引游客的重要原因。他们反复提到,氛围,特别是休闲、放松、适合家庭的氛围是主题的重现。此外游客还提到,当地居民很欢迎他们,这是因为和吸引游客一样,活动也会吸引那些希望一起度过安全又愉快的时光的人们。

Pegg, S., and Patterson, I. Rethinking music festivals as a staged event: Gaining insights from understanding visitor motivations and the experiences they seek [J]. Journal of Convention and Event Tourism, 2010,11(2):85-99.

(三)宗教和精神体验

宗教性和精神性的体验不总是相同的。"神圣的"一般表示确立的宗教信条(比如,圣经是神圣的;圣餐是神圣的仪式)。精神体验从本质上来说可以是非宗教的,它是由超越感(比如,我感到从生活中的忧虑中解脱了,甚至克服了忧虑),或自我发现(当我感觉和万事万物紧密相连时,我的存在与众不同)构成的。蒂莫西和奥尔森(2006:271)认为,宗教性和精神性有显著的区别。精神性是指个人信仰,寻找生活的意义,因此任何游客在一个神圣的地方,或通过宗教朝圣,都可以获得精神体验。

欣喜若狂、兴高采烈、超越和揭露都是与宗教或精神相关的术语,那么在教堂做礼拜或宗教旅游期间,这些情况应当出现吗? 宗教活动中能设计或利用这些体验吗? 当牧师召集人们在教堂忏悔时,肯定有这样做的目的。宗教活动中还有一种特殊的"共同性",从这"圣餐仪式"中就可以看出来。

雷辛格(2006)发现有多种可能融合精神体验或改变旅游形式的方法,从自然旅游,参加农场表演和丰收庆典、品尝食物和美酒到温泉参观。当游客参观宗教地点时,也可以通过沉思、探索和参与仪式来获得精神体验。从这个意义上来讲,寻找生活的意义可以在无形中推动许多休闲旅游活动的发展。

(四)朝圣

朝圣是对圣地的一次探索、一次旅程和一次体验。对于很多人来说,朝圣也是一项职责。整个朝圣可以理解为人生的一次特殊体验、一个仪式和一次改变自己的经历,但也有许多与宗教朝圣有关的活动,朝圣是分阶段进行的。为了去麦加朝觐,穆斯林把事情安排妥当,并做好精神准备,活动本身包括许多仪式。睿奇和莫佩思(2007)对麦加朝觐的活动和体验作了描述,他们强调,这不是一次旅游体验,而是宗教义务,也是一生只有一次的难忘体验。

辛格（2006:232）曾说，印度教朝圣者很享受宗教活动，他们把这次旅程当作去另外一个地方的冒险，冒险不仅包括精神诉求，也包括对身体经受磨难的考验。这难道不是也可以用来形容一个长跑运动员的经历吗？很显然，正是参与对奉献和忠诚有深远意义的特殊仪式或庆典，将宗教经历和追求与其他精神活动或振奋人心的活动区分开。地点固然重要，但不像日常活动场所的意义，圣地的意义是永恒的、传统的，而且受到宗教体系的约束。

这里有一些网上关于"一次虔诚的朝圣经历"的评论：

> 当我进入巴西利卡时，便感受到人们对圣人的热情和忠诚。警察设置了路障，市场停业，给了人们所期待的暗示。我没意识到，为期3天的节日已经到了第二天，还会有大约75 000人参加露天弥撒，目的是为纪念913年前遗物到达巴里。当我试图参与到精彩的节日活动中时，我意识到，意大利人的热情和天主教徒的虔诚给英国教徒带来了真正的快乐。

（五）虚拟和世俗朝圣

只有穆斯林可以去麦加朝觐，但其他人可以通过浏览网站来完成虚拟朝觐。当然，这是否属于真正的朝觐，或者这是否是一种娱乐，的确令人怀疑。许多旅游学者谈到世俗朝圣，比如高尔夫球运动员去苏格兰的圣安德鲁朝圣（那里被认为是高尔夫球运动的诞生地），或红酒爱好者去盛产最受欢迎红酒的地方朝圣。甘蒙（2004:40）写道，朝圣也指去某些地方旅行，这些地方对朝圣来说有着个人或集体意义。无论是在体育圣地还是一次神圣的活动，该经历都能引起人们的"惊叹和敬畏"。

在一些特殊的兴趣小组或亚文化小组，有些重点活动已经成为必看和必做的经典项目。比如，马拉松运动员为了有资格参与波士顿马拉松比赛，参与的很多活动都像是一次朝圣。音乐会或其他类型的活动也是如此吗？研究消费者行为的学者意识到，人们之所以参与一系列活动，只是因为其象征价值吗？谈到世俗朝圣，还有一位博主这样描述了自己的体验：

> 我的第二次朝圣是参加潘普洛纳的奔牛活动，该活动因海明威的小说《太阳照常升起》而出名。参观遗迹后，我们组的4个人和其他运动员一起，加入了朝圣关于勇敢和危险的测试。测试中，人们甚至可以感知到空气中的肾上腺素，当然，人们也可以尝到吉事果和桑格利亚汽酒。

（六）政治和国家活动

许多政治和国家活动有很高的正式性，庆典场面十分壮观。庄重、威严、隆重都是用来形容这些活动的词。在这些活动中，人们的体验不尽相同，这取决于他们为什么参与其中（是反对、参与或报道）。人们怎样进入贵宾区，以及如何与安保人员进行沟通。对参与活动的政治家而言，应该会有外交方面的对话、协商和公开展示。

（七）艺术和娱乐体验

娱乐已经成为一种产业，人们已经建立了许多娱乐场地，以便举行各种形式的活动（特别是音乐、颁奖晚会和体育活动,甚至是节日活动和艺术展览)。许多活动已经成为合法的消费方式,我们无意识地在活动中投入了金钱和时间,而这些活动不会给人留下深刻的体验,只会带来短暂的娱乐。当然,这对关心艺术、文化真实性或社会价值的人来说,是很危险的事情。

审美判断与艺术和美有关,但与负载价值也有关系。同一件事情,一个人觉得很有吸引力,另外一个人可能觉得很无聊甚至很反感。然而,审美体验是找到愉悦感官的东西,它可以是鉴赏画作、食物、时尚或音乐。因此,这是因人而异的,随之出现了"你不可能取悦所有人"的说法。设计师注意到,审美体验很有价值,还会带动大量的旅游和消费,但并不能保证人们对此满意。对于爱好艺术、食物、音乐以及其他方面的鉴赏者来说,最重要的是探索和发现的感觉。

艺术展示的研究很有限,但阿萨尔森和阿卡迪亚(2004)认为艺术展应该属于特殊活动动机和体验的范畴。相关文献表示,人们往往出于学习、社会交流、体现身份和新鲜感等原因而去参观画展。

史密斯(2006)讨论了"新休闲旅游"的崛起,这是因为工作与休闲界限越来越模糊,之前不同活动之间的界限也在分化或消失。新的休闲旅游与逃离现实主义有关,目的是获得新鲜的体验,寻求既有趣质量又高的娱乐活动。追求新鲜感是这一潮流中的关键部分,因此厄里提出,人们不停地寻求新鲜感,因为现实总是与他们的期待不符。

年轻上进的消费者带来了音乐影片和电脑游戏,似乎十分专注,不断地寻求刺激。史密斯(2006:224)提到,新休闲游客对文化并不感兴趣,他们只想要玩乐的体验。人为的、仿造的,甚至是假的场景可以满足他们的要求。人们渴望互动,但是他们想要通过科技来实现。此外,迷恋名人也是新的体验的一部分,对于人们的这种需求,娱乐产业已经相应地设立了相关主题来迎合享乐主义,例如名人代言和"购物娱乐"。

(八)竞技体育或娱乐活动体验(主体是运动员)

不仅仅是要赢得比赛!尽管竞技体育表面上是指以取胜为目的的个人或团队参与的比赛,但这并不是全部的体验或意义。许多人参与竞争是出于个人原因,比如健身和掌握该运动,还有些人出于社会原因,为了成为团体的一分子,享受社会活动。

布歇等(2004)总结了关于体育旅游体验的文献,提出一共有四种交流类型的理论。首先,从"行为理论"方面来说,团体活动和交际是重点。例如,格林和查利普(1998)发现,参与者将强烈的亚文化意义赋予一个女子体育活动;其次,认知心理学主要关注的是需求、动机、价值和冒险精神;再次,结合了游客的心理和行为角色;最后是体验模型。

布歇等通过自己的方法分析了体育旅游体验,同时还结合了自我价值(感知风险、良性刺激、寻求多样性和新鲜感)、空间变量或地点(包括功能成分,后现代主义者对游客如何创造自己的体验和生活空间)以及人际关系变量(新的关系和"一致性")。

将竞技体育体验和其他活动区分开的主要因素是结构(地点、规则、团体个人等),因为每项运动的结构都是特殊的,这个结构决定能否吸引参加者。此外,运动的多样性可能会带来很多不同的体验。一些运动的竞争没有其他运动激烈;一些运动需要蛮力,其他运动则

要求适当用力,有技术含量。运动既是个人的(运动员自己完成比赛),也是社会的(队伍、运动员团队和整个活动组织)。

一位半程马拉松的体验者在网上这样描述:

> 我觉得大概有超过20 000人在跑步,和有着共同目标的人一起跑步感觉很酷,几个月以来,我都是独自训练,但今天,我和20 000多人一起跑,很难忘。

(九)比赛的观众和体育迷的体验

在《参加体育活动的游客》报告中(美国旅游协会,1999)提到,体育活动旅游是一项主要的社会现象和经济现象。在美国,84%的人都曾观看过体育比赛,而且许多父母或祖父母是去观看孩子们的比赛。换言之,体育活动旅游有巨大的家庭市场。只有16%的人参与了比赛,而且其中一部分人也观看了比赛。

吉布森(1998,2006)在他的研究中发现,"活跃的体育游客"通常是大学毕业的男性,而且收入较高。她总结说,这部分人会一直参与他们喜欢的体育活动,直到退休。

参与体育活动可以出于参与娱乐活动和演出的愿望(比如简单的消遣)、刺激情绪的愿望或想要团体出游。我们每个人都可以成为一名体育比赛的观众,很多观众都知道,在现场观看比赛比坐在电视机前更有趣(更兴奋)。成为一个体育迷,这还是很有吸引力的。

沃恩(1995)和沃恩等(1999)提出了"体育迷的动机范围",既包括内在动机,也包括外在动机,它由观看比赛的八大理由组成,这些理由也可以理解成体验的动机:逃避、良性压力(情绪或活动引发的压力,这里是指良性压力)、自尊心、团体归属感、家庭、娱乐和经济性(赌博)。陈(2006)在一篇对体育迷行为、体验和价值观的现象学研究中,对体育迷的相关文献作了综述(后面将在第十二章的研究纪要中介绍现象学方法)。

学者已经采用了心理学和社会心理学的方法研究了体育迷(沃恩,1977;史密斯和美奇,2000)。他们特别关注的是"情绪和情感"(迪茨·尤勒和默雷尔,1999;沃恩 等,2002;马德里加尔,2003)、动机(特雷尔和杰姆斯,2001;杰姆斯和里丁格,2002)以及影响粉丝行为的因素(恩德 等,2003)和忠诚(马奥尼 等,1999,2000;塔普,2004)。一些粉丝被认为是在参与"深度休闲"(吉布森 等,2003),甚至得出,高度忠诚的体育迷比普通粉丝在目的地停留的时间更长。

陈总结得出,大多数研究表明,个人价值观(从满足需求到追求利益)和认同感(比如社会认同)最能解释为什么粉丝积极参与并对支持的队伍高度忠诚(沃恩和布兰斯克姆,1993;马德里加尔,1995;布里斯托和塞巴斯汀,2001)。陈(2006)的研究还表明,"个人平衡"和"社会化"是追求体验的重要内容,而且它们是通过做志愿者,出席活动,和其他粉丝还有团队一起旅行,去一些有特殊意义的地方"朝圣"以及在目的地进行一些无关的社会和旅游活动而成为体验的一部分的。

以下是来自一位体育迷(马克·库班是一位富有的体育内行和一位博主)的博文:

> 你是选择在12月或1月的赛场瑟瑟发抖还是坐在新的大屏幕前观看比赛?
> 我想一定有一个更好的理由让你离开舒服的沙发,收拾一下,准备去赛场。所以,

是什么如此有吸引力、如此别具一格,使人们为了参加比赛而付出努力?首先,让我告诉你这不是比赛本身。回想一下你第一次现场观看的职业运动比赛,可能是父母带你去看的。你还记得什么?你记得比分吗?一次本垒打,一次跳投还是一次传球?或者你记得你和谁一起去的吗?我记得我和爸爸一起去看海盗比赛。我爸爸和叔叔看钢人比赛。想想你在体育比赛中最深刻的记忆。再一次,你记得什么?和哥们闲逛?第一次约会?最后一次约会?球队赢了或输了之后,你的感受如何?一个商业伙伴还是顾客?或者分数?我猜不是分数。在体育业,我们不卖比赛,我们卖的是独特的情感体验。我们的生意不是卖篮球,我们是卖有趣而独特的体验。我总是跟小牛队的人这样说,我希望小牛队的比赛更像一场盛大的婚礼。

(十)展会体验

荣格(2005)对展会参加者对服务质量的理解作了研究,他的研究对理想的体验有所启发,即研究中强调了要重视参展商的数量、展品的质量、展示的服务,以及展会中的一些研讨会、会议和其他活动。所有产品的质量都反映了活动的视野和营销内容。

下面是来自一位商品展览参展商的博文:

> 当我离开展会后,我觉得这次体验很好。关于我们目前和即将上市的书籍,我收到了很多积极的反馈,书迷也表现得很兴奋。最终,我很庆幸我在那里。我希望最终的结果能够证明,投入的成本是值得的,只有时间才能作答。还有,有耐心才会很有用。

(十一)会议体验

人们参会通常是出于外部原因,因为这是他们工作或工作说明中的一部分,因此几乎没有相关研究。他们研究了"推拉因素",并发现许多人都是每年参加一次会议。职业目标和交际是人们参会的主要外在动机,而且他们认为,一次特殊的活动能带来价值。人们有很多选择,因此参与机会、位置因素和目的地形象都会产生影响。戴维森(2003)研究发现,会议不仅给目的地带来了好处,而且给参会者的公务旅行增添了乐趣。一次会议可能是一次难得的机会,甚至是一生只有一次参观迷人之地的机会。为此,夫妻和其他家庭成员经常想一起去参会。

里蒂斯瓦特等(2001)认为,参加餐旅教育者或研究者会议的人主要是出于自我完善、商务和团体活动以及游览等目的。塞维尔特等人表示,不同类型的会议与不同的动因及体验维度有关。

【研究札记】

展会体验

一家小企业的董事及经理参加了由国家旅游协会举办的一次地区性展会,研究者对其动机、满意度和行为作了研究。在为期4天的会议中,研究者利用拦截抽样法，共收集到 155 份有效问卷。回应者男女数量相当，其中 24% 的人已多次参加此次展会。按顺序来说，出席会议最重要的动机是教育；教育信息或展览；有合理的时间参加活动；交际机会；商务活动。五大原因中，有四个原因本质上是体验性的，但可达性是一个促进或阻碍因素。参会者对教育成分十分满意，因此教育排在首位。

那些对教育成分最满意的是对展会整体最满意的人，也是最有可能再来参会并推荐别人来参会的人。

Severt, D., Wang, Y., Chen, P., and Breiter, D. Examining the motivation, perceived performance, and behavioural intentions of convention attendees: Evidence from a regional conference[J]. Tourism Management, 2007, 28(2): 399-408.

美国展览业研究中心（2003）曾提到，该中心的研究证实面对面交流在营销中至关重要，这也确保了现场活动的继续发展。确实，尽管在困难时期（恐怖主义、流行病、自然灾害），商务活动是首先被取消的，但他们很快便恢复正常，并继续发展壮大。"虚拟的活动"虽然能在做生意中激发象征性的交流、社交或找到乐趣，但是人们都喜欢旅游和与人见面，以后也是如此。

这有一个截然不同的展会体验，来自一位博主，她同时也是《暮光之城》的粉丝：

上周（2 月 13 日）我和一个朋友去了《暮光之城》的活动，我们有一个聚会！我们买到了周六的普通票（每张 30 美元），并坐在很好的位置。预定的座位（50 美元）正好在我们的斜前方，我们坐的区域有很多位置可以坐，如果你不介意坐在影院正前方，我建议你买普通票。当然，我拍到的明星很小，但我可以介绍。我也没有买明星的照片或写真，但我在沃尔图里吸血鬼球中拿到了快照，所以我也可以接受，我更愿意拿属于我的照片。其中一位明星嘉宾（查理·布雷，扮演的是沃尔图里家族的追踪者-迪米特利）走到观众席，并回答问题，所以我近距离地看到了他。

三、不同利益相关者的体验

表 6.2 列出了很多活动的利益相关者，从嘉宾、消费者、媒体到大众，每个人从相同的活动中都能获得不同的体验。活动体验一定程度上依赖于参与者的期待与态度，以及想要融入活动精神的程度。而且，不同的利益相关者总会直接或间接地受到角色影响（在现场对比不在现场），并依赖于角色（组织者，志愿者等）。因此，我们需要更深入地了解人们对活动给予的期待，以及他们是如何描述体验的。

当然，表 6.2 中大多数体验都是很多利益相关者从很多活动场景中获得的。我试图从每个利益相关者的体验中找出不同，但这并不是他们全部的潜在体验。

表 6.2　不同利益相关者的体验

团体活动体验	子类别	独特或重要的体验维度
付费的消费者	体育观众 音乐会观众 会展出席者 节日游客	逃避或娱乐 归属和共享 真实的文化体验 投入情感并十分忠实的粉丝(也很怀旧) 社交和交流
嘉宾	应邀参加私人活动 免费活动的观众 赞助商的客人	学习和追求自我实现 社交,建立关系 社区或家庭的成员 亚文化身份 被当作贵宾
参与者	竞争中的运动员 艺术比赛中的表演者	挑战和精通 一致性和亚文化表达
媒介受众	远程的电视机观众,收音机听众, 网络直播参与者	媒介营造的虚拟娱乐体验
表演者	活动上的表演者 卖艺者,街头表演者 专业运动员	职业技能和精通 自尊心 活动衍生的快乐
策划者和组织者	所有者 负责人 经理	与工作人员和志愿者相似 需要反应灵敏,考虑周到
很重要的人物 (邀请的贵宾)	政治家 名人 奥林匹克"大家庭" 投资方	尽自己的责任 协议将他们的体验定义为"表演者" 受到尊敬和款待 增加自尊心 活动衍生的快乐
官员	裁判,计时员,管理人等	专业行为和责任规定了他们的参与
管理者	警察,火灾,健康检查员等	专业行为和责任规定了他们的参与
赞助商和颁奖者	他们有自己热情的成分 或者作为贵宾	商业成功,交际 对自己的客人十分热情(活动本身仍有吸引力) 或者也是作为贵宾
供应商和小贩	外部供应商 现场小贩	契约关系规定了他们的参与 活动衍生的快乐
志愿者	董事会成员(可能是工作人员或 活动中的贵宾) 活动中无薪的工人	"活动成员",部分体验是帮助他人 "活动的乐趣" 志愿者之间的群体共性 自我满足

续表

团体活动体验	子类别	独特或重要的体验维度
招聘的员工	活动中招聘的员工 活动后的安保人员	有偿的工作规定了他们的体验 活动衍生的快乐
媒体	官方（赞助商） 非官方媒体	可能想要贵宾体验 专业技能
公众	活动的间接体验（溢出效应或替代性体验）	公众的体验包括"心理效应"，受累或受伤

（一）付费的消费者

许多活动要求支付入场费，这也吸引了付费的消费者，他们对活动安排的产品或体验给予高度期待。如果活动不值票价，他们有权投诉。营销者通常很乐意设置满意度调查，这是商业背景中体验效应测评最简单的方法。在粉丝们看来，他们可能有别的体验，包括忠实、共同感和怀旧（菲尔利，2003）。以文化为导向的游客可能更强调归属感、共享感、真实的文化体验和学习体验。

满意度对活动体验并没有太多的借鉴意义。更深入的探究可以体现此次活动是多么令人难忘、此次活动对消费者的意义（特别是在个人及社会构建方面）以及消费者是否有所改变。这些现象学的措施对改进活动是有价值的。

（二）嘉宾

"嘉宾"这个词表示活动组织者希望他们的到来。嘉宾希望被当作私人嘉宾，受到热情款待，因为这是体现服务质量的关键。嘉宾希望受到主人的问候和招待，当宾客知道自己受到私人聚会的邀请时，他们对招待和服务水平会有所期待，这也让付费的消费者认为，能否成为嘉宾对他们而言才是真正的挑战。嘉宾的体验必然会包括强烈的社会成分，因为他们是受邀群体的一部分。在此背景下，嘉宾经常被假设为一个"共同体"，其中彼此都有联系，但只有该团体中有陌生人时，才能利用这种联系。设计师可以采用只有内行才懂的特殊仪式邀请嘉宾。

（三）参与者

包括参加体育活动或文娱活动的选手、舞蹈节表演者、音乐比赛的钢琴家和一些参会的代表。这是属于他们的活动，没有他们的参加，活动就不会存在。他们可能感觉到这个活动是为了他们的利益，并且活动组织者应该尊重他们的需求和意愿。关于活动的成功举办，参与者可能会感到个人责任，但这要取决于一些因素，比如谁拥有活动主办权或者是谁赞助了这个活动。

为了弄清参与者的体验，需要知道在特定活动环境下他们的动机、期望、活动、情感和认知过程。全套的计划事件体验本可以适用,但参与者往往通过接受挑战、学习机会以及亚文化认同和交融来达到熟练。

(四)媒体受众

大多数活动的"视觉"体验,特别是电视上报道的体育活动、音乐会、颁奖典礼和精彩场面,很可能都会被认为是娱乐活动。对于活动研究者来说一个关键的问题是,媒体体验与现场体验就情感融入和认知方面是否效果一样?它们可以令人难忘或者转变吗?我们需要借助媒介学来寻找答案。查理普等(2003)阐明了活动的媒体报道对目的地形象有潜在的影响。随着网络直播的崛起,研究者有必要调查交互式媒体体验。

(五)表演者

包括有报酬的艺人或运动员,消费者想体验的任何部分。他们参加活动的动机完全不同,并且很希望能获得一种职业素养感。如果他们的体验很糟糕,就会对整个活动的质量和顾客满意度产生负面影响。一般情况下,活动制作者知道如何训练职业选手去赢得荣誉和别人的尊重,照顾到他们有形的和情感的需求。如果机会来了,有些表演者也可以参与部分活动,享受乐趣。

(六)制作者/组织者

有时候活动制作者/组织者也会参与进来,和其他志愿者一起工作。在其他活动中,他们完全脱离了他们在寻求创造的体验,因此他们需要回应并反思他们在做什么以及他们得到的反馈是什么。

(七)贵宾

政治家、皇室成员或者社会名人一旦成为贵宾就意味着他们将会从活动组织者那里得到特殊对待、荣耀、尊敬以及安全感,礼仪说明中规定了他们能做什么,不能做什么。他们的体验不可能和其他宾客或顾客一样,实际上,他们可能成为精彩场面的一部分,并且暂时性地成为表演者。尽管这些安排可能会把贵宾们与其他人隔离开,但他们也可以享受活动。

(八)裁判

专业管理和特殊责任决定着裁判、活动统筹者、计时员和其他人员的活动体验。他们可能大多数是幕后工作者,或者在活动中发挥重要作用。他们的体验可能是下班时候才有的活动享受,除此之外,他们主要关心的就是纯技术层面的东西了。

(九)管理者

他们参加活动是为了监督和保障活动标准的实施,但是他们也需要舒适安全的工作环境,并且基本的技术要求和人类需求也要得到满足。专业管理决定了他们的角色,但他们能够花费大量时间完全享受比赛吗?可能他们当中有些人应该得到贵宾级的待遇。

（十）赞助商和投资者

除非他们把自己当作管理者，在活动中这些"提供便利"的利益相关者应该被给予贵宾级别的待遇。赞助企业常常想为他们自己和他们公司的顾客争取特殊的款待服务，甚至达到了私人、专有区域以及迷你活动场地这样的程度。必须要做生意，并且这是体验领域，不一定要和享乐分离开来。

除了享受活动这个第二重要的事情之外，提供便利者在成功举办活动中也要有既得利益，因而才可能扮演监督者或评价者的身份。有些人可能想要制作者或主办方的身份地位。不用说，他们整体的多维度体验必须得到满足。

（十一）供货商和供应商

这些合同规定的服务和商品供应商经常和赞助商一样参与到活动中来，有既得利益。他们可能也会找时间享受活动。他们需要完成特殊的专业职责，活动管理者会对他们进行监管和评价。这就意味着，当谈到合同规定的供应商的活动体验时，会有"双重人格"的风险。

（十二）志愿者

他们需要和活动中的其他人相互交流，并且在创造和分享体验中提供帮助。志愿者应该对整个活动体验以及其他人是如何享受活动的有一个独特的视角。他们必须得到满足，否则就不会继续当志愿者了。约翰·斯顿等（2000）发现，体育参与引致体育活动志愿服务，这表明他们需要与体育相关的体验，比如和他喜欢的体育明星接触。

萨利赫和胡德（1998）发现了志愿者在参与多元文化节（分享文化，保持各文化间的联系）时具有独特的动机。埃尔斯塔德（1997）研究了挪威利勒哈默尔冬奥会的学生志愿者，确定了跟他们体验满意度关联度最强的是：拓展个人交际网络、成为活动环境的一部分以及学到跟工作相关的能力。在另外一个研究中，埃尔斯塔德（2003）发现活动志愿者辞职的原因中最普遍的是因为工作量超额、缺少赞赏以及糟糕的组织，所有这些原因表明了试验性的结果。

在下面的研究札记中，附加了对于活动志愿者体验的研究观点。

【研究札记】

活动志愿者

作者进行了有关活动志愿者的文献综述，涵盖了动机、资料、满意度研究和理论研究。他们在曼彻斯特进行的研究采用了焦点小组方式并且对参加英联邦运动会的志愿者进行了调查。他们从事志愿者的原因明显地来自他们所寻求的体验，结果是：兴奋、独特性（千载难逢的机会）、接触有趣的人和成为团队的一部分。跟体验有关的意义：支持体育运动，为社区做一些有用的事情，帮助城市、地区和国家以及使用他们的技能。

Ralston, R., Lumsdon, L., and Downward, P. The third force in events tourism: Volunteers at the XVII Commonwealth Games [J]. Journal of Sustainable Tourism, 2005,13(5):504-519.

（十三）受薪人员

大多数受薪人员能够直接体验活动,除非他们下班了,但也有一些人不能,像负责夜间保安工作的人。他们拿薪水是因为有特殊职责,必须接受监督和评价,享受活动就成了一个附属目标,继而是职业素养体验。当然,在志愿者的角色和体验以及受薪人员和表演者之间存在着重叠部分,这取决于这些群组参与演出的程度(如演职人员)以及宾客或顾客为了他们的体验在每一群组的独立程度。

（十四）媒体

大部分参加活动的媒体人是官方赞助商,他们要求技术支持和贵宾待遇。但是也有可能是非官方媒体,他们参加活动的权利可能会受限。两组媒体之间会发生冲突,媒体和贵宾或表演者之间,以及媒体和组织者或工作人员之间也会发生冲突。媒体关系已经发展成为活动中的重要组成部分,而且不能忽视。如果人们有了糟糕的个人或者职业体验,结果可能就会对活动形象产生负面影响。

（十五）公众

活动中可能有一些外溢效应,比如噪声、灯光、交通、气味、拥挤和恶劣行为,所有这些在邻居和广大社区中都可以产生不好的影响。媒体喜欢聚焦所有这样的事情。社会大众,甚至是那些不参加活动和不感兴趣的人,仍然可以从他们对活动的间接体验中收获"心灵益处",比如增强的社区荣誉感和对经济上以及其他方面影响的认知。

第四节　和活动体验有关的意义

对我们来说,活动体验既可以像短暂的娱乐那样小(不重要和不值得回忆),也可以像深刻的改革变化那样大。对于一个社区或社会活动来说,可以有简单的商业意义(作为"娱乐产业"的一部分),或者他们可以成为重要的经济和区域营销推动力。从文化的视角来看,活动可能是促进加强的或者是充满威胁的。从经济和旅游业出发,活动是待出售的产品,它们必须产生有形或无形的效益。而对于那些赞助或制作活动的赞助企业而言,在市场营销、品牌推广和企业责任方面具有重要的作用。

与活动体验有关的意义是立即期望着的(例如,"我们将去参加节日来庆祝我们的传统"),发展的(例如,"活动本身对改变每一个人对于艺术的态度是负有责任的")和反思的(比如,"回顾一下,很明显这是一个具有伟大经济和政治影响力的活动")。历史学家和批

判研究学者能够将意义赋予活动。所以政治意识形态和有关的所有利益相关者之间的相互作用也是如此。政治和社会意义可能不会给个人留下好的印象，毕竟他能够对任何活动形成自己个人的理解和活动意义。但是，如果活动对人们没有或者仅有一点重要性的话，人们就不会参加了。如果活动没有社会、文化和经济意义的话，谁还会支持它们呢？

一、个人意义

个人赋予活动体验的意义属于"个人建构"范畴，可以被定义为一定程度的认知重要性，代表了我们是如何理解周围世界的。实际上，我们在脑海中构建现实是为了解释体验。个人建构理论认为，人们把意义附属于他们的体验之中，并且每个人因此有了不同的体验。凯利（1955）提出的理论认为，一个人的体验是由"一系列个人解释的活动"组成的，这些活动并不一定是有效的。也就是说，我们可能没有正确理解它，它们是客观的和容易变化的。根据体验，我们可以预见未来的经历，这当然会影响我们对活动的期望。

埃普坦和内迈耶（1984：2）表示，这些个人建构"不仅能作为对过去活动的解释，还可以作为对将来可能遇到的事件的假设"。博特利尔和克朗普顿（1996）使用个人建构理论检验了休闲/游客体验，而且得出结论：情感态度与"最优体验"是密不可分的，至少被采访者是这样定义的。

在某种程度上，我们可以说个人意义与个人需求，参加活动表现出来的动机以及希望通过活动体验获得预见的益处都直接相关。扪心自问，你如何通过工作、休闲和家庭给你的生活赋予意义？活动在意义体系的哪个位置最合适？标志我们生活具有纪念意义的重大事件，充满了个人意义，帮助定义我们是什么样的人。但它们中的绝大多数，像生日、周年纪念日、婚礼和毕业典礼，也是社会场合，对家庭和其他社交网络具有重大意义。体验营销者也意识到，他们必须让消费者忙于参加对他们有意义的活动。

我们在这一领域的工作使我们确信，对于那些想要通过体验设计获得长久竞争优势的企业来说，他们的创新不能仅依靠新奇的事物来实现，他们必须越来越多地去揣摩满足顾客基本需求的意义。而做到这一点，这些企业首先需要理解意义在人类生活中所起到的作用，商品和服务如何能够唤起意义，并且随后如何以自身的市场供给品为目标来辨别核心意义。对于那些面临着全球化和大众市场终结双重夹击的企业来说，"市场价值"是它们能采取的为数不多的措施之一。

基于早期的讨论和迪勒（2006：320）等人的研究贡献，我们发现个人利益和意义包括以下任意一项：

- 社团（由于归属感和分享，源于对根源、联系和价值的重申）。
- 尊重，别人对于自身的认同；自我价值；威望和名望（例如，可以通过竞争和治理成就获得的那些威望和名望）。
- 学习，启蒙（例如，通过新的文化体验或者鉴赏家对于美食、艺术和音乐的鉴赏所获得的启蒙）。
- 自我发现，自我实现，理解，惊奇。
- 转化（在宗教、精神、性格、复兴和积极性上的转化）。

- 救赎和赎罪(从失败和罪恶中获得)。
- 掌握精通(技巧,个人胜利)。
- 成就或成功(来源于商业、交易、贸易、交流、创造力及艺术表现)。
- 创造力或创新(做出持久的贡献)。
- 充满责任感(专业化,或者做一名忠实的体育迷,又或者做志愿者工作)。
- 健康和富足(通过体育活动;学习)。
- 安全(无忧生活)。
- 承担责任(军事或公民责任);爱国和忠诚。
- 诚实,正直(这一意义主要是指人际交往和个人行为方面的)。
- 审美和艺术鉴赏。
- 自由(无拘无束的行动;本质上值得追求的东西)。
- 和谐(同自然和他人之间)以及统一性(归属,统一)。
- 公正(平等;民主表达)。

人们也许不能够清晰地表达出他们所赋予活动体验的意义,他们可能根本不去想其中的意义。你可以询问他们想要获得的收益以及他们的经验,因为这两者关系密切。他们可能被要求就一系列有关活动的描述作出回应,参考上述标准,来看这些活动体验对他们而言是否值得记忆,是否可以转化或者是否具有意义。大体来说,人们想要赋予一定的意义给予他们的体验和生活,但是表达那些意义需要深思和良好的词汇量! 这对于研究者和理论家来说是一个真正的挑战。

二、社会意义

社会意义是指为社会团体、社区和社会整体赋予活动的意义。虽然个人受这些意义的影响,但是个人依然能够就活动做出自己的解释。正如先前讨论的那样,活动类型和形式在很大程度上是一种"社会建构",它们是集体分配的,并且具有公众认知的意义。亚伯拉罕斯(1987)指出,我们设计或者赋予体验意义的方式是嵌入在社会和文化秩序之中的。

我们最受欢迎的宗教节日和民间庆祝活动都具有普遍接受的意义。对于许多人来说,像圣诞节这样的节日,神圣已然被亵渎,然而社会作为一个整体,承认且需要这些节日所带来的社会和个人利益,尽管它们所包含的意义已然有所不同。

活动的形式,诸如节日和体育竞赛,其中有关何时何地举办,参与者接受和预期的行为,甚至它们的设计元素,都被期望着遵循普遍预期。创意活动设计者不会做出超出规范准则的行为,除此之外还有规避风险,或者至少设计出足以诱惑潜在顾客的元素。如果这些变化被接受,那么它们或许可能被添加到我们现有的社会建构中,但这或许需要很长一段时间。我们可以将这一过程称为传统的缔造或者社会规范和整合的建立。

(一)社会和政治建构

Roche(2000:7;2006)将诸如全球千禧年庆祝这种活动看成"由国家社会定位向国际或者全球社会定位转变的重要元素"。诚然,许多国家已经通过举办大型活动获得了合法性和

声望,赢得了世界对其成就的关注,巩固了贸易和旅游业,或者提升了国家的世界影响力。这不仅是区域营销,这更像是国家认同的构建。惠特森和麦金托什称国家和城市竞相举办大型体育赛事来证明它们的"现代化和经济活力"。

朱莉·罗素研究了一个可以追溯到1176年的传统,即威尔士国民大会所包含的政治意义。她发现这场每年都举办的音乐和诗歌的竞技同时也是一个表现艺术的竞技场,一个保存威尔士语的论坛,一个旅游胜地,一个交易所和一个彰显威尔士政治行为意义的平台。"作为一个艺术和文化佳节,威尔士国民大会同样提供了更广泛的经济和社会语言学的福利,这些也满足了威尔士旅游局、威尔士艺术理事会、威尔士语言委员会、当地政府及其他机构的利益。"

（二）集体感和地域感

德瑞特(2004:48)讨论了社区是如何通过节日和活动分享文化的,同时还讨论了居民、地区和观众的独立性是如何帮助建立一个有价值的集体感和地域感的。

他们通过在特别安全的环境下举办包容性的活动来庆祝地域感。他们提供了工具供社区集体来招待观众,并且分享这些代表普遍共识的价值、利益和抱负的活动。再次,他们是社区身份的外在表现,并且提供了某一地域和人民独特的标识符。

另一方面,文化的"商品化"或者"节日化"是一种威胁。

三、文化意义

奎恩(2000:264)总结出:

> 如果每一个节日的中心都是一个地域,并且地方社区积极地复制它们的共享价值和信仰体系,那么使这些有意而为的文化意义被外部世界感知则具有重要意义。

另一个相关的挑战源于意义易于且经常会被质疑的事实,这是由于同一社区团体中不同的价值和信仰体系。所以,尽管节日是文化的"文本",但要进一步阐释它,就会是一个模糊不清的文本。

（一）作为文化表达的体育

"游戏和体育,正如宗教仪式和节日一样,可以被解读为更广泛的社会关系和文化理想的反应"(米勒 等,2004:348)。对格尔兹(1993)来说,有许多描绘主流价值和理想的文化模式,如公平竞争或者友谊赛。体育同样也会有更多罪恶的或者富有争议性的意义,因为鼓励侵犯攻击,并且表明一个组群对另一个组群的主导地位,领土权和文化帝国主义。许多人发现了在体育比赛中所强调的国家文化元素。我们应该问一问,所实施的体育政策表明或者塑造文化了吗?

（二）文化真实性

有许多关于"真实"体验或者活动到底是什么,以及游客或活动爱好者是否想要或者能够理解这些体验或活动的争论。这里我们所说的文化真实性,即活动中所包含的真实文化意义。

著名的布尔斯廷"虚假活动"(1961)的论断,实际上是对大众旅游的评论,他相信文化已然被商品化,并且许多活动被创造出来迎合游客的期望。这个观点恰恰与麦克康耐尔(1973)及其他人的想法相反,因为他们认为人们寻求真实的文化体验是由于他们自身肤浅无趣的生活。科恩(1979)主张不同类型的游客需要包含不同意义的不同体验,而这一切都可以被文化所解释。他区分了两大主流——寻求真实性(或者说精神追求)的"现代朝圣"族和享乐族。

王(1999)区分了三种类型的真实性。"对象相关的真实"将活动的真正本质看作一种文化表达。由此而论,活动筹划者必须保证活动的节目、设计特点或者其他设计元素都是其所展现的文化的真实反映。但是,谁来做出判断呢?

"建构性真实"投射到活动的形象、期许、偏好和信仰上去。观众可能会被愚弄,而且即使活动不是真实的文化表达,他们也或许并不关心。活动筹划者有相当大的娱乐人们的空间,但是他们是否应该关心观众所附加的意义呢?并且活动筹划者是否有义务(道德,或者就市场营销而言)去保证活动不被错误解读呢?

对于王来说,"存在性真实"的出现是因为无论活动的本质是什么(无论文化是否是真实的),消费者都会拥有自认为真实的亲身且有意义的体验。这个理论的价值在于真实体验可以促使真我的发现。这对于活动筹划者来说是一个真正的挑战,因为他们必须承认他们的设计是,或许仅仅是,理想化且高度个性化的体验中的一个背景。

作为上述观点的变种,蒂莫西和博伊德论证了"相对真实",声称真实性是一个因人而异的主观概念,它取决于我们的社会环境。按照这种说法,意义并非源于活动本身,而是源于活动本身和由观众所创造出的意义之间的互动。

我们所得出的结论是,理论上来说"文化真实性"是一个晦涩难懂的概念。我的观点是当决定活动是否真实时,仅仅那些独具代表性或者参与节目的文化团体才有做出判断的资格。文化内总会有关于现代表演是否是真实且合理的激烈争辩,但是可以肯定,不能指望外部人士去做出决定。

对于"真实"体验来说,有一个完全不同且又广泛应用的方法。考虑一下以下观点:体育赛事是真实的吗?不提文化因素,仅仅作为活动本身,他们值得信任吗?除了有时出现的赌博或误判等丑闻以外,体育赛事被认为是真实的,是因为其结果是不可以预测的,运动员拼尽全力且他们的才能和努力得到了回报。许多其他形式的娱乐活动则常常被看作有意设计且不可信的互动。即使是所谓的电视"真人秀"也不过是程序化且照本宣科的表演罢了。为此,许多有关活动消费观和大众媒体体验"真实性"的研究项目获得批准。

(三)极富争议的文化、利益相关者和合法性

同一社会团体中的所有利益相关者都会赞同主流价值和所需庆贺的东西吗?事实上,文化及其表现常常富有争议。为了研究这个问题,克莱斯皮-巴利沃纳和理查兹(2007)采访了许多加利福尼亚的利益相关者,他们发现围绕这一地区的节日有许多共同的问题。文化

认同是最主要也是最常见的主题,反映了这个地区为建立国家认同所做出的长期努力。这是一个综合因素,即使意义的不同是显而易见的。然而,研究人员同时注意到当地和全球视角下活动的张力,同时关注到活动除了用来保护文化完整性之外,还被期许着为政治、经济和社会目标服务。政策过程中各种利益相关者对权利、合法性和紧迫性的要求决定了节日意义的不同。

四、经济意义

在很大程度上,我们已经通过观察活动旅游业中动画师、广告业者和地方营销商等所扮演的角色来定义活动的经济意义。这些意义受到政治家和产业的影响,而非公众和旅行者自身的影响。许多活动被看作"娱乐或文化产业",又或许是"创意产业"的一部分,这些都代表了它的经济意义。在"流行文化"的背景下,使用"产业"一词更能暗含商业化和大众消费之意。

许多活动都属于文化艺术的一部分,它们不需要作为商业项目来管理。这在一方面表现了艺术价值/文化价值之间的张力,另一方面也显示了精明的管理和商业化的潜力。理想状态下,可使经济和艺术/文化的意义达到平衡状态。

体育作为"大企业"是一个反复出现的主题。例如,罗津(2000)将印第安纳波利斯描绘成一个如何使体育生向公民转变的"经典案例"。体育商业市场研究公司(2000:167)发现,在20世纪八九十年代,美国各个城市"相当重视体育、娱乐和旅游业的发展,并将其作为城市收入的来源之一"。格拉顿和可可拉卡斯(1997)坚信,在英国体育赛事已经成为许多城市经济复苏的主要平台。

贝里奇(2007)认为:活动的学科范围从其文化和庆祝的起源上得到显著的扩展,并且随着活动在"品牌营销"中的效力更加清晰明辨,其在商业中所扮演的角色也在发生着变化,并且由此其投资水平得以提高。

在企业界,现在更加流行从关系方面来思考品牌,并且通过"实际沟通"或"活动体验"来构建和维系公司和顾客之间的关系。在这一背景下,活动是品牌塑造的工具,并且应该就满足企业界目标方面对体验做出评估。以这种方式吸引顾客的竞争不断加剧,所以活动的生命周期可能因此而缩短。因此,活动举办总会需要一些新的东西。

当企业承担其责任时,它们参与活动就会呈现出新的意义。到企业对社会表明承诺时,或者企业处于纯粹的利他主义环境之下时,活动可以作为表达承诺的方式。当代消费者和游说团体希望企业负起责任来,这应该会导致将参与活动看作仅仅是市场营销趋势的转变。在这一背景下,认为"真实性"和商业化是不相容的观点似乎是合理的。你怎么认为呢?

[学习指导]

能够解释活动体验及其意义是十分必要的——这是活动研究的基本现象。本章主要探究了"体验"的意义,包括其在休闲理论下是如何概念化的,以及在这一背景之下的"体验经济"。发展活动体验的模型需要引用人类学理论,尤其是使用"阈限的""类阈态"和"社区"

的概念。不同的活动利益相关者会有不同的动机、体验和意义,因此筹划者需要明白诸如付费顾客同特效嘉宾之间有何不同之类的问题。思考本章的材料是如何帮助专业人士进行活动设计,如何使活动"与众不同",并且将活动推广到特定受众对象中去的。

[研究问题]

- "体验"的行为表达(意动的),情绪化(情感的)和精神的(认知的)方面分别是指什么?
- 内部和外部动机同活动体验有何关系?
- 在"体验经济"背景下,为什么企业如此热衷于活动设计?
- 描述活动体验,尤其是用人类学理论来解释"阈限的"和"类阈态"的含义。
- 讨论活动体验中的"社区"的概念,包括为什么它被称为一种"通用的"活动体验。
- "最佳唤醒"和"流动"概念同活动之间有何关联?
- 活动体验如何变得"令人难忘"并且"可转化"?
- 什么是"景观理论"? 它是如何运用到活动体验中去的?
- 举例说明不同类型的活动是如何促进既"通用类"又具有"品系特异性"的体验的。
- 不同的利益相关者是如何通过不同方法体验活动的,结合他们的动机和功能来说明。
- 使用"个人构建"和"社会构建"的概念来解释不同活动的意义。
- "文化真实性"意味着什么? 为什么它在活动研究中很重要?

[拓展阅读]

[1] Diller, S., Shedroff, N., and Rhea, D. Making Meaning[M]. Upper Saddle River, NJ: Pearson, 2006.

[2] Gilmore, J., and Pine, J. Authenticity: What Consumers Really Want[M]. Boston: Harvard Business School Press, 2007.

[3] Morgan, M, Lugosi, P., and Ritchie, J.R.B. The Tourism and Leisure Experience: Consumer and Managerial Perspectives[M]. Bristol: Channel View, 2010.

[4] Pine, B., and Gilmore, J. The Experience Economy: Work is Theatre and Every Business a Stage[M]. Boston: Harvard Business School Press, 1999.

[5] Timothy, D., and Olsen, D. (eds). Tourism, Religion and Spiritual Journeys[M]. London and New York: Routledge, 2006.

第七章 展会活动设计

通过本章的学习,学生应掌握:
- 设计的含义和惯例,如何把设计应用到展会活动之中;
- 展会活动设计的心理学、社会学原则;
- 特定设计要求下,展会活动设计所应包含的方面:
  - ——地点和氛围
  - ——主题和节目(包括表演者、参与者以及节目风格)
  - ——服务(服务质量;员工和志愿者作为"演员阵容")
  - ——消费品(美食;礼品)

第一节 什么是展会活动设计?

"设计"既非纯粹科学又非纯粹艺术,它是科学和艺术的结合。本章首先讨论设计的定义以及展会活动设计的含义,这是一个基础性问题,即展会活动体验是否可以设计以及如何设计。谈到展会活动设计,我们引用一系列心理学原则,其中以环境心理学和社会心理学为主。为了把讨论建立在现实世界的实践基础之上,我们也介绍一些展会活动设计者的观点。

由于创新是设计的重要组成部分,因此我们关注创新的含义以及提高创新的方法。创新不仅与艺术结合,同时也从科学和工程中汲取智慧。本书将详细讨论展会活动场景(选址和氛围)、节目(包括表演风格)和服务等方面的内容,必须严格管理这些方面才能达到预期质量和效果。

一、定义

内森·谢卓夫(Nathan Shedroff)的《体验设计》(2001)以及他参与编写的《下定义:成功商业如何呈现有价值的顾客体验》(迪勒 等,2006)。

设计是以用户为中心来了解用户需求(商业、经济、环境、社会和其他需求),寻求成功的方法解决实际问题的过程。设计经常被用在系统或市场内,用来改变现实境况。但是,由于受图画设计者的影响,设计常常被定义为直观地沟通或解决问题。

谢卓夫区分了几种设计方案,包括建筑或场景的"环境设计"以及"体验设计"。他认为体验是:一段时间内,在身体和认知层面,我们的所有感官与产品、服务或者活动进行互动的感觉。体验的界限能够扩展到包含感觉、象征、临时和有意义等在内。

【专家观点】

福林德大学(位于澳大利亚阿德莱德)旅游学院院长、节日和展会活动设计以及项目管理课程协调员史蒂夫·布朗博士是一名展会活动设计者,他认为展会活动设计需要以观众为中心。

展会活动设计是利用展会活动设计的原则和技巧,去创造、进行观念性开发并呈现展会活动,进而用有积极意义的体验来吸引观众参与。展会活动设计体验实现了与观众沟通效果的最大化,因此提升了展会活动实现、超越其目标的潜在可能,为观众获得最佳体验打下了坚实的基础。

我有30多年设计、管理和营销展会活动的专业经验,这些经验使我确信,尽管任何成功的展会活动都是以完善的展会活动管理为基础的,但是研究透彻、高效应用的展会活动设计才是为观众创造最佳体验的关键因素。

展会活动设计关注观众如何被吸引并参与到体验之中,主要包括两个部分:发展展会活动观念,应用展会活动设计的原则和技巧以实现与观众和参与者沟通效益的最大化,进而提供积极有意义的体验。

如果我们想要拥有真正的感官体验,首先要重视设计展会活动,其次才是管理。在思考、设计和发展原始观念阶段就要以观众为中心。只有这样,才能完全实现展会活动体验的潜力。展会活动设计不是对其他内容详细、已被定义、已被描述的管理过程的附加,它应该是整个展会活动的指南针,具有全面的影响力,影响决策和行动的采取。

基于设计者对现有的展会活动设计知识的发展,以及对如何把这些知识通过展会活动设计的原则和技巧加以应用,产生了展会活动设计方法。虽然展会活动设计与展会活动的创作、美学、"外观"和主题相关,也不可避免地与对展会活动观众的认知(他们的动机、行为和文化背景)相关。

展会活动设计之所以会提前假设观众行为和反应,不仅是为了实现展会活动目标,而且是要提供体验活动,让观众参与进来,令他们感动、兴奋、高兴或悲伤,如果给他们机会,他们甚至愿意加入进来。我们怀揣满满的热情,为展会活动全力以赴,渴望超越"不错",实现"伟大"。

上述内容为展会活动行业提供了新的机会,这个机会使展会活动能更高效地和观众融合在一起,和他们进行沟通,实现展会活动体验的最优化。

这就是展会活动设计的力量。

布朗和詹姆斯(2004:59)认为:"设计对于展会活动的成功至关重要,因为它可以从各个方面改善展会活动。"展会活动的"核心价值"提供了设计的出发点:为什么举办展会活动? 为谁举办? 他们谈论了5个展会活动设计的原则:规模、类型、主题、时间和如何搭建,这5个原则将稍后进行讨论。展会活动设计的重点是创新性和独特性，因为类似的展会活动是不大可能有活力的。不过，通过加入主办方的文化和标识，这些是可以在一定程度上实现的。

茱莉亚·希尔福（2004:5）在她的著作《专业展会活动协调》中这样写道：

记住，你是在打包、管理一种体验。这意味着，你必须站在顾客的角度从头到尾预想一遍这种体验。

英国展会活动专家格拉哈姆·贝里奇在《展会活动设计和体验》（2007）一书中，详细讨论了"体验设计"，认为它的发展尚处在萌芽阶段。但是，"体验设计"一词可以用来描述一切设计，包括从网站（数字媒体）到讲故事、设计主题公园和对几个"展会活动品牌"进行整合。他认为，设计的目标是创建人们的认知和参与欲望，核心是建立并维护客户关系，通过顾客参与，建立情感联系。

贝里奇也提倡在把设计原则应用到所有展会活动计划和制作过程中来开展"体验工程"。这要求展会活动经理以及其他相关利益方参与到体验设计、营销和传递中来。贝里奇以剧院作比喻，说明舞台（场景）和表演（整个体验）设计的必要性。

我们经常把"设计"和时尚、美学或平面效果联系起来。展会活动确实需要美学设计，尤其是创造合适的氛围，但它不仅仅局限于美学设计。工业设计的重点是解决问题，但同时我们也需要进一步引申它，设计椅子不仅要考虑其功效和舒适度，外观上也要赏心悦目才行。不管是展会活动场景（位置和地点）、氛围（各种感知刺激），还是节目（这些加在一起构成"体验内容"），都需要提前设计，兼顾设计者的初衷、需求以及观众或顾客的喜好。如果设计偏离了目标和实际需要，我们就只是进行了艺术创作而没有获得实际价值。

二、体验能设计吗？

维基百科上对体验设计作如下定义：体验设计（XD）是进行产品设计、加工、提供服务、展览、适应环境的过程，以用户体验和文化相关的解决方法为重点，较少重视设计不断提高的附加功能。作为新兴学科，体验设计吸引了其他许多学科的关注，包括认知心理学、语言学、认知科学、建筑和环境设计、触觉学、危害分析、产品设计、剧院、信息设计、信息架构、人种学、品牌战略、交互设计、服务设计、故事学、启发教育学和设计思维。

触觉学指的是接触的感觉，重点关注把触觉应用到用户界面上（例如电脑键盘）。

回顾前一章对"体验"的定义，考虑那些被计划好的，受展会活动影响的利益相关者（不仅是顾客或者观众）。让人们参与进来，从事具体的活动，受到预期的刺激，这些是可能的。但是，想要预计个体在认知及情感上是如何体验的却是不可能的。展会活动设计者不能确切地知道那些展会活动体验会有什么意义，也不知道他们是否会产生改变性效应。

我们承认，"体验"展会活动制作者创设了一种关于什么能有效、能让人们开心或者至少让人们满足的认识。但是，在谈到如何保证设计元素正确（例如，技术上完美，符合设计者的构想）以及尽量避免错误，这就是"熟能生巧"的过程了。此外，设计者的经验和直觉会对提升展会活动设计有很大帮助。但是，不管设计过程如何，都需要利益相关者进行研究和反馈,不断改进,否则就会犯错,比如只顾"产品导向"(这就是我提供的,对你有好处)或者只是为了艺术而艺术(不能解决任何实际问题)。

体验具有高度的个体性,不能计划、设计甚至给展会活动观众做出承诺。任何展会活动,其目的都是展示某种体验(通过提供主题和解释),促进积极的体验(通过场景、节目、服务和对消费品的设计),进而使每个参与者都达到目的(共同创造)。另一方面,设计和管理也致力于限制不受欢迎的体验,包括挑衅、暴力和过度刺激等。

三、创造和创新

(一)创造

如果简单地定义"创造",它是产生新想法或者观念的心理过程,同计划管理和创业一样,等同于发明和创新。创造不是只存在于艺术之中——它是人类所有努力的重要组成部分。创造来自哪里?创造能学习吗?也许是得益于独特的心理过程或者成长环境,似乎有些人天生就比其他人富于创造力。我们有时候提到的创意者表现出"天才"的一面,就是因为他们的想法或者艺术看起来非常新颖或者新鲜。

随着整个"行业"致力于创造和形成知识体系,寄希望于依靠个人力量产生真正原创的想法或衍生艺术变得越来越不可能。所以,还有一种使创造变得越来越重要的方法,那就是积极寻找、讨论和完善事实和概念之间的新联系。这也是本书的目标之一,即鼓励学生、研究人员和政策制定者以新的方式把事情整合起来。你不仅需要很多信息支撑,还需要一些如何进行下去的建议。

这和理查德·弗罗里达(2002)提出的"创新阶层"是相关联的。他认为,创造是经济的推动力,是形成竞争优势的关键源泉。一些城市之所以繁荣是因为它们具有创新阶层。弗罗里达认为,创新阶层会根据舒适的环境、稀疏的人口和好的工作条件来选择城市。展会活动领域也需要成为这种创新的一部分,才会得到经济、文化、政治决策者的青睐。"创意资本"具有价值,有吸引力,尽管那些展示最具创意资本的人可能被视为是古怪反常的或者十分怪诞的。忍耐、科技和天赋通常并驾齐驱。

创造力在某种程度上当然是可以学习的。如果有社会环境支持,可以使更多的人成为艺术家和发明家。如果有这样的学习环境,各级学生也可以使学习变得更具创造性。通过鼓励读者在不同思想之间建立新的联系,本书希望能够进行一些创新,从现有的问题和机会中发现新的问题和机会,开启引领新知识的研究。

(二)创新

简单定义,创新就是更新或改变,在这个过程中产生新的东西(一个新的想法,项目或事件)。因此,创新与组织文化、领导和规划有关。要做到创新,活动组织者必须不断努力学习、改革、更新管理和设计的方法。一些学者已经开始研究展会活动领域的创新活动(如van Limburg,2008;Carlsen et al. 2010;Johannesson,2010),以下简要介绍。

1.行进表演

阅兵、小舰队、骑兵队、游行示威和其他相似的活动都是线型的、流动的娱乐形式,演出或许会经过特殊的设计和管理,观众可能站着、坐着也可能随着队列行进。然而,最常见的线型场景是观众站在街道上,当行进的队列以表演的形式出现时,会经过座位区。

这种活动在后勤方面面临诸多挑战,例如让所有人参与到阅兵队伍之中、比赛过程中动员大家排好顺序、有可能发生的交通拥堵、大多数街道不适合观看等。格雷格森(1992)建议用人行道、街道和特定建筑来布置展会活动场景。但他指出,建筑者通常不会考虑季节变化的影响,也不会考虑公众集会的需求。国际节庆协会的《游行》一书(2002)也说明了这一点。

2.线型节点

很多体育赛事包括比赛或其他线型活动,例如长跑和赛车,把行进和活动节点结合起来。观众通常在某些节点聚集起来,这些节点包括起点、终点和过渡点。活动设计者经常把线型节点的现场直播视频传送给粉丝聚集区,包括运动员和汽车的视频。

3.露天场地

有些活动经常利用公园、广场和封锁的街道进行,这些场地的特点是人们可以自由移动,但是也会设立分区作为观众聚集、行进表演、展览或销售区域。欧洲城市的优势是拥有美丽的、充满文化底蕴的广场;而北美城市场地面积更大,水边、自然公园可以用来聚集大量民众(盖茨,2001)。在公园里,人们要注重对环境的影响,而城区广场则要考虑对建筑物的潜在威胁。

4.展览与销售

具有特定目的的展会活动通常适合进行贸易和消费品展示,尽管一般集会通常也都会有饮料、食物及商品售卖提供。设计这些场景的目的是吸引观众进来参观或者购买。有时,观众只是观看展览品,偶尔会买些商品。这些展会活动的目的常常是贸易,必须应用一些环境心理学原则来促进人与人之间的联系。好的宣传非常必要,但是商家更希望人们能够驻足和讨论。《展览的艺术》(莫罗,1997)会告诉你更多关于展览设计的细节。

四、剧院展会活动

剧院是展会活动形式的一种,但是,正如前文所讨论过的那样,它也是对表演和各种展会活动的形象比喻。当然,展会活动设计者有足够多的空间利用剧场环境来改善设计展会活动场景和体验。

海地和坎帕拉(2006)认为,"体验设计"的重点是戏剧学,而戏剧学是剧场和演出研究的一部分。他们举例证明了参与程度高的顾客和专业"演员"共同创造体验的案例。"手稿"和"舞台体验"必须以顾客的需求和期待为出发点,加入故事、场地或当时的环境。"这使地点和场所能够结合在一起,也能够发展群体认知体验"。采用这种方法,"舞台"就是体验发生的地点,但是舞台必须设计得合理。

（一）舞台

由于戏剧和其他很多表演经常在专门的（集会）场地进行,有观众观看,舞台是最重要的戏剧表现场地。"舞台"和"舞台艺术"应用于场景布置和表演过程中（或者整个表演体系）,以提高表演水平,为观众呈现更好的体验。舞台设计的基本要素包括：

- 布景和其他艺术设计元素,包括窗帘；
- 灯光及相关效果（例如激光）；
- 声音系统,音乐家,管弦乐队；
- 小道具（剧院体系内的简称）,例如手持物品；
- 服装和化妆品；
- 引导、管理或控制系统。

布朗和詹姆斯（2004）探讨了五个可以应用到展会活动的特定戏剧元素,规模、聚焦点和主题应用到场景当中,而时间和场景搭建则在剧本或节目指导下进行。

（二）"规模"

为了使观众能够看到并理解发生了什么,设置与活动场地相契合的规模很重要。在是否重视视觉胜过听觉、是否采用三维而不是二维的决策上,规模原则发挥一定的作用。观众们需要观众席,但是不想有被限制的感觉。

（三）"类型"

观众如何与环境联系？如何在环境中移动？这些源自环境心理学的知识非常重要。除了有形的、看得见的布置,保持事物简单清晰,是对展会活动场景设计非常重要的原则。

（四）"聚焦点"

采用剧院和电影里的屏蔽技术,能够保证观众的注意力集中在设计者或者节目组想要他们关注的地方。试想一下,灯光、颜色、行为和外在表现是如何影响人们（这一点来自认知和环境心理学）注意力的？

五、展会活动的感觉刺激

以下设计元素中包含艺术和科学。有些研究者希望了解什么变量可以影响展会活动体验,环境心理学为此提供了理论基础。

（一）灯光

实验表明,暗淡的灯光会带来更密切的人际关系和更安静的、较少的交谈。因此,展会活动设计者在帘幕拉上或者演讲者站在舞台上时,会调低灯光亮度,目的是让观众安静。另一方面,宴会上柔和的灯光可能会促使人们进行交流。灯光还会影响展会活动功能的发挥。如果展会活动的目的是讨论某个重要话题,昏暗的灯光可能会产生相反的效果。如果

需要观众把注意力放在舞台或某个人身上，那么外界灯光加上聚光灯是非常有效的。灯光，包括激光，更能刺激人的心理，激发情绪。

如果希望观众立刻安静下来，那么过多的灯光刺激就会产生相反的效果。灯光会刺激大脑更加活跃，而且很难停下来，因此你应该明智地睡前不要看电视，在听人讲话时不要使用闪光灯。

（二）颜色

人们对颜色有所偏好，颜色会影响心情。通过调节灯光或其他设计，可以控制颜色。颜色和灯光能够影响对宽广度的感知，帮助减轻拥挤感。"颜色理论"研究的是特定媒体如何影响色表（例如文本对色表的影响），而"颜色心理学"则研究颜色对感觉和行为的影响（例如粉色屋子真的会让囚徒安静吗？红色会增加紧张感吗？蓝色会让人感觉冷静舒适吗？）。"颜色象征"是在文化层面定义的，例如红色是否意味着温度、生气或者危险。

（三）声音

人们通常会刻意躲避吵闹的噪声，因为它不仅影响身体，还会阻碍人们的对话和其他互动。人们普遍认为，安静的、环绕的音乐会让人放松，尽管很多人非常讨厌我们经常听到的电梯音乐。

（四）美学

艺术、颜色、灯光和装饰都有美学效果。我们要么喜欢某些艺术设计，要么不喜欢。美学刺激可能引导对话、提升智力、安静思考或者被忽视。美学设计元素可能也有象征意义，这个可以被展会活动设计者所掌控。例如，某些颜色、设计特色（例如昂贵的艺术）、形状或模式，与政治意识、忠诚度、生活方式、社会阶级或其他潜在的同一的或矛盾的主题产生联系。处在愉快的场景中，能够推动人们去互相帮助，但是如果进行严肃的商业讨论，愉快的场景则可能会让人分心。

（五）味道

食品专家知道，食物的气味是他们最好的广告。最近，我去了一家新装修的购物中心，入口的一边是一家咖啡馆，另一边是一家肉桂面包店。商家的这种气味策略，大大提升了顾客的购物心情。如果我们饿了，正确的味道会使人流口水，不对劲的味道则会使人感觉不舒服。

（六）过度刺激或复杂

展会活动设计者必须知道著名的"博物馆疲劳"概念。不管是在展览馆或是其他学习场合，人们在大脑疲劳之前就已经消耗了大量的注意力。在博物馆里，参观者最终经过很多展览的时候都不再停下来甚至不愿再观看，因为他们已经吸收了足够多的东西。同样地，"大脑疲劳"能导致参会者翘掉会议、学生在教室里睡觉（也可能是无聊）或者参加艺术展览的顾客只看杰出的艺术品。展会活动设计者能通过有意识地布置场景,让主要的展览或其他特色展品很快受到关注,让顾客在疲劳之前欣赏展品。演讲者则通常首先论述重点,然后再说细节。

(七)吸引力楼梯

设计顾客流动线路时,应该事先询问一下展会活动设计中最吸引人的是什么。展会活动计划者知道最好的选址是入口,其正好面对进入大厅的顾客。然后,尽管顾客的移动会被整体以及个别展览的设计所影响,但是基于顾客的移动,会有一个理想的路线设计(经常是面向中心、出口、食物区或者洗手间)。

(八)品尝

虽然品尝是用餐体验和食品展览中的重要因素,在其他展会活动环境中也可以运用品尝来刺激精神和行为反应。

(九)接触

展览设计者明白,参与展示要比纯视觉刺激效果好,让人们接触并尝试是学习或者购买的关键一步。哈维(1998)等人发现,通过让顾客互动、用多种感官、采用更好的灯光和更容易阅读的文字,顾客待在展区的时间是之前的两倍以上。在整个展会活动体验中,顾客更感觉沉浸其中。

(十)偏好

卡普兰模型(1987)帮助预测各种环境中人们的偏好。
- "连贯性":组织场景,所有东西贯通一体。
- "易识别":把场景分类,使所有东西都非常清晰。
- "复杂性":测量场景里的数字和各类元素。
- "神秘性":呈现隐藏的信息,吸引到场景里学习更多。

然而,太多的复杂性或者神秘性可能是件坏事。太多神秘性会和易识别不相容,会让人心生恐惧。若展会活动设计者提供灯光和黑暗对比,观众则会被吸引过来,因为太黑的屋子会显得非常恐怖,导致观众不敢进入。同时,对比一间空屋子和一间有人的屋子,我们会倾向于踏进一间空无一人的屋子吗?吸引人参与会议、贸易展览或者学习讨论可能会与举办运动会、公共庆祝会和私人聚会时完全不同。

(十一)认知地图和找寻方法

说到环境偏好,连贯性和易识别非常重要,那么我们如何把这些运用到展会活动设计中呢?它们又是如何影响展会活动体验的呢?贝特森(1989)说,在所有服务场景中,"易识别"非常关键,因为消费者是带着对场景的期待而来的。当然,也必须有社会建构的概念,例如,节日场景应该有舞台和食品、饮料区。

凯文·林奇（1960）介绍了在城市中使用认知地图的经典方法,这对展会活动场景具有重要意义。这个重要原则应该应用到对展会活动地址的选取中,因此人们能够更容易地理解展会活动布局及其有效的指导意义。展会活动选址越大越复杂,连贯性和易识别就越有意义。林奇强调了顾客行走的特点。

- "中心点":活动地点(在公园内准备一个中央舞台和娱乐区,安排多层次的、易找到的活动地点);
- "道路":人们行进的路线(活动地点的道路方向和人流方向必须控制,需要用标语和边界线);
- "地标":每个人都能看到并参考的外形、标志或符号(例如,每个世界博览都会建一个纪念碑,立在中心区域);
- "区域":街坊、购物中心和其他主题区域(集体兼容活动);
- "边界":区域之间可感知的和实际存在的界限(人们应该能够识别出他们在哪个区域,周边还有哪些相关区域)。

林奇也发现了人们行动轨迹的年龄和性别差异以及文化差异。有一个研究项目可以应用到很多展会活动场景中。

巴克尔（1968）提出的行为环境能够应用到不同的环境和目标中。三种通用的控制方法适用于:

- "接触"(谁参与进来或者在谁的指挥计划下);
- "设计能力"(例如,允许的人流数量,需要考虑高峰和平均出席人数);
- "人流"(在场地的时间、周转率)。

有必要考虑身体或其他方面有残疾或者有特殊需求的人的可访问性(弗莱克,1996)。达西和哈里斯（2003）展示了如何设计展会活动的可访问性以满足所有需求。

展会活动附近的交通也是需要着重考虑的问题,很多人提出了很多可行建议。英国户外展会活动协会出版了关于交通的手册,澳大利亚新南威尔士也有《特殊展会活动的交通管理》图书。

六、建筑物和场景

建筑学家大卫·洛克威尔在《展览》(洛克威尔和毛)中写道:"在某一时间某一地点建立联系的经历总是很吸引我。展览提供了在现场大家一起交流的体验。"洛克威尔相信,展会活动创造了创新的、敢于冒险的机会。

虽然传统意义上,建筑物并没有和展会活动设计联系起来,在我看来他们也不是紧密相关的领域,但很明显建筑对展会活动有很大的应用空间。展览提供的大多是群众聚集活动,虽然聚集是暂时的,但是因为建筑设计塑造了场景和体验而使其具有了历史意义。

（一）地点的情感质量

拉塞尔和雷尼斯（1984）提出了一个叫作"适应水平和情感评价环境"的模型,它似乎能非常好地应用到展会活动中,基础是对环境的情感反应符合两个描述:从愉快到不愉快,从

兴奋到疲倦。通过研究得出 40 个形容词,分为 4 大类:

1.高度兴奋、高度愉快(例如兴奋的、高兴的、感兴趣的);

2.高度兴奋、不愉快(例如痛苦的、疯狂的、紧张的、激动的);

3.不兴奋、不愉快(例如乏味的、沉闷的、没有刺激的);

4.不兴奋但愉快(例如安静的、祥和的、平和的、恬静的)。

第一类与设计者期待的"哇哦"接近吗? 注意,这些词语不是描述特定的体验,而是对刺激的反应。

拉塞尔和雷尼斯通过实验确认,同样的刺激(他们用影像记录)能够产生非常不同的情感效果。换言之,场景设计者不能确定他们的工作是否会引出期待的情感反应,其中一个主要原因是人们已经习惯于环境和物质刺激,因此下次他们会有不同的反应。

(二)"刺激"

人际关系刺激和环境刺激会让人产生生理和心理反应。有时展会活动设计者想要增加刺激,激发人们去庆祝或者狂欢;其他时候他们则减少刺激以提升尊敬和注意力。人们处理大量刺激的能力是一定的,有时会受到过多的刺激,这时,会导致人们主动回避、变得焦虑,不再关注必要或者渴望的结果。人们经常采用另一种策略,尝试着消除或者调整刺激,例如掩饰信息、调低声音或者调暗光线,参与对话,以降低让人不愉快的讲话者的影响。

1."最佳刺激"

人们都有自己的方法躲避或者寻求刺激。休闲和旅游的动机或需求是自发寻求或躲避的结果,基于这个概念,躲避或者寻求刺激是休闲和旅游理论的核心。不断接触刺激能让人产生"适应"性,例如城市里的人适应高分贝的噪声或者拥挤的人口。

2."行为限制"

失去控制感是行为限制模型的第一步,会导致不舒服和"逆反"——也就是说,我们尽量重视控制。失去控制,或者受到其他威胁,都可能引发逆反行为。如果人们不断告诉自己不能做某事,就可能导致"习得性无助"。一段时间后,人们很可能会放弃尝试,这种情况能够应用到任何产品或服务的消费中。

3."环境压力"

是什么让我们感到压力呢? 当然,事情失去控制、超过我们的可控范围时,我们倍感压力。但是环境因素也会导致压力,例如展会活动场景或节目可能造成感官压力、过度拥挤、烦人的意外,一些顾客的不良行为或者对环境的不善管理也会造成不愉快的气氛。恐惧会造成压力,对要发生的事一无所知也会造成恐惧感。

七、个人空间

亲密、人际距离、社交距离和公众距离的不同之处是什么呢? 我们想和爱人、家人而非陌生人亲密。渴望一种气氛时,我们能容忍相关人群,甚至会去主动寻找他们,而会议上,如果座位挨得太近,我们可能会感到不舒服。

霍尔（1966）发现四种空间区域，"亲密距离"是0~1.5英尺[1]（有接触的距离，有大量的接触和多种感觉交流）；"人际距离"是1.5~4英尺（大多数是言语和视线交流，和朋友接触）；"社交距离"是4~12英尺（不受个人情感影响，商务上的眼神和声音交流，没有身体接触，正常声音水平）；"公众距离"是12英尺以上（通常是教室内学生和老师之间的距离；这时需要教学工具或者提高演讲者的音量）。

环境心理学家通过模拟实验研究了各个场景中的空间距离。对于展会活动研究者来说，现场观察和实验会产生最佳效果。记住，文化因素非常重要，但同时也需要考虑年龄和性别因素。

展会活动设计者能利用"人际空间"实现目标。例如，随着距离的不断扩大，交流的有效性会逐渐消失，这一点已被大家所熟知，也很容易观察到。这也是教室设计成阶梯教室而非长长的大厅形式的原因，为促进学术交流和团队协作，有人研究了学习环境的最佳布置。"社会花瓣"距离把人聚集起来，例如在卧室里把椅子围成一个圈或者对排坐，而"社会离心"距离则降低交流效果（例如一排排并列摆放的椅子）。

一个相关的概念是"区域性"，是指相似的群体倾向于聚集在一起，远离其他组织。在大多数环境设计中，容易观察到组内或组间的交流，例如聚会上的小圈子，如果想让人们加入，保留一个明显的新月形开口；如果想排挤他，可以组成一个紧凑的节，让大家都面向里面。另一种区域性是人们为自己或组织预订空间，比如在宴会上预定位置或者桌子。这是好事还是坏事呢？

八、拥挤

"密度"是描述某一区域内人数多少的方法，但是"拥挤"是人们对现场的直观感受。研究表明，在荒地上即使看到一艘独木舟也会觉得拥挤。尽管展会活动上有可能会出现一些问题，但人们还是经常期待相关人群的出现，这会令他们非常开心（李等，1997；威科姆和克斯特，2003；莫文等，2003）。

我们对其他人在场的反应与群体的大小及我们的个人空间有关——这是"社会密度"（贝尔等，2001：296），而社会密度部分地取决于空间的大小——"空间密度"。这与很多人相互作用不同，并非不具备足够的空间，而是受移动自由度、感知控制和所面临的危险等因素影响。例如，惊慌之下会发生什么？——我们能逃走吗？当然，环境也会影响我们对拥挤的判断。研究者发现，社会高密度对男性和女性的影响是相同的，但是男性会感受到更多的痛苦。朋友和社会的帮助能减轻拥挤带来的压力感或焦虑。拥挤与攻击性或其他反社会行为之间的联系不是很清晰，尤其在展会活动环境中。

贝尔等（2001：315）用各种相关理论模型形容拥挤。产生拥挤感的关键原因是过多的社会接触和刺激，自由度降低，资源稀缺（卫生间的数量），个人空间受到侵犯，不必要的接触（试探），干扰预期行为和隐私减少。解决拥挤的可能办法包括避让、尝试降低刺激、逃避侵略行为、划分区域等，以此来保持自由、控制或保护隐私。即使拥挤被认为总体上是不可避

---

[1]　1英尺=0.304 8米，下同。

免的,这些解决机制也深受欢迎。知觉控制的含义就是不考虑大多数模型,如果我们认为自己能够控制这些局面,负面影响就会消除。

弗里德曼(1975)的"密度—强度模型"似乎与展会活动关联很大,尽管对此模型有些争议。他的模型表明,密度会加强人们的反应,虽然在特定情况下人们也会有此种反应,但是高密度会强化其他人的作用,放大我们对他们的反应。因此,高密度会加深积极场合的愉悦感(例如在聚会或者庆祝会上),也会加深我们想避免的消极氛围。相应地,一进入展会活动,你的期待、愿望和心情就会直接影响你对密度的反应——不管你是否感到拥挤。莫文等(2003)发现,活动的拥挤度在娱乐舞台上可能是积极因素,但在食品饮料展区则会是消极因素;随着区域和活动的变化,拥挤会变成不同的影响因素。

九、压力

展会活动上,压力会导致一些问题,包括长时间等待,过度拥挤,过多感官刺激,大量安保、监管或威胁,阻止人们逃生(人们感觉被困住)或限制行动的可能性。

Berlonghi(1990:73)总结,活动中的恐慌可能源自实际或感知到的威胁,他讨论了8种人群特点来帮助管理者或安保人员确定人群中存在的问题和潜在安全威胁。

弗里德曼(1975)也做了"传染"实验,即在组织或群体中快速传播情感或行为。很明显,这个现象对展会活动有直接影响,因为一些情况下我们希望促进积极的传染(尤其是庆祝和幽默),而在其他情况下,传染是不好的(恐惧和吵架)。

十、人流管理和控制

在设计过程和管理系统中必须整合"人流管理",目的是防止出现问题进而促进更好的体验。另一方面,"人群控制"包括安保和其他措施,只有出现问题才需要这些措施,并通过专家解决问题。

根据邀请或允许进入的人数来确定场馆容量("设计容量")是防止过度拥挤等问题的一个解决方法。同样,管理者能试着监管人流和顾客的流动量。其他的容量和人流管理技巧包括集体进入和检票,物体和活动场地限制,提供信息和管理队列(莫文 等,2003)等。阿蒙和弗里德 (1998)也对展会活动人流管理提出了建议。

【研究札记】

群体心理学和策略

本文以群体心理学的最新发展为基础,为公共秩序管理提供指南。文章认为,所有的个体天生就是非理性的,易受影响、具有暴力倾向——这个传统观点是错误的,具有危险性,会导致通过镇压所有人来应对群体里的一些暴力行为,因此,大家都会认为警力策略是不好的、不合法的。在这种情况下,那些最初反对暴力的人甚至可能支持更具有冲突倾向的群体成员,因而引发矛盾升级,导致集体冲突范围变大。本文认为,警察需要注重理解不同群体间的共同特性、轻重缓急和企图,对一

些组织的合法意图予以优先支持，以控制其他人的非法意图。

Reicher, S., Stott, C., Cronin, P. and Adang, O. An integrated approach to crowd psychology and public order policing[J]. Policing：An International Journal of Police Strotegies and Management, 2004, 27(4) :558-572.

第二节　主题和节目设计

"主题"是对一个展会活动的总体概括，是一个庆祝活动或纪念活动的目标。对于装饰者或厨师来说，可以有视觉或感觉主题、活动主题（运动、戏剧娱乐风格），有幻想主题（经常结合装饰和娱乐）、情感主题（例如庆祝某种价值），也可能需要实际思维能力（例如会议或工厂问题）。

回顾我们之前讨论的"主题解释"，主题应该有刺激性、启发性，汇聚可触及和不可触及元素。难忘的主题设计能挖掘人们普遍的信念，展现让人印象深刻的信息和故事寓意。很多娱乐或装饰主题并没有这样的效果，这与音乐会、聚会或其他社会聚会并不相符。不管展会活动节目内容如何，不管内容是涉及感官刺激、娱乐还是场景，都应该反映主题、加强主题。

一、节目设计

节目是为观众或其他参与者准备的、安排好的、依照剧本的活动。音乐会节目包括艺术家表演的音乐作品，这个非常容易理解。节日的节目安排可能就非常复杂了，包括无数项活动，连续很多天在不同的地点演出。运动会已经为比赛和颁奖典礼设定好了时间。会议则具有典型的紧张日程，以确保演讲、全体会议和分组会议的进行，餐饮、咖啡等社会活动按照计划展开。

节目"组合"包括展会活动的所有不同活动和服务，必须满足多种需求，吸引不同观众，并具有可持续性。为了评估可行性、人们的愿望和持续性，要求采取措施来反映潜在的目标和价值。例如，商业展会活动必须监督经济需求和消息，而公共节日可能重视实现社会目标，有意识地为特殊群体提供文化活动，其他的可能价值和方法包括图画、传统、利益相关者的愿望、市场潜力和份额以及增长潜力。

"节目计划过程"经常从评估现有节目和/或者新想法开始。考虑一下新的想法是非常明智的，尽管这对计划好的展会活动来说有些困难。在基础层面，可以用潜在顾客或者利益相关者来评估节目的效果；在更高层面，可以先举办一个小展会活动来看看想法是否可行，是否能够满足目标群体需求。

考虑"生命周期"非常重要。一些节目和服务注定是短暂的，包括计划的终止；而其他一些则可以经历成长、成熟甚至衰退等完整的生命周期。如果主要用销售和利润来衡量成功，利润下滑则该节目或服务就会被喊停，或者通过再次投资、重新定位以注入新的活力。

社区服务和一些积极的节目不会因成本或收入而被停止,但是必须证明它们持续存在的效果。

保留传统节目元素、定期创新加入新元素,是一个被很多展会活动效仿的模型,包括卡加利牛仔节。在某种程度上,改变节目也非常重要,这样会给整个展会活动重新定位。

二、剧本和编舞

大多数戏剧表演都严格依照剧本进行。剧本在展会活动上合适与否取决于其风格和内容。在某种程度上,活动计划或展会活动节目就是剧本,或者展会活动的特定部分能够编写成剧本,这样整体的"表现"就会得到提升,或者表现出来。

"编舞"是展会活动的活动形式之一。舞蹈的特点和互动可以通过乐谱表现出来,但是"表演者"的实际表现在一定程度上具有创意的、无法预测的特点。

安排展会活动时间和建造

"安排展会活动时间"或计划,要考虑观众注意力的持续时间和对刺激的反应,要牢记"展会活动时间不同于实际时间,观众会有不同的反应"这一点。通常,布朗和詹姆斯(2004:61)建议严格管理时间,维护"顾客流量",并和观众进行互动。

"建造"是指利用时间,包括高峰期和低峰期,把对观众的影响最优化。有一个方法可以利用有限资源、实现最大化情感或者智力刺激。

三、节目的风格

"风格"是指做事(举办一个独特的展会活动)的特点,具有出色的艺术表现(是衡量产品或节目质量的一种方法)或者时尚感(会不断变幻)。可以说,设计者都有自己的风格,所有展会活动的风格都是不相同的。回忆我们之前讨论过的美学,由于风格是主观的,因而风格可以有大量不同的解释。

每种"节目风格"都有其新颖独特的部分。把不同的元素进行无限地组合,可以设计出独特的展会活动表演。通常,可以通过实物和相关系统的融合实现这些设计元素和场景的协调一致。

一些节目风格存在于一些特殊的展会活动中。也就是说,展会活动形式与社会形式是密切联系的。例如,经济贸易展会以及贸易展览本质上是商业的;节日的目的是庆祝,因而需要融入存在感并分享精神、情感刺激、仪式和符号;运动会和竞技活动必须包含比赛和竞争。但是,仅仅一种风格看上去有些单薄,只能让顾客进行相当狭小的范围体验,有充分理由把运动会包装成节日,这样就可以提高吸引力、产生额外的经济效益。商业展会活动是严肃的,但是它们的吸引力是以社会和旅游机会为基础的。

有一个方法能够详细说明节目的风格,那就是——列举节目组织者或设计者要做的事情,列举参与者和顾客要参与的活动。以下是需要设计的主要节目元素,但是记住,每个元素都能产生不同的认知和影响效果:

- 教授、解释、通知，让人们参与到谈话或者解决问题中来；
- 表演、完成（比赛，脑力和体力活动）；
- 娱乐（用幽默和令人惊奇的方式）；
- 参与到仪式中来（包括符号和仪式，必须考虑到文化的真实性）；
- 展示（艺术品，打算销售的物品和服务）；
- 购买，销售，交易（商业）；
- 交往（交际、聚会、小组讨论）；
- 感官刺激（视、触、尝、听）；
- 热情招待（欢迎、引导、服务、满足吃、喝、休息和上厕所等基本需要）。

我们已经考察了构成感官刺激的主要元素，这里我们只需要再列举一些刺激情感的方法。把活动和感官刺激结合起来，能够引发情感和认知反应，这在政治、爱国、宗教和亲密团体里经过检验证明是很可靠的。这些刺激情感的方法有：

- 仪式和象征反应或表现文化和社会特征，展示神圣或者让人尊敬的手工艺品；
- 直接呼吁忠诚、自豪、团体或信仰（例如传教）；
- 名人代言、演讲者的魅力，尤其是来自群众认可的领导的魅力；
- 选择信息、解释（作为社会营销和宣传）。

对于展会活动设计者和计划者来说，在情感或认知刺激和开发之间、在促进有力的转变体验和引起消极的甚至暴力的反应之间，存在着显著区别。"在情感上做文章"应该以研究和评估利益为前提开展，但很不幸，这一点经常被忽略。

四、节目（或产品）质量

盖茨和卡尔森（2006：146）讨论了与展会活动质量相关的主要方面，他们认为好的展会活动质量取决于如下因素：指令、视野、哲学观念和以顾客为导向；员工和志愿者的能力；管理方式以及管理效果。节目（或产品）质量是实验性的，受到所有利益相关者的定性评估。顾客通过对整个展会活动、运动比赛、音乐表演、会议演讲者、展览的艺术品或者宴会上的食物等的满意度反应来评价展会活动的质量。通过对比其他展会活动、参考专家评委的意见或者实验研究，也可以评估产品质量。

洛夫和克朗普顿在赫茨伯格理论的基础上验证了一个假设，即一些"令人不满意的"展会活动元素，会降低顾客的体验水平，而其他"令人满意的"元素会带来好处。"令人不满意的"元素如赫茨伯格提到的"维持"因素——必须达到期待的质量水平。研究者认为，展会活动的大多数物质因素，如停车场、休息室和信息都是"让人不满意的"，而气氛、幻想、兴奋、放松、逃离和参与社交都是"令人满意的"。高质量的展会活动必须同时满足两者的要求，但是在那些能够决定整个展会活动质量的一个或少数属性中，他们不是互补的。研究者相信，当确定个别属性非常不好或质量很高时，顾客进行整体评价时就会忽视其他因素。

贝克和克朗普顿（2000）总结到：展会活动的延续和娱乐特征更有可能增加满意度，促进人们再次光顾，或者进行积极的口碑相传。萨利赫和赖安（1993）发现，在爵士音乐节上，音乐节目的质量是吸引人的最重要因素。整体满意水平影响观众是否有再次光临的意愿。同样,特拉内(2002)探索了参加庆典的人的满意度和是否拥有未来愿意再次参加的意图之间的联系,他在挪威研究得出的最重要结论是:展会活动管理者必须努力提高节目质量(这里是指音乐),还要注重影响整体满意度的其他因素。

赖安和洛克尔(2002)在新西兰研究了南太平洋的比赛参与者的满意度——这个比赛是针对老年运动员的、友好的、多种项目的比赛。结果显示,运动管理者需要高度注意提高重要项目的满意度。在这个例子里,寻求挑战和快乐是主要的刺激因素,该因素达到了预期效果。同时,他也采用因素分析方法确认了对参与者来说最重要的 5 个因素,即:社会(社会活动+和人见面);参与(良好交流);挑战;活动后的交流;比赛既有趣又严肃。

第三节　服务设计和质量

研究者已证明,不管节目是音乐会还是体育比赛,展会活动满意度主要取决于节目的核心元素,这也是主题和节目设计者需要努力去实现的。在这种情况下,场景、服务提供和消费品都是支撑因素,以消费品为核心的食物和饮料展会活动与人们购买实物的商业展除外。服务提供至关重要,因为不好的服务会让人不开心。这也是一个设计过程,因为好的服务既是技术的(例如,没有出现错误,所有事情都及时完成)也是创新的、定性的(员工友好、乐于助人;员工也是体验的一部分)。

在服务营销的质量和传递上需要用到大量旅游业和招待行业(例如,普里多等,2006年)的知识。应用到展会活动设计中的最基本原则是,所有的管理人员、普通员工和志愿者的行为会直接影响消费者对服务的感受,也会影响他们对展会活动体验的满意水平。

德拉蒙德和安德森(2004)讨论了质量的含义,服务管理如何影响展会活动。他们解释了展会活动前、中、后各需要做什么才能创造满意的"服务体验"。他们认为,服务能让顾客或消费者更好地欣赏产品和体验。威克斯和费森迈尔研究了展会活动顾客和商家对服务质量的认知区别。克朗普顿和洛夫(1995)采用了另一种方法来评价展会活动质量。

一、服务蓝图和服务映射

"蓝图"是所有服务的有价值的工具,但是它很少被应用到计划好的展会活动中。基于有意识的参观者的活动及体验创建表格或"蓝图",展现这些体验是如何被场景(或服务场景)、管理系统和人际互动促进的。服务"映射"是诊断或评价这一效果的工具,领先于蓝图,或被用于判断蓝图的有效性。

盖茨等(2001)的一篇研究文章当年获得了《旅游研究》杂志最佳论文奖,在该文章中,两张服务地图展示了一个团队的 9 位研究者(3 位作者和 6 位经过训练的学生)的研究成果,他们对展会活动展开了现场评估。他们采用三角测量,包括:利用标准检查表直接观察场地和观众;主要关于顾客满意度的调查;反映参与观察的工作日志(例如,记录他们的展会活动体验)。

（一）消费者行为

蓝图预计了顾客参观的方向，从开始走向场地到最终离开。如果存在太多的活动选择，有必要设计多种蓝图，包括一些非常具体的蓝图和一些笼统的过程。尽管蓝图详细说明了活动的内容，但应该考虑想参观的消费者或顾客体验。例如，"欣赏画廊的艺术品"能够扩展为"顾客享受安静的美学体验，受互动信息影响帮助他们了解艺术家和展品"。这一实验对设计"有形展示"和员工与顾客之间的互动非常有帮助。

进行服务蓝图试验时，需要多种观察来策划实际的顾客流动和活动，总结试验效果。

（二）产品和服务质量的有形证据

蓝图详细说明了有关质量的所有方面，例如娱乐、竞争、展示、设施、标志、设备和影音及视觉影响等，包括卫生因素（例如厕所、香皂和水），这些都印在顾客行为表的上面。预测顾客所需要的一切，然后详细地说明质量标准。评估时要根据实际情况寻找不足之处，例如拥挤、未预测到的行为、安全和健康危害、顾客明显的困惑、引导标志不足等，站在观察者的角度描述节目或产品质量。

现有研究发现，"卫生因素"在展会活动中非常重要，它不是激发人们参加或者影响他们对整个节目质量的评价，而是体现在不满的方面（包括安全、清洁、舒适）。展会活动质量也能够通过其影响进行评价，通过衡量积极目标的取得并避免消极的结果发生。

（三）可见的员工接触

对于每个顾客的行为或者体验场景，蓝图都需要详细说明员工或志愿者支持，包括员工和顾客互动。这些也导致可能出现服务问题的"危机事件"。人群流表格下方的线，对员工水平、责任和必需的训练方面的设计也符合人力资源管理的需求。

作为"角色成员"，员工和志愿者都既要在技术上提供重要的服务，又要在实验上提升体验效果。他们的外表和行为对展会活动主题和服务都非常重要。根据服务营销理论（帕拉休拉曼等，1988），员工和志愿者必须展现"反应性"（愿意帮助；及时帮助）、"保证性"（知识和礼貌；传递信任和给予信心）、"移情性"（关爱；提供私人服务）和"可靠性"（能力和依赖）。

（四）不可见的管理过程

惯例通常是在"可见的员工接触"下面画一条线，在蓝图的底部指出需要管理系统来支持的整个服务过程（展会活动里指节目）。在评估过程中，观察者从出现过的明显的失败或问题出发，确定疏漏或者隐藏的错误（例如，警察应该对进入展会活动地点附近的道路有所管理）。

二、重要性绩效评估

知道如何取悦顾客是一方面,评估顾客参与展会活动或者他们对展会活动的整体满意度是否重要是另一方面。满意度经常与未来行为相联系(如口碑推荐或者再次参观)。一些重要的表演技术是通用的,能够产生很多数据和图表,这些都非常容易解释和传达。

例如,对于参加音乐演唱会的人来说,表演者的表演质量和他们的名声是观众参与的动机,是满意或不满意的根源所在。音乐会希望观众给予高度评价。理想的情况是,管理者希望他们能给顾客提供最高质量的娱乐服务,不想发现观众评价厕所"非常破旧"等问题,因为这是不满意的根源之一。

正如以下研究表明,重要性绩效分析能和其他量化技术结合起来。

【研究札记】

重要性绩效评估

本研究的目的是为美食展会活动提供满意度评估实用方案。研究分析了一个国际美食展会活动的 27 种美食,采用多元方差分析方法辨认重要性和绩效评估的不同。重要性绩效评估后来被用于协助美食展会活动组织者确定关键绩效点,以提高消费者满意度。研究发现,食物和饮料价格、交通、方便停车和食物品尝能得到较高的重要性但是比较低的表现评估分值。多次回归分析证实,3/4 的商品在整体满意度方面能达到预期效果。

Smith, S., and Costello, C. Culinary tourism: Satisfaction with a culinary event utilizing importance. performance grid analysis [J]. Journal of Vacation Marketing, 2009,15(2):99-110.

三、体验因素模型

罗尔斯顿等(2007)为展会活动设计提出了"体验因素模型",该模型结合了体验和服务质量。"体验因素"包括主题体验、目标印象、降低消极信号、加入多种感官、提供纪念品、提供定制服务、体现个性、表现合适形式。服务因素就是 SERVQUAL:可见、可靠、反应、移情、保证、恢复、能力、礼貌、安全、接触/欢迎和交流。

这种模型可以用作诊断工具,用 SWOT 分析法(包括独立评估关键事件)评价展会活动或景区的"体验系数"和"服务系数"。服务质量必须按照顺序排列,以实现较高的"体验系数"(例如,实现让人印象深刻的转变体验),因而该模型包括了一个"体验限度"。这样,我们就能愉快地享受展会活动。

第四节　设计美食和其他消费品

在很多展会活动中,食物和饮料服务仅仅是主题和节目的附带服务,而在其他一些活动中却是最主要的体验,尤其是在食物和酒水节、宴会等重视文化真实性的活动中。Tellstrom等(2006:10)强调:"食物和餐饮在文化交流过程中处于中心位置"。

关于质量和设计,是厨师和宴会经理擅长的领域,但是厨师也需要依靠供应商提供食材的质量。在展会活动里,品茶绝不仅仅是一项基础服务,更应该是一种体验。拉什利等(2004)给品茶体验规定了五个方面:场合,合作伙伴,气氛,食物,服务和场景。

古斯塔夫森等(2006)注意到,食物包括视觉效果、味道、服务风格和服务标准。他们说(同上:89),"整个食物的准备过程需要手工、科学、美学和伦理知识,以做出美味佳肴,为顾客或用餐者提供最好的体验。"所有感官都会被刺激起来,"与饭菜和谐一致,证明这是一次美好的用餐体验"。

在一些展会活动中赠送礼品也是非常重要的,包括赞助商提供样品供客人带回家,或者用于老板奖励员工。在这几种情况下,实物是展会活动体验的关键,因而礼物的内在(或认知)质量以及做工,就变得非常重要。对于营销者来说,每个礼物都具有品牌效应——赞助商想让客人带着对自己品牌的喜爱和认知离开。若是老板奖励员工,则礼物的象征意义就更非同寻常。

第五节　自由和限制

展会活动设计和管理经常被描述为"限制",也就是说,我们用场景、节目设计和管理系统来阻止特定的行为(经常以安全的名义)或者去除分神的可能性和让人困惑的环境因素,例如噪声,障碍物、大门,严格管理人群流动、看得见的安全保障、可以随时行动的警力、可以实现的计划等。人们认为这些令人窒息吗? 限制人们体验就容易管理、方便预测吗? 在某种程度上,展会活动设计者和计划者必须问问自己,他们的展会活动是否已经变得标准化、做作、无聊了呢? 而此时创新的和新颖的艺术表现却已经消失殆尽。一个特殊的、受欢迎的展会活动变得平凡毫无新意需要多久呢?

我们应该自问,我们如何做才能是体验而不是限制体验呢? 这将代表展会活动计划和设计的根本性转变。不管是装饰艺术形式(暂时的、充满挑战的)的展会活动,还是互动剧院形式的展会活动,这种展会活动会鼓励不可预知的结果,给人们带来更多惊喜,超越他们的期待;或者之前描述的那些(似乎没有计划好的)边缘展会活动;或者那些由生产者和观众共同合作的展会活动,也许开端已经非常清晰。

在体验的这三个方面中,互动形式(行为的)最受展会活动管理限制。场景限制移动,计划限制临时体验——迫使顾客们遵守设计者提前规定好的时间。当然,人们可以自愿进入展会活动区域(在规定时间内进入特殊地点),约束正常行为以适应体验,但是没有理由不让展会活动时间/地点以非常愉悦、难忘的方式进行。让我们来看一下这一过程是如何完成的。

打破空间限制:

● 线上互联(为大家准备互动的视觉体验)。

● 不要仅限于顾客/消费者,要让更广阔的群体参加(例如,把展会活动各个方面展现给他们;在学校里推广节目等)。

● 设计地点以提高进、出的流动性(这也是关键的安全考虑),增加对社区以及自然环境的渗透;拓宽观景的视角;让障碍物和边缘几乎隐形;设计额外的空间以及提高移动的便利性)。

打破时间限制:

● 通过协商和反馈共同筹建展会活动。

● 鼓励参与者/消费者把展会活动体验带回家(例如,纪念品、DVD、后续展会活动和实时的交流)。

● 现场和后续的媒体报道。

解放认知维度(例如思考):

● 将头脑参与和学习机会最大化;

● 挑战客人、顾客和线上观众的智力;

● 加入新颖、惊奇的节目。

也许感情维度需要更多思考,但是同样适合解放实践:

● 促进通常被抑制的情感反应(例如,笑和其他言语表达,哭和其他同情形式,惊喜和震惊,恐惧和厌恶);

● 采用感官刺激,促使观众形成愉悦的、长久的记忆(记住味道、经常回忆)。

授权或者解放挑战,实践非常重要。如果人们没能在展会活动中获得期待的体验,就很有可能去尝试其他体验,要么放弃所有尝试,要么开始进行自己的体验。未来可能出现的体验,经常出现在网络上、博客上或其他研究展会活动体验的社交媒体中,因为无数有着相同兴趣的群体会在这里进行互动。有一个令人不安的可能,由于人们寻求从紧张的社会环境和法律限制中解脱出来,休闲暴乱等形式的反社会行为可能会变得很频繁。

[学习指导]

尽管体验既不能被完全设计又不能被完全保证,展会活动设计者必须尽力去细化预期的体验,并预计所有相关人员的动机、需求和期待。设计是一个技术与创新结合的过程,以达到目标、解决问题。一些作者和专业展会活动人员对设计有一个整体观,把它应用到整体计划和组织过程中,即本章强调的计划好的展会活动的四个元素,这些正是设计者的领域。场景设计与主题和节目之间的互动、服务质量和消费品的供应对体验都有直接的影响。对服务地图和蓝图的讨论很多能应用到设计和评估中,但是也限制了一些关于服务管理和营销的主流理论基础。

［研究问题］

- 定义"设计"，讨论其在展会活动研究中的重要性。
- 你认为能设计体验吗？怎样设计？
- 以认知和环境心理学为基础解释展会活动场景设计的必要性，举出详细的应用。
- 活动设计者如何从戏剧中借鉴原则呢？
- 举例说明如何在展会活动场景设计中实现连贯性和易读性。
- 人们对展会活动场景有偏好吗？这些是"社会建构"吗？
- 讨论为什么"拥挤"不应只针对参与展会活动的人们的数量。
- 群体管理和控制的主要工具是什么？
- 解释说明各种"节目风格元素"是如何用于学习、感官和情感刺激的。
- 什么是节目和服务质量？如何衡量或评估？
- 描述作为展会活动设计工具的"服务蓝图"，包括参考列表。
- 计划好的展会活动体验为什么以及如何能变得更加自由呢？

［拓展阅读］

［1］Berridge, G. Event Design and Experience［M］. Oxford：Butterworth Heinemann，2007.

［2］Halsey, T. Freelancer's Guide to Corporate Event Design［M］. Oxford：Elsevier, 2010.

［3］Matthews, D. Special Event Production：The Resources［R］. Wallingford：CABI, 2008.

［4］Prideaux, B., Moscardo, G., and Laws, E.（eds）. Managing Tourism and Hospitality Services：Theory and International Applications［R］. Wallingford：CABI, 2006.

第八章　前事和决策

通过本章的学习，学生应掌握：

- 个人前事与参加或出席活动之间的关系，可能遇到的障碍和制约因素，如何进行决策，专业评价和对未来的影响；
- 内在动机和外在动机的区别以及它们是如何引导参与者前往参加活动的；
- 影响参加活动决定的特殊因素，以及人们如何协商越过这些障碍来达到目标；
- 有些人不来参加活动的原因；
- 不同的利益相关者是怎样做出参加活动的决定的，包括嘉宾、顾客、参加者、组织者、志愿者、赞助商和供货商。

第一节　什么是活动前事？

为什么要参加活动？必然有很多原因，其取决于个人的需求和动机、所处环境和可选择的活动类型。与活动有关的行为是复杂的，也可能是多变的，但如果有一定的理论基础，就可以帮助我们明白这个过程并了解所有计划好的活动了。

"活动前事"是指所有影响兴趣形成的因素、需求、抉择和实际上出席或参加活动的人员。我们从需求出发，而这些需求又与内在动机和外在动机紧密相连。一场关于需求的辩论把我们从社会心理学转到经济学领域，然后又利用消费者调查去探索决策的过程。休闲理论为我们提前预知障碍和制约因素做了铺垫，并帮助我们了解人们如何克服或者协商越过障碍来达到既定目标。

作为辩论之始，一个关于前事和决策的概念模型如图 8.1 所示，模型展示了一些影响参加者出席活动的主要因素。一般说来，从对消费者的调查中可以获取大量的模型框架，尤其是从旅游（瑞安，2002；克劳奇 等，2004；迪克洛普，2006）和休闲方面（见沃克和弗登，2005；辛奇 等，2006）。本章其余部分介绍了此模型的主要组成部分，包括障碍和制约因素模块、决策模块、评价和反馈模块。

尽管这个模型被设计为一种流程，但它不具有前瞻性，只是向我们展示了需要理解的主要影响因素，并指出它们之间是如何相互关联的。根据模型本身不可能做出"任何一种前事因素都会导致某种决策的发生"的预测或者根据某些经验就可以预测未来的行为举动。

一、性格

性格、价值观、态度和生活方式是基于人类行为偏好基础之上的心理因素。个人可能会因为这些因素表现出某种行为偏好，但这并不意味着他们一定会那样去做。

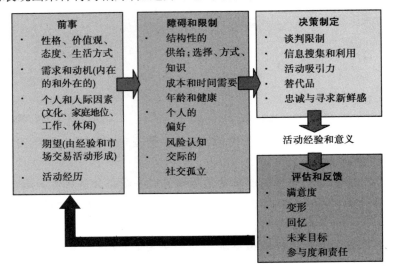

图 8.1　活动的前事和决策过程的模型框架

"性格类型"在前面已有提及，指出有些人在寻找新奇事物或敢于冒险方面有较高的倾向。按照斯坦利·普乐的理论术语，有些人比其他人更具"冒险精神"，而就是这种精神引导他们寻找独特的休闲生活和旅行体验。其他人对一致性则有更高的需求，因此对无聊的容忍度也更高。

根据"性格—环境一致性"理论，性格"外向"的冒险者在喧嚣的音乐会上会很高兴，而性格内向的人则相反。另外一个跟潜在关系相关的理论是"最优挑战"，该理论指出，在活动策划中，挑战的难度和参与者的技能之间可能会产生一种"流体验"，这对于需要吸引不同水平的竞争者的体育比赛、人们想要学习不同东西的教育活动以及包含某些风险的娱乐活动而言，要求更加严格。著名心理学家齐克森·米哈利（1975，1990）总结说，产生无聊心理是因为挑战难度太低，产生害怕心理则是因为面临巨大的挑战。

二、价值观

价值观是人们对世界的主观反应和评价。这种观念是根深蒂固的，而且从行为术语上来说，价值观意味着对其他可选择行为的一种有意识的评估，包括什么是正确的和什么是错误的。价值观是受一个人的经历、宗教和政治信仰、社会活动和文化背景以及人的性格所影响和塑造的。你认为自由选择权重要吗？政府为你做过决策吗？你有保护环境的责任吗？你的个人价值观与你生活中重要人物的价值观有何不同？你的价值观对你的活动或旅游兴趣有影响吗？

【研究札记】

亚文化

格林和夏利普发现，对于基韦斯特女子夺旗橄榄球锦标赛的参赛者在庆祝她们的亚文化（比如满足归属的需求）而言，活动的举办地点没有活动本身那么重要，特别是提供正式和非正式社交和庆祝活动的机会。她们建议，整个活动安排必须围绕着吸引亚文化价值进行设计。

Green, C., and Chalip, L. Sport tourism as the celebration of subculture[J]. Annals of Tourism Research, 1998, 25(2):275-291.

三、态度

心理学家奥尔波特曾对态度下了一个经典的定义：始终以一种有利或者不利的方式对一个事物或一类事物作出反应而形成的倾向。

态度被认为是由意动（行动和行为倾向）、情感（评价和感情色彩）以及认知（理解和信念）三部分组成。需要注意的是，这种三元论也会以一种稍微不同的"经验"维度方式来描述。

在"计划行为理论"（阿杰恩，1991）框架下，研究者们考察了人们对休闲体验的态度。有许多其他的因素会影响个人的实际行为，但是态度可以作为一个很好的参考因素。态度与具体行为是相关联的，比如"在接下来的12个月的时间内，参加摇滚音乐会/文化节/艺术展感觉怎么样？"与一般的行为（比如参加特别的活动感觉如何？）是不一样的。什么会影响参加活动的态度？答案是信念和带有倾向的个人、社会和文化等因素的组合。

四、生活方式

"生活方式"作为一种独特的思想和行为模式，产生于个人的性格、价值观和态度。一些研究者把这些统称为"心理变量"。根据迪克洛普（2006:11）的研究，生活方式反映了人们的"自我意识"。和一般意义上的休闲和旅游相反，生活方式在计划活动中很少出现，但一定存在某些生活方式促使或鼓励人们参与活动。有例子可以说明这一点，马拉松选手的"生活方式"建立在活动训练和旅游基础上，而美食行家的"生活方式"使他们倾向于参加一些节日和展会。

五、需求

马斯洛（1954，1968）指出，"需求"包含生理（我们需要的生存和安全）和社会习性（我们需要的归属和幸福）。下面4种需求被称作"赤字"需求，而且人们会本能地设法去满足它们。在有压力的情况下，回归就会发生，但人类却处在一个发展过程中，从低级需求向更高级的需求转变。

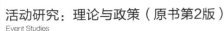

- 生理需求：生存需求，包括水、食物和住宅；
- 安全需求：生活稳定、职业安全、健康保障、家庭安全；
- 情感与归属的需求：社会需求、渴望得到关心爱护、社区归属感；
- 尊重的需求：社会等级，在下层社会里包括受到他人的尊重，获得社会地位和身份的认知；在上层社会里则包括自我尊重，独立自主能力，成就和干练。

有些人认为还存在其他需求，而且并不符合马斯洛需求层次理论。尽管存在争议，马斯洛需求层次理论具有很大的影响力，并且在我们讨论志愿者动机时将再次被引证参考。

（一）自我实现和高峰体验

马斯洛需求层次理论往往把自我实现置于金字塔顶端。马斯洛认为，仅有2%的人可以被称为"自我实现者"，并且他们拥有比其他人更多的"高峰体验"。"高峰体验"适合于所有人，而自我实现是一种"成长动机"，或者说是一个追逐的过程。

"高峰体验"是一种突然的和强烈的快乐幸福的感觉，是非宗教性的，具有半神秘或神秘的特点并可能伴有"终极真理"和万物统一意识。同样，伴随高峰体验还有一种对身体和情感增强的控制感以及一种更广泛意义上的存在意识。这种体验给人以敬畏的感觉。

马斯洛这样描述"高峰体验"：体现内在价值的自我验证和自我证明的时刻；从不令人感到消极、不愉快或讨厌；具有时间和空间迷失感（听起来像是特纳中介迷离区和齐克森米哈利的"沉迷理论"）；伴随有恐惧、焦虑、怀疑和约束感消失。反对者辩称，任何人不论好坏都可以享受这些高峰体验中的一种，因此高峰体验没有道德基础。还有一些其他人认为，这种高峰体验是不科学的并且是不可验证的。

"益处"是指人们相信他们会从消费或者参与中获得的东西，而且一般用与满足需求有关的术语来表示。比如说，在休闲和运动提供的好处中，改善身体健康这一条就会名列前茅。人们"想要"的东西和体验有很多，但这和需求未必一致。只有在个体可以决定需要什么的时候这种东西和体验才会称为一种需求，尽管社会上经常有人对什么是基本需求做出评判。潜在的替代效果经常可以发挥作用，因为许多需求和需要可以通过不同的方法得到满足。

（二）人们需要展会活动吗？

我认为答案是绝对肯定的。人们可能不会说他们需要参加一个聚会或者文化庆祝活动，但他们的确需要展会活动所带来的社交关系、身心放松和解脱。人们需要去发现、学习和充实提高他们的审美追求并且参加能够提供这些益处的活动。公司运营需要营销推广和交易，所以需要举办展览会和展销会；合作伙伴需要开会；人类需要再创造，进而引领体育活动。各种不同类型的活动之所以能够成功，是因为它们满足了人们在个人、社会、文化和经济上的众多需求。

回答这个问题的关键是：如果取消所有庆祝活动，人们会创造新的活动吗？如果会议因恐怖主义而停止召开，公司和合作伙伴找到其他方式聚集需要多长时间？很明显，人们需要活动,而且历史也证明需求水平的增长反映了人们潜在的、基础的需求。个体性的活动可以起到替代作用,而且人们可以有多种选择,但活动的确可以满足人们的基本需求。

六、激励和动机

"性格特征"对于人们的行为有一种相对深远的影响,而"激励"是动态的和可变的。"激励"是指人们受某种东西驱使而以某种方式采取行动的过程(迪克洛普,2006:9)。艾索·阿荷拉(1980,1983)采取了一种较为全面的方式,指出激励是激发、指示和整合行为的内在动机。另外一种考察"激励"的方式是,用一种行动来减少对一种需求或者"不平衡"的期望。如果达到期望,自然就会满意了。不满意的经历会影响未来的行为(比如,反馈机制)。

相反,"动机"是做某些事情的特殊原因,而且一定是来自潜在的需求和激励。比如,在体育活动或者追求生活方式(如跑步)中具有"高度参与性"的人们,往往对参加活动有很强的"激励",因为可以满足他们的特殊需求。但是,他们决定参加活动的"动机"可能还包括考虑还有谁会参加活动,是否有趣以及活动地点是否吸引人。

在旅游文献中,通常会用"推动因素"、"驱动力"、"拉动因素"或者"吸引力"这样的术语来代替旅游动机(丹恩,1977,1981;克朗普顿,1979)。当我们谈到推动力和拉动力的结合时,艾索·阿荷拉(1980,1983)以及曼尼尔和艾索·阿荷拉(1987)的"寻找和逃避"模式便出现了。寻找和逃避激励机制同时影响着我们的决定,因为我们在寻找个人和人际间的回报并且希望逃避那些带给我们负面影响的个人和人际环境。寻找和逃避都是内在激励的形式,或者说是我们自己想做的事情。

在我们逃避每天所处的环境的过程中,我们也在寻求改变和新奇,特别是新的体验。"过分放松"或"过分警觉"产生了逃避的需求,我们当然也会寻求某种东西来改变我们的警觉状态——由此在活动中产生"最佳觉醒状态"的需求。看一下在旅游和娱乐市场中"逃避机制"在激励消费者选择方面的重要性,当提及"寻求"动机时,通过放松、探索、学习、审美体验、会议挑战或熟练程度(能力体现),人们可以获得个人满足感或收获一定的回报。人际间的回报可以是社会交往和连通性(归属和分享)的。

激励研究在展会活动学中经常出现(摩尔 等,1993;乌撒尔 等,1993;雷博德和范泽尔,1994;贝克曼 等,1995;斯科特 1996;野川 等,1996;克朗普顿和麦凯,1997;欧普曼和科恩,1997;福米卡和摩尔曼,1998;福米卡和乌撒尔,1998;格林和夏利普,1998;雷布尔德,1998;皮茨,1999;盖木森和贝克,2000;尼克尔森和皮尔斯,2001;麦吉 等,2003;萧和史密斯,2004;莱恩和特罗伊尔,2005;芬克和布罗恩,2007),包括李等(2004)的综述文章、吉布森(2004)的体育旅游激励综述以及李和帕德里克(2006)的一篇综述。

李和帕德里克(2006)发现,大多数研究都是基于并支持"寻求和逃避"激励理论以及与其相似的推动和拉动模式的。更多的最新激励研究主要集中在节日、商务活动和体育方面,这将被放在研究札记部分讨论。

七、展会活动旅游的职业轨迹

皮尔斯和卡特比亚诺（1983）有关激励的观点认为，激励通过旅游体验随时间改变，但随后却遭到了皮尔斯和李（2005）的大力反驳，他们提出，多种多样的、普通的动机适用于几乎所有的休闲旅游。然而，这种轨迹看起来在特殊利益上的应用要比在一般旅游激励上多很多，所以有这样一种假设：随着业余运动员参与次数的增加，激励应该随时间而改变（盖茨，2008；盖茨和麦康纳尔，2011；盖茨和安德森，2010）。如果这一假设是对的，那么具有高度参与性的展会活动旅游者与参与频率较低的旅游者之间的激励应该是不同的。实际上，具有高度参与性的展会活动旅游者应着重分析其个人发展动机，而不是那些和低层次需求相关的动机（马斯洛，1954），比如放松和社交。

通常，一般的旅游激励和特殊利益的旅游激励是不同的。实际上，大量的研究和理论构建在体育旅游领域，认为体育活动激励有特殊的相关性。吉布森（1998）这样形容"活跃的体育旅游者"：他们更乐意参与自己热衷的旅游活动，即便他们快要退休了。

正如斯特宾斯理论所说（之前已经讨论过），"职业"一词暗指"深度休闲"。我们想要寻找什么，目前来看研究者们也只是探究了问题的表面，寻找出于各种原因"参与"或者"承诺"的人，他们不仅仅是为了参加活动，更是为了展示一种参与或出席活动的发展过程或形式，这来自他们不断增加的体验和不断变化的激励。

琼斯和格林（2006）解释了深度休闲和社交与体育旅游研究之间的关系。他们指出（2006：43），深度体育旅游（也就是说旅游参加深度休闲）能够提供给一个人积极正面的社会身份。同时也指出（2006：44），旅游者参加一个体育活动或休闲活动，可以和其他参与者建立一个广泛的联系。除了日常生活中的体验者，经常也会有更多经验丰富的亚文化人员加入。在本书中，体育活动为社会身份构成和强化提供了发展空间。

麦吉等（2003）发现，和中等参与度的选手相比，高度参与活动的业余选手更倾向于夜间旅行。一个公认的观点是，更高水平的参与者往往来自更多的参与，对于选手们来说，这意味着参加具有竞争性的活动。尽管他们发现，选手们也不都是参加所有喜欢的竞赛，由于受许多因素制约，如家庭责任、他们不在意竞赛的特点或者目的地的选择。更有趣的是，参与度高的选手在他们自己的社区也往往参加更多的竞赛活动。笔者认为，如果他们有一个不错的竞赛体验和目的地体验，这些参与度高的选手只要来了就很有可能成为"回头客"。

希普韦和琼斯（2008）把深度休闲原则应用到参赛选手在大型马拉松比赛中的体验。根据马拉松比赛对水平、行程要求的特殊性，参赛选手必须保持相对高的活动培训成本（2008：65），因此被归类为"深度运动游客"。"在那些遥远或偏远地区举办的竞赛活动（比如看重旅行的参与者之间所讨论的），比在英国本地举办活动需要更多的资金支持"（2008：68）。在这里，对过去活动体验的讨论十分明显，讨论了运动生涯。对某些人来说，马拉松是一个"职业生涯的标志性活动"，"是对他们发展成为职业深度选手身份的进一步确认"（2008：72）。亚文化资本集合导致"去多个地方旅行的欲望"，这种欲望又会形成很多故事。跑步的长久性好处被定义为"发展并克服个人挑战、体验一种不断增强的成就感和自尊感、快乐和幸福、健康生活、减肥、塑身、伤病恢复……"（2008：73）。

一个相关的发展轨迹是"体育旅游的连续性需求",由杰克逊和威德(2003)提出。在这种模式下,运动员可以通过以下几个方面,比如偶尔发生的、临时的、定期的活动和要求一定水平的活动,从偶然参加发展到"受驱动参加"。然而,这种模式对于专业运动员和优秀运动员来说更具有相关性。在威德和布尔(2004)对模式的修改中,考虑旅游对参与者的重要性,这些参与者处在"受驱动"级别并且参加更多的体育旅游。

八、有关展会活动旅游职业轨迹的一些主要假设

需要经过大量研究测试才可以形成这种理论构建,到目前为止,对于跑步者而言有一些基本的假设,表述如下:

● 假设1(动机):与自我实现相关的高层次需求将会极大地激励参与度高的跑步者。在竞技体育活动中,与社会和放松动机不同,这就转化成了个人动机,比如迎接挑战和自我提升。言外之意,动机应随着时间而改变。

● 假设2(旅游风格):参与度高的跑步者和参加活动的其他人是不一样的。他们会参加更多的活动,可能是和伙伴朋友及家人一起,在节假日进行。

● 假设3(时间)当参与度高的跑步者寻找特别活动时,他们在旅游中不会受太多季节性因素影响,可以用活动目的地来计算正常需求、高峰和低谷。

● 假设4(空间):参与度高的跑步者的旅游距离更远、时间更长以及更多是乘飞机旅游。不断进步的跑步职业生涯会逐渐演变成在国内和国际层面上高水平的竞技。

● 假设5(活动类型):参与度高的跑步者会参加各种不同的活动,这与活动本身的声望、新奇与否或挑战性有关。某些活动在社交界具有标志性作用,有经验的跑步者通常也是探索新奇事物的追寻者。

● 假设6(目的地和活动选择标准):在选择活动和目的地时,各种标准的重要性在高度参与者和低度参与者之间有很明显的差异性。对参与度高的参加者而言,一个理想的假期目的地通常提供有参加活动的机会,并满足自己、伙伴或家庭成员的需求。

下面两个研究札记给出了一些支持以上假设的依据。

【研究札记】

展会活动旅游职业轨迹

本篇文章通过应用深度休闲和自我投入理论以及对参加横穿落基山山地自行车挑战赛的参赛者的调查分析,试图推进有关深度体育旅游理论。赛后,参赛者会被问及参赛动机、参与度、展会活动相关的旅游、参与目的以及对活动的偏好等问题。分析指出,大多数参赛者在竞争性山地自行车赛中参与度较高,主要动机是接受挑战来提升自我。许多参赛者也会组队参加其他类似提供个人激励的竞争性体育比赛。考虑到实际管理结果和研究需要,一个评估展会活动旅游职业轨迹的六种维度假设性模型因此而形成。

Getz, D., and McConnell, A. Event tourist careers and mountain biking [J].

Journal of Sport Management, 2011, 25(4): 326-338.

　　作为展会活动旅游职业轨迹的一个局部测验，大部分注册参加瑞典半程马拉松的人接受了赛前提问，主要是关于他们参赛的动机、参与度以及展会活动相关的旅游行为。研究人员把一个参与模型运用到业余长跑者方面，研究分析表明，多数参赛者在这次体育活动中参与度不高。然而，通过比较参与度最高的选手（组成所选样本的前十名）和剩下的参赛者，出现许多明显差异，而这些差异在6种维度上都可以支持这个假设。为了理论发展和未来研究，也为了体育活动的设计和营销，求得测试结果的目的在于小众市场的划分。

　　Getz, D., and Andersson, T. The event-tourist career trajectory: A study of high-involvement amateur distance runners [J]. Scandinavian Journal of Hospitality and Tourism, 2010, 10(4): 468-491.

　　图8.2的结果虽是研究得出的，但仍具有假设性，特别是在应用到其他类型的体育、艺术、爱好和生活方式的追求等方面。进步是没有必然性的，正如许多人长期停留在初学者阶段，或者在责任和参与方面，他们先前进然后再退后。

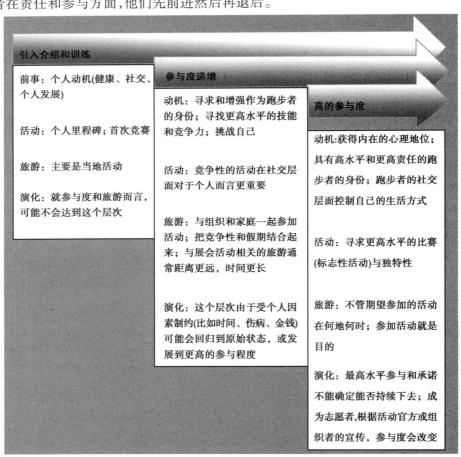

图 8.2　对业余长跑者假设的展会活动旅游职业轨迹

沿着这些发展路线,还需要做更多的研究。参与度高的参与者的短期目标和最终目标分别是什么? 一些"标志性"活动会不会驱使他们前进,训练更刻苦,更努力追求更好的表现? 他们如何把在跑步、艺术或其他方面追求的兴趣和更多的普通休闲和旅游偏好结合在一起? 活动设计者如何把"高度参与者"和那些仅把活动当作普通兴趣的人的体验期望同时最大化?

在休闲兴趣和社交中有必要做对比研究。有理由相信,旅游职业是在艺术、体育、爱好和不同生活方式追求中发展而来的,就好比对食物和葡萄酒的兴趣一样。商业人士和职业运动员,包括学者,也会发展形成特定的职业,一方面与发展进步和不断变化的需求有关,另一方面也与不断加强的旅游能力有关。

九、个人和人际间因素

体育、娱乐和商务活动是许多文化活动的重要组成部分。一个人的文化背景对他们在特定类型活动中的需求认知和兴趣所在有深远影响。在一些社会环境下,个人被鼓励快乐地消费,这便引起了"活动消费",但是在其他社会环境中,集体或者宗教/政治教条会产生一个相对不同的社会可接受行为。

参加文化庆祝活动的原因有很多(包括娱乐活动、壮观景象和社交),但是我们也需要重视文化前事。对于传统活动,人们期望参加,甚至会主动去组织它们,因为在社区存在着既定的传统。

社会责任对出席和参加文化庆祝活动的影响有多大? 有些机构具有一定影响力,因此来吸引那些想获得名气或者社会身份的志愿者。如果一个人的社会地位很高的话,需要考虑买票参加艺术节。然而旅游去参加拜罗伊特每年一度的瓦格纳歌剧,德国人可能会认为它是见识欧洲精英的一种朝圣和机会。

生活方式是社会构成的一部分,犹如参考点和参与者一样独立于其他部分。同等社会地位的人是活动中一个非常重要的组成因素,这些活动具有亚文化维度,包括文化庆祝活动和体育活动。

十、期望

需求动机导致期望的产生,期望某些行为会产生渴望得到的利益,这就是"计划行为理论"的本质。在活动方面,沟通交流(广告和形象塑造)也可以产生期望,特别是口头上的推荐或者是重要参照群体的观点和态度。

"旅游职业轨迹"也适用。一个人的活动经验越多(不论是特殊的还是一般的活动),对活动期望的影响就会越大。例如,马拉松选手会建立具体的活动期望,经过挑战,对他们自身的经验能有什么帮助。参与度或承诺越大,形成的期望和对未来活动的参与就会越多。

十一、节日动机

之前提到的许多活动动机研究聚焦在节日上。经过接下来的研究札记强化之后,最重要的结论可能是"遗传动机"(比如家庭团聚、社交、群体认同)占主导地位,而特定活动动机

（项目、艺术形式、独特性）可能对缝隙市场很重要，并且对旅游者也是相当重要的。当然，节日动机主要是内在的，也就是说，出于休闲和其他个人或者社会回报的原因，而外在的动机对于其他类型的活动也是适用的（出于工作、商务等原因）。

【研究札记】

节日动机

最重要的是，这篇文章支持多种动机同时发挥作用的观点，并且指出节日管理者仅仅依靠活动主题本身是有风险的。营造有趣欢乐的氛围同样重要，可以提供足够的机会去社交，并且拥有一个新的、非音乐的体验。

Gelder, G., and Robinson, P. A critical comparative study of visitor motivations for attending music festivals：A case study of Glastonbury and V Festival［J］. Event Management, 2009, 13（3）:181-196.

十二、节日激励：一般性的和有针对性的益处

参加节日活动在很大程度上是受一般性益处所驱使的，有足够的论据支撑这个命题。如图 8.3，一般的和特定活动的激励因素，即所渴望的体验，通过基本服务结合在一起，这种服务可以为活动设计者和营销者提供一个价值模型。基本服务可以叫作"保健因子"或者"不满足因子"（赫茨伯格，1966），因为它们不但没有激励人们，还使顾客感到不满足。

一般性的益处吸引最可能多的人，但也具有极高的可替代性。特定活动提供的体验和益处将会吸引那些寻找独特的、只有一次并且高质量体验的人来参加。参与度高的人受体验所激励，又可以把这些体验在社交圈子里同其他人分享。建立在高质量服务的基础之上，把一般性的和有针对性的益处混合在一起，在与其他活动和其他娱乐形式竞争时是极其重要的，特别是在吸引参观者的时候。

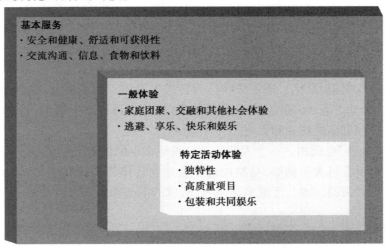

图 8.3　一般活动和特殊活动的动机

十三、节日和文化旅游

许多活动的游客是"文化旅游者",也就是说,他们是在寻找文化体验,其他活动也大都是在传递文化体验。美国旅游业协会和史密森杂志(2003)在《历史和文化旅行者》报告中称,根据他们的兴趣和活动,发现了不断增长的需求,在过去几年,旅行的美国人中有81%被认为是"历史和文化"旅行者;30%的人对目的地的选择受一个特殊的文化活动或展会活动影响。

尽管有很多关于文化旅游的定义,麦克切尔和杜克罗斯(2002:3)指出,可以从4个方面来对其进行定义:"旅游衍生"(一种特殊兴趣的旅游形式,一种产品);"动机型"(旅行者在寻找什么,包括参观艺术展、纪念活动、节日);"体验型"(重点在于文化学习,追求理解和自我满足)以及"操作型"(与研究目的相关,比如在案例分析中将节日作为一种文化旅游形式)。他们(2002:16)还假设了旅游和文化遗产之间从"全面合作"到"全面冲突"的七种可能的关系,并且为后续研究文化节日的市场营销和旅游定位提供了一个框架。中间的分类包括"工作关系""和平共存""平行存在/相安无事""轻度生气"和"新生冲突"。

对于计划和发展文化旅游而言,麦克切尔和杜克罗斯(2002:186)运用了一个"市场吸引承载力"矩阵,它是基于文化潜力,通过对有价值资产(在本文中指计划性展会活动)的市场吸引力及其满足旅游者的能力或者调整与其本身价值不一致的能力进行评估之后得来的。因此,和那些吸引力小却有强大活力的节日相比,具有强大旅游吸引力但活力不足的节日需要不同的发展策略。虽然对有形的文化遗产有标准限定,但活动标准很少,特别是在它们的活力性和适应性方面,与文化遗产的重要性和审美性相对。换言之,把任何一个或者所有文化节日都发展成旅游景点,可行吗? 合情合理吗?

事实上,许多活动应该吸引小部分人,麦克切尔和杜克罗斯称之为"有目的的文化旅游者",这些人想要一种深度的文化体验,并且受目的地旅游景点的激励。然而,活动组织者也必须考虑那些不是为文化所吸引的人的需求(也就是说,他们在寻求其他的益处,如乐趣、社交机会或者是逃避)。

【研究札记】

节日旅游动机

这篇研究应用了一个包含3种相互作用成分的节日动机框架,作为研究美食节动机的基础。因素分析结果显示,游览者参加得克萨斯州的一个地方美食节,反映出了6种激励维度,顾客参加美食节是出于一般的休闲和旅游需求,特定时间的体验以及外在动机。此外,还讨论了营销动机。

Chang, W., and Yuan, J. A taste of tourism: Visitors' motivations to attend a food festival[J]. Event Management, 2011, 15(1):13-23.

十四、商业活动的动机研究

我们应该想到的是，出席会议和参加商业活动的动机与休闲动机的差别是很大的，尤其是外在动机方面，常常会占据主导地位：被要求参加（没得选择），寻求参与回报（学习有用的东西，发展个人或商业交际网络）以及外在动机和内在回报混合（比如把商业和乐趣结合一起）。商业活动组织者经常看重社交活动，以及事前事后的旅游活动。

【研究札记】

商业活动动机

文章对英国协会代表决定出席会议的行为动机进行了研究。研究结果显示，调研重点不是集中在协会代表对出席会议的观点方面，而是像大多数研究一样集中在会议提供者单方面的目的及选址方面。研究发现了6个影响英国协会会议代表决策的因素：个人或专业性发展、社交圈子、成本、地点、时间、舒适度和身体状况。此外，回归分析显示，其中的两个因素（社交圈子和成本）是影响未来是否还会再次参会的决定因素。

Mair, J., and Thompson, K. The UK association conference attendance decision-making process[J]. Tourism Management, 2009, 30(3):400-409.

本研究的目的是，确定会议类型和出席分会会议、区域会议和/或年度会议的趋势。确定了可能影响增加参会人数的因素，如5年间的出席趋势、协会成员的推荐和会议优先提供方式。研究结果会帮助会议计划者向协会成员提供最大限度的益处，并且潜在地增加每一级别会议的出席人数。

研究发现，影响增加出席会议人数的最重要因素首先是项目的相关度，其次是好的发言人以及是否拥有资金资助。

Fjelstul, J., Severt, K., and Breiter, D. Building association attendance: Differences between chapter, regional, and annual meetings from the perception of the association members[J]. Event Management, 2010, 14(3):183-192.

十五、消费展动机

尽管人们常常将这种展会与其他的商业活动混为一谈，因为它们一般都是寄希望于获得收益，但消费者的动机与那些出于职业或商业原因而参加活动的动机是不同的。

【研究札记】

消费展动机

该研究分析了英国3种类别的园艺展的实际游客和潜在游客的人口统计学特征及其特殊性。所选择的展会，从它们的社会地位（国家、区域、本地），吸引的游客数量到对公众开放的时间段,各不相同。对英国南部居民的调查结果分析显示,年龄是一个关键的人口统计变量,根据他们对园艺的热情程度或许是一个更好的人群分类方法。此外,研究还提出了举办全国性的大型展会的需求,不仅可以参考这些因素,还可以参考潜在游客参加小型园艺展的历史经验。

Fox, D., and Edwards, J. A preliminary analysis of the market for small, medium, and large horticultural shows in England [J]. Event Management, 2009, 12 (3/4): 199-208.

十六、参与体育活动的动机研究

李和帕特里克(2006)就体育文献综述得出了一些重要的结论。第一,球迷或观众参与体育活动的一般动机维度已经形成并且被广泛应用(瓦恩,1995;瓦恩 等1999);第二,对潜在参与者的研究有助于我们理解参与动机(与实际参与者的调查相反);第三,旅游动机和活动参与动机可能不同,对体育旅游而言,这是一个重大发现。

【研究札记】

体育活动参与动机

作者在对参加 2005 年澳大利亚黄金海岸马拉松比赛的参赛选手做调查时采用了一些测试良好的量表:个人摄入量表、动机强度量表、对澳大利亚的态度量表、学习知识量表、文化体验量表和文化学习量表。研究发现,不管文化背景如何,对澳大利亚态度积极、跑步参与度高以及参加有组织的跑步活动的参与者的欲望更为强烈。虽然跑步是主要的旅游动机,但日本选手也特别想通过这一方式来学习澳大利亚的生活方式及其文化(休闲活动、音乐、艺术和生活方式)。

Funk, D., and Bruun, T. The role of socio-psychological and culture-education motives in marketing international sport tourism: A cross-cultural perspective [J]. Tourism Management, 2007, 28(3):806-819.

体育迷动机

最新的调查研究从 8 个体育迷动机方面检查了不同体育类型之间的区别:逃避、有利可图(比如赌博)、良性压力(比如积极激励)、自尊、群体关系、娱乐、家庭和审美。参与者完成了一个问卷调查,了解他们的运动热爱程度和消费等 13 个目标运动之一的动机,最后形成了 3 类不同的二元分支:个人(比如花样滑冰、高尔夫)和团体(比如职业棒球、大学篮球);侵略性的(比如职业摔跤、职业足球)和非侵略性的(比如职业棒球、花样滑冰);艺术性的(比如花样滑冰、体操)和非艺术性的(比如职业曲棍球、网球)。

虽然调查对象是年轻的大学生，但它也说明了在所研究的体育类型中存在大量的动机性差异，除了"逃避"这个动机没有太大差异之外。

Wann，D.，Grieve，F.，Zapalac，R.，and Pease，D. Motivational profiles of sport fans of different sports[J]. Sport Marketing Quarterly，2008，17（1）：6-19.

第二节　障碍和制约因素

我们所考虑的所有前事可以决定一个人对某些活动体验的欲望和偏好，但经常存在某些制约因素，特别是时间和金钱，以及其他一些需要克服的障碍。下一部分内容涉及应用在活动中的休闲限制因素理论。外在激励活动参与没有类似的理论，但内在动机和外在动机的混合也有可能被应用在许多商业活动的决策中。

一、休闲限制因素理论

为什么有些人不参加活动？这个问题在市场营销中很重要，但对动机的本质、益处以及活动体验的本质也有重要的理论思考价值。

展会活动研究中的挑战不在于去发现出席活动的制约因素，而是去检查人们是如何克服这些制约因素来参加活动的，以及这种认识对计划和营销推广的影响。在"深度休闲"或者"高度参与"类型的人频繁参加活动的情况下，我们应该研究制约因素是如何被他们"协商"解决的。

休闲理论研究者克劳福德等（1991）发现了通常情况下限制活动参与的3种制约因素：结构限制因素、个人限制因素和人际限制因素。它们并不一定是按等级划分的，也可能是相互融合的。我们依次对它们进行阐述。

（一）结构限制因素

可达性是结构限制因素中首要的也是最重要的因素，即这种活动的时间和地点。对于所有潜在参与者而言，不是所有人都有机会参与、都非常方便或者都能详细了解这些活动。这里需要进行供应分析，包括市场营销和沟通。例如，早有研究证明，游客参与异国文化活动的兴趣和实际参与之间存在很大的差异。为什么？因为他们对可利用的事情了解不足，而且很有可能他们不在那个地方。这也是我们为什么对"专注的活动游客"那么感兴趣的原因，他们是为了活动专门而来的。

时间和成本总是属于结构限制因素范围。一方面，我们需要确认那些因为无法支付参加费用或是时间不充裕而错过参加艺术、体育或其他形式活动的人；另一方面，"缺乏足够的时间和金钱"只是借口，可能这些人本来就不会考虑这个机会而已。第一个方面是限制因素，第二个方面侧重的更多是个人偏好。

年龄和健康因素也是需要考虑的显性因素。年轻时，我们不能想去哪儿就去哪儿，等到我们有钱时,我们却不能做我们想做的事情。随着年龄的增长和健康水平的下降(或是有一点特殊的健康问题),我们对于很多休闲和与工作有关的活动的兴趣和参与度也会下降。对活动本身而言,有必要把生命周期和工作/生涯发展途径结合起来。

(二)个人限制因素

这种限制因素指的是个人的心理状况,包括人的性格和情绪。这些情况会阻止我们参与活动。有些人倾向于参加社会活动,其他人则内向一点。有时候我们想参与社交,但其他时候我们也需要独自一人。这种类别与我们之前讨论的性格、价值、态度和生活方式是相似的。

风险认知和忍受与很多休闲和旅游决定有关。如果存在个人风险,你会不寒而栗吗?我们会在不满意的活动上花费时间和金钱吗?一个人对活动的偏好或活动体验最初是如何形成的,对此尚未定论,但是诸如"深度休闲""休闲专业化""承诺"和"参与"之类的概念是可以用来解释正在发生的活动的。

(三)人际限制因素

这种限制因素在社会背景下发生,还要考虑其他人的影响。有时候我们可能需要其他重要的人帮我们做决定,还受到同辈压力或者歧视的影响。通常来说,社会孤立是一种限制,尤其是某些活动。毕竟,谁愿意自己一个人参加派对或庆典呢?另一方面,活动是交朋友的绝佳场所。

很多研究揭示了旅游、休闲和运动的性别差异,但是这一发现对活动没有什么影响。此外,需要更多关于人们为什么不参加活动的研究,例如以下研究札记。

【研究札记】

活动无人参加

一个具有代表性的电话访谈对象是澳大利亚墨尔本的居民。访谈的目的是考查为什么有些人不参加城市的节日和一些其他特殊活动。本研究的理论基础来自休闲限制研究。研究表明,老年人对参加活动不感兴趣,尤其是失去伴侣的老年人。单身或者家里有小孩的人对参加活动非常积极。全职工作的人比兼职工作的人更加愿意参加活动。事实上,可以用来解释参与度的人口统计变异值与节日动机研究的发现是相反的。但是,动机和是否参与之间存在理论差异。常见的具体限制因素有健康、缺少时间、对拥挤的看法和可达性,同时,缺乏兴趣是最大的原因。作者认为,可以进一步去研究缺乏兴趣是否是绝对的、与生命阶段有关或者是受情形限制的结果。最后需要指出的是,过去五年中只有13%的受访者没有参加活动。

Miller, L., Jago, L., and Deery, M. Profiling the special event nonattendee: An initial investigation[J]. Event Management, 2004, 8(3): 141-150.

二、限制妥协

限制无处不在,那么参加或参与活动的人们是如何克服这些限制因素的呢？限制"妥协"指的是找到方法做我们想做的事情的一种个人行为过程。如果我们真的想参加一场音乐会,那么我们应该怎样筹集资金、安排时间、寻找同伴、预订门票等？

杰克逊等(1992)讨论了限制妥协的一般策略。"认知"策略指的是我们处理限制时内在的心理方法。例如,认知失调理论表明,如果花费太高导致我们无法参加一场音乐会,那么我们就会贬低这个艺术家或者这种音乐,做一些我们认为是作为补偿的其他事情。从这一层面来说,当人们说自己不喜欢某些活动时,可能是因为费用太高无法支付。我们都希望对自己的选择感到高兴,即使这些选择受到限制因素的影响。

"行为"策略包括更好地管理时间、学习新技能、挣更多钱或修改我们日常的行为规范,这样才能做我们想要做的。有些人把休闲带入工作,或者把工作带入休闲。在深度休闲时,人们必须获取知识,这样才能从经历中收获更多,这也适用于活动中的很多志愿者。为了把自己当作一位专家或者行家,比方说为了从葡萄酒节中收获最多,必须要有专业的葡萄酒知识。同样,为了在下一次的大师赛或者极限运动中表现得好,你需要通过训练和竞赛来提高自己的技能。甚至为了参与众多体育赛事,你必须通过较低水平的竞赛来获取入场券。

"时间管理"是我们一直致力于改进的,特别是在大多数人抱怨时间不够或者是缺少时间活动这样一个时代。对于大多数学生、上班族和家庭主妇而言,"多任务"(或者"多活动")是一种常态。曼尼尔和祖扎内克(1991)说,即使是退休的老年人也感觉到缺乏时间是一种深度休闲制约因素。

设定优先事项是关键。一般来说,当被调查者说他们由于时间或者金钱制约而不去做某些事情时,从一般意义上讲他们可能说的是真的。但是,这种普遍的反映可能隐藏着一种潜意识的优先顺序,所以他们真正的意思是"参加活动在我当前的优先事项列表中,不值得花费精力或支付会费"。所以,研究者还有必要深究这个问题。

虽然看起来自相矛盾,但最受制约的人有时候却是最活跃的。当其他人放弃的时候,他们是如何做到的呢？事实是,许多人找到了创新的方式来克服或者解决制约障碍因素。(辛奇 等,2006)

三、设置可视性

和展会活动研究有关,"设置可视性"是场地或者环境的客观特征,可以使某些动作和行为成为可能。例如,宽敞的客厅提供给客人许多社交可能性,但是缺乏轮椅和无障碍通道的话,有些人就不能进到客厅。"可视性"也是一种源于认知和环境心理学的概念,强调"可察觉的可视性"。不考虑场地管理者或者活动策划者的意图,人们对于什么是可能的和什么是障碍的认知差异很大。

第三节　决策

和约束条件"协商"是事前需要考虑的问题,也是特殊决策过程的一个重要组成部分。然后,很有必要去学习人们是如何搜索和利用信息的,特别是当活动非常具有时间敏感性时。同样,在活动经济"需求"环境下,我们必须考虑它们的"吸引力"、替代经验可能性(包括竞争性)和人们是否忠实于某些活动。

一、信息搜索和利用

需要考虑的一个重要的问题是,这个决策是"常规的"还是"独特的"。对于体育活动和音乐会巡演,消费者可以购买季票,或者多日通行证,因而需要做一个重要的购买决定。同时,是否参加某一场比赛或者每一场比赛也需要做决定。忠实的节日爱好者年年都会回来参加节日庆祝活动,在这种情况下,决策要受大多数相同变量的影响。当"决策"成为一种常规时,人们就不会再为决策需要收集很多信息(或认为这是真的),同时也不需要很多时间来进行决策,而是把其作为一种偏好。

大多数活动机会都可能成为一种"独特的"的决策事件,特别是当需要做购买决定时。在这些例子中,消费者需要大量信息,而且可能花费很多时间来获取。现代网络营销的部分吸引力来自大量减少的时间成本,并且研究发现,网购者往往只用少量网站,因此减少了他们消耗的时间。风险因素也要考虑到,因为每一个新的参加活动的决定都会产生风险,比如浪费时间和金钱、糟糕的体验,以及健康和安全问题。

【研究札记】

信息搜索

参与结构已经成为一个有前景的变量,用来帮助理解和解释个人的休闲行为。研究人员已经分析了不同领域的参与者,然而很少有研究关注东方国家参与者和信息搜索的关系。该研究发现中国参与者中参与维度和信息搜索的关系,结果显示,更高水平的参与度和更高水平的信息搜索是相关联的。具体而言,自我表达和更大的与文化相关的活动参与是信息搜索有效的决定因素。

Chen, A., and Wu, R. Understanding visitors' involvement profile and information search: The case of Neimen Song Jiang Battle Array Festival[J]. Event Managenment, 2009,13(4):205-222.

文章用心理连续介质模型(PCM)作为理论框架,利用了两种研究方法,考察了体育活动网站的信息要求和评估网站传播对消费者参加活动的动机和态度的影响。研究证明,网站的营销传播确实能激励消费者内在的态度变化,而且为心理连续介质模型下的态度变化提供了实证支持。研究发现,网站传播的潜在战略性用

途突出体现在体育活动组织者提高消费者对活动的态度和增加活动的参与人数方面。

Filo, K., Funk, D., and Hornby, G. The role of web site content on motive and attitude change for sport events[J]. Journal of Sport Managenment, 2009, 23(1):21-40.

二、需求

"需求"通常是指多少人会参与活动或者愿意为了活动花钱。更准确地说，在经济学术语上它是指在特殊情况下活动的价格和所需"数量"之间的函数关系。对每个价格而言，需求关系表明了买家想按照相应价格购买的数量。

考虑一下其他相关因素。通常价格是金钱上的花销，比如门票花费了多少钱。但是，你也可能把价值赋予消费者所花费的时间和精力上，尤其是涉及旅行时。"免费"活动又是怎样的呢？一般是通过参与度来衡量需求，但是组织者在解释活动的时候需要谨慎，很多人可能对目前免费的活动不会花一分钱，所以研究"支付意愿"是很有必要的。

一个有关的概念是"吸引力"。它说的是某个活动的"拉动力"或"牵引力"，既包括一般的吸引，也包括特殊需求和利益的既定好处。在经济"需求"的背景下，吸引力等同于"市场潜力"，通过"市场渗透率"来测量。也就是说，在某一特定市场中，预期购买力是多少？占总人口的比例是多少？（如果一半的人口进行二次消费，可以认为是百分之一百）。这需要考虑不同的市场，例如本地的、地区的、全国的和国际区域内的等。

关于"吸引力"或者"拉动力"的一个例子是，《跑者世界》如何对前十名的马拉松赛事进行排名（参考网址），所有赛事都在世界级的城市举办：伦敦、芝加哥、柏林、纽约、波士顿、斯德哥尔摩、巴黎、檀香山、阿姆斯特丹和鹿特丹。标准是什么？这是基于普通跑者的观点，而不是精英跑者的观点，根据美丽、氛围和速度的标准进行打分。他们提到的前几位的吸引因素主要有：

- 节日或派对氛围；赛道沿途的娱乐氛围；烟火。
- 赛道（历史遗址；平缓、快速或者非常具有挑战性；有趣的东西，例如风景、横跨桥梁）。
- 组织良好。
- 规模（参与者的数量——多而拥挤还是少而亲近；观众的数量）。
- 历史和名望（尤其是波士顿）。
- 独特性(达到合格需要的时间)。
- 气候（气候温和，阳光明媚）。

三、替代

每个娱乐和旅行活动都可能被替代。我们不一定非得去某个特殊地点，或者参加某个特殊活动。有很多可供选择的办法来满足我们的休闲需要。重新思考"内心冲突"理论，即使我们受各种限制的影响，我们也很容易使自己相信，音乐欣赏、体育或者爱好这种形式和其他形式没有太大区别。

如果参与某个活动的外在动机适用的话,那么替代的含义是不同的。我们也许能够通过不同的贸易展览知道自己想要的东西,或者在不同的会议上遇见想要见的人。但是这些选择比那些休闲领域的选择要少很多。很多活动的参与者参与某些活动,是因为这是唯一的或者最能满足他们需求的方式。

"休闲替代"理论表明,如果一个人不能做某件事,他或者她会选择其他办法来提供类似的心理体验、满足和好处(布拉森和谢尔拜,1993)。这一理论对于将活动、背景或事件放在第二位的首要社会体验尤其正确。那些为高度参与的人提供"目标利益"的活动比那些只提供"一般利益"的活动更不易被替代。

四、参加或参与的决定

想要参加或者计划参加一个活动和准备好去参加一个活动是不同的。有时候,已经做出承诺,可能旅行或者票已经买好,但是可能会出现一些状况阻止人们参与。因此,研究者试图发现意识程度、动机兴趣和实际参与之间的联系。

参与活动或者旅行的决定是如何产生的? 考虑的因素有哪些? 需要考虑我们必须要了解的情境和选择有:

(a)"消费者"决定花钱购买音乐会或者体育赛事的门票。(自己去还是和别人一起去? 如果可以选择的话,哪一天? 几点? 必须要在晚上吗? 如果还有空余,订哪个座位? 能够或者想要支付多少钱?)

(b)"嘉宾"决定是否接受派对、婚礼或者公司聚会的邀请? (有我什么事吗? 还有谁去? 如果我不去的话,会冒犯谁? 我应该穿什么? 上次有趣吗?)

(c)"志愿者"决定是否参与社区节日。(有没有人能替代我? 我能得奖吗? 需要多长时间? 我有这个本事吗?)

决定是分阶段的,中间包括所谓的"购买后的评价"。有一个意识和意见形成阶段,这可能和信息收集(即使是只征求别人的建议)结合在一起。在这个过程中,消费者形成一种意向,拒绝这个机会或者对此犹豫不决。

五、忠实感与追求新鲜感

忠实感是一个微妙的概念——它和对某一汽车品牌的忠诚度或者对某一餐馆的喜爱不尽相同。一方面,除了职业体育和定期的戏剧表演外,多数展会活动都是独特的。很多有关活动的决定只会出现一次。此外,很多人在旅游和休闲中追求新鲜感,在做决定时喜欢新鲜事物。

但是对活动的忠实感的确存在于某些活动形式之中,这与针对体育迷对球队的忠实度而做的结论一样。之所以定期会议和展览的忠实感的确存在,主要出于生意或者职业优势、与经常见面的朋友参与社交活动带来的乐趣。很多人每年都参加同样的节日,尤其是那些在自己社区里成为传统的节日。我们可以假设,忠实感很有可能是出于某些具体的好处,尤其是某些特殊的利益,忠实感也有可能是一种来自适应工作生活和社交安排的生活方式。

【研究札记】

忠实感

很多研究者指出，一般来说，参与者的忠实感会使他们重复参加或者购买。但是，关于忠实感是如何形成的还没有达成一致。在对休闲体育旅游活动的研究中发现，导致参与者对某一活动忠实的过程不是很明显。

本文研究的目的是基于资源理论来检验忠实感的形成过程和概念框架。根据提出的模式，当参与者和组织者相互投入资源时，参与者往往希望建立并维持一种稳定的关系。

Okayasu, I., Nogawa, H., and Morais, D. Resource investments and loyalty to recreational sport tourism event[J]. Journal of Travel and Tourism Marketing,2010,27 (6):565-578.

第四节　活动后的评价与反馈

一、满意度、意义和转变

体验是否与预期一致？仅仅是满意还是大出所料甚至惊喜交加？一般来说，对活动体验感到失望的人不太可能会产生活动忠实感或是去制订一个活动计划。但是，新手们往往会寻找新的活动而不是去关注活动的质量，这仅仅是因为它们很容易感到厌烦或者常常需要新的体验。与之相反，活动的忠实追随者是否对新鲜感的期望值都很低呢？

如果活动令人难忘，有广泛的个人和社会意义，或者改变了某些个体，那么就一定能够产生忠实感或是制订一个活动计划？这个假设还有待检验。对新出现的活动的评价和制订可能会不断涉及"活动计划"。二者相互影响，直到到达收益递减的某一点（比如满足），或者某些限制因素（可能是健康）变得难以克服。

很多活动发起者的目标是带来影响深刻、转变个人的活动体验。如果人们真的享受活动并经常回想，那么他们可能会再次寻找类似的经历。吉布森（2005）指出，怀念往事是一个重要的推动因素。

【研究札记】

怀念往事

吉布森指出，一些研究表明，运动旅游的追随者和参与者看重习俗和怀旧。当运动旅游者达到某个阶段时，他们会放弃正常的行为，转而享受一种新的社会体验，这种体验不受日常工作和生活中的标准和价值的影响。志同道合者的有关竞争的习俗决定了这些体验，也为这些体验带来了很多怀旧之情。活动本身只是方便了共同的、受到重视的记忆的产生。重复运动旅游的行为经常是为了重新体验过去的共同经历。吉布森也使用参与和专业化理论来解释动机和旅游行为。

Gibson, H. Understanding sport tourism experiences [M] ∥ In J. Higham (ed), Sport Tourism Destinations Issues, Opportunities and Analysis. Oxford: Elsevier, 2005.

二、未来动机

动机是可以测量的。根据"计划行为理论",参与某个活动的具体动机是一个很好的需求测量方法。事实上,它也经常被用来预测重大活动,在特定市场中培养旅行或消费的意识、兴趣和动机。

这让我们了解了活动模式的完整环节,强调往事对活动的影响。它没有展示出来的是其他经历对活动有关行为的影响。此外,不只这些力量在起作用,还包括个人的娱乐、运动或商业经历。活动在哪个节点会变成人们愿意考虑的机会? 节日怎样代替其他的娱乐形式? 有太多值得研究的方向!

[学习指南]

为了搞清楚是什么导致参与活动的决定和选择,本节介绍了一个模式来讨论其中的主要因素。这既是心理学和消费者研究的领域,也是供求经济、文化社会动机研究的领域。本节首先讨论了个人因素,尤其是性格、价值、态度和生活方式。然后研究了需求、动机和动力,包括旅游生涯轨迹以及旅游生涯轨迹如何解释有关展会活动的行为。展会活动旅游生涯轨迹是一种新的理论,还在进一步发展,这种理论与前面讨论的深度休闲、参与、投入和内在动机有关。本文试图把这一模式运用到其他深度休闲中去,包括不同的运动、艺术形式、爱好和生活方式,比如食物和酒水。此外,本文试图把这一模式运用到计划性展会活动的不同形式中去,包括节日、贸易展览等。

[研究问题]

●解释"性格、价值、态度和生活方式"与活动经历的兴趣和需求之间是如何联系起来的。

●人类的基本"需求"有哪些? "需求"和"动机"之间有什么关系?

●解释"旅游生涯轨迹"理论。"旅游生涯轨迹"理论是如何应用到活动参与者研究领域的?

●在解释活动参与时,"寻求"与"规避"动机有多重要? 在确认或者拒绝这一理论方面,研究者发现了什么?

●人们参加节日是为了一般的还是具体的好处? 基础服务在何处可以进入决定过程?

●"期望"是如何形成的? 思考活动后的评价。

●解释"休闲限制因素理论"及其在展会活动中的运用。区分"限制"的主要类型,并且给出具体的活动案例。

● 使用"深度休闲""投入""自我参与"和"休闲专业化"概念来解释人们如何发展展会活动生涯、商议限制。

● 展会活动的"需求"是什么？"吸引"和"替换"是如何与需求联系在一起的？

● 什么因素能够解释展会活动参与行为的"忠实感"？它和"追求新鲜感"之间有什么区别？怀旧情结有何用处？

［拓展阅读］

［1］Decrop，A. Vacation Decision Making［R］. Wallingford：CABI，2006.

［2］Funk，D. Consumer Behavior in Sport and Events：Marketing Action［M］. Oxford：Butterworth-Heinemann，2008.

［3］Gibson，H. (ed.). Sport Tourism：Concepts and Theories［M］. London：Routledge，2006.

第九章　展会活动规划与管理

通过本章的学习,学生应掌握:

- 领导力(包括组织文化);
- 组织及其内部行为(包括组织文化、合作与股东管理);
- 规划(战略、项目、业务)和决策;
- 运营及物流(包括服务质量管理);
- 人力资源(包括志愿者管理);
- 财务管理和控制(包括赞助);
- 营销传播;
- 风险、健康和安全;
- 研究、评估和信息系统。

本章与如何规划和管理展会活动基本无关,主要介绍我们需要知道的展会活动管理研究。通过不断积累知识,活动规划、设计和管理变得更容易、更有效。管理是一个广泛的领域,包括商业、非营利性的公共管理和展会活动策划3类。

本章包含了大部分的管理功能,而规划设计在前几章就已经介绍过了。所有的管理功能都很重要,无所谓从哪一点开始才是正确的,但是我选择先介绍领导力,讨论展会活动的组织者和组织文化。对于每一个管理功能,本章都提供了一组数据来总结讨论主题、学科基础理论和方法,及其在展会活动特殊问题方面的应用。

第一节　领导力、组织者与组织文化

"领导者"是指引方向的人或是其他人追随的典范。米兹博格(1994)认为,领导力是管理者和董事会的关键职能。当然,在许多小型组织和非正式活动中,每个人在必要时都需要出谋划策,在这种情况下,领导力从某种程度上来说是一种集体行为。

领导力需要一个视觉环境、发展战略和目标,并鼓励大家齐心协力实现这些目标。奥克利和库克(1991)认为,创新型领导者赋予员工权力,但对所有员工的决策负责,他们专注于目标和结果,以当前和未来的发展为导向。

集团领导不受任何人支配，所有的决策都是民主的，但这只是一种替代的方法，很难在项目中实施——尤其是需要快速做出决策时。展会活动通常需要艺术和管理能力，过分强调业务有可能扼杀艺术创新，而过分强调创新则可能会影响展会活动的经济目标。

表 9.1　领导力、奠基者和组织文化

领导力、奠基者和组织文化	基础	展会活动的特殊问题与应用
领导角色和风格	心理学（个性）	展会活动的奠基者和领导者是独一无二的吗？
力量	社会学和人类学（文化、社会群体）	
组织文化		
企业精神	经济学（公司理论）	管理能力中的创造力
内部企业家精神		商业和企业的社会精神

领导力对企业管理者和展会活动策划者而言至关重要，当工人成为主管并晋升为管理者时，必须学会一些领导技巧。从技术技能和实际操作中能学到激励和解决问题的办法。对于最高管理层来说，掌握一些概念性的知识（理论），拥有制定愿景、目标、策略、研究和评价技能的能力是很有必要的。

"权利"与领导力共存共生，如同在军队里将领有权强迫下属服从命令一样，董事会可以使用法律赋予的权力来执行他们的决策。明茨伯格（1983）指出，管理者通常位高权重，可以要求或强迫下属服从命令。明茨伯格所定义的其他权利来源包括"奖励权"（赠送或保留的，有形和无形的回报）、"专家权"（因为卓越的知识或能力而受人们追捧）、"信息权"（控制重要的信息）和"感召力"（出于忠诚和钦佩）。

一、领导力风格和角色

博埃拉（1992）讨论了一些通用的领导风格，其中有不少已经被人们发现，但没有在展会活动背景下做过相应的研究，包括魅力型、专制型、民主型、官僚型、激励型、艺术型、技术型、创业型和远见型。有些管理者试图通过建立一个愿景或树立一个好榜样来领导下属，另外则有一些管理者只会发号施令。在某些特定的展会活动背景下，究竟哪种类型的领导风格最为有效还很难说，需要认真研究。万德维根（2006）认为，与典型的商业模式中的领导风格相比，展会活动的领导风格更加灵活，危机时刻需要专制型，而在其他时间则可以采用合作和欣赏型。

二、领导力角色

2000 年悉尼夏季奥运会时，有人开发了一种领导力模型图，将不同的领导角色放在一个圆圈当中，这主要是为了非线性方法的需要（万德维根，2006）。"激励""欣赏"和"管理时间和压力"被认为是 3 个最重要的角色。几个较常用的角色，例如规划、协调、控制、指挥、决策和传达都包括在内。"激励"法（2006：151）在庆祝活动中必不可少，能为客人、工作人员和志愿者创造和维持良好的氛围,但时间越长,让人们一直保持精力充沛就越难。

【研究札记】

节日领导

节日催化社交网络、能力建设和创业能力。本章的重点是节日如何促使领导类型的转换,即不只是完成节日工作,还要培养一种超越眼前问题和自我利益的意识,使群体获益。领导者和追随者处在同一个交流过程中,领导者鼓舞(他们是有魅力的)、激发(智力上的)追随者,并给予其个性化的关注,然而结果却不容易被测量。但戴维斯断言,社会经济在发展过程中,对地方参与的价值有着明显的态度变化,特别是对旅游业的利益而言。

Dovies, A. Local leadership and rural renewal through festival fun：The case of Snowfest [C] // In C. Gib. son and J. Connell, Festival Places：Revitalising Rural Australia Bristol：Channel View, 2011：61-73.

三、领导者可以被训练出来吗?

古德博拉(2004)认为展会活动领导者需要具备诚实、自信、坚持、合作的品质,解决问题、深化沟通的能力以及长远的眼光。洛克(1991)在成功的领导者身上发现了一些人格特质,但许多人不认为领导者(或企业家)是天生的,或者仅仅是某些特质带来的成功。

万德维根介绍了一种领导力培养方法,包括传授与展会活动、组织、员工及其任务相关的知识。潜在领导会做自我评估,分析自己的属性和潜在的优势或不足。从经验丰富的展会活动领导者那里得到的具体建议可以培养决策能力,引致预期的行为。

(一)展会活动创始人作为领导人

展会活动是如何开始的? 某人或某个团体必须采取行动,而这个领导力可以贯穿于展会活动的整个生命周期和组织的生命周期。领导方式之一是创业,我们需要通过更多的细节来观察,因为无论是在商业还是在其管理环境中它都很重要。

(二)企业家(社会和私人)

"企业家"这个词不容易界定,当前,关于它主要有两种思想流派:企业家是一个独特的人格特质;或是一个或多个可以观察和测量的行动。此外,企业家适用于个人创业企业或社会企业。

"人格特质理论"表明,企业家是天生的,而不是后天塑造出来的。有些人被迫(或天生的倾向)创造企业或展会活动,寻求其他人所忽略的机会(特别是寻找利基市场),整合资源(往往通过个人网络),通过个人冒险(但不一定)创造个人财富。创新和创造力通常被认为是企业家固有的特质,这在那些举办节日和其他活动的人身上尤为明显。

自己当老板,或者想要事事躬亲,在初始创业的人身上都可以看到这些特质。创业者不

会因失败而气馁，而且常常从失败中反省，从头再来。"屡败屡战的创业者"不断开始新的冒险，甚至一些观察者认为他们可能会患有社会功能失调或心理问题。

在商业和经济学领域，受动机驱动的创业者大多是个人，或与家庭价值和目标有关。但有一点，社会企业家在艺术上很活跃，经常建立许多非营利的节日和活动。社会企业家也可能在政府或非营利组织工作，从而为社会事业创造利润（或有利可图的活动），进而致使有些展会活动可能通过这种方式创建。原因关联性的展会活动就可以通过这种范式建立。

创新是创业作为可观察活动的起点。举办一项活动可能是出于对利润的欲望，创业可能是为了社会利益。风险是这个过程中所固有的，特别是当它涉及获取和使用自己和别人的金钱的时候，声誉也因此岌岌可危。

创业者的人脉网络在创业阶段及随后的几年当中至关重要，尤其是当关键的支持和资源需要通过有效的利益相关者来维持的时候。

（三）内部创业

"内部创业"可以成为一个有价值的过程，但尚需培育。一个整体，或内部的某一组织，可以表现得像民营企业家吗？内部创业的目标是鼓励创新，特别是希望能获得更高的利润或其他形式的公司效益。在这种情况下，可以举办新的活动，或者在政府或旅游局投标。这一办法也可以用于想要在竞争中处于领先地位的活动策划公司，以及赞助或策划活动的大公司内部。

建立特定的创业机构来实现公司目标是很有必要的，这还需要一定的领导能力。从本质上说，政府和企业员工身上缺乏创业所需要的创新精神，至少他们在创业过程中缺乏经验。在这种情况下，存在文化冲突的风险。

四、组织文化

总的来说，文化是建立在共同的信仰、价值观、实践或者态度基础上的，这对企业和其他形式的组织来说十分重要。索金（1985）将组织文化定义为：整体需要学习的，基于共同假设建立起来的模型，已成功解决了组织外部适应和内部整合问题，良好的工作情况表明这一模型是有效可靠的。因此，再将你所理解和思考的，与这些问题有关的正确解决方式传授给新员工。

在一个强大的文化背景下，每个人都朝着同一目标努力，因为他们有着同样的愿景和潜在价值观。建立"核心价值"是活动创始人最有影响力的地方，但这个目标可能会随时间而变得模糊。在其他组织中，通过招聘、灌输和强制性地符合规范来确保价值观的延续，但以牺牲个人选择和表达为代价。在这两种情况下，如果大家都用同样的方式思考——被称为"群体思维"——会有扼杀创新的危险。

索金认为，观察者可以通过一些表面的但是有形的属性来评估组织文化，例如设施、奖励、服饰和内部互动。

一个组织"公开的文化"体现在它的使命陈述、行为规范、公开声明、价值表达和成员态度上,更深层次则是一个组织"隐性的或看不见的假设",可以是指导行为的潜规则或是用理所当然的方式做出的决策。研究人员或成员可能需要在一个组织上花费大量的时间才能找到最深层次的文化价值观。

霍斯特德(1980)指出,国家文化和地域文化都能影响组织的行为。这 5 个特点在所有的组织中都具有影响力:

- ●"权利距离"—— 一个社会期望某些人能够拥有比另一部分人更大的权利的程度。
- ●"不确定性规避"——反映了社会接受不确定性和风险的程度,这与企业家精神有关。
- ●"个人主义与集体主义"——指的是人们期望在何种程度上有自己的行为,而不是仅仅作为一个忠诚的群体成员。
- ●"男性气质与女性气质"——男性价值观包括竞争力、自信、抱负、金钱和物质财富的积累。
- ●"长期与短期的方向"——强调了未来的重要性(促进管理和可持续发展)与当下利益的满足。

毫无疑问,组织的发展会涉及它们的文化,而这会以深刻的方式影响到其他管理功能。盖茨(1993)发现节日组织具有生命周期的动态特征,节日创始人也会影响它们的文化。卡尔加里的几个节日见证了文化危机的爆发,比如,当创始人被新来者所取代后战略方向改变时。

奥图尔和米克莱蒂斯(2002)强调了举办企业展会活动时文化理解的重要性。这些活动必须与公司的价值、目标、政策和风格相匹配。除了主流管理理论和实践强调文化的重要性之外,在一些已发表的与展会活动相关的研究中也提到了这些概念。

五、战略性展会活动策划与公共政策

也许现代展会活动策划最重要的一点是它们从私人、社区和一般机构领域正式纳入公共政策领域。为了满足社会多样化的战略目标,诞生了各种形式的展会活动,这与领导、文化和管理有着重要的关系。首先,那些策划和组织展会活动的人通常面对一个客户但却要对众多的利益相关者负责。这也适用于许多企业和非营利组织举办的展会活动。

展会活动所利用的资源竞争激烈,每个团体都有文化、社会、经济或环境利益的要求,且合情合理。因此,展会活动公共资源的分配(包括补贴)通常需要它们的组织者和策划者证明它们的公共利益。

那些在公共领域中策划展会活动的人,要比小型的私人公司的展会活动策划者面临更大的计划、控制和评估挑战。由于开放的需要和公共责任,基金组织对专业化和展会活动管理资格认证的要求越来越高。此外,周期性展会活动的可持续性还涉及公共利益,并直接与资金、法规、补贴、设施发展等具体政策有关。

下面的研究札记说明了节日的领导、政策、文化和演变等方面的内容。

第二节　组织和组织内部行为

组织是社会团体，因此社会学和社会心理学为我们理解它们的功能和变化做出了巨大的理论贡献。微观经济学也与之有关，特别是企业如何获取和利用资源。

【研究札记】

节日领导

通过档案研究、访谈、居民和游客问卷调查，对韦克斯福德歌剧节和高威艺术节做了定性和纵向研究。在管理方面，奎因发现节日性展会活动兴起于"自下而上的企业，其一般规模小，是地区性的，最初主要依赖于专门的志愿者"。韦克斯福德歌剧节的参与者来源于城市中的社会和经济精英群体，他们逐渐将活动拓展到更广泛的社会领域。"有政客为他们游说，有当地商务人士给他们提供财政支持，就连教会领袖也在星期日的布道上称赞这一节日活动。"这些节日活动与爱尔兰艺术委员会、国家旅游局、国家媒体和商业赞助的关系都给组织者增加了压力，迫使他们用经济视角来审视这一艺术。在付费和艺术评论保护方面，旅游业对韦克斯福德十分重要。作为一个成功的旅游景点，韦克斯福德歌剧节和高威艺术节获得了国家支持和企业赞助（即承诺相关方）。

Quinn, B. Problematising 'festival tourism': Arts festivals and sustainable development in Ireland[J]. Journal of Sustainable Tourism, 2006,14(3):288-306.

表9.2　组织和组织内部行为

组织和组织内部行为	基础	展会活动的特殊问题与应用
所有权	社会学和社会心理学（社会群体和社会网络）	公共展会活动、营利性展会活动、非营利性展会活动的区别
监管		
组织结构	经济学（公司理论）	自发性展会活动机构的监督管理挑战
系统开放诊断		
组织质量		
演变阶段		一次性展会活动和突发性事件的特殊挑战
组织官僚化		
组织制度化		
组织学习		
组织内部关系（利益共同者）		

虽然在合作和利益相关者管理的大背景下对人力资源,特别是有志愿者参与的活动研究取得了一些进展,但是研究文献中有关展会活动组织的内容还是很少。

一、所有权、管理与组织结构

在展会活动领域有3种通用的所有权或法律模型:一是私人,以营利为目的的展会活动策划公司;二是策划或支持展会活动的政府机构(如公园和娱乐、体育、艺术和文化机构);三是大型非营利机构,包括俱乐部、慈善机构和具体的展会活动组织,如节日协会。

一些小型的研究已经发表,主要是关于这些所有权类型的相对优势或问题,或它们提供"产品和服务"所遵循的商业模式。

要解决的一个重要问题是它们是否具有可替代性。例如,在中国和其他国家,地方当局是节日和其他形式展会活动的主要策划者。那么,它们可以建立私人的、非营利组织来取代公共部门吗?显然,法律和文化的限制依然存在,特别是在没有强大的志愿服务或创业传统的社会中。如果是由这些组织中的其中一个来举办节日或展会活动又有何不同?会更优越、更有利于可持续发展吗?从旅游或经济发展的角度看,与公共部门的展会活动或其他类型的展会活动合作是不是更好?

"管理"是一个大问题。营利性公司里有所有者和员工,所以由谁来经营是显而易见的。而在政府机构中,则由令人困惑和窒息的官僚机构来处理。在非营利性社团、董事会和专业人员之间是有明确分工的,由谁掌权是一个重大问题,特别是当涉及关键利益相关者的利弊时。在所有志愿者活动中,治理和协调具有特殊的挑战性,可能会面临内部意见分歧,也可能会有被外部利益集团购买的风险。

虽然可以从专业协会和专家那里获取大量建议,但组织结构和协调(包括内部和外部)的整个领域至今还未被研究过。它与本章所涵盖的其他主题紧密联系,包括决策制定和规划。关注的第二个层面便是组织结构,它直接关系到利益相关者间的关系、内部的协调与控制。盖茨(2005)对一系列典型的结构进行了说明和讨论,包括单一和多重组织结构。节日展会活动往往是由俱乐部内部,或非营利性的社会团体独立举办的,但不同的组织合作举办展会活动也很常见。同时,政府机构和地方组织委员会之间也会合作举办体育活动。

(一)开放系统理论与学习型组织

任何组织都无法脱离环境而存在,事实上,它必须开放自己来获取资源。它的影响(尤其是对展会活动的影响)也会反映在社区和环境上,从而引发许多利益相关者的索赔。在"一般环境"里,"社区环境"包括大多数展会活动的利益相关者和"投入"来源,必须通过环境和未来计划来通盘考虑(信息、支持和资源)。"内部环境"是指举办展会活动的组织以及组织所有的管理系统。

在这一概念中(见图9.1),展会活动(其主题、程序和经验)是一个以实现特定的预期结果为目的的"转化过程",当然也会有意料之外的"结果"以及"外部性"发生,例如污染通常不被展会活动组织者考虑在内。然而,多个利益相关者可以评估展会活动及其组织,这个过程就叫作"外部评价"。"内部评估"是管理者或所有者的分内之事,他们需要确定这些措施是否满足他们的目标（即它们的有效性），以及如何有效地利用他们的资源。评价和反馈应通过战略规划来影响未来的决策。

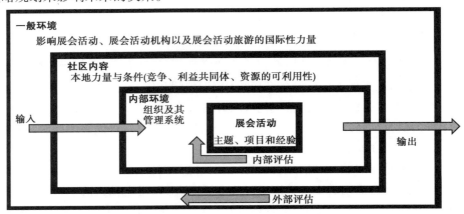

图 9.1　展会活动管理的开放系统模式

注：改编自盖茨和弗兹比，1988。

　　开放性系统诊断包括使用这个模型来识别问题并提高其效率和有效性。有效性指实现目标或完成任务的程度。使用该模型有助于确定任务和目标是如何由外部各种利益相关者和环境力量所驱动的，以及实现这些目标的转化过程是如何实施的。虽然"无目标评价"的方法有时有好处，但评价体系必须要有针对性地确定目标的实现。"效率"指的是如何利用资源来产生期望的结果。

　　该模型为提高流量和资源的使用、降低成本（如沉重的管理成本）、评估资源获取的成果（即成本和收益的管理措施）给出了几条建议。

　　组织如何"学习"并保留记忆？圣吉（1990）认为，"学习型组织"是一个人们不断扩大自己能力去创造他们真正想要的结果的地方，在这里可以培养出新的、扩展性的思维模式，大家齐心协力，不断学习以达到共同的目标（圣吉 等，1994），部分通过对组织文化的反思，部分通过不断的研究和评价。开放系统模型是构建学习过程的一个良好起点。

　　对其他活动进行基准测试是管理者学习的另一种方法。在某种程度上，学习其他展会活动不可避免，可以取长补短，但也可能导致复制和标准化。适当的基准测试朝成功组织的做法看齐，即"最佳做法"。盖茨（1998）对搜索和共享实践的节日主办方进行研究，将它们分为"向内或向外看组织"。搜索无论是正式的还是非正式的，在空间（本地与国际）、物质（比较类似的节日与所有的展会活动）和理论（教育）与经验（通过访问和对话获得）上变化很多。

（二）组织质量与标准

　　任何有关活动方案或服务质量的讨论都必须包含展会活动组织方的"质量"。组织展会活动的人必须表现出专业性、能力、诚信和责任。

　　有关组织质量的规定是文化与愿景的直接体现。它必须涵盖组织理念，确保所有的管理系统都以适当的形式保存，所有工作人员和志愿者都能够有效参与，并考虑到所有结果。

Bowich 和 Church(2000)认为,高质量的项目成本也高,但是通过减少浪费和消除故障,投资很快就有回报。随着时间的推移,审计和评估的成本也会下降。

英国标准协会(2006)为"可持续展会活动管理"制定的标准就属于这一类型。为了实现可持续发展,他们制定程序,并要求展会活动组织者遵循"三重底线"原则。这套标准与质量管理、环境管理、健康和安全管理标准有很多共同之处,有以下要求:

- 可持续发展政策;
- 问题识别和评价;
- 利益相关者识别和参与;
- 目标和计划;
- 对可持续发展原则的体现;
- 操作控制;
- 能力和培训;
- 供应链管理;
- 通信;
- 监测和测量;
- 纠正和预防措施;
- 管理系统审计;
- 管理回顾。

二、组织进化、官僚化和制度化

组织是需要缔造的,它可能由法人或非营利性社团建立,或者从非正式组织中演变而来的。例如,许多专业管理节日和展会活动的组织就是从俱乐部举办的展会活动发展而来的。组织一旦建立,就可以进化到更大的"形式",出现领导层,"专业化"(在聘用专业人员和专业操作方面)和"官僚化"增强,包括正式的委员会制度和战略规划(卡茨,1981)。

弗兹比和盖茨(1989)为节日展会活动构造了一个假设的演变模型,并指出在每一个进化阶段,由于资源破坏或损失都面临恢复到前期阶段的风险。他们还发现,在人口较多的城市,有更多的资源可以利用,这样节日展会活动就更加趋于专业化。

为适应该模型,理查德和莱恩(2004)提出了三轴法:非正式/基础资源库;组织年龄;组织公共部门和私有部门。他们认为基层展会活动也不排除采用正式的或专业的方法来组织。同时,他们还认为,专业性可以通过展会活动外部组织来加强。

在施恩(1985)有关组织文化演化的讨论中,伴随着各种风险,导致领导变化和价值观冲突,特别是亚文化的出现。理查德和莱恩(2004)通过对新西兰毛利人的传统表演艺术节在新西兰的演变进行历史评价,一致认为,展会活动发展成熟过程中伴随着各种潜在危机。在他们的案例研究中,问题或危机源于金融稳定,以应对节日的文化倾向及其意义、性别问题、媒体和赞助商的出现、群体和地区的代表、竞争和行动目标之间的紧张关系等各方面的需要。

为什么一些事件的组织,例如卡尔加里踩踏事件(盖茨,1993b;1997;2005)中的社区会成为常设机构？所有的展会活动都想要达到这一程度吗，他们应该这样做吗？沃斯（2001）指出，"制度"一词其中一种含义是"促使人们互动的稳定性的约束和规则"。它们的出现是因为社会面临的一些经常性的问题，因此，当我们称一个组织为"机构"时，是在说它的存在是为了处理一个根本性——或至少是很重要的——社会需求（包括文化和经济需要）。不是所有人都可以直接参与创建机构，因此，一部分执行者或利益相关者需要拟定——或者通过反复的互动和相互依赖——建立规则和组织来处理重大社会问题。这些机构中的稳定性对利益相关者或整个社会有直接影响，并且在理想的状况下，可以提高资源利用率。

关于这些机构的研究并不罕见。塞尔兹尼克（1957）区分了两类机构：一种是借助完成特定目标任务的机构，另一种是要履行职责的机构。埃米尔·涂尔干（1978）认为社会学的分析应该致力于发现机构作用于社会生活的原因、机制和影响。从本质上讲，制度规范社会生活，并可能促进合作，提高效率。它适用于许多节日，也可以说，机构就像"公共物品"，所有社会成员，无论他们是否为机构的建立和维护做出贡献，都能从中受益。科尔曼（1988，1990）认为，机构是所谓的"社会资本"的一部分。萨林斯（1976）从人类学的视角说明，文化机构可以服务于象征性的目的。

另一种看待机构的方式是从进化博弈论的角度。杨（1998）表明，某些机构由于代理商的参与，呈现均衡的发展态势，这直接把机构理论与利益相关者和网络理论联系到一起。同时，由于强大的代理商或特殊利益集团可能会创建和支持机构，因此有必要采取政治学和福利主义的研究方法。

过去对机构的研究聚焦在组织与其环境的演化关系上，当然也包括所有利益相关者的相互作用。海默（2001）认为，"新制度"是组织社会学的产物，侧重于实践或结构扩散的过程（强调象征性的原因），这也理所当然地成为合法性的前提（关键的利益相关者之间）。

因此，根据定义，与具体的任务或目的相联系的机构可以成为一种永久性的展会活动组织，能够实现重要的社会角色或解决社会问题。一个社区不能脱离机构而存在，当受到威胁时，它们会得到强有力的支持；如果这个机构消失了，另一个机构会被建立起来取代它们的功能。很少有展会活动符合这些标准，但最近一项有关瑞典的节日调查表明，许多节日组织者认为他们的活动本身就是一个"机构"（盖茨和安德森，2008）。

按照图 9.2 提出的过程，活动（作为一个永久性的组织）可能发展或战略性地成为社区的一个常设机构，关键过程是从内部转移到外部，特别是在早些年，大都很注重自己的内部流程和利益相关者。随着时间的推移，与外部利益相关者的关系在数量和复杂性上都会增加，其中最为重要的是可以被纳入法律或道德的"所有权"（通过发行股票或董事会）或其他形式的长期合作关系，包括赞助商。

对利益相关者的依赖性越来越高，这似乎成为构建机构的一部分。换句话说，机构可能为了获得可持续性反而会失去独立性。卡尔加里的牛仔节就反映了这种演变，牛仔节委员会设有常驻代表，为节日发展计划提供援助和支持。理查德和瑞恩（2004）也发现了新西兰毛利人的传统表演艺术节的历史：

> 文化节日反映了许多不同的动态，也反映了传统和新兴文化不同范式之间、少

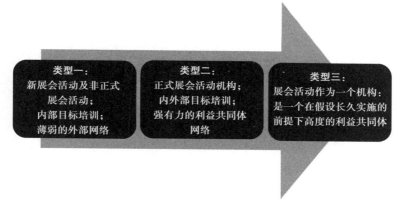

图 9.2　展会活动的假设制度化进程

注:改编自盖茨和安德森,2009。

数民族和多数群体之间的交流、独立与依赖,通常在其他情况下,公共部门可能被视为主导结构的一部分。

另一种看待这个制度化过程的方法就是思考"标志性事件"的含义。如果目标和活动是联合品牌,那么它们的形象就会相互影响,这也表明了机构的重要性。

永久性活动组织与一次性活动组织差异很大,比如举办年度赛事的节日社团和一旦活动结束就要解散的一次性组织,很少有人从理论角度或是比较视角关注一次性活动组织。一次性活动组织是为体育赛事或世界博览会而专门建立的组织,需要进行项目规划,应用到项目管理的组织模式中。

海伦和卡丝丽(2002)认为,永久性活动组织的特色之一在于它的"规律性"。他们需要永久的志愿者和一个小型的专业团队,但必须能够最大程度地利用工作人员和志愿者的力量来举办活动。这会在之后的人力资源一章中讲到。

三、组织内部行为

资源需求包括组织对个人(如客户)和其他组织的需求。人类生态学、合作、网络和利益相关者理论,任何一个都可以用来解释外部关系。另一种看待利益相关者的方法也是可行的,因为一些相关事件的调查研究已经完成。

利益相关者管理

盖茨等(2007)依据瑞典和卡尔加里的案例进行研究,对外部节日利益相关者进行了描述和划分。图 9.3 显示了由此产生的概念。

各种类别并不是相互排斥的,事实上,研究清楚地表明一些利益相关者兼有多重角色。例如,市政府通常既是"推动者"(给予补助和其他资源),又是"合作者"(分享工作人员和场地)、"所有者/控制者"(对董事会)和"监管者",这会使其相关政策变得混乱或矛盾。

"供应商和场地"通常由节日赞助商提供,因为这既减少依赖,又降低成本,不失为一个好方法。"盟友和合作者"可能包括旅游方面的营销合作或专业团队的协同工作。这些利益

相关者如何行使权力、如何谈判活动的目标和策略,这一过程可以被称为"政治市场广场"
(拉尔森和玛莎,2001;拉尔森,2002)。

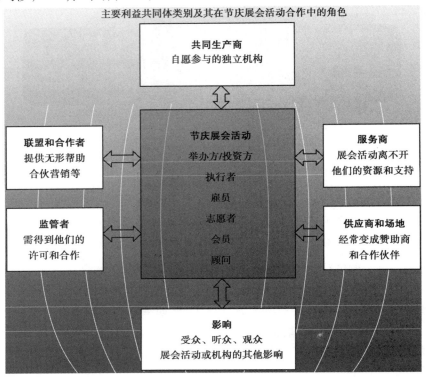

图 9.3　节庆展会活动网络中主要利益共同体的类型与角色

来源:盖茨,2007。

【研究札记】

利益共同体管理

组织委员会在举办大型运动会活动时面临环境冲突的压力,因此他们屈从于
这些压力和抵制。从根本上讲,组织评论家和制度理论家主要研究的是整合而不
是抵制展会活动。本文旨在研究组织委员会的整合和对竞争的抵制。关于法语国
家协会或法语国家运动会的个案研究,强调北美地区组织委员会和国际展会活动
机构的法式冲突压力,这将影响目标设定、资金(商业化)、运动员(艺术家)的口
径、制裁、国际政府关系和贵宾待遇。研究发现,展会的本质离不开利益相关者的
参与,展会的设置或内容是组织委员会压力的来源。

Parent, M., and Slack, T. Conformity and resistance: Preparing a francophone
sporting event in North America[J]. Event Management, 2008,11(3):129-143.

四、企业的社会责任和社会营业执照

重量级展会活动的举办者和参加者可以通过团体和行业合作者来达成共识,这通常缺乏有效的社区参与,最糟糕的状况是因意见不一而遭到抵制。这违背企业社会责任的原则,因此企业(包括展会活动)应该寻求一个影响社区的营业执照。利益共同体应致力于将永久性展会活动发展成为一个机构,然而对于一次性的展会活动而言这却是一个冒险的提议。社区对象和政客们该怎样面对愤怒的暴徒?那些策划大型展会活动的主题是否应该接受这个过程呢?另一方面,提前建立社区信任机制会提升售票量和志愿服务。

【研究札记】

企业社会责任

文章从企业社会责任的角度研究了温哥华冬季奥运会的利益相关者的参与策略,作者认为,规划在柏树山建场馆是一个组织者和各种利益相关者群体的权力平衡过程,运行一个隐蔽性的营业执照。他们的研究揭示了一系列不断产生协作需求的被动的或主动的利益相关者群体。通过多样化的群体,社会资本在这个过程中增加。在利益相关者管理的过程中,信任和依法实施是重要因素,因为这些因素如果无法成功运转,阻力就会产生。庞福特和威廉姆斯还表明,本地知识在规划过程和减轻潜在负面影响等方面有重要作用。他们还讨论了国际奥委会的环境支柱理念所引发的一系列社区参与,并强调除"绿色"赛事之外的可持续发展问题。

Ponsford, I., and Williams, P. Crafting a social license to operate: A case study of Vancouver 2010's Cypress Olympic venue. Event Management, 2010,14(1):17-36.

第三节 计划和决策

规划是一个面向未来的过程,要制订目标、采取措施并实现它们。它总是受政治、社会团体或组织内资源争夺的影响。尽管规划从本质上应该是一个理性的过程,但很多展会活动的决策方式通常是非理性的。(例如,阿姆斯特朗、巴特勒和格雷格在1985和1987年的论著。)

一、决策

当谈及决策时,领导者和管理者"理性"吗?整个规划和研究的重点旨在使实现目标的决策理性化。然而,布拉姆韦尔(1997)总结道,大型展会活动的规划几乎没有严格的程序可以应用完整的计划周期。

雷布恩(2004)探讨了展会活动决策理论及其应用,发现大多数文献关于支持决策者的争论并非都是理性的。他们倾向于使用名为"启发式"的简化途径,特别是在潜在的负面影

响被低估的情况下,这严重影响了风险评估和展会活动管理。当人们决策并从中获利时,要比承担损失更加倾向于小心谨慎。当然,当每个人都注意到错误时,能力和成功就可能会被忽略。

当前的决定深受先前决定的影响,尤其是投入大量资金时。有一种自然倾向是恢复"沉没成本"（即钱已经花了）和投资回报率最大化,尽管这难以令人信服,但是可以解释冒险决定的原因和无目标的频繁追求行动。总有人考虑退出成本,但也许更重要的是"颜面扫地"。

雷布恩还强调,决策受到人格、认知、情感和情绪、社会因素、经验、成本信息、时间限制和性别的影响。对完美知识和判断的限制大量存在,所以人们应该接受有效的决策训练。各种各样的技术可以辅助决策,包括在运筹学和管理学中发现的决策树或数学模型。但展会活动规划者和管理者会使用它们吗?

表9.3　规划与决策

规划与决策	基础	展会活动的特殊问题与应用
理性与非理性	心理学（认知与环境）	展会活动即是项目
启发式	社会学 （社会群体与网络）	展会活动组织者需要周密考虑, 用商业化的模式组织展会活动
渐进型		
主张	数学与工程学 （系统建模）	
可行性		高风险
项目规划		
策略规划		
商业规划		

二、规划理论

"理性规划"总是面向未来的,包括愿景和目标的设置;对选择行动的考虑及其潜在后果;策略和行动目标的制定和实施,并为展会活动系统的升级带来持续的评估和反馈。这是一个不断发展的过程并在理想条件下从过去的错误中习得。计划总是政治性的,尤其是有公共机构或公共资金参与时,即使组织中的"政治"（也就是说,宣言和目标矛盾的决议）始终只是一个因素。

并非所有人都相信或践行理性规划（见《展会活动理论与实践概论》,曼德巴姆 等,2003;桑德罗克,1998;科贝尔和佛兰肯斯坦,2003）,而是用"蒙混过关"和"渐进主义"替代方法来组织和管理展会活动,尽管一些职业人员会承认自己的"搅拌棒"作用。渐进主义正在发展进行中或发展缓慢,当不确定性或复杂性较高时,这一测量步骤是可靠的。它虽然没有做到全面,但能更准确地直击问题和政治事件。它与"政治市场"的概念紧密相连,通过在所有的利益相关者中讨价还价、行使权力决定,而不像职业规划师或技术专家做决定那样。"协作"或"建立共识的过程"的目的也同样涉及各方观点,但强调对正式问题的识别和冲突的解决。理性的规划和渐进主义到底哪一个更加民主、更加有效? 这是有争议的。

倡导是规划的另一个方法。在展会活动领域中,政策和决策是相互联系的。社会弱势群体和边缘群体通常被排除在规划和决策之外,因此必须有人代表他们的利益,这是宣传的前提。在公民的参与程度或以社区为基础的规划工作方面,宣传并不是必要的,这同时也是一个难以达到的目标。

韦尔(2010)认为规划休闲、运动和旅游的方法多种多样,这些方法大部分在活动计划领域有所应用。首先是"固定标准的条款",相比展会活动和服务而言,这些条款更加适合公园和运动/娱乐设施。很难想象政府制定的标准,如"十万人的节日"或"城市每6个月举办的消费者展",因此对于活动而言,采用固定条款毫无意义。但如果对所有人口都进行科学化统计,政府会有设立庆祝日和运动会的理由。韦尔认为,标准往往不再适用于特定基础或集团利益,所以标准的制定是一个政治过程。

为各种各样的商务和娱乐休闲提供机会(即展会活动)则是另一种方法。在商业背景下,这意味着公司和组织对那些政府不干预的需求予以回应,对公共机构而言,这意味着确保有足够数量和类型的展会活动邀请。尚无证据表明这是政府政策的一部分,虽然它是一个惠及所有人的方法。更有可能为那些更渴望与社会融合的贫困人口(特别是收入较低的人)提供节日和展会活动。这些都是以需求为基础的方法。

利益相关者或社区的发展方法、设施和服务,很可能是展会活动运用民主方法的基础。自下而上的方法已经获得了政治合法性的明显优势,反映了居民服务的需求权衡和优先级。在很多地方,声称通过非营利组织的行为来满足公众需求并填补空白的政府服务是间接和不完全的,自下而上的方法存在以下两个问题:满足利益相关者要求的资源来自哪里以及咨询和服务是否涵盖所有居民和团体。

从市场自由交易的角度考量,则表现为门票销售的公共需求决定展会活动的举办。战略角度,以投资组合的方法来竞标和筹办展会活动,很可能造成活动为特定目标群体所用。该方法对活动旅游来说是独一无二的,因为它遵循了特定的经济规律和区域营销战略目标。

如果结果可以表示为特定的展会活动和人群,则可以采用三重底线法,通过制定策略来实现展会活动计划目标,这导致我们过后讨论评估和证明展会活动达到一定的福利,或是利益大于成本的难度增加。最简单的例子是旅游吸引力,当活动旅客被识别出来时,他们的经济影响就能够被相当准确地估计出来。不幸的是,这项研究并不包括所有成本,休闲、体育和艺术活动规划目标往往通过提供车辆来实现公众参与度的提升,但对展会活动规划意义不大。如果可能的话,我们应该看到参与人数增加带来的其他好处,但这一点目前尚无确切表述。

随着展会活动归入体育、艺术/文化、休闲或商务/贸易范畴,作为一个行业,展会活动一般不经由政府直接规划。大多数国家或城市的旅游规划展会活动尚处于不成熟阶段,仍有很大的发展空间。

三、项目计划

计划是一项至关重要的技能和流程(在军事领域尤其重要)。项目计划适用于所有展会活动——即使是那些永久的组织也要做战略规划。展会活动的基本性质是由时间(有限时

间）和固定好的日程构成的,这需要完成所有规划和准备,固定的时间通常是很紧凑的。根据奥图尔（2000）的说法,许多展会活动项目的失败或预算日程的错位是由糟糕的计划或控制系统引发的。

"可行性研究"应该在理念上很先进,或者至少对项目计划起到辅助作用。在一个理性的规划过程中,在不明确这个展会活动是否负担得起、是否是可取的、环保的、可销售的和可控的情况下,需提交一个展会活动计划。然而,由于受非公开因素的影响,如企业的、政治的因素影响,展会活动计划通常是不完整的可行性研究或成本和收益的预测。

项目规划和展会活动管理主要体现在奥图尔和米克内茨（2002）的《合作展会活动项目管理》一书中。项目计划中使用的特定工具,一般包括项目范围、工作分解和任务分析、成本风险分析以及关键路径调度和控制。时间管理是至关重要的,时间压力经常导致工作的修改或其他政治行动。一个完整的生命周期方法建议把展会活动如何结束和遗留问题的处理包含进去。

四、商业计划

在商业计划的制定、实施和存在原因方面有大量的建议。不幸的是,这些商业计划往往被忽视,或只是一种表面的应付（盖茨,2005）。它是总结展会活动概念的一个方便有效的方式。

我们需要通过有用的方式总结展会活动概念、在金融和市场营销方面的可行性及其管理。商业计划的核心是可信的预算、充分的成本估计和对实际收入的预测。

预算以及财务可行性会影响展会活动。然而,"收益"预测包含很多一厢情愿的想法,或只是简单的猜测。花了钱但是达不到预期的效果,进而造成短缺、债务和彻底失败。现金流预测和管理也是商业计划中的重要组成部分。许多展会活动都需要先花钱,而大部分收入只有通过展会活动上的促销或是展会活动结束之后才能得到,或在发放补助金之后。

五、战略规划

虽然没有真正的证据证明战略规划能产生更好的展会活动,甚至更多可持续发展的组织,但展会活动组织者不想有这样的愿景也没有设定目标和长期策略似乎是不可思议的,一次性展会活动也需要目标和计划,如果以年来衡量规划期,战略因素更是必不可少的。

从项目规划上区分战略规划,在理论上,首先是"适应能力"的原则。一个项目通常有一个固定的目标,一个已知形式、时间和计划的展会活动——就像体育比赛或展览,但永久的展会活动及其组织必须适应环境的变化,他们的目标是多变的,进而展会活动也随之发展成为一个"学习型组织"要提高适应性。强劲的外部利益相关者的关系有助于确保永久和多样化的输入。

组织的使命或任务需要定期检查和回顾,进而更新目标和策略。

"策略"是第二个主要区别,在某种意义上,一个项目只有一种结果（展会活动）,而实现目标或完成任务的策略则可以是多维度的。目标也可以通过改变事件、终止事件或取代它而实现。"战略"被定义为一套完整的政策、方案和行动,旨在完成该组织的任务,实现其愿景和目标。

与合理规划策略相反,"应急战略"只是许多决策的结果,往往在事后才被发现和重视。例如,一个经理可能会说"我需要几年的时间才能够确定我们的战略,以适应和整合关键利益相关者,将他们作为合作伙伴似乎才是正确的发展方式"。

战略规划的过程中会有很多调查研究,包括"环境和未来扫描"(力量和趋势),"形势分析"(我们在哪儿,我们的现状如何),利益相关者输入与问题识别,市场和消费者研究(包括优势、劣势、机会和相对竞争对手的威胁)。具体的输出过程通常包括在一个愿景声明中,包括目标、策略、行动或计划实施(行动、成本、进度和责任)和市场营销或传播计划等。

第四节　操作和物流

"操作"是指组织展会活动所有必须到位的系统和必须采取的行动。显然这些必须提前计划好,除非你是"快闪族"。操作与战略和商业层面的行动相反,运营可以被认为是展会活动组织方或公司的日常决策和行动。

表 9.4　操作与物流

操作与物流	基础	展会活动的特殊问题与应用
转变过程	工程学与数学(系统建模)	展会活动设置与方案的复杂性和风险
顾客、供应商为导向和交流系统	社会心理学(群体行为;风险意识;行为控制)	群体情绪与行为
采购	环境科学(减少,再利用,再循环)	缺乏一次性展会活动组织经验
供应链管理		
关键路径分析	环境心理学(人群与安保设置)	需求高峰期,同时进入或退出场地
排队理论		
风险评估与管理		展会活动吸引力丧失
安全		"绿色"展会活动
环境管理系统		

运营和物流一般适用于以下 3 个子系统,即:

1.以客户为导向(交通、排队、票务、信息、基本服务、舒适和安全、人流管理);

2.以供应商为导向(公用事业、基础设施、技术服务、安全系统);

3.通信(设备、程序、认可、组织媒体、安排)。

特恩等(2006)编著的《展会活动经营管理》一书提供了一种更为全面的展会活动经营模式。它的主要组成部分是分析阶段(环境扫描和态势分析)和运营规划过程,都要有战略性,并且详细,能够交付实施并进行绩效评价。基本理论和方法主要来自"经营管理理论"和

项目规划与管理。

特恩等用"转化过程"的概念（如我们的开放系统管理模型）来描述操作。资源和其他输入被转换成所需要的输出，即展会活动或其他服务和产品。在这种背景下，经营会受到展会活动以下4个特点的影响：

1.产量的大小和数量（多少客人、多少交易量）；

2.提供给消费者的服务/产品的复杂性和多样性（该网站的规模、方案的复杂性）；

3.不确定性（出席、成本、时间、技术要求）；

4.客人和工作人员之间的交流与互动（程度和性质）。

一、物流

"物流"的基本思想是将人、货物和设备（甚至钱和票据）移动到合适的地方。展会活动举办者可以采取这种办法将其安排得更加得当，如"准时交货"，或简单地把一切人和物在同一时间放置在同一个地点，然后再进行排序。显然，后一种方法是毫无章法的。

（一）人口流动

要安排交通和停车场，包括秩序、安全并且要考虑进场、流量和紧急疏散。排队和提供服务的效率也是问题。一些展会活动举办公司也参与了"目的地管理"，物流方面包括寒暄、指挥已到达的客人或参与者，为他们带路，甚至提供游览和娱乐。登记和票务是关键，因为这些做不好往往会带来麻烦，最好提前做好模板。为了防止人群冲向舞台这样的噩梦发生，需要对每一个人进行检查。

（二）排队理论

对于许多活动，特别是会议和体育比赛而言，大家到达和离开的时间基本是一样的，经常会造成交通拥堵和排长队的现象。如果把到达和离开的时间错开，可以在一定程度上减少交通拥堵。分批次到达和离开可以缓解这个问题，例如将客人安排在场外的不同地方，然后再把他们分组带到指定地点。保留系统——为客人指定时间和地点，也是一种替代的解决方案。

如何管理队列将是另一种管理挑战。主题公园在队列心理和物理管理上已经积累了足够多的经验，包括用额外支付的方法拒绝他们！特恩等（2006：210）提供了一个可以帮助展会活动管理者的排队公式，考虑到达率和平均服务时间（如客人多长时间到达，多长时间能通过大门），由此产生的"客户强度"，显示了排队和等待的可能性。

（三）关键路径分析

聘请并使用注册会计师是安排复杂项目和活动方案的最佳途径。它始于工作分解和任务分析，包括人员编制和成本估计，并从展会活动日期或项目起始时间倒推，以证明完成任务所需的最快路径（具体例子参考盖茨，2005；特恩 等，2006）。

（四）采购与供应链管理

许多商品和服务（包括信息）必须购买或分包，这就是采购。供应链是指在开放的系统模型中，所需要的信息、货物和服务如何通过展会活动系统流动、输入、转变和输出的过程。对于展会活动来说，供应链失败就可能意味着取消、减少节目或出现质量问题。

供应链的有效管理有助于实现一系列目标：

- 效率最大化（没有浪费或耽误时间，只购买所需物品）；
- 确保质量（制定标准和检查）；
- 成本最小化（例如通过竞争性投标）；
- 将供应商纳入该活动的赞助商或合作伙伴；
- 确保安全（防盗）；
- 受益于主办社区（从当地获得资源）；
- 确保绿色展会活动，要求所有供应商遵守环境管理标准。

任何组织的一个关键决策都在于外包与内部供应问题。采用内部提供以避免外部供应成本可能看起来很有吸引力，但这一战略存在许多潜在的成本和风险。特恩等（2006：123）文章里的插图将"决策与决策点链"和供应链管理联系在一起。显然，这个过程要求熟知展会活动需要的技术知识以及如何与供应商合作。

二、容量管理

展会活动需要多少食物、水、帐篷、停车场和工作人员？预测出席率和其他需求是供应管理的关键。这是一个非常高风险的策略，如果没有入场限制，只能尝试根据实际需要安排供应。更可靠的选择是建立一个"设计能力"方案，然后限制可以容纳的出席人数（参照两个物理能力和所需的服务质量水平）。将展会活动模块化可以整合这些策略：关键因素（如音乐会）的设计能力，并允许开放性质的参与（如游行）。

售卖门票、安检、客户购买食品或使用厕所各需要多长时间？组织者通过效率研究识别出管理瓶颈并提供解决方案。组织者能力可能不断增加，也可能随着时间推移逐渐降低，例如外部重新设计、人员变动、网站或场地的某些服务的添加或删除。许多展会活动举办者面临的严峻挑战之一便是，如果门票卖不出去（演唱会、宴会等），损失也无法弥补。从技术层面讲，这是"易损坏的"，无法存储的产品，这就是需要收入或收益管理的原因。

【研究札记】

经营与通信

信息和通信技术的最新发展彻底改变了安全、可靠和高效的管理方式在大型活动中的运用。本报告借鉴了2004年雅典奥运会的经验和使用的信息，模仿了通

信技术在无线通信运营管理中的应用。我们研究了：管理通信线路的结构和信息内容；适合无线电话通信技术的选择标准；典型操作或紧急情况下涉及通信的重要工作参数的可恢复性。

Papagiannopoulos, P., Xenikos, D., and Vouddas, P. Event management and group communications: The case of the 2004 Olympic Games is Athens [J]. Event Management, 2009, 13(2):103-116.

第五节　营销与传播

人们往往将营销与广告和销售混淆，这里我们最好将它描述为界面管理（或组织和利益相关者之间为实现组织目标的"交换关系"）。在这个过程中，传播是一个关键的因素。营销需要通过调查了解客户和其他利益相关者的需求、动机和选择、沟通的有效性以及价格和供应的影响，其理论基础主要基于心理学和经济学。

客户不是唯一需要关系管理的群体——始于内部工作人员和志愿者的任务，通过"促进者"和"管理者"向外延伸。"交换关系"的本质是由组织提供，且其他人都愿意购买或支持的东西，它必须是一个自愿和互利的过程。在我们的案例中，展会活动向消费者提供购买或享受的体验、交付给客户的商品和企业的营销理念。

一、营销理念：客户与产品定位

经典的"营销"概念体现了以"客户为导向"的原则，即该组织举办的活动是根据明确定义的客户或客户的需求而展开的。相反，产品导向在展会活动部门，特别是在艺术部，往往作为一种价值的艺术呈现形式，与经济的需求或供给无关。艺术品生产商并不一定要向客户推销他们的概念，但他们必须让公众知道为此次活动提供赞助的机构和公司。

我们应该在至少两个重要的方面修改经典的营销理念。一是认为顾客不一定总是正确的，而展会活动组织者不应该只提供高利润的娱乐和表演。客户也需要教育，他们也乐意尝试改变，这会让他们感到刺激，精神振奋。即使客户乐意参与不安全或环境破坏性展会活动，但也并没有足够的理由来证实这一点。另一个修正需注意的是，许多展会活动存在于公共政策或社会服务领域，无需市场做出回应，但他们确实需要以管理关系的形式来实施营销。

梅菲尔德和克朗姆顿（1995）研究了得克萨斯州节庆展会活动的营销导向，揭示了大量的不同之处。与新一代组织相比，传统展会活动的营销成分较少，这反映出自给自足的做派和职业精神的缺乏。穆特格鲁和艾灵顿（2005）做了类似的研究，其研究结果表明，有多个原因可以证明在他们的样本中尚没有一个挪威节庆展会活动展示出全面的营销方向。

表 9.5　营销与传播

营销与传播	基础	展会活动的特殊问题与应用
营销理念	心理 （感知、态度形成、参与、沟通、动机、决策）	许多展会活动组织者都以产品为导向
顾客导向型		
营销组合	经济学（需求与价格；竞争）	营销是一次性活动 （例如，很难做需求预测）
关系营销	社会心理学（群体对顾客决策的影响）	
需求预测		为展会活动设置多重目标
市场细分	人类学（展会活动策划经验）	展会活动是一种经验，而不是消费品
营销策略		
目标市场营销		一次性展会活动必须预先出售 （没有时间恢复）
定位与品牌推广		
传播组合		联合品牌与赞助营销论证
产品生命周期		以旅游为导向

二、营销组合

　　营销组合是由那些用以建立和维持这些基本利益相关者关系的元素组成的。我更喜欢 1995 年阿拉斯泰尔·墨里森提出的"8P"营销组合，将它们分为"经验"和"促进"因素。"产品"实际上是展会活动的经验，我相信营销者必须通过研究和理论建设来了解更多的营销体验。已经有大量浅显的表达零售、打造品牌和娱乐体验如何使个人和公司成功的案例。

　　其他营销组合的元素直接影响的经验是"场所"（网站、场地或设置），"程序"（包括主题）和"人群"（互动的工作人员、志愿者、嘉宾和参与者）。促进成分包括"伙伴关系""促销"（即通信）和"包装"，包括分销和"价格"。伙伴关系是指与必须应对的所有外部利益相关者的关系。特别是在旅游背景下，有时可以认为它是一个"产品"，这是因为旅游者通常喜欢将付费出行、住宿和活动打包购进。分销是与客户进行沟通和销售的过程，包括通过互联网销售、当面销售和通过代理商销售。最后，"价格"是一个促进成分，因为它决定谁能买或想买的商品。由于价值对消费者整体满意度的影响，价格也会影响消费者对整体满意度的感知。

三、沟通组合（综合营销沟通）

　　马斯特曼和伍德（2006）在《创新营销传播：展会活动业的策略》一书中不仅阐释了为达标对传统"营销组合"的运用，还研究了如何把展会活动作为一种通信工具。他们强调"整合营销传播"（IMC）作为一种对策以应对媒体失灵、新媒体的选择和客户从市场营销方面要求投资回报的需求。整合营销传播具有很强的针对性（以客户和多方利益相关者为导向），结合所有通信工具的一致性和协同性，强调关系和品牌推广目标。

四、展会活动营销的研究、评估和信息管理

伍德（2004）从设定展会活动目标开始，概述了对展会活动主要营销信息的需求。在环境扫描背景下，研究和信息必不可少，包括客户分析（包括细分、定位、满意度和期望）、竞争对手的分析和定位、战术营销决策、影响和战略规划。展会活动营销的主要研究方法和数据收集工具包括调查、访谈、小组讨论和观察。考勤计数（或估计）和有效性评估也是一项重要任务。

同时，伍德还用图示讨论了展会活动组织的全面营销信息管理系统。它涵盖了内部和外部的数据源、利益相关者的信息文件（客户和其他人）以及各种应用的研究和分析。

五、细分和营销目标

这是展会活动管理中的一个主题，已经得到了许多关注。细分往往与动机研究联系在一起。例如，泰勒和商卡（2002）描绘了葡萄酒节的与会者；奥克斯（2003）细分了音乐节的游客。用于市场细分的基本变量涵盖简单的地理位置（市场区域）、人口统计（年龄和性别）和社会经济阶层（收入和阶层）。更具挑战性的变量包括利益寻求（通用与特定），消费模式（购买者、购买方式和地点）和探视模式（重复访问、忠诚度和季节性）。

包括李（2004）、芭比瑞等（2008）在内的许多研究都建立在动机的基础上。心理研究是最复杂的方法，它处理人的生活方式和价值观，其研究报告说明如下。

【研究札记】

生活方式和价值观

生活方式细分识别基于态度相似的群体、意见和利益，是一种心理学的应用。个人价值观是态度和行为的根源。在这项研究中，调查者针对观众对待音乐剧表演的态度进行了调查，历时 10 个多月，样本大多为已婚的职业女性。价值量表测试结果的因素分析显示出 3 个个人价值领域：外在的获得（有一种归属感、被尊重、温暖的人际关系和安全）；"享乐主义"（有乐趣和享受，有兴奋点）；"成就"（自我实现）。有意义的聚类分析对研究细分是有帮助的。

Hede, A., Jago L., and Deery, M. Segmentation of special event attendees using personal values：Relationships with satisfaction and behavioural intentions［J］. Journal of Quality Assurance in Hospitality and Tourism, 2004,5(2/3/4):33-55.

普林迪斯和安德森（2003）对爱丁堡旅游节的游客进行调查，运用一种类似寻求利益的方法对游客进行细分，并对 7 个集群的"消费风格"进行了鉴定，在这个历史悠久的城市中，国际或苏格兰表演艺术反映了不同的兴趣水平。

六、定位、品牌和合作品牌

虽然品牌营销是一个巨大的营销主题，但在已有的研究背景下，发表在特定品牌营销刊物上的活动旅游和目的地方面的文献并不多。下面的研究提供了一个案例。

【研究札记】

品　牌

　　奥的伯雷丁和吉沙报道说,该马拉松创建于 1999 年,并逐渐成为一个"必跑"的运动会。首届马拉松吸引了 6 000 名参与者并在 2004 年增加到 12 000 人次(含马拉松、接力和步行 5 英里、5 000 英里和 10 000 英里不同类别以及"小猪"类别),主办方明确提出要创建一个不同定位的品牌以吸引目标市场。组织者(西丽琴国家马拉松公司)认为,展会活动市场的商机集中在首次参加马拉松的人身上,年长的跑步者却并不怎么感兴趣。

　　Oldberding, D., and Jisha, J. 'The Flying Pig': Building brand equity in a major urban marathon[J]. Sport Marketing Quarterly, 2005,14:191-196.

　　慕斯博格和盖茨(2006)采用案例研究方法检视了一些涉及节庆品牌的概念和问题。一个标准方法是使用一个规范的与节日风俗相关的城市名字,如卡尔加里儿童节。至少在北美范围内,另一种常见的方法是品牌与赞助商结合,包括产权销售(如加拿大信托卡尔加里国际爵士音乐节)。一个研究结论是,管理者没有在展会活动过程中充分利用节日品牌。

第六节　资源和财务管理

　　学者从企业或企业管理的角度做研究,所以他们在财务运作方面知之甚少。也许这是因为展会活动大多在公共领域,不受正常的经营管理原则约束,或者因为不以营利为目的的展会活动组织认为它们并没有在做生意。然而事实是这样的:所有展会活动都必须确保占有并安全管理自身的资源,处理主要业务涉及的财务问题和展会活动失败的潜在可能。

表 9.6　财务、财务管理和控制

资源和财务管理	基础理论和概念	展会活动的特殊问题和应用
资源和依赖性	经济学 (企业理论、供给需求、价格和价值)	大型展会活动花费巨大
商务模型		免费展会活动的收费项目
价格理论和策略	政治科学(展会活动的政策支持)	展会活动的社会服务功能 (补贴、收支平衡、隐性损失)
回报产出管理		
投资回报	社会学(社交网络)	现金筹集问题(展会活动只会在开会时或会后才能收回资本)
财务风险		
管理和计量		财务需求的多种资源
价值(展会活动存在的理由)		多方利益共同体和投资回报
赞助		合作品牌资助

一、赞助和其他收入来源

作为一个纯粹的商务活动，展会活动不得不出售产品（如商品）和服务（如娱乐入场费），以获得足够的收入存活下来，或者有足够的利润来证明投资有效。但这也有赖于许多其他资源，包括公共部门的补助和补贴、赞助收入和私人赞助商的实物支持以及活动筹款。盈利展会活动公司可能很难获得补助金，但可能获得来自商业伙伴的其他比较优势。

实践者和研究者关注最多的赞助，无疑是其在全球重要展会活动部门的反映。在经济和市场营销方面可以这样定义：为了向展会活动提供特殊利益，包含外部组织（可以包括公共机构）和个人在内，向展会活动注资的交换关系。斯金纳和洛克斯基（2003）在《展会活动资助》一书中描述了展会活动赞助的讨论和建议，盖茨在 2005 年也做了类似研究。国际展会活动组织以研讨会和出版物的形式开展对展会活动的赞助，包括法律指南资助。大多数展会活动协会办有赞助刊物并举办赞助研讨会。

卡瑟伍德和万·柯克（1992）评论了洛杉矶奥运会成功后赞助企业的成长。克朗姆顿（Crompton）分别在 1993 年和 1995 年分析了赞助增长的原因并检查了企业赞助展会活动的标准。韦普勒和麦克卡维尔（1995）做了一项关于对企业如何做出赞助合作决策的研究。

由里克（1995）、蒙特和德尼罗（1995）分别做了两项研究，考察了小社区中的展会活动赞助，在这种环境下，往往是在社区善意和公民义务的基础上做出的赞助。也许同样的事情发生在其他同级别的社区或不同的社会和文化群体之间。

企业赞助有许多问题和风险。商业赞助商的利益可能被接管，所以展会活动必须注意"目标位移"。对一个或几个赞助商的依赖可能也是一个问题。如果展会活动对他们不利，赞助商将面临"伏击营销者"的风险、善意也将遭受损失。事实上，这是一种影响双方的品牌联合形式。

有人已经做了一些关于展会活动赞助有效性的研究。克里斯特和吉特尔森（1995）、考赫兰和缪尔（2002）对展会活动顾客之间的召回赞助进行了研究，揭示了其积极性结果的来之不易。主流营销从赞助商的视角做了大量的效能、效益和风险研究。如何评估展会活动投资的有效性正在受到越来越多的关注。

赞助必须从多个角度研究和理解。它涉及利益相关者的管理、战略规划、组织文化及其演变、风险管理、财务控制、营销和沟通、法律问题以及品牌问题。例如，德磊纳等（2011）研究了展会活动品牌的一致性。

还有一个研究目标是提高我们对世界展会活动赞助活动多维效应的理解。美特斯塔（2009）运用的方法包括：投资回报率、目标回报、媒体曝光率分析以及市场价值分析。因为单从投资回报率来看，对公司利润的影响是一种困难并昂贵的评估。

二、投资回报

计划和组织商业展会活动的专业人士越来越需要佐证展会活动存在的必要性并诠释投资回报。菲利普斯等（2008）在《会议和活动的投资回报》一书中揭示了以国际会议专业人士协会为代表的展会活动协会满足专业人士需求的能力。范式的转变是显而易见的,要求会议策划者在会前证实价值(因此吸引注意并举办会议),并考虑会后效果和效率。在此之前,有关展会活动流程的文献很少,而且只有与会者参与问题。

《展会活动的投资回报》一书的作者提供了许多有影响力的措施,在货币方面,这些措施并非都是有形或可衡量的。为获得必要的反馈需进行详细研究和评价,作者推荐的研究和数据的类别包括:

- 输入,展会活动实际上由出席人数和他们的行为组成;
- 反应和感知价值(与会者的满意度以及他们对体验和会务的评价);
- 学习(与会者学习);
- 应用和实施(会后习得/分享的知识);
- 影响和后果(学习对业绩的影响);
- 汇报速率(金融利益与会议费用的比较)。

商务展会活动依托的会议中心、酒店(度假村)和其他目的地必须进行模式转变,不可异想天开地认为商务展会活动的迅速增长将会持续下去。尤其是在经济低迷期,越来越多的企业和协会必须意识到举办展会活动的价值所在。

在目的地方面有一个潜在的问题,即会议中心希望举办更多的会议,并拥有高消费商务游客,且只从对目的地的经济影响的角度来衡量问题。

不能忽视会议组织者所希望并应该达成的合作伙伴提供的数据和必要的分析,从而佐证会议。

投资回报率对其他展会活动利益相关者有着非凡的意义。旅游官员通常从展会活动对目的地总体经济影响的角度来衡量投资回报(这通常会导致夸大)。在社会或文化政策领域,通常不使用投资回报,但它可以用具体的结果来加以衡量,如认知、态度或行为的变化。

【研究札记】

赞　助

本研究基于南卡罗来纳州查尔斯顿地区的大型公司评估赞助当地慈善活动的区域选择,研究目的是开发一个会议赞助决策模型。该研究发现了6个影响展会活动资助的因素:赞助策略、机构类型、组织类型、营销策略、预计产出和感知价值。在决策过程中对每个因素的强调,受到商业对纯营销或纯慈善事业的倾向性影响。

Nadav, S., Smith, W., and Canberg, A. Examining corporate sponsorship of charitable events in the greater Charleston area[J]. Event Management, 2010,14(3): 239-250.

三、资源与依赖

第四章已研究过公司理论,在资本保护和其他资金形式方面展现出竞争优势。整体看来,虽然它可能在避免资源依赖方面有些理想化(而不是经济上的自给自足),但是如果制度

现状是可取的并具备永久性,对高度利益共同体的依赖是一个明智的选择。研究人员正在寻找展会活动资源的获取及其管理策略。

四、展会活动企业

目前,对展会活动企业的研究较少,因此,我们在微观经济学层面对展会活动知之甚少。一个关键的问题是:如何使展会活动有效地产生收益和利润? 万希尔(2006)是一个为数不多的研究展会活动项目经费的学者。价格理论和相关的营销策略是相关联的。

【研究札记】

展会活动经济学

万希尔对芬兰歌剧节如何获得资源和持续的经济收入进行了研究。它的定价反映了其慈善地位与公共服务目标,剧院的容量是固定的,因而必须使成本上升和门票销售收入相匹配。然而,芬兰政府的资助作为一种支持戏曲文化旅游的形式,研究者建议提出一种收入管理模式,以提高决策,特别是评估定价策略。

Wanhill, S. Some economics of staging festivals: The case of opera festivals. Tourism[J]. Culture and Communication, 2006,6(2):137-149.

葛特慈和安德森(2007)对单一节庆展会活动及其收入管理相关问题的研究表明,强势的利益共同体(尤其是娱乐预定代理商)会提高展会活动的成本,而展会活动组织方却握有在弱势利益共同体面前控制成本的潜力(可选择的)。一个相关的问题是,许多展会活动集中在公共(政府)领域或不以营利为目的的社区中,它们在一定程度上脱离了市场或正常的供求规律。即便其自身难以生存下去,由于其公益性质,政府可以予以补贴支持。即使长期负债,非营利机构有时也会继续支持展会活动,因为包括赞助商在内的利益相关者赞赏并信任这些展会活动的作为。

五、收益或收益管理

麦克马洪·比蒂和尤曼(2004)探讨了展会活动收益管理。类似于酒店和航空公司的"收益管理",展会活动实行的财务管理办法适用于固定但"脆弱"的财务总量(只有这么多可售的票,但如果未售出则出现总量浪费的现象)和可预见的需求波动(以周、日、小时为单位)。管理者运用需求的波动和历史数据管理调整价格或进行特殊优惠以吸引客户,否则将进入低需求时期。这可能会影响展会活动的程序和员工。

季票、多用途通行证、老年人或其他团体的折扣以及其他各种定价和促销策略,必须与收入管理相一致。到目前为止,还没有学者研究该技术在展会活动中的应用和效果。

六、控制与问责

拉杰(2004)研究了人力或行为在展会活动财务管理方面的作用。这种方法不仅具备专业性,还囊括了内部关系和士气。有学者强调,预算编制不只是财务规划,它对人的行为和目标设定也具有重要影响。

第七节　人力资源与志愿者管理

展会活动策划的人力管理包括所有组织形式的人员编制,外加对特殊挑战的应对。在展会活动监管方面,自愿管理、外部供应商或承包商有着特殊的重要性和特点。需特别注意的是,项目的规划、管理和波动都需要劳动力。琳恩·万德维根(2006)在《展会活动人力资源管理:劳动力的管理》一书的前言中强调,在商业展会活动中,人力资源管理最具挑战性。她展示了人们赋予展会活动的自组合性挑战以及展会活动规划和管理的属性。众多利益相关者认为,展会活动的每一个生产环节都与风险相关。

展会活动具有独特的人力资源需求与挑战,特别是因为它们对志愿者的习惯性依赖。临时性展会活动组织的资源管理不同于永久性人力组织。展会活动的筹划经验也往往依赖于工作人员和志愿者服务表现出的质量水平。有时候,缺乏专业性是一个问题,在领导和组织都是非正式的情况下尤其如此。

一、职业研究

表9.7　人力资源与自愿管理

人力资源与自愿管理	基础	展会活动的特殊问题及应用
动力(纪律、嘉奖、疲劳、厌倦)	心理学 (需求、动机、认知、学习)	短期展会活动的暂时性
管理轨迹(分层管理、团队合作)		对志愿者的依赖(监管和操作)
说明与教化	社会学(社会群体)	员工为志愿者(经验不足)
训练和职业发展	人类学(文化)	
职业	教育学(培训、训练)	
风险管控(健康和安全)		

出人意料的是,尽管展会活动管理和相关的教育计划在世界各地普遍激增,但展会活动职业化现象非常罕见。研究人员对展会活动职业本质和挑战的研究才刚刚起步。

拜姆等(2009)在《会议与展会活动中的人与事》一书中首次介绍了展会活动部门的人力资源问题。加戈和麦尔在书中探讨了展会活动运用的主要职业理论,并指出了一些问题和发展趋势,他们提到麦克加伯(2008)对一种叫作“蝶舞”的职业模式的识别适用于会展专业人士(见下面的研究报告)。他们指出了短期展会活动组织和一次性活动相关的困难。许多展会活动专业人员出于自身的偏好和需求偏好跳槽在所难免,长期专职的传统职业供不应求(在节庆展会活动方面可能并非如此),后果之一是关键人员在展会活动之间的流动被描述为“情节”职业模式,按次序由一个主要展会活动流向另一个。例如,奥运会的专业知识从上一届转移到下一届。另一个趋势是私人公司为员工提供多个展会活动机会，或为了盈利而举办多次专业性展会活动。

与会议和展览相关的职业研究是最多的，大概是因为该领域通常与主要场地有关。类似的节庆和体育展会活动相关职业的研究也很有必要。

【研究札记】

职 业

文章考察了澳大利亚展会活动业中个人的职业规划和发展策略。通过对行业内126个人为样本进行的结构化就业信息问卷调查，并使用一系列的描述和评价技术分析，结果表明，展会活动业以受过良好教育的职业女性为主，并随着"蝴蝶工作效应"在行业内的不同分区之间战略性移动。他们还运用一系列的个人职业规划和发展战略，发现可能会影响他们的是年龄而不是性别。研究结果还表明，个人对机构的稳定也有一定的影响。

McCabe，V. Strategies for career planning and development in the Convention and Exhibition industry in Australia［J］. International Journal of Hospitality Management，2008，27（2）：222-231.

本文回顾了有关生活和工作的历史研究，这是一个关于亚洲电子行业专业人士职业介绍和人力资本的在线调查结果。研究结果表明，业内并没有入行的特定职业路线或途径，只能在各行业积攒经验，主要在管理、销售和市场营销中定位角色。专业人士表现出高度的职业风险，但面临着各种挑战与不同环境的客户和工作要求。

Ladkin，A.，and Weber，K. Career aspects of convention and exhibition professionals in Asia［J］. International Journal of Contemporary Hospitality Management，2010，22（6）：871-886.

二、人力资源计划

盖茨（2005）和范德瓦根（2006）提供了详细的人力资源规划模型。范德瓦根的方法从展会活动的目的和战略计划开始，并将人力资源整合到项目规划和所有功能领域，涵盖从人力认定到劳动力计划等方方面面。其关键步骤包括：人力资源战略计划、工作结构分解、劳动力需求预测与供应评估（包括员工、志愿者和承包商）、风险评估、人力资源运营计划和预算、招聘与选拔、培训、人员后勤、绩效管理、表彰和奖励制度以及事后评估。

海伦和斯图亚特（2006）对一个主要从事体育赛事的展会活动机构进行了研究，提出了最优策略问题，包括全职、外包并带有季节的志愿人员的混合参与。复杂结构安排是存在的，数字是波动的，每个人都在定义着合同的条款，一个解决方案是组成临时工作队。他们提出了一些建议和实践策略。

展会活动中存在一定的法律和伦理问题，包括申请者雇佣和解聘方面的法律（某些问题或者安全检查可能是不允许的)以及员工终止合同。另一个常见的问题是现实和工作描述的歧视,特别是董事会的歧视。工作人员和志愿者的愿望反映出社区的社会文化结构。

三、动机

一些理论方法可以应用于招聘和激励展会活动员工方面。下面,在介绍更多的志愿者细节之前,提供一个概述。

(一)赫茨伯格的双因素理论

有时被称为"双激励因素理论",与马斯洛需求层次理论密切相关。1966 年,赫茨伯格的职场研究得出这样的结论:保健因素,如工资、安全和其他利益不仅难以激励员工反而会引起不满。员工工作(或更好工作)的驱动力是挑战、认同和责任。

在展会活动领域,这一理论的应用是用来解释客户或客人的满意度。在这方面的"保健因素",如厕所缺乏、车位少或等待时间长等都会引起不满,但是,这些方面即使满足也不能鼓励人们参会或引导人们对展会活动整体质量的看法。

(二)麦格雷戈的 X 理论和 Y 理论

信奉 X 理论的经理(有意识或本能地)认为,工人本质上是懒惰的,所以结构和纪律(或惩罚的威胁)在激励员工方面是必要的。这与斯金纳(1938)提出的"行为矫正"方法一致,都强调员工奖励和纪律。然而,1960 年麦格雷戈在高水平的马斯洛需求层次论中发现,比金钱更有作用的激励因素包括赞美、尊重、认可、授权和归属感。因此,Y 理论管理者试图消除创造力藩篱和自我实现的障碍,提供一个舒适的工作环境,并给予员工或志愿者以高规格的尊重。

(三)弗鲁姆的期望理论

弗鲁姆(1964)提出的期望理论认为,员工有着各种不同的目标(特别是避害趋利),如果他们相信努力与绩效之间存在正相关的关系,便可以激励他们,作为结果,员工们会做出良好的表现,员工需求的满足也使得他们值得去努力。这一理论有时也被称为预期价值理论,其中"价值"指的是人们对结果的感情取向。

四、职业精神

展会活动管理会逐渐成为一种准职业,对这种职业的接受与不同院校的毕业生和持有认证证书的专业人员密不可分。盖茨和里克(1994)认为,展会活动管理具有准职业的地位,也可以与娱乐休闲管理者相提并论,但由于政府认可的执照的缺失,而难以成为一种专门的职业。

在这部分,展会活动管理知识体系(EMBOK:Event Management Body of Knowledge)项目旨在提供必要的知识许可。然而,哈里斯(2004)认为缺乏一个共同的目的,并且目前的整合阻碍了统一的职业地位。哈里斯的结论清楚地反映了具体展会活动职业协会的分裂以及成员和信誉之间的竞争。它以自身利益来延续分歧，但最终，他们都必须面对一个这样的事实：展会活动管理已成为一个学术标准，而不像会议管理或展览管理等活动那样简单。他们都会在一定程度上保持对特殊展会活动的集中关注，但要使他们专业化与职业化则要通过展会活动项目经理的指定来完成。

无论展会活动项目经理的资历背景如何，无论志愿者、业主或雇员的地位如何，他们都将被视为专业人士。这种期望取决于教育、培训和经验、对职业道德规范的遵守和履行法律责任的必要性。

哈里斯（2004）提供了专业化三维模型的定义方法，用于对职员进行定义，包括：特质方法（这些技能基于专业技能、全日制职业训练、行为规范、组织、行为模式、利他服务）、功能方法（系统知识、共同兴趣、社会化识别、工作社会化、社区精神的系统奖励）和商业方法（商业视觉方法、对市场和客户需求的有效反应、管理技能、企业技能、成功盈利）。

盖茨（2005）记录了主要国际展会活动组织的道德标准（守则）和行为模式，并提出了一些如何使展会活动职业以自身的价值和标准来约束自身并创造价值的建议。展会活动涉及的伦理问题和道德价值观是很有必要研究和讨论的。

随着职业精神的累积增加，在职业精神的构成及其从业人员的相关问题方面则需要更进一步研究。有的研究针对展会活动领导力培训：特兹勒皮和奎克（2002）研究了悉尼奥运会；同年，安隆和谷斯凯力研究了展会活动的通用感应或倾向，包括详细的劳动力需求，以及诱导和训练对展会活动的重要性；希恩等（2000）基于酒店和会议中心描述了会议的策划；而奥布莱恩和肖（2002）描述了加拿大的独立会议策划者状况。

五、展会活动志愿者招募和激励研究

志愿者管理的关键问题是：如何激励展会活动志愿者，以及如何才能使他们的生产力和奉献最大化并持续下去？志愿服务的价值和实践并非是从一而终的，他们部分反映了文化规范、政治制度、经济条件和生活水平。许多国家的志愿者通用信息是可以获得的（例如，2005 年，美国劳工部、澳大利亚统计局、加拿大形象办公室以及英国志愿服务协会都提供志愿者信息），对任何形式的志愿者的讨论都是一个很好的起点。

展会活动志愿者管理需要人力资源知识、展会活动策略及其实践，反映出展会活动的规模和性质。大量的研究瞄准了奥运会，但这些研究结果并不一定适用于小型项目或其他类型的项目。对于具体的展会活动，越来越多的研究指向了志愿者的动机、满意度、奉献和经验等方面，包括：威廉姆斯和哈里森（1998）；瑞恩和贝茨（1995）；威廉姆斯等（1995）；埃尔斯塔德（1997）；法瑞尔等（1998）；格林和加里普（1998，2004）；萨利赫和伍德（1998）。21 世纪以来，庄士敦等（2000）；加彦（2001）；斯特吉斯和杰克逊（2003）；拉斯顿等（2005）和蒙加（2004）等都进行了相关研究（下文中的研究札记涵盖了更多的最新研究）。

展会活动志愿者的潜在动机包括一般的激励，如做好事（利他主义）、寻找社会和职业利益(社交网络)及挑战。志愿者们特别喜欢归属和分享,或通过他们的展会活动经验彼此"交融",志愿服务也可以被誉为是"认真休闲"的一个方式,许多活动中的志愿者对此评价很高,那些展会活动经验丰富的人很有可能会主动去做志愿者。

研究发现,参与体育活动能激起人们参与同类型体育赛事志愿服务的兴趣,因此,体育展会活动的声望得以大大提升。还有研究表明,社区荣誉感也是一个重要因素。蒙加(2006)得出一个这样的结论:赛事志愿者的动机均属于参加性原因,或者说与活动的主题相关联的动机是最强的。

还有许多其他问题需要考虑。性别和年龄差异有什么影响?地理位置和种族对展会活动志愿服务有什么影响?我们如何解释志愿者来源和工作方式的差异?是否有一些人比其他人更受欢迎?是把志愿者工作当作廉价劳动力的来源还是仅仅当作一种支付性质的工作?该如何发展这项事业?

教育、培训和监督质量需要全体员工的参与,包括志愿者和供应商的设计经验。问题症结在于工作人员、志愿者和供应商的经验有助于客户和其他利益相关者的经验积累。这远远超过服务质量问题,因为它的核心是经验的积累。

【研究札记】

志愿者动机

这项研究的目的是研究作为志愿者的动机和承诺,以及愿意继续为未来充当志愿者的关系。为了这个目的,研究者选取了163个愿意在2005年参与铁人三项活动的人参与网络调查,其中男性70人、女性93人。研究结果显示,作为志愿动机因素的人际交往、热爱运动、个人成长对展会活动志愿者奉献方面的影响最为显著。

Bang, H., Won, D., and Kim, Y. Motivations, commitment, and intentions to continue volunteering for sporting events[J]. Event Management, 2009,13(2):69-81.

第八节 风险、健康和安全

安全和健康管理目标是指确保所有的展会活动参与者以及其他受展会活动影响的人都受到保护,从而不受健康和安全的威胁。这是人们关注的焦点,包括重要的人流管理和安全任务。风险管理可以定义为在预期过程中防止或减少潜在的展会活动、组织、合作伙伴和客人的成本损失或疑难问题。问题是,什么是风险?是金钱损失还是展会活动及其组织者的名誉受损?或个人安全或健康的损失?风险、健康和安全管理必须削减展会活动管理的其他系统风险,本节只是包括了一些基本原理和相关的问题。

表 9.8　风险、健康和安全

风险、健康和安全	基础	展会活动的特殊问题及应用
功能管理中的综合策划管理风险	心理学和社会学（恐惧、侵犯、领地意识、风险感知）	一些展会活动风险较高（也是吸引人的地方）
法律责任	环境心理学（人与环境相互作用）	从业拥挤产生风险
保险		一些展会活动与饮酒、聚会相关可能招致麻烦
健康标准	操作管理	
安全标准	策划理论和理性决策	志愿者的不合作
安全系统		

一、展会活动的特殊风险因素和挑战

展会活动组织者面对许多威胁或危险，包括抗议、交通、球迷、拥挤、酒精（佩格等，2001）、恐怖主义和安全控制等不利因素。恶劣的天气和包括经济状况在内的不可预测环境会使销售受到大幅度影响。受众吸引错误或部分体系不兼容可能会招致麻烦。

所以，政策制定者或策划者面临着一个困境：许多展会活动本身是有风险的，但这也是吸引力的一部分。在犯错之前，小心谨慎规避一切风险和刺激会不会使一个展会活动更加具有吸引力？冒险活动包括运动、斗牛及类似活动，而吃喝或只是一大群人聚集在一起。庆典和狂欢是节日和嘉年华的标志，会有许多派对和音乐会。其实，所有动物的任何行为几乎都是有风险的。

当然，风险也来自组织和管理行为。例如，工作人员或志愿者未经过相关训练，或缺乏敬业精神。位置选择的错误，如环境敏感区域或已知的自然灾害地区构成的严重错误。日期错误可能导致竞争和冲突，而价格或方案错误会影响形象和销售。由于众多志愿者的参与依赖于众多供应商，加之工作人员或志愿者服务具有相当难度，使得对展会活动质量的控制无比困难，每年都需要进行系统再造。

无论什么样的危险或威胁都会给嘉宾、参与者、组织者、其他利益相关者以及环境带来风险。风险将产生个人健康损伤问题、财务问题（亏损）、市场营销问题（形象受损、需求流失）、法律问题（过失诉讼）以及社区关系和政治支持问题（负面影响所致）。

二、风险计划与管理

《展会活动安全指导手册》（1999 年修订版）非常有用，它对英国中央政府在筹划和准备音乐会的健康和安全规划方面给予了指导。在英国及其管辖地区，要求对展会活动进行立法来保障展会活动策划和筹办的健康和安全，并设有政府督察确保所有相关法律和法规的实施。同时，约翰逊（北达科他州）呼吁所有展会活动都要准备一个书面的《紧急行动计划》以确保工作人员和志愿者及时和充分地预测和应对意外问题。

规划过程开始于对各个风险领域（如金融、健康或环境）内威胁和危害的识别。奥图尔和米科拉迪斯(2002)建议风险识别和项目规划任务分析一同进行,然后评估"风险概率"(它们发生的可能性如何)和"严重程度"(后果有多严重),确定优先事宜之后再开始行动。斯沃(2008)将风险管理过程与知识活动管理机构的各要素结合起来。

博朗尼(1990)提出了展会活动需要遵循的几个通用的策略:"回避"(如活动场所之类的危险应被消除);"减少"(一些危害可减少或通过更好的管理,培训和操作控制在一定范围之内,通过操作、行动和其他手段来减少潜在损坏或降低损失的严重程度);"扩散"(分散风险或利益相关者之间在时间和空间上的重新分配");"重配"(可以完全重新分配,特定展会活动的母公司吸纳奉献、用户签署的风险豁免)。

保险公司在整个过程中提供帮助,它们利用经验来学习风险和后果。有些人已经制定了展会活动组织者必须遵循的具体指导方针以获得保险资格。因为成本开销或缺乏保险,有些活动和整个展会活动可能被取消。专业协会和一些城市已经采取了自我保险计划,以便展会活动得以继续举办。

【研究札记】

风险策略研究笔记

加拿大的两大体育赛事,国际滑冰联盟(ISU)主办的2006世界花样滑冰锦标赛和国际足联(FIFA)主办的2007年加拿大U20(20岁以下)世界杯提供了利用档案资料和访谈进行比较案例研究的平台,主要的调查结果包括一个风险管理细分的策略类型,并分析了不同的利益相关者的共同策略。各利益相关群体确定了7个风险策略:减少、避免、再分配、扩散、防治、法律与关系管理。研究结果为体育赛事中风险管理和问题处理提供了一个战略框架。

Leopkey, B., and Parent, M. Risk management strategies by stakeholders in Canadian major sporting events[J]. Event Management, 2009,13(3):153-170.

三、安全

安全是风险规划的重要组成部分,是展会活动运作的一个关键因素。了解人群情绪和行为是大多数展会活动必不可分的一部分,随着恐怖主义的威胁,重大展会活动又多了几分额外的担心。塔洛(2002:135)在《风险和安全管理》一书中关注展会活动和恐怖主义之间的联系,特别是锁定目标的原因:

- 接近活动和活动场所的主要交通路线和中心;
- 因取消或推迟,导致的大型商务活动和旅游的中断;
- 媒体现场及时报道;
- 许多展会活动顾客都是匿名且大批量出现的。

【研究札记】

安 全

本文的报告是基于网上问卷调查的结果，寻求同性恋者的有关看法，以及在这次活动举办前、中和后期出现的对性别认同的敌意、威胁和暴力。参与策划和管理的展会活动组织者和公共官员强调了这些场合的秩序和善意。然而，这些少数群体的参与者感到特别不安或觉得受到威胁，这关系到异性恋出席大型夜间活动的一个重要方面，也可能佐证了展会活动的长期可行性。

Markwell, K., and Tomsen, S. Safety and hostility at special events: Lessons from Australian gay and lesbian festivals[J]. Event Management, 2010,14(3):225-238.

第九节　调查、评估与信息系统

所有的管理功能都必须有研究、评估和信息系统的支持。展会活动公开系统模型表明，信息是重要的输入方式，内部和外部的评价对职责、改善和学习都很重要。虽然基础研究对管理者很有用，但他们希望尽快用研究来解决问题。外部利益相关者的问责对展会活动组织者的信息要求很高。

"周期性"展会活动对成为拥有牢固"记忆"的学习型组织来说是一个特殊的挑战，因为他们只有少数的长期员工。他们能为这个目的发展伙伴关系吗？所有的志愿者活动组织都受到了挑战，而且很可能要依赖外部资源。由于学术界和从业人员之间的长期差距，它对于促进机构和专业活动协会或当地的活动团体之间的合作具有重要的意义。

展会活动管理者首先要建立一个收集信息的整体流程，并进行研究和评估（例如一个学习型组织），然后确定如何更好地分析、传播和利用它。从安全、访问和便利的角度来看，存储也是一个问题。有员工专门负责信息管理和技术，或外包工作，也是一种选择。

大多数软件项目可用于展会活动信息管理，特别是在会议登记、项目管理和预算编制方面。展会活动管理者的各种专业教材为特定的研究、评估和信息系统提供了合适的起点。伍德（2004）的文章记录了营销的信息需求，从研究角度对管理功能进行了探讨，对其他功能以及完整的展会活动管理系统也要多加关注。

[学习指南]

我们将需要了解的、主要的展会活动管理功能（规划设计除外），以及如何进行相关研究做了重点讲解。研究人员还没有全面涉及与展会活动相关的全部管理功能，其中有一些在理论和方法上都很不健全。从职业讨论回顾到章节介绍，并考虑各种动机理论如何应用于志愿者和专业人士，这有什么不同？在展会活动发展过程中，制度化模式成为新的理论，目前仅限于考虑周期性的节日的背景下。

［研究问题］

- 在计划性展会活动的背景下，界定"领导""权力""领导风格"和"领导角色"。
- 区分适用于展会活动的"企业家精神"和"内部创业"。
- 创业者如何塑造"组织文化"，它为什么重要？
- 在展会活动部门中，政府、营利和非营利组织之间的主要区别是什么？
- 解释"制度化"这一概念，并把它与"利益相关者理论"联系起来。
- 如何能成为"学习型组织"？
- 什么是"理性"的规划和决策，为什么它不总是适用于展会活动？
- 区分用于展会活动的"战略""项目"和"业务"。
- 解释展会活动操作系统的 3 个关键因素，并讨论主要的"物流"问题。
- 展会活动的"能力管理"指的是什么？举例说明。
- "营销理念"能完全应用于展会活动吗？解释原因。
- "细分"和"目标营销"如何涉及对需求、动机和利益的要求？
- 所有展会活动都能作为一个企业运行吗？为什么？
- 讨论应用于展会活动志愿者的动机理论。
- 解释如何招募、激励并保持志愿者对特殊展会活动的服务热情。
- 就风险管理来说，为什么展会活动是独一无二的？解释支持风险规划和管理所必要的研究和评估。
- 什么样的研究、评价和信息系统可以支持活动管理？把你的答案与开放系统模型联系在一起。

［拓展阅读］

［1］ Baum, T., Deery, M., hanlon, C., Lockstone, L., and Smith, K. People and Work in Events and Conventions［R］. Wallingford：CABI, 2009.

［2］ O'Toole, W. Events Feasibility and Development：From Strategy to Operations［M］. Oxford：Butterworth-Heinemann, 2011.

［3］ Phillips, J., Breining, M., and Phillips, P. Return on Investment in Meetings and Events［M］. Oxford：Elsevier, 2008.

［4］ Silvers, J. Risk Management for Meetings and Events［M］. Oxford：Butterworth-Heinemann, 2006.

［5］ Tum, J., Norton, P. and Wright. J. Management of Event Operations［M］. Oxford：Butterworth-Heinemann/ Elsevier, 2006.

［6］ Van der Wagen, L. Human Resource Management for Events：Managing the Event workforce［M］. Oxford：Butterworth-Heinemann, 2006.

第十章 结果和影响

通过本章的学习,学生应掌握:

- 影响活动结果的因素及压力源,包括有意的和无意的;
- 展会活动和展会活动旅游对社会、文化、环境和经济造成的潜在积极和消极影响;
- 为什么要从不同利益相关者角度评估有形的和无形的开支和收益,以及如何评估;
- 展会活动成果的政策影响;
- 展会活动价值评估的重要性及其方法。

第一节 结果和影响

经过策划的活动通常都是有目标的。也就是说,某些"结果"是可预期的和可预测的,但有时也会产生一些不可预测的和负面的结果。事实上,一个展会活动或一系列累积的展会活动,可能会影响社会和环境的变化,抑或成为其变化的一部分。

本章所说的"结果"源于开放的系统模型,即在"转换过程"模型(管理系统和活动本身)中,把"输入"转为"输出"或"结果"。用这种方法,影响就有了更具体的表现,经历活动所带来结果的人会感受到影响,经济也会受到展会活动变化的影响。

评估者通常根据展会活动是否达到预期目标来判断此活动是否"有效"或成功,有时他们也评估活动的"效率性"(即资源是否被有效地利用)。特兹莱皮和魁克(2002)在评估活动"有效性"时利用了多种方法,包括目标实现方法(假设预先设定了目标)、系统资源方法和内部过程方法(使用开放系统作为诊断工具)、竞争价值方法(组织内部)和战略构成方法(考虑所有利益相关者的观点)。

通常情况下,客户和展会活动利益相关者都想得到一份关于资源使用情况和具体目标实现情况的报告。但大多数情况下,没有人愿意评估"活动的外溢情况",比如与活动产生没有直接关系的因素或环境污染。一个全面的活动评估应该包括开支、收益及其分配情况。

在"无目标评估"中,没有对目的或目标做出假设,所以评估者注重对过程的评估,包括有意的和无意的。有时,这种方法会被应用到评估长期的、费用较高的项目中,比如医疗保健和教育项目。政府部门想要确保主要政策实施是有效果且高效的,同时避免对其他政策产生影响。

就政策而言,完善的展会活动和展会活动旅游政策的重中之重是要与相关政策领域进行全面且密切的融合,其中包括娱乐、文化、艺术、医疗、经济发展和旅游、环境、社会及其发展等政策领域。接下来,主要讨论与社会、文化、经济和环境因素有关的具体政策的实施。

本章的每个主要段落都有总结工作内容和工作过程的图表。通常第一栏是"压力源",实际上表示"变量"或"随意变量"。这里的"压力源"没有积极或消极的意思,只有在框架内产生的潜在结果才可能被解释为积极或消极。第三栏是考察可能的反应,个人结果指的是个人反应,而对于其他人来说,指的是政策和战略领域。

这些图表没有任何预测性,也不全面。但是在研究与展会活动相关的结果来源和性质时,以及研究利用展会活动结果能做些什么时,这些图表确实提供了一个好的开端。章末详细讨论了"影响评估"和"成本效益评估",主要是因为它们在个人、社会、经济和环境成果方面应该是全方位的,但通常情况下事与愿违。

第二节　个人成果

从预测到经历再到结果,个人成果在展会活动研究中往往很少被涉及且是最难理解的。业余的理论学家在这方面有很多见解,但是他们的观点并不适用于所有的活动场景和经历。我们不得不运用学科基础来启发和指导人们探索个人如何受到活动的影响。

一、压力源或因果关系

活动经验如何改变人们?为了弄清主要的影响因素,需要重新构架,以研究其前因和选择。对于个人而言,活动的经验可以是难忘的和可转变的,但也仅仅是在预期/期望、旅行(如果相关)和事后评估的背景下。其中,事后评估包括与经验相关的任务分配或修改。

至关重要的是,一个人如何经历活动。在意动、情感和感知三个实验领域内,个人可以指引活动过程,或者简单地跟随活动发展。对活动感兴趣、有感知且参与其中的人将会有不同的体验和经历。

许多环境因素对个人活动经历也会产生影响,因此也被视为"压力源"。"社会表象"是通过媒体和参考群体的影响,由活动组成的,进而形成与期望和活动相关的行为。人们的活动经历部分地取决于活动组织者、策划者和管理者。

表 10.1　个人成果

压力源或因果关系	潜在的个人成果	可能的反应
个人行动是参与活动的压力源或因果关系。这些行动与以下因素有关： 预期 参加展会活动 活动经历 事后评估 与活动相关且影响个人的社会、经济和环境因素 活动的主导观点可以通过媒体报道和其他有影响的载体宣传出来 组织者、策划者和管理者对活动中个人经历的影响	**消极经历：** 活动枯燥乏味或过度刺激，没有达到期望（在质量或是经验方面） 认为浪费金钱或时间 **积极经历：** 达到或超过预期值 令人惊喜的 达到峰值或得到经验 满意、高兴 态度改变（对活动、捐助者、原因或整个活动） 改变（在个人、价值和生活方式的经历上有了基本的改变）	**消极经历：** 对活动或事件失去兴趣；无意重复参加 负面口碑传播 **积极经历：** 对活动或事件很感兴趣 正面的口碑传播 忠诚于具体的活动 高度的参与性 活动生涯的发展
	消极感知： 直接或间接影响 活动被认为是有害的、具有威胁性或不理想的 **积极感知：** 直接或间接影响 活动被认为是有用的、有益的或理想的	认知会影响对活动或整体活动的态度 政治行动可能会起到作用

二、潜在的个人成果

我们要在理论指导和实践验证下考察活动是否达到期望值，尽量确保具体的需求和动机已经完成。这些期望包括学习、美学欣赏、掌握、自我实现或转变（这是最难达到的）。如果把参与感、娱乐或展会活动生涯这些概念与个人成果相结合，或者通过活动经历来衡量社会化则更具挑战性。我们同样想探讨，如何才能测量或评估活动经历对个人的影响。

同样，也需要从其他角度来考虑，包括捐助者和给予者。其中，捐助者特别想看到消费者对公司、品牌和产品在意识、形象和目的方面的变化，而给予者则可能想看到活动中通过交流所产生的意识变化。

可能会产生的积极或消极结果。如果效果没有达到最优，质量令人失望或是没有广告，经历可能会被判定为消极，积极的经历应该是能达到或超过预期的。实际上，许多积极的、难忘的和可转变经历的贡献者都是不受组织者和策划者控制的,他们只能寄希望于建议和促进产生更好的体验。

在一个更大的环境内,一个没有参与活动的人可能仍然会从活动中受到影响而形成一种积极的或消极的感知。社会交换理论可以解释其中的一些原因,认为从活动中受益的人更可能给予活动较高的评价,而某种程度上受到活动伤害或影响的人,则会形成一种消极的评价。

三、可能的反应

通常情况下,满意度可以预测人们是否愿意再次参与这项活动,能否成为忠诚的粉丝或消费者,或者是否对服务或产品进行口碑宣传。积极的经历可以影响未来的行为,尤其是在他们形成展会活动生涯时(变得更认真、更愿意参与、更积极或更专业),这些都是展会活动经历的结果。另外,不满意的活动参与者可能会失去兴趣、远离此活动或者为达到同样的利益而尝试其他方法。

那些认为活动影响到了他们,进而间接地形成消极认知的人,很可能会对整个活动产生消极的态度,也可能会引致政治行动。只有当人们在某些方面感受到利益时,他们才会支持该展会活动。

第三节　社会、文化和政治成果

展会活动的社会、文化和政治成果源于表 10.2 所列的五种压力源。第一种是货币投资或利用其他资源创造展会活动,进而引起经济变革以及社会、文化和环境之间的资源流通,在某种程度上,可以吸引游客或影响消费活动、旅游及主要社区。展会活动本身、展会活动的发展、周围交通和活动现场同样也会受到影响。

迪尔里和加戈(2010)就展会活动对社会的影响进行了大量研究,最终得出结论:社会交换理论占据主导地位。在这种构造中,那种认为会从展会活动或展会活动旅游中获益的人们会支持展会活动,并且认为只会有较少或较小的消极影响。他们认为对于展会活动的影响,社区从来都没有一致的感知,社会表征理论同样也被用来解释居民感知。在这个构建中,人们基于个人经验和媒体报道来合理地评估展会活动或旅游的开支和收益。大多数研究注重利用各种尺度来评估居民对社会影响的认知,但却很少关注常住人口对负面影响的感知,而他们的反社会行为表明它可以摧毁团队的荣誉感,并导致展会活动向另外一面发展。

表 10.2 社会、文化和政治成果

压力源或因果关系	潜在的社会、文化和政治成果	可能的反应
对展会活动的开支或投资	机会成本（资金来自或不适用于其他社会和文化需求）刺激经济；增加工作岗位生活成本膨胀	社会交换理论表明获益的人会支持活动；而其他人则认为被边缘化或没有受益
展会活动旅游；主客关系	游客的进入造成许多主客关系游行效果和同化过程疾病的传播因场馆和资源的使用而造成潜在的冲突	支持或反对边境意识（在社区外安排旅游）对展会活动的健康和安全设立标准
与展会活动有关的发展、活动和交通	交通拥堵、和谐度降低、犯罪和其他负面影响展会活动进行之中或举办前后的不规范行为作为娱乐项目的活动	呼吁控制和改变对展会活动高度或少量参与
展会活动中的社区参与	拥有和控制的感觉，或排外或过分强调"他们与我们"的关系技能和社交网的发展社区自豪感和融入感，或者分离感对传统的感知，或对正统或传统的威胁因社区活动产生的消费盈余或精神获利	基于对活动拥有和控制的感知程度，采取政治行动基于融入或分离的社会反应（参与或撤销）文化转化提高社会一体化和民族自豪感展会活动成为永久机构
媒体报道	因媒体报道而改变了人们的感知和态度（社会形成的代表）	在应对展会活动主导观点时政治行动面临的公众压力

一、压力因素：展会活动的开支和投入

第一个压力源或因果关系是与投资和展会活动开支有关的经济因素。投入的资金可以用在其他任何地方（比如活动都有机会成本），这会导致潜在的社会和文化开支的减少。另一方面，通过投资和旅游创造的新财富可以被用来促进社会和文化项目。如果经济发展了，每个人都可能从社会或文化中受益。如果资金可以直接从旅游投到社区控制活动或本地企业，那么可以使经济利益最大化，尤其是从大型展会活动或整个旅游业来说，则更具说服力。

社会交换原理表明，社会上的一些团体不会从中受益，实际上还可能让他们付出代价或承受其他负面影响，最终引致负面、不满意或潜在的社会行动。研究澳大利亚黄金海岸赛的学者福莱德林和福克纳在 1998 年、2000 年和 2002 年的研究中认为，一个人的种族关系和受访者的职业可以帮助解释对活动的积极和消极的态度，政治家和其他有影响力的利益相关者应该明确说明潜在的开支和收益,并担起责任。如果他们制定了完善的政策,也对开支和收益进行了评估,那么我们可以说他们的行动是合情合理的。

二、展会活动旅游和主客关系

在某种程度上,展会活动催生旅游,然后主(居民)客(旅游者)之间就会产生直接的和间接的关系。许多社会学家认为,总体上旅游是破坏文化的一个因素,然而活动,尤其是文化活动,很容易成为吸引游客的"商品"。

许多学者就旅游对传统文化产生的负面影响忧心忡忡,如格林伍德(1972)、乔丹(1980)、威尔逊和尤德尔(1982)。通常情况下,这些影响在典礼、音乐、舞蹈和节日这些文化产品上是显而易见的,在融入传统服饰的文化产品中则更是如此。旅游景点的居民很快就会知道,文化可以成为一种"商品",而且游客们很乐意花高价去买,这就导致了一些活动的转变。有时,一种神圣的活动变成了常规的表演,或者一些仪式变成了更容易表演或取悦观众的娱乐节目,这两种情况虽然都获得了金钱,但同时也远离了文化元素。

然而,很少有学者对旅游会危害文化,以及如何危害和为什么会产生消极影响进行讨论(诺罗尼亚,1977;迈克奥特,1982;盖茨,1988)。另一些学者,比如布瓦塞万(1979)和查斯卡(1981)的研究认为,旅游实际上可以帮助保护或弘扬传统,加强本地文化,其中展会活动是最常见的方法之一。斯科菲尔德(1991)研究了南太平洋举办的一次成功的传统活动,并就当地文化旅游发展的可持续性和延续分析进行了总结。

展会活动和展会活动旅游可以改变因素/流程,改变整个社区或社会团体,结果可以是积极的或消极的,这取决于个人的观点和信息。整个社区或社会可能会站在某些特定的立场,比如展会活动对社区或经济有益,或展会活动旅游对环境或文化有害。毋庸置疑,虽然在问题出现前制定并实施政策和战略是明智的,但针对负面或敌意的态度,政府的应对也是必不可少的。

肖和威廉姆(2004:175)针对受旅游影响的节日和展会活动提出了"文化产品商品化的阶段"。他们认为,"商品化"是消费者文化的一部分,商品化和消费主义与旅游目的地是相互依赖的,社会和仪式活动的商品化削减了文化的意义,只剩下社区文化碎片。这些阶段包括:

第一,个体旅行者对当地活动感兴趣;他们观察活动,但不一定理解其意义。

第二,有组织的旅行发展。

第三,旅游经营者把当地文化作为营销宣传点。

第四,展会活动为旅游做铺垫,使当地居民文化失去了意义(展会活动是商品),目前游客正在关注"假展会活动"。

肖和威廉姆(2004:177)同时就如何协商活动和如何调解商品化进行了讨论,并对文献中的具体案例进行了总结。莱克森(1991)描述了印第安人限制游客进入他们的普韦布洛文化领域,因此保住了他们仪式的某些秘密内容。其他社区虽拒绝让游客进入神圣的仪式,但其他的仪式表演则成为吸引游客的常规表演。1996年彼查得报道称,巴厘舞蹈之所以能为游客"真实上演",是因为它们是没有真正仪式的文化元素。

文化庆祝仪式受文化和社会的影响，或许能巩固传统或成为价值体系的主导。真实性要求从多个视角对它的意义和评估方式进行考量。节日化受强大的经济和旅游因素的影响，但是一些观察者认为它是一个负面的文化力量。当讨论文化价值时，经常会有不同的观点。

对健康的关注越来越密切，尤其是在出现了全球传染病并导致大范围恐慌之际。当受严重传染威胁时，要做的第一件事就是封闭旅游和展览。讽刺的是，如果他们想让游客重返此地旅游，就要借助活动和媒体报道，来宣传此地是安全的且已对游客开放。

对使用资源或场地产生的冲突是讨论的一个主要方向。当旅游展会活动在公园或剧院举行时，当地居民是否感到空间被剥夺了？或者其他的场地会不会支持当地公园、娱乐或文化项目？

三、社区参与的展会活动

当地居民在多大程度上可以参与到活动当中来，包括从志愿者到主办方，以及可以影响整个决策过程的居民，这些都可以决定或调整社会、文化和政治结果。活动在多大程度上可以促进社会和谐、防止社会冲突或增加社区自豪感？对于有些活动能起到变革社会力量的论断，尚无定论，所以关于这方面的大量研究绝对是合情合理的。同样地，文化活动是否可以促进或加强艺术和其他文化方面的价值发展，或对它们有所帮助？

威特（2004）对悉尼奥运会的分析为我们提供了一个例子，即如何利用"公民的热心支持"形成一种对奥运会有主导作用且积极的代表影响，并尽可能地减少负面的评价。为了在世界上重塑悉尼的地位，他们还必须通过奥林匹克的象征意义和言词这种方式对民众进行宣传，并向民众承诺会产生强大且持久的利益。另一项研究是关于盐湖城居民的分析，见下面的研究札记。

【研究札记】

居民感知

作者通过对2002年盐湖城冬季奥运会进行研究，发现支持活动的居民都是赞成社会交换理论的，并认为可以从中获益。作者总结称，活动的协同决策模型是可取的，作为一个重要的外在因素，应咨询或征询居民对社区的关心程度以及对社区的依附度，因为高度参与才会增加对大型活动的支持度。以生态为中心的价值观（对环境保护持有积极的态度）不一定会引致反对，但这样的人会更加注重成本。

Gursoy, D., and Kendall, K. Hosting mega events: Modelling locals' support[J]. Annals of Tourism Research, 2006,33(3):603-623.

其他学者，如米哈利克（2001）的研究发现，对大型展会活动的支持度会随着时间而不断变化，展会活动结束后对公众意见进行的抽样调查显示公众从展会活动中获得的收益低于他们的预期。之前的激情和政府的支持都会使公众认为活动是有价值的，但是事后，他们会发现所获收益可能没有达到预期。

德拉米尔（2001）针对社区节日的社会影响制定了衡量人们对社区节日的态度的标准。

福莱德林和福克纳(1998,2002a,2000b)和福莱德林(2006)的研究表明,研究展会活动和展会活动旅游对主要社区的影响有两种传统的方法。一些研究注重广泛的、大体上的影响,而其他一些则注重展会活动和旅游展会活动对具体群体的影响及其感受。在2003年福莱德林等人的研究中,尤其注重衡量居民对活动的认知和态度。这些学者认为应该在制定社会影响的统一衡量标准上多下功夫。"社会资本"是与此相关联的,比如居民、组织、企业和政府机构为构建一个宜居、安全和健康的社区投入了什么。任何影响"生活质量"的因素都是这些学者所说的社会影响的一部分。

社区最终能接受某个活动的前提是活动成为该社区的永久"机构"。另外,在利益相关者理论下,所讨论的关键支持者一般以活动所有权或对活动负责的方式不得不致力于活动。同时还表明,活动只能通过强大的社区支持来实现,主要是通过忠实参与、尽职的志愿者和政治支持来衡量,尤其是在危机时刻。当然,活动和社区之间需要有一致的价值观。

【研究札记】

居民感知的影响

本研究使用了包含42个项目的量表对上海居民进行了调查,结果显示,有5种积极影响因素和3种消极影响因素。大多数被访问者认为2010年上海世博会的影响是积极的,尤其是那些与改造城市形象和基础设施项目密切相关的工作人员。基于他们的不同感知,作者把居民分成三类:热爱者、现实主义者和憎恨者。文章在不同的经济和文化背景下对当地居民在大型活动结束后的感知进行了研究,丰富了现有的知识体系。

Yang, J., Zeng, X., and Gu, Y. Local residents' perceptions of the impact of 2010 Expo[J]. Journal of Convention and Event Tourism, 2010,11(3):161-175.

数据研究得出,赛前和赛后主要有7种不同:文化交流的利益、社会问题、经济利益、自然资源和文化发展、交通拥堵和污染、物价上涨和建筑成本。赛事前的预期是举办2007板球世界杯的成本将会超过其收益,但是世界杯结束后,巴巴多斯人认为其收益大于成本。可以说,当地居民在举办大型活动前有很高的参与度,使利益最大化和开支最小化,在这种情况下,使赛事获得圆满成功。

Lorde, T., Greenidge, D., and Devonish, D. Local residents' perceptions of the impacts of the ICC Cricket World Cup 2007 on Barbados: Comparisons of pre-and post-games[J]. Tourism Management, 2011,32(2):349-356.

展会活动研究学者已经开始研究个人和社会利益,包括找出社会和文化资本的形成和创造。米塞纳和梅森(2006)总结称,主办体育赛事可以通过建造与赛事有关的社区网络,为社会资本和社区发展提供机会。阿艾和派得拉(2003:185)认为,公共的庆祝活动和其他社区聚会通过加强社会凝聚力、信任、互惠、合作和包容来创造社会资本。

社区庆祝活动包括了因体育、节日、爱好、志愿活动和艺术而相聚在一起的人们,这些娱乐项目大都是为了大家的共同利益。集体娱乐的概念化与娱乐的私有化形成了鲜明的对比，近几十年，娱乐私有化已司空见惯。

夏普（2008）基于社区音乐节日，着重研究展会活动娱乐环境如何影响和改变社会的方法、风格和效力，换句话说，娱乐和展会活动是政治工具。道尔蒂（2009）运用社会交换理论来研究活动的志愿者，研究表明，影响他们未来是否从事志愿工作的因素是之前活动的受益情况，包括社会发展、社区贡献和一个积极的生活经历。对展会活动志愿者的研究都是与作为严肃娱乐的志愿服务具体地联系在一起的。

迪·吉欧威恩（2009）用民族志田野调查法来探索会安的形成，研究它是如何从一个昏昏欲睡的越南小镇成为该国最受欢迎的旅游目的地的。居民欢度每月一次的元宵节，有规律地增加他们的社区使命感并突显生活的独特性。罗默研究日本的祭典仪式，得出仪式参与如何产生强烈的社区使命，这与社会上的一些支持是密不可分的。在这一个月的仪式和庆祝活动中，主要参与者会获得归属感和情感支持，这种情感支持是基于他们在具有历史和文化意义的神圣节日中所扮演的角色。

查理帕（2006）称庆祝活动的本质是产生一个类中介空间，可以通过集体意识促进社会价值。为了能够放宽限制和扩大参与范围，活动组织者和主办方应该促进社会交流并加强庆祝意识，主要通过使活动参与者相互沟通、创造与展会活动有关的社会活动、增加非正式的社交机会、制造附属活动和定位广泛等方式来实现。

四、与展会活动相关的发展、活动和交通

这一节可以细分为几种因素或压力源，但是他们都与展会活动本身的运行有关。通常情况下，展会活动对一些人的影响是积极的，而对另一些人的影响则是消极的，这种影响大多是空间上的。噪声、拥堵、犯罪和其他对社区生活造成危害的活动都以空间和时间的方式发生，研究案例可以参见巴克（2003）对活动和犯罪的研究。

彭斯对阿德莱德大奖赛进行的研究是第一个全面且具有里程碑意义的研究，主要是关于活动如何影响当地居民，同时也影响他们的日常工作的，比如增加了通勤时间。同时也分析了事故发生率，揭示了所谓的"胡恩效应"，将此归因于种族和吸引他们的自然环境。里奇（1984）认为，展会活动的社会文化影响可以包括因活动而获益的活动（比如艺术或体育活动）以及对地区价值或传统观念的加强。

库宁和林奇（1988）提出了活动误入歧途的有趣原因。他们描述了一年一度的澳大利亚摩托车大奖赛是如何演变为经常性骚乱的场所的，尽管大赛组织者和警方可能在努力控制该聚集行为。之后，人们不是因为比赛而是因为暴乱而聚集在一起。显而易见，重新定位该展会活动已很有必要。

五、媒体报道

盖茨（2004）和菲尔利（Fairley）的研究认为，活动的媒体报道具有全球影响力，可以影响全世界的人们，如果想提升目的地的积极形象，就一定要认真策划并彻底执行。媒体关注的活动能影响主要社区，使用活动来提升形象、品牌或定位同样也可以收到意想不到的效果。需要思考的是，当地居民会支持备受争议的形象宣传吗？或者会支持把当地文化作为旅游营销点吗？

皮尔斯(1996)指出,"社会表征理论"表明社区或社会建立表征事件基于经验、社会交往以及可用的信息和媒体,这些表征很难改变并可能影响民众对新活动的态度。因此,在一些社区,我们希望能找到活动是好的或是具有威胁的主导态度。严格意义上讲,这种态度可能不是理性的。

霍尔(1992)还指出,尤其是那些受到全球媒体报道的重大活动,往往存在会招来暴力抗议和政治示威活动的因素。这是明显的安全隐患,可能会阻止一些社区推广活动。

第四节　经济成果

卡尔森等(2000)的研究表明,展会活动的经济影响受到研究者的极大关注,并在方法和应用上产生相当大的争议。虽然这不可避免,但考虑到展会活动和旅游的政治性,这种争议在先进的研究工具和令人信服的社会、文化和环境结果的衡量标准下有所减弱。

经济研究的第二层面是研究像重建城市、增加贸易量和工业生产力这样的其他获益情况。而这些通常与大型活动相关,需要大量公共的和私人的投资。较难研究且晦涩难懂的是组织和筹办展会活动的经济学,或是把展会活动作为商业投资(这种用于微观经济),或是把展会活动作为非营利活动(商业和慈善价值观共同发挥作用)。

表 10.3　经济收益

压力源或因果关系	潜在的经济影响	可能的反应
投资和新资金 -活动场地的建设 -赞助和捐助 -组织开支	-新资金注入当地且带来收入和财富 -机会成本是指没有实施其他发展行动的成本 -活动组织者有可能失去资金 -新的活动场地和基础设施为旅游和展会活动而建 -物价上涨	-感知的经济利益会促进展会活动旅游政策的制定和市场营销的发展;对活动投标和组织的补贴要公正合理 -成本和收益的评估需要展会活动旅游的战略规划;与资助者的合作和政府机构之间的合作 -发展和使用当地供应商
展会活动旅游	-大众旅游或利基市场	-竞争战略(投标、生产、实现展会活动) -把利益包装成更深远和更广泛的影响 -利用展会活动促进贸易和发展 -对高收益的展会活动游客进行推广 计划利用展会活动利益吸引更多的合作伙伴
有关活动中和活动前后的土地使用变化	-游客消费使经济利益分离和扩散 -活动区域的形成 -重构区域对企业和居民都有积极的和消极的影响	-城市综合开发和更新涉及的活动和场地
个人和社区的参与	-经济发展的能力建设	-成本和收益的分配应是政策的重中之重
媒体报道	-成本和收益的公开报道	-媒体对政策的影响

一、投资和新资金

如果一个展会活动通过投资、拨款、赞助和游客消费，可以为一个地区吸引新资金，那么我们就说它产生了经济利益。首要的问题是钱从哪里来，以及谁负责活动运营的成本或损失。说到就业效应，通常情况下，一次大型活动会带来大量的就业岗位，从而刺激就业增长。

有时"展会活动助推者"坚持认为，大型活动结束后可以继续从基础设施和场馆中获取巨大利益，但这种说法是站不住脚的。对基础设施和场馆的投资是开展展会活动的实际花费，而在未来数年，这些投资都需要由当地居民来买单。也许活动是加速投资基础设施和场馆的催化剂，否则政府不会轻易投资它们。同样地，"投资"展会活动，可以促进旅游业务而产生长期利益，否则这些也是不可能发生的。记住，"投资"这个词意味着未来的回报，所以要仔细监督展会活动。

只有当一个城市的基础设施建设因展会活动而产生时，我们才说展会活动产生了经济影响，而且只有在像中央政府或赞助商这样的外部机构对费用（资金和未来运营成本）完全承担的情况下才可以建设。否则，居民就会认为，他们是否真正需要或有必要为此投资。同样，如果有政府部门为城市建设买单的话，那么这个城市的利益是建立在其他城市的牺牲基础之上的。中央政府必须表明本"投资"符合整个国家的利益。

如果设施建设费用较高，即使该设施是活动的一部分也不会很快被修建。比如，一个城市将举办一场大型活动，这个城市就真的能够投资建设该活动所需的新火车系统吗？这就相当于抵押，因为它将向未来几代居民征收更高的税收。另一方面，这一行动措施可能会预防或解决未来的交通拥堵问题，所以陷入了进退两难的境地。

一个相关的问题是产能过剩。许多社区使用公共资金建设公园、娱乐和文化设施，虽然这些设施也未被充分利用。活动在一定程度上可以更好地利用这些公共设施，特别是通过旅游业和额外的消费者花费，进而增加场馆建设，而且也可以保证一定程度上的公共补贴。

无论政府是否投资展会活动，通常都会从活动中获得大量税收。

【研究札记】

经济影响

作者对展会活动的经济影响进行了研究，但运用的是投入产出分析而不是应用乘数效应。结果表明，从产生税收收入（比如旅游业的经济利益）和吸引中央政府投资（政策问题）角度来说，本活动值得地方政府进行投资，这也会对地区政策产生影响。

Tohmo, T. Economic impacts of cultural events on local economies：An input-output analysis of the Kaustinen Folk Music Festival [J]. Tourism Economics，2005，11(3):431-451.

活动影响的其他研究都清楚地表明，各级政府可以从税收中获益（泰勒和格拉顿，

1988;库珀斯和莱布兰德,1989;涂库,1995;安德森和萨缪尔森,2000),主要原因是旅游和展会活动会导致消费更多高附加税的商品和服务,同时也增加了旅游收入。迪芒什(1996)研究了与新奥尔良世界博览会相关的基础设施的使用情况,指出事后的基础设施,包括新旅馆和交通设施都有益于旅游业,因此增加了未来的税收收入。

二、展会活动旅游

研究最多的展会活动影响源于其本身在"一维性旅游业"(不在此处,就在别的地方,只能在一个地方)中对游客的吸引。毫无疑问,展会活动会激发游览兴趣,抑或增加景点的吸引力,但这并不表明展会活动对旅游相关产业就有经济影响。展会活动必须刺激具备"一维性"特征的旅游业。关于旅游影响的报道有很多,本章最后将评估这些影响,并提供一些对影响行之有效的参考建议。除去一些编纂良好的文献,一些有关旅游活动影响的研究文章还存在一些基础性错误,如未能证明展会活动在新型旅游和消费中的刺激作用,或者在时间转换方面未能折中处理,研究对象随意化以及影响效果错位化等。

本书着重强调了包括旅游动机和展会活动职业在内的参与活动的原因。展会活动会为许多人带来一般性收益,本质上具有娱乐性和社会性。但是,吸引有特殊性收益需求人群的展会活动却在旅游业中受益最大,比如市场商机活动,包括参与性活动以及那些为特殊利益阶层服务而筹办的活动。麦克克拉(2006)对澳大利亚地区的9次活动进行了对比分析,发现这些活动广泛吸引着从社区社会需求者到狂热的休闲者等各类人群。麦克克拉提出了一个特殊兴趣活动谱,用本地游客参与比对活动进行归类和细分。

也有人研究活动给游客带来的经济利益,但并不系统,对比价值也不高。格拉多(1998)和达耶(1998)分析了游客习俗的影响;安德森和斯洛博格(1999)研究了体育类活动的游客;斯洛博格等(2002)研究了参与体育活动的商务游客(包括媒体等在内);21世纪初,英国艺术节日协会和克朗姆顿等人研究了节事活动的经济收益;米哈利克和韦维基巴锁(1992)研究了参与艺术类活动的游客;库珀斯和莱布兰德(1989)研究了加拿大首都地区的节事活动旅游影响;同样的,斯科汀弗姆则把研究区域放在了爱丁堡。

活动"杠杆"在提升对旅游的影响、刺激本地消费(如查理普和莱恩斯,2002)和增加一般性贸易方面的作用得到了持续的关注。"杠杆策略"是指从展会活动中获利,进而创造更大的经济收益,在一段时间之后进一步扩大活动的规模。这一策略可以通过鼓励活动前后的旅游,把展会活动观光游览和巡回旅游联合起来以及加入景点营销从而得以实现。另一种方法是促成贸易和产业分析。折中方法比较复杂,要求融聚各方利益共同体,例如要诚邀能为展会活动带来商业合作伙伴的赞助商。

展会活动旅游在全球范围内是一片红海且竞争激烈。各目的地争相建设展会活动公司或发展机构,并聘请决定活动走向的专业人员,包括世界级博览会和奥运会相关从业人员。目的地活动组合的建设须交由上述人员负责并持续提升活动影响力,以不同的潜在方法考量其结果和价值所在。

三、活动中及活动前后

有时候，经济活动的集中实际上有损其他企业。由于害怕人潮拥挤，人们可能远离举办活动的商业领域，更有其他人离开了城市或留在家里。这些都是"错位"效应。要克服这些潜在的威胁，需要"杠杆撬动"与展会活动有关的各种社会企业，以保全它们的利益。

【研究札记】

经济影响

这项研究的结果表明，在不同的竞争水平方面，以参与者为导向的体育赛事在社区中产生了大量的直接消费。研究发现，个人消费量的增加是一个竞争水平升级的方法。人口因素，如年龄、性别、种族、教育、收入水平，似乎是一致的竞争水平，但是参与者的消费方式在高层次竞争中发生了变化。旅游模式和住宿选择似乎是不同的，因为那是一个从低到高移动的竞争水平。

Case, R., Dey, T., Hobbs, S., Hoolachan, J., and Wilcox, A. An examination of sporting event direct. spending patterns at three competitive levels[J]. Journal of Convention and Event Tourism, 2011, 11(2):119-137.

查理普和莱恩斯（2002）在一篇文章中指出，本地企业可以通过与展会活动合作而获益。同年，潘宁顿格雷和霍德纳克研究了旅游展会活动，发现企业和展会活动这个区域不幸被"断开"，致使传播效益最小化。他们建议将展会活动和目的地景点相结合，实现互惠互利。

四、用地变化

大型活动通常在城市中规划、更新和发展，从而可能造成城市景观和经济的永久性改变。一些城市，如瑞典哥德堡，开发了永久性活动和娱乐区，在发展中占据重要的社会和经济地位。

卡尔森和泰勒（2003）着眼于在曼彻斯特召开的英联邦运动会，用以提升城市形象，通过体育和商业的发展推动城市更新，通过文化和教育规划创造社会遗留。

五、个人与社区参与

从长远来看，经济变化与展会活动相关联，需要进行大量研究，更需要本地大部分企业和社区的高度参与。这被称为"能力建设"，或者说一个或多个活动趋向于在未来提升自身吸引力从而带来高收益游客的倾向和能力。

盖茨（2005）探讨了当地经济效益最大化问题。地方经济在居民和供应商层面的流失应降到最低，从而增加"后向联系"。再投资利润或东道国的社会盈余是促进展会活动的一个好方法。

六、媒体报道

我们已经讨论过媒体报道的评估效益,以及通过活动提升目的地潜在形象和品牌的话题。需谨记负面形象也可以被广泛传播,从而对目的地景点造成潜在的破坏。

人们普遍关心的是媒体报道对活动成本和收益的公平性和完整性,以及官员和活动支持者曝光给媒体以博得公众支持的内容。

第五节 环境产出

一、生态足迹分析与碳计算器

在活动前后计算 EIA(环境影响评估)应成为必然,但这通常难以实现。奥运会有环保政策,以确保主办城市实施绿色行动和可持续设计措施。较大规模的展会活动,特别是那些需要建设新场馆的展会活动,通常声称是绿色的并可持续的,但往往会受到怀疑。

虽然小型节事活动、旅游观光活动和大型活动的大规模建筑工程之间有很大的差异,但所有活动都会留下"印迹"。活动在这方面可用的考量工具包括一个被维多利亚环境保护署(澳大利亚)称为碳足迹计算器的东西。碳足迹计算器考虑活动的一般性特点、场地以及游客的住宿、餐饮、印刷、宣传、旅游、回收和浪费问题。它提供了一个清单以便组织者可以规划更为环保的活动,也为游客、场地方和供应商/参展商提供调查问卷。

澳大利亚活动管理中心也提供了另一种碳计算器,包括为每个指标项目(包括场地、运输、食品/饮料、礼品和承包商服务)滚动生成每一个指标项排放值的分解。此外它还提供了一个易于导航的用户界面和提示,用以指导未来活动发展的低碳排放。

对于碳足迹计算器的应用,参见 2008 年柯林斯和弗林的书目以及下文的研究报告。

【研究札记】

"足迹"分析

文章用两个定量影响评估方法,分析了与体育活动相关联的外部性环境。文章分析了生态"足迹"和环境投入产出模型,还提供了应用这些技术来离散在英国地区体育赛事的例子,并讨论了这些技术是否适用于大型活动的环境影响分析。

柯林斯等人的结论是:对环保影响最大的是旅游活动,特别是汽车带来的影响,其次是饮食消费。两种方法的数据获取和假设推断都有一些问题。

Collins, A., Jones, C., and Munday, M. Assessing the environmental impacts of mega sporting events: Two options[J]. Tourism Management, 2009,30(6):828-837.

表 10.4　环境产出

压力源或因果关系	潜在的环境影响	可能的反应
投入和发展	对土地、野生动物和资源的直接影响	避开敏感区域
	后续垃圾的产生和资源持续利用	环境可持续性的监控发展
		强制全周期考虑
	城市化进程	受损区域情节发展
	审美	强制设计标准
		倾向于或要求公共交通
展会活动旅游	造成交通拥堵	集中活动空间
	消耗能源、增加大气层碳含量	压缩小规模活动
活动	游客活动和人流拥挤对环境产生直接（踩踏和侵蚀）或间接影响（通过资源消费和生产浪费）	需要绿色活动实践（减少、再利用、回收）
		会后清理
土地使用变更	环境问题的积极改变或者生态系统受损	游客教育（旅游态度的社会营销、行为改变）
		基于社会的住宿管理和活动监督
个人与社会参与	对个人和集体的日常影响	增加压力或环保管理的支持
		特殊利益集团的游说
媒体报道	对环境问题的公正报道	多方利益共同体的投入
		在影响公众观点和政策中的作用

二、投入和发展

　　新场地的建设对自然环境和生态系统有着巨大的影响，并且长、短期影响并存。因此，一般来说，最明智的举措是充分利用现有的设施。一个全生命周期的程序应确保活动设施减少浪费、环保节能并可以回收再利用。

　　虽然更环保、更可持续的活动基础设施建设是明智之举，但是新场地很难在环境方面证明其合理存在的理由。城市谋求新发展需要许多折中各集团利益的新策略和新理由。

三、展会活动旅游

　　虽然展会活动旅游影响巨大，但由此也产生了旅游环境成本。"绿色展会活动"（如2010年莱因和佛洛斯特的著作所示）必须限于对现场的考虑，并且要贯穿整个旅游和举办过程。相对于市场，如何才能在活动定位中最大化减少总行程？公共交通是否可以更有效地利用，特别是减少拥堵？在任何特定的环境中，何种活动是可以容忍或可持续的？

　　旅游本身消耗大量燃料并产生不计其数的温室气体。许多人主张减少旅游，因此会支持本地活动。在旅游业被替代、清洁和可再生燃料被运用之前,这种批评将持续加强。

四、活动

无论是在现场还是在活动举办区域之外,当游客参加活动时他们会做些什么? 他们能否受到环境和社会责任的教育,从而避免负面影响? 这涉及交通拥堵、破坏敏感地区环境以及浪费与污染。随着奥运会引领实施环境计划,主要的问题将仍然是"绿色化"。科罗拉多州丹佛市的樱桃溪艺术节(1997 年和 2005 年两次举办)是一个很好的例子,展现了活动是如何变得更加环保的。活动也可以成为促成对话的工具,例如,可以利用节事活动本身和节目来提高知名度或筹资。

可持续发展的原则将会越来越多地用于活动评价。目前,许多活动并非可持续,参考下列标准来考察活动是全部可持续还是部分可持续:浪费、能耗和污染的最小化;私人旅游最小化;保护未来资源;设施再利用、基础设施建设合理化;避免损害野生动物栖息地和生态系统。

五、用地变更

在调试和监管活动、场地建设和城市活动区建立方面,社区规划十分必要。大型活动导致大型场馆及基础设施发展的永久性改观。在许多情况下,这是一个价值和计划的产出。它最初不是活动概念或投标的一部分,可以预期,用地变迁的长期利益将难以实现。

六、个人和社区参与

展会活动的经济和社会影响可能会更明显,但人们会更加关注舒适度的损失和对野生动物栖息地的破坏。人们对此的反应通常是负面的,从而激发政策辩论和决策反应。例如,在卡尔加里,经常在一个城市公园(王子岛)举办的活动导致附近居民的抗议,对时间和噪声限制的呼声也日趋高涨。

要想有更加积极的社会参与,活动应以防止负面影响为目标,并在活动全体部门中建立一个更全面的评价和管理系统,特别是在活动决策阶段。特定活动中的"社区归属感"应转化为更好的环境管理。

七、媒体报道

媒体可能为环境带来教育影响,尤其是在土地利用发生变化、舒适性损失的生态过程中累积潜移默化的微妙影响。环境问题往往比经济的影响力低一些,但媒体的强烈报道可以在公众的环境态度方面起到真正的作用,正如在全球变暖问题上公众意识和兴趣建设所表明的那样。

第六节　影响评估和成本收益评估

展会活动经济影响的研究经常存在缺陷，在某些情况下是故意为之（克朗普顿和麦克茨，1994）。往往出于政治原因而夸大收益、低估成本，这也是展会活动在获得巨大收益之前常见的做法。其次是事后评估时对不易公开的事项的披露。随着时间的推移，这些虚假宣传和不道德的行为将无法面对公众的愤怒和媒体的怀疑。

顶级经济影响评估已经发展到无可辩驳的地步。伯恩斯等（1986）第一次对澳大利亚的一个主要展会活动进行了综合经济评估，奠定了包括经济效益评价在内的收益评估基础。伯根和穆勒斯（1992）研究了体育赛事的经济影响；克朗姆顿（1999）给国家公园和娱乐协会所做的报告为城市开展有效活动影响研究提供了指南。

达耶等人基于一种澳大利亚活动的元分析方法和经济理论在《展会活动管理》杂志上发表了两篇文章（2000a，2000b），列出了评估和预测展会活动影响的必备条件。达耶等（2006）建议用"可计算的一般均衡模型"来评估举办地之外的经济影响，而不是投入产出模型。他们认为，投入产出方法如果用于广阔的地区或国家，是存在上行偏见的。

澳大利亚可持续旅游业合作研究中心（The Cooperative Research Center in Sustainable Tourism in Australia）已经发表了一系列有关活动影响的文章，包括伽格和达耶（2006）合著的《特殊活动的经济评估：实践与指导》和 ENCORE 工具箱。

传统经济影响研究的主要潜在因素在于没有明确哪些是该地区"新的"或"增量"的收入，如果不是因为举办活动而带来的收入，就不应该计入经济影响。所有的利益必须"归属"于活动，而不是一般的旅游。例如，只有异地旅行的游客所花的钱才算数。

相关的计量问题必须识别"旅行时间转换者"（游客本来打算在其他时间到举办地旅游，但由于当地举办的事件而重新调整行程，在活动举办期间到访目的地）和为其他原因而来，但也参加了活动的"休闲游客"。"位移"是另一个问题，因为活动可能会吸引大量游客，进而占据普通游客的空间（这发生在繁忙的旅游季节），居民也有可能因为活动造成的拥堵而不愿意外出购物。

但是，传统的经济影响评估最大的弱点是范围太窄。基本上，这样的研究在寻找旅游产生的收益，往往忽视成本和负面的结果。因此，穆勒斯和达耶（2006）建议进行全面的成本收益评估，特别是评估协助活动的金融支持政策。

一、成本和利润的综合评估

主要成本和收益的评估如下。

有形收益：赞助商和其他投资者（如外部赠款）的资助；新的设施和场地（如果有外部资助）建设；新的就业；展会活动旅游支出（以及"乘数效应"）；正面媒体报道带来的旅游收益；一般经济增长和贸易；增长能力（营销和住宿）促进未来的旅游发展；居民的保留支出（这是有争议的）。

有形成本：资金和建筑成本；工资和其他就业成本；基本服务（警察、安保、基础设施等）；长期的场地养护。

无形利益：社会自豪感；文化复兴；东道国或目的地利益和投资增加；房地产价值增强。

无形成本：拥挤和不便；噪声和视觉污染；个人犯罪和财产损失；居民外出和旅游者回避。

展会活动中未考虑的成本或问题被称为"外部性"问题，包括间接的和无形的，如污染和市容的损失及其对社会文化的破坏。除此之外，还应考虑机会成本，这些都是可以用资本、人力资源和其他资源来加以替代的。如若考察是否值得投资，则需要进行如下验证：如果是相同的资源适用于其他项目，是否会产生更多的好处？

就活动而言，总被提及的问题是"谁收益，谁支付"。成本和收益的分配很可能是最重要的问题，因为它往往是产业和社区精英在纳税人缴费的前提下，实现了巨额利润。如大型活动或新的活动场地使穷人流离失所、中产阶级的纳税额增加，这是明确的还是风言风语？如果是这样的话，为什么成本收益或事后影响评估数量有限？当涉及活动支出时，为什么政府机构或活动发展公司的行为总是那么神秘？

二、活动遗留

活动评估经常是长期考虑、间接微妙的。"遗留"是指活动留下的全部能被后人继承的积极因素，或是需要解决的问题（活动遗留问题参见豪尔，1994b；安德森 等，1999；盖茨，2000；里奇，2000；塞得和杰克逊，2006；普锐斯，2007；昆因，2010b；塞得，2010）。

有时候，很长一段时间内一个活动遗留元素的真正价值是不明确的，或者一个共识的价值可能永远无法实现。卡尔加里的经验是多元有益的，因为在那里举办 1988 年冬季奥运会实现了 3 亿加元的顺差，其中包含设备维护、业余体育活动、冬季节日和活动投标和申办的大幅、持续增长。

大型活动，特别是在经常向公众兜售（和他们需要的销售，给予高公共成本）的基础上，许多收益叠加创造出一个永久性遗产。在一定程度上，遗产是无形的，由民族自豪感或在国际社会上获得的合法性构成，在经济和商业情况下，并非必须作出反应。但是，所有关于增加的旅游和新建的基础设施的收益，则需要仔细地进行经济评估。

通常情况下，大型活动在经济和商业方面有其存在的理由，但出于纯粹的政治原因，一个完整的成本效益评定是不可能形成的。盖茨（1999）认为许多收益通常是隐藏的，或被视为外部性，如大型活动改善运输和安全。所谓诱导旅游，即可能产生旅游需求的一次"飞跃"，但很难落地，待旅游蓬勃发展之后，也难以证实活动的助推作用。

"净现值"和"现在净收益"的概念在评估遗产时是有用的。正如许多经济学家指出的那样，构建新的基础设施对于活动来说是成本支出而不是收益。任何衍生的、未来的收益首先必须是合理的未来盈利，然后贴现，因为折旧而增加的维护成本，当然是正常的投资机会成本。许多所谓的遗产已经变成了昂贵的、无用的"白象"（累赘）。

三、什么是活动价值？

什么是活动价值尚无标准答案，因而要考察问题表述的不同方式。

（一）经济影响

经济影响的计算一般只限于因为活动的举办而进入某一地区的"新资金"及其"乘数效应"。评估主要表现在"收入"或"附加值"方面。许多学者选用"乘数效应"进行经济影响评估，这在理论研究和实际应用中都有问题（如沃恩，1979；阿切，1982；伯恩 等，1986；佛莱明和托珀，1990；克朗普顿和麦凯，1994、1999；克朗普顿，2000a；德怀尔 等，2000b；于，2000；特科和约斯顿，2001；达耶，2006；李 等，2010）。如上所述，这种方法是狭隘的，往往忽略了成本。

（二）总收入

经过简单的计算，活动为该领域带来多少收入或"新资金"是有参考价值的。不仅要考虑消费支出，还应考虑机票和商品零售、租金和佣金、捐款赠款和赞助收入。这通常相当于预算收入的一部分。

（三）投资回报

对私人投资者而言，"投资回报率"是对其投资价值的衡量。换言之，对于每一美元的投资，他们的利润或收益是多少？旅行社投资的活动往往要求等同"经济影响"的投资回报，例如认知、态度和行为的变化。

（四）消费者盈余和存在的价值

就"支付意愿"而言，活动是值得消费者分配给它价值的。举办活动，他们的效用价值（即从活动中获得的收益）可能会高于他们所要付出的成本或资源的价值。对这种方法的评估是困难的，因为人们可能无法或不愿谈论像"如果你掏钱，就会怎么怎么样？"的问题。安德森和萨缪尔森（2000）建议使用"或有价值评估方法"。

同样，活动的存在价值可以通过询问居民将为此支付什么（他们自己掏钱或者税收增加）来体现。人们会进行价值衡量，即使他们并没有看到或者使用该物。研究人员询问，谁会支持或救助受威胁的活动，是否值得多次社区救助？什么样的救援方案可以使成本合理化？

（五）潜在赞助

确定活动价值的一种方法是以赞助商作为投资和合作品牌。换言之，如何将"标题"和所有其他赞助商对活动的资助（或承诺的实物）进行对接？可以获取商业价值对一个不以营利为目的的公共机构而言是很有帮助的。国际展会活动组织（IEG，1995：19）建议展会活动组织者应明白赞助商提供的质量收益比有形的东西（如机票和礼物）的价值更重要。威望有价值，但只有一个可替代措施。

（六）媒体价值

许多活动将一美元的价值分配给媒体报道,如果是广告,以同样的价格来计算,需支付多少。例如,活动的新闻报道可以根据一个相当于付费广告的费用给出一美元的价值,但这种做法忽略了一个事实:广告是有针对性的,其时间和受访量的控制通常是重复的,因而往往忽略了内容应重点放在数量上。同时它没有产生对受众的潜在影响。

谢步丽(2002)和体育产业研究中心(the Sport Industry Research Centre)列举了在英格兰谢菲尔德的斯诺克锦标赛的电视直播观众峰值大小的样本,用以测量平均值和峰值。同时,他们确定了它的电视收视率(即所有观众收看的是同一个节目)。使用专门训练的观察员和软件,计算出为赞助商的标识或信息发出清晰可见的音视频,然后基于 30 秒电视广告的费用,计算它的现金价值。该报告强调,这种媒体曝光是否有效没有任何保证。

（七）实体收益

伯恩斯等(1986)研究发现,尽管阿德莱德大奖赛强加于常住人口生活成本和其他问题,但绝大多数人还是认为活动是可取的,并且应当多次举办。换言之,对于这些人来说,该活动的"精神价值"至少相当于个人和社区所感觉到的货币价值。

（八）价值方面的不同观点

在本书中,一个涵盖多方利益共同体的方法是无比重要的。社区怎么看待这个活动?它的发起人和资助者是谁? 它的供应商、志愿者和工作人员又是谁? 是旅游业、酒店业还是艺术界? 没有一个可以衡量的价值来总结这些观点,所以他们的观点有待证实。此外,"可持续发展"的原则可以被应用到对活动价值的评估上。这些问题包括展会活动是否会使未来几代人生活艰难或难以享受平等或更好的生活质量;非可再生资源是否会用尽;举办展会活动是否增加了全球环境问题,或是否帮助解决了这些问题;长期影响能否进行预测;以及在必要时,如何进行预防和改进。

四、三重底线和基于价值的评价

2009 年,在《旅游、休闲与展会活动的政策研究》杂志的一篇文章中,我提出用"三重底线"的方法对活动进行全面评估,其本质就是利用可持续发展的原则,强化企业的社会责任。这是一个以价值观为基础的方法,而不是论证因果关系的技术练习。它涉及一个重要的问题:究竟哪种类型的活动才是有价值的。在这篇文章中,我吸取了普玛在 2005 年提出的一个观念,他指出将新范式制度化,并概述了这一过程,如对全球变暖的认可。在这种方法中,我们需要共同完成以下工作:建立一个针对可持续活动的全球研究议程(和比较结果)。为每一个国家展会活动领域政策的发展而努力(也就是说,在展会活动部门要有明确的政策),这需要所有利益相关者的参与。寻找推广新范式的优秀人才(例如,从多个角度或者从关注经济与旅游利益的缺点来谈论展会活动的价值)。建立崭新的、更加全面的信息共享网络。寻求改变,或可以建立取代传统目的地营销组织的机构,这些机构要有与展会活动相关的研

究、政策和评估;展会活动发展机构应该制定更广泛的任务,所有利益相关者都能够参与。将展会活动研究和政策制度化。

作为对那篇文章的回应,德雷其和怀特福德(2010)呼吁用更微妙的方式来研究展会活动政策,因为利益相关者之间复杂的利益关系是公认的。即使在框架方面,他们也更喜欢上下文特定的方法。这种类型的话语显然是必要的,但是没有任何人的观点能够动摇整个研究或决策。此外,这些作者还将政策研究与展会活动政策研究区别开来。对于以何种方式、为什么、何时、何地、为谁制定政策以及决策的过程都要有调查研究,这样可以增加对决策的认识。

[学习指导]

应在展会活动组织的开放系统模型的背景下考虑所有的结果。在活动转化的过程中会有一些预期的结果,为了实现这些目标,还需要通过评估确定该系统的有效性。因为资源稀缺,所以"效率"也要进行评估。也会有些预料之外的结果,甚至是脱离于活动和组织本身。外部利益相关者很可能会将注意力放在这些影响上。受到活动影响的人都是合法的利益相关者,包括那些代表环境、社会和文化问题的人。

在进行影响评估或结果评估时,应首先确定"压力"或"因果因素"。不是只有活动本身可以引起变化,因此我们必须考虑相关的投资、旅游、体育发展和媒体的影响。社会参与活动的程度,或与活动相关的政策制定,也会影响结果和人们对结果的感受。压力必须与潜在的结果联系起来,无论是理想的还是非预期的,内部的还是外部的。无论是正面影响还是负面影响,都将取决于某一观点以及所使用的研究和评价方法。这一分析会导致政策、策略和其他可能的反应。

[研究问题]

- 在开放系统模型的背景下讨论展会活动管理的"结果"及其评价。
- 什么是"压力源"或"松散力量"?
- 确定塑造个体活动结果的关键力量,讨论如何以及为什么人们会发现他们的参会经验是令人满意的或不满意的(积极的/消极的)。
- 个人如何回应他们的直接和间接参会经验?
- 解释展会活动如何引发社会、文化和政治的结果(即压力和潜在的影响),特指"交换理论"。
- 什么是"商品化"文化,它是如何与展会活动计划的真实性相关联的?
- 研究居民对展会活动的看法和态度以及产生这些看法和态度的原因。
- 阐述展会活动会带来什么样的经济利益,包括"新资金"。
- 阐述展会活动对环境的影响。
- 利用"三重底线"方法分析怎样才能使展会活动变得可持续?
- 为了对一个活动进行经济影响评估,需要研究什么? 这种类型的评估如何限制在有用的政策层面?

● 为展会活动的成本效益评估提供详细的解释,包括对"机会成本"的讨论和影响的分布。

● 你怎么回答"什么样的活动是有价值的"这一问题?

[拓展阅读]

[1] Goldblatt,S.,and Goldblatt,J. The Complete Guide to Greener Meetings and Events [M]. New York:Wiley,2011.

[2] Jones,M. Sustainable Event Management:A Practical Guide [M]. London:Earthscan,2010.

第十一章　展会活动和公共政策

通过本章的学习,学生应掌握:
- 大型活动怎样适应各种公共政策;
- 政府参与和支持大型活动的必要性;
- 政治环境中,展会活动政策是怎样形成的;
- 政策怎样影响活动的创建和管理。

第一节　什么是公共政策?

展会活动经理不能忽视公共政策或者对展会活动领域有影响的法律法规。同样,很多公共政策领域的政策制定者也一定要了解各种类型的大型活动,以便能够保证这些活动成为文化、社会和经济进步中的持续力量。最理想的是,各级政府达成一致,综合考虑展会活动,至少要保证与展会活动有关的政策是具有前瞻性和协调性的。

本章首先讨论了公共政策的本质及其在政策领域的意义;其次通过对公共利益、意识形态、市场失灵及效率等概念的解释来说明政府参与展会活动的必要性;再次,详细解释了与大型活动有关的主要政策领域,包括经济政策(发展、旅游业)、社会政策(休闲、体育、健康、福利)、文化(艺术)以及环境;最后,本章回顾了适用于展会活动领域的政策制定过程。

公共政策包含政府及其下属机构操作的、以目的为导向的政策制定过程,通常以法律、法规、决策(作为或不作为)的形式呈现,此外,还包含政府对于具体问题和公众关心的公共问题的意图倾向。政策可以看作权力,因为政党、特别利益小组及其专业的说客团队总是想要左右政策的制定。政治学家和其他研究者可以研究这些不公平事件,即谁拥有权力,以及在政策制定过程中真正保护了谁的利益。

政府制定政策往往根据其意识形态,而这种意识形态起源于政党宣言。然而,在很多情况下,要决定政府的政策是什么还要看他们做什么与不做什么,而且这也同样反映了当时社会的主流价值观。也许人们很难识别政府行为背后是否理性,但事实就是在展会活动领域中没有连贯的政策。

政策是一个很宽泛的领域,它包含了政府责任或利益,比如文化、经济、环境、健康等,而且往往涉及很多部门、机构、法律、规定以及项目。跨越不同政策领域的大型活动经常涉及两级或三级政府,所以在相关机构和制定政策者之间建立联系就十分有必要了。

如果一个行业或下属行业(比如旅游和运动旅游、普通的大型活动或文化节)达到了足够高的标准,那么根据之前的游说或者意识形态的改变,它就可以变成一个政策领域,有自己的部门、机构和明显的意图,这样就会导致更高的标准以及更有效的政府作为。在很多国家,旅游业已经成为一个产业,这样做的好处就是在很多情况下旅游业得到了更好的规划、营销、政府直接投资或者是建立了行业佣金。然而这类事情并没有发生在展会活动领域,艺术文化组织总体上已经成功地被看作一种产业或者政策领域。

汉和鲁施注意到与展会活动有关的政策维度包括政策制定过程、公众参与、权力来源和复杂环境中的选择决策以及对有效政策的认知等过程的政治本质。因此,学习展会活动政策要求具备各方面的知识储备,以及这些知识是如何交互并制定政策的,包括立法者(以选举或其他方式产生)、政府机构(例如文化、旅游、运动、经济发展)、法庭、法律强制力、公私合作关系、准政府组织、规定者以及其他有权力的组织(比如商会和政党)。

越来越多的城市、地区和国家创建了具体的展会活动机构或者公司以便投标、推动和举办展会活动。然而,公共政策却不甚明朗,甚至当政府委派权威成为独立机构时,政策是不利于展会活动发展的。这可能导致暗箱操作、缺乏责任感、不考虑公众需要和意见就做出决策。

每一个政策领域都会涉及不同的利益相关者网络,旅游、文化、体育、展会活动和其他机构网络与利益密切相关,理顺这些网络必然是一个挑战。在这些网络里,谁拥有权力?怎样行使权力?政府内部及政府间的冲突或者缺乏综合性,也同样影响展会活动相关政策。政府大力提倡发展旅游业,但是地方政府需要提供基础设施,于是地方政府的投票人立即就感受到了政策的影响。运动和展会活动貌似是完美的搭档,但是每一个利益小组都想要一些不一样的东西,于是可能会就资源问题相互争夺。

第二节　政府参与

在竞选期间,大多数政府都试图证明本党派政策的正确性和有效性。通过对意识形态或者自身政治地位的考量,他们还明确提出了不同的政策平台。很多选民都会被他们具体的提议或者举措煽动,而其他人则会对新政府即将执行的大方向的价值观和政治决策印象深刻。

威尔(2006)观察到,对社会调查和社会理论进行批判可以引发很多问题。比如,谁利用节假日进行了公款消费?也许与大型活动相关的最明显的公共政策就是投资,那么什么情况下政府会为展会活动投资呢?这就要具体情况具体分析,不同的政府机构进行筹资,其目的也不尽相同。加强审查,或政府不作为越发导致媒体层面及社区层面产生了很多疑问。

政府资助或者以其他形式参与(比如规定、直接举办、宣传)都是从意识形态开始的,即什么是公共利益?然后又说到市场失灵或市场缺陷,且政府参与能够提高效率。当预想"该

展会活动的价值是什么"这个问题的结果及其可能产生的回应时，我们就是在讨论政策的参与性是否有效。回顾经济总体情况，会发现政策参与的必要性贯穿始终，甚至包括休闲红利。

一、公共利益的争论和意识形态

这一争论的核心是为了表明展会活动为整个社会带来了巨大的好处或者为经济（对所有人有利）和环境（人人都支持更加健康、安全和可持续的环境）带来了积极的影响。政策制定者还应该表明，只有通过政府的支持和投资，展会活动才能带来效益，或者至少说明展会活动的收益与其他花费/投资机会的效益是相同的。当调查结果、专家判断及公众意见都支持展会活动时，公共利益就不会被轻易驳倒了。

因此，为了使人信服并使公共利益行之有效，需要做出以下说明：展会活动处于现有的政策领域内（文化、健康、经济等）；公众效益可持续（值得公众参与）、广泛（无人例外）且效益可展示或证明；经费及措施符合规定且去向明确。

【研究札记】

展会活动作为公共利益

举办大型体育赛事可以对旅游业的长期需求产生积极的影响，但是额外收入与对目的地的投资收入可能并不平衡……体育赛事的许多收益都可以归到公共利益中去。这也代表了政府资助的原理，即政府不会对没有投入光捞好处的人资助。然而，政府资助的方法可能会夸大展会活动的社会经济价值，因此，政策制定者面临的挑战是评估实际成本、效益、风险且平衡展会活动战略。

Solberg, H., and Preuss, H. Major sport events and long-term tourism impacts[J]. Journal of Sport Management, 2007, 21(2):213-234.

（一）意识形态

不同政党采取不同的措施资助展会活动或进行监管，在文化、经济发展或者休闲体育方面都以意识形态为基础。意识形态根植于哲学、价值观甚至宗教信仰。鲜有政党在意识形态上发生针对大型活动的政策性争论，但是在具体问题和事件中确有可能发生——尤其是大型活动经费或者展会活动收入，甚至有时涉及对节事活动和体育赛事的资助。

说到不同意识形态的区别，观察家就大量不同的政党职位和他们如何影响展会活动方面做了以下归纳：

- 人们认为政府参与一般会导致许多项目得到资助，但随之而来的是大量的相关规定——也有人相信自由企业、市场、个人而不是集体责任；
- 能够使政府采取前瞻性措施的政策或者解决问题的有效办法（比如制定有利于展会活动的政策或者仅针对问题制定政策）；
- 人们认为文化、体育和休闲是关于健康和公众福利的事情，但是有人认为这些只是个

人的消费决策,与他人无关;

- 有人认为旅游业是一种贸易,最好能够形成产业而不是社会、环境或文化问题;
- 对于特殊利益小组的反应(权利的写照)。

威尔(2010)回顾了意识形态和政党在体育、休闲和旅游方面的影响,认为举措或者哲学包括女性主义和环境论。他总结到,没有意识形态是集中表现在体育、休闲和旅游方面的,但是每种意识形态都提供了一种独特的视角来看待当代社会的诸多现象,以及政府在远见和法律方面的作用。

(二)社会公平

社会公平原则是公共利益的一个方面。在大型活动中,社会公平可以做如下阐述:展会活动提供公共利益(即全社会受益),政府有必要通过补助(补助展会活动或与会方)或直接监督的方式参与展会活动,以保证所有人都能参与或者从活动中受益。

表面上讲,社会公平指的是得到公共利益或服务以及政府投资的权利,是建立在公平、公正和有求的基础之上的。这与均等不一样,均等指所有人都得到完全一样的东西。比如,得到展会活动参与权或展会活动效益的公平权利就是人人都一样,但是上述原则并不是在所有的情况下都适用。

在展会活动领域,公平是一个很严重的问题,尤其是因为许多政府把展会活动放到了文化、社会整合、休闲和健康领域中。如果放在自由市场中,那么很有可能很多人就不能参与了,因为成本高、没有渠道或者抓不住机会。公平原则使政府补贴和直接监管变得合理,而展会活动对社会的价值也能够并应该可衡量。经济影响评估的过分重视使我们不能充分展示社会和文化价值。

有时与展会活动有关的政府举措直接违反公平原则。在艺术领域中,当获得巨额补助的机构和展会活动(如交响乐、芭蕾、歌剧和舞台剧)却收取高额门票致使穷人负担不起时,这种情况就发生了。这违反了公平原则,因此需要改正。一种方法是维持高票价(有钱人很少注意)但是保证有需要的穷人能买到低价票,或者政府把艺术和展会活动带到民间。

二、市场失灵或市场缺陷

从经济上讲,政府参与的必要性是建立在一种意识形态之上的,即经济发展最好依靠私有企业,但是在有些情况下,自由市场无法提供足够的激励或者奖励来刺激企业活动或者产生公共利益和服务。因此,为旅游营销组织提供资金、与私有企业合作、给予投资者税率激励或补贴,都是达到公共政策目的的必要手段。

这一论证有时会扩展到为非营利组织提供帮助。比如,在风险很大的环境中,非营利组织举办了节事活动或者展会活动,那么只要在公共利益可及范围内,他们就应该得到帮助。

伯根和缪斯(2001)以及缪斯和德怀尔(2006)认为如果没有政府支持,体育场所建设会减少,展会活动也会减少,因为市场力量不支持这些项目。但是医院和旅游行业会直接获益。那么,为什么政府要涉入呢?

只有市场完全自由,展会活动才会最终达到供求平衡(即消费者愿意出钱)。理论上来

说，在那个平衡点上，会有很多不同类型的展会活动应消费者要求而生。但是，一个相对自由的市场只存在某些特定类型的展会活动：营利组织，或消费者寻求娱乐、学习或市场机会，而只有通过展会活动（婚礼或私人派对）才可以获得。但是，由于大多数展会活动企业需要和受补贴的展会活动项目与公共或非营利领域的展会活动项目进行竞争，于是导致了市场扭曲。

如果在一个城市举办私人音乐节，而这个城市同时也举办了很多年的非营利展会活动，且受政府资助，情况会怎样？这样的事就发生在卡尔加里的一个节事活动上，这个节事活动只持续了两年，且令私企大量亏损。如果奥林匹克（这个世界级展会活动拥有自由市场）或者所有的体育赛事每年都竞标，那会怎样？如果大多数展会活动项目都是政府资助的，那么展会还会有自由市场吗？

三、投资回报和经济效率

政府是可以挣钱的。大量研究表明，各级政府都已经意识到旅游可以创造税收，尤其是活动旅游。展会活动刺激了高税率的商品和服务消费，因此仅从利润层面来解释投资增加就已经十分有道理了。然而，现在还没有可行性的责任制度以及专业的管理系统。

越来越多的国家和政府致力于不断缩小或外包旅游业，为纳税人省钱。这是一种提供服务的方法，但是私企能够更有效率地做这件事情。有些城市已经初步发展了节事活动和展会活动，但是却没有充分发展。一些政府资助设施被私有企业用来盈利，既促进了旅游业的发展又获得了政府收益。

而当对旅游者推销展会活动时，展会活动项目就能够盈利，或者在有盈利空间的公共设施和空间内举办展会活动并投入额外资金时，效率也能有所体现。在上述情况下，投入小成本就能够给居民带来大收益。

四、非实体收益（精神和存在价值）基础上的合理性

当人们不但关注成本而且关注价值时，人们就获得了精神收益，就像伯恩斯在1986年进行的具有里程碑意义的活动影响研究得出的结论一样。这很像消费者盈余，即人们愿意付出高于成本的代价。

调查还显示，尽管人们不参会，他们还是会关注展会活动的价值，因为这能够给他们带来区域自豪感或者使其间接受益。这种存在价值可以通过条件评估法来测量。安德森（2006）的研究表明，居民无论其本身是不是参与者，大多同意在文化活动上花钱。

五、普遍适用的法律

文化、公共用地、公共设施、自然景色和其他自然资源都被用来开发旅游业和展会活动业，这些都可以算作公共资产，因此，它们带来的收益也应该人人有份，并且需要保护这些资源（这是可持续发展理论中的管理原则）。只有政府颁布政策并采取措施才能保护这些资产。

如果没有相关规定,这些公共资产就会被旅游业或展会活动业滥用,或者先到先得,其收益也只是造福了一小部分人群,而资源则会遭到大肆破坏。因此,公共政策和举措能保证资源可持续发展,而不是以投资的方式被利用,这就为政府出台政策奠定了良好的基础。

六、反方论证

然而也有人持反对观点。很多人反对把钱投给特殊利益小组,尤其是那些没有拿到钱的人。有时会有很强的文化甚至政治力量反对政府在工程项目上投资,尤其是那些所谓精英(行为艺术)、不良(高危运动)、不正当(同性恋奖项)或者狭隘(只有旅游业或私企获益)的工程项目。

旅游业或者展会活动业有可能无法参与政府的项目,因为人们的注意力都转向了其他地方(政策制定者们还有依据吗? 他们被说服了吗?)。政府面临着无穷无尽的花钱机会,但是资源是有限的,所以他们需要分清主次轻重。如果说政策制定者和政党有比大型活动更加重要的事,这也是合理的。但是如果政策已经直接与体育、艺术、旅游和经济发展相关,那么政府的说辞就不那么令人信服了。

【研究札记】

政 治

此次展会活动政治化是因为政府给予了大量补贴,而这笔钱本来是要用来促进当地经济发展和提高爱丁堡形象的。展会活动项目是这座城市正在进行的责任策略的一部分。瑞德认为,尽管这次展会活动产生了一定的效果,但当地媒体还是持批判的态度。权力问题、媒体管理、举办展会活动的必要性以及到底什么是文化等问题在此文章中都可以找到答案。

Reid, G. The politics of city imaging. A case study of the MTV Europe Music Awards Edinburgh 03[J]. Event Management, 2006,10(1):35-46.

七、为什么新西兰政府要参与展会活动项目?

很多国家的各级政府都针对展会活动领域出台了政策和策略,而旅游业往往是首选行业,越来越多的社会和文化目标也参与了进来。以下信息来自新西兰大型展会活动机构。

政府参与大型活动是因为他们能够为新西兰及新西兰人带来好处。展会活动很重要,因为他们能够提升新西兰的国际形象,并通过旅游和商业关系促进新西兰的经济发展,使新西兰发展体育、文化并加快社会和社区发展。此外,还能够提高人们居住在新西兰的幸福感。总之,举办展会活动能够带来以下好处:

● 直接好处。比如,额外的旅游收入、新的商业机会、新西兰国家曝光率、提高活动举办地的声誉。

● 持久好处。比如,在艺术和体育领域的参与度得到提升、强调成就的价值、加强地区和国家自豪感以及提升社会凝聚力。

● 提升举办展会活动能力的好处：建立展会活动领域的管理和策略机构。

【专家观点】

社会—文化趋势及与旅游、节事活动、文化展会活动相关的问题

发展和促进节事活动和文化展会活动的目的在于或者至少部分在于吸引游客，使政策制定者和参与者对艺术、社区发展、全世界的旅游发展感兴趣。这种政治上和专业上的认可就验证了节事活动在人们生活及内外社会—文化价值观念中的重要性，尽管这些不一定真实或者不一定被人们完全理解。

然而，由于全球经济危机而减少政府资助和私企赞助对于节事活动产业来说是一种威胁。在英国和其他地方，中产阶级可支配收入的减少也成为艺术节的瓶颈，因为这些节事活动需要吸引中产阶级作为观众。还有，很多节事活动都有很深远的影响，他们每年定期举办，而且有些能够长期获益，或者人们花很多钱休假享受当地的休闲方式，包括参与短途旅行的节事活动（比如英国的居家旅游现象）。

这不仅是出于经济考量，社会—文化趋势和问题更对节事活动产业有一定的反映。有些趋势很难定义是属于哪一类的，它们跨越社会、文化、国家甚至区域和宗教界限。这一简要回顾划分了几个社会—文化变化维度，这些维度在媒体界（至少在英国媒体界）都很有影响，并进行了相应的学术调查，而其政策论述也超出了节事活动和旅游的范畴。

下列这些问题都是值得关注的。第一，在英国和其他地方有些政策强调权力集中并使问题当地化。那些庆祝当地特色习俗的节事活动在这里很受欢迎。第二，与当地化相关的是提升人们的自觉性（所谓的但是并没有良好概念的"英国大社会"流程）。而志愿事业的发展提升了大小规模的节事活动和展会活动的自觉性。第三，很多移民问题和少数民族融合问题，尤其在当前这种"内文化"的环境下，多文化渠道可能会失灵。而且，那些庆祝社区活动的节事活动常常把来自不同民族的人聚在一起，因此其有很重要的作用。第四，新兴媒体对于参加节事活动庆典的人或事物会多加关注，如节事活动中使用的科技（比如数字艺术节）且通过可接触设备观察观众的参与度。第五，很多社会的人口变化都在社会老龄化中有所体现，而这也对有关项目、观众和可获得性等节事活动特征有所体现。第六，如果社会—文化考量超出这个视角则成为从政治经济学中幸福和福利的经济社会理论中演变而来的时髦话题了。至少在这个理论中，节事活动和文化展会活动对于社会和个人福利及其满意度做出了极大的贡献。

Philip Long，英国利兹城市大学，旅游和文化改革中心

在下面的章节中，文章对与大型活动有关的经济、文化、社会和环境政策进行了详细说明。每一种政策和恰当的措施都有相应的描述。

第三节　经济政策和展会活动

大型活动的重要性大多与经济效益有关,这导致很多政府把展会活动业的发展看作立法和策略政策中的内容,从而推动展会活动行业迅速发展。但是大型活动还是缺乏高瞻远瞩,造成了很多负面影响。

表 11.1　经济政策和展会活动

可能的目标	相关政策建议	效果评估
促进展会活动旅游	展会活动旅游政策化	量化与其他游客相关的展会活动旅游效益
利用展会活动来平衡经济发展	为社区或者旅游目的地建立"简历"	旅游发展
通过展会活动提高场地使用率	融合展会活动政策、场地投资及运营	可展示的持久效益
通过展会活动进行地域营销(即提升形象)	融合展会活动政策、地域营销及其他经济发展形式	形象提升评估

一、促进展会活动旅游

旅游业"蓬勃发展"使得政策制定者相信展会活动是积极的、正面的且投资展会活动项目是必要的,因为展会活动能够吸引游客和媒体的注意力。展会活动旅游无疑能够吸收外资,提升旅游目的地的形象,但是这些好处并不是理所当然的。为了保证展会活动旅游的成功,需要考虑很多变量:2000 年悉尼奥林匹克运动会之后澳大利亚经历了旅游业的低谷。奥运会在长期旅游收益的基础上可能被过度出售,但是谁能够预料到 2001 年"9·11"事件的悲剧呢?

展会活动旅游是一个国际现象且竞争十分激烈,但是很多旅游目的地甚至城市都没有专门的具体政策和战略。展会活动旅游政策应该和场地政策(即展会活动中心、体育和文化设施)充分融合,且应该为该地区营销和经济发展服务。

制定展会活动"简历"(见盖茨,2005)是一个不错的战略。"金字塔"式的简历很精简,因为当地展会活动能够满足居民需求,为旅游目的地增加人气和活力,还能增强旅游发展的潜力。金字塔的顶端应该是大型活动,但是对于大多数目的地来说,那些适应品牌发展和促进目的地形象的定期小型展览也许能够让其获得更加长久的利益。同样的,那些区域性规模的展会活动也能够带来收益。简历的一个重要组成部分是承认展会活动有不同的价值取向(即可持续、高回报、发展潜力、市场份额、低成本),而且不同时节不同展会活动项目也能够发展自己的特色。

战略考量应该结合展会活动在规模和旅游重要性中的作用,比如市场宣传的力度和持久性。有些展会活动可以从居民主导转向游客主导,尽管举办方小心谨慎地避免了居民失望和不满。

选择评估效果的方法是十分重要的。很多旅游机构依赖计量方法,假定游客越多越好,却忽略了成本问题,每一个旅游目的地都应该关注效益和可持续发展。展会活动游客相比散客和包价游客来讲效益更高,会议游客和特殊体育赛事游客尤其如此。在本文中游客的可持续性是指其长期需求(是否会回落?)以及为达到可持续发展目标的做法是否恰当。

【专家观点】

下面是展会活动举办者和顾问威廉就中东地区的展会活动发展问题发表的个人观点。

资产管理、简历管理过程简介及阿拉伯海湾地区的问题

尽管阿拉伯海湾地区石油资源丰富,但是相关国家已经在考虑石油资源消耗完之后的打算。比如,沙特阿拉伯有6座城市正在建设生产和服务行业,而这些行业与石油生产并非直接相关。在这方面,卡塔尔及阿拉伯联合酋长国的快速发展全世界有目共睹。上述所有因素都促进了展会活动行业的发展。这些国家的文化与展会活动密切相关,几乎所有的私人房产都有会议场所,被用来进行讨论或者待客。数千年以来,展览总是沿着确定路线或者在露天广场上举办。公共节日、产品发布会以及营销展览在这个地区还相对罕见。

各国正在紧锣密鼓地制订展会活动策略。迪拜是受金融危机影响最深的城市,已然在2001年通过成立迪拜购物节组委会来恢复其著名的购物狂欢节。这个组织的任务就是使迪拜展会活动现代化、合理化和不断发展。当地的线上行业网站(SourceM)列出了海湾地区的600家展会活动公司和组织,它们中的大多数在迪拜都设有办公地点。

为了应对过去15年的快速发展所导致的复杂局面,各国政府正在转向展会活动"简历"或者资产管理,以便能够把握发展方向,投资合适的展会活动项目并发展那些运营不良的展会活动项目。《展会活动可行性和发展》(奥图尔,2011:8)一书中提到,资产管理的工具可以在展会活动行业有所应用。这些工具通过现有语言来描述展会活动"简历"并且能够把展会活动资产比作其他可见或不可见的资产。

同时,展会活动管理和展会活动"简历"管理政策和程序也需要阐释和描述。这个过程使用的工具是进程图。进程图描述了工作流程及对应的时间和任务。进程图包括提取(展会活动管理)过程,并描述其相互作用。这样做,有时候能够改善福利甚至使福利自动化。来客登记就是一个典型的例子,在很多场合都会被频繁使用,以至最后达到了流程化。

这样做的结果就是展会活动项目的发展有了理性系统。资产管理催生了长远的价值观念,于是对展会活动的资源配置就有了积极的意义。进程图使每一个展

会活动的内部管理理性化。沙特阿拉伯、阿布扎比、卡塔尔政府和投资银行等大型公司都已经开始了这种转型，下一步就是创造并完成展会活动管理的标准并有可能对展会活动公司实行执照管理。

二、为宏观经济发展平衡展会活动

随着展会活动旅游政策和策略不断发展，现在更加关注平衡各种复杂的展会活动，包括通过展会活动项目来促进贸易和经济多样化。各种计划意在实现大型活动在城市中的潜在效益，并保证展会活动建设中诸多设施能够长期使用。

尽管大型活动能够在短时间内创造大批量的创造性工作岗位，但是大多数展会活动项目创造就业的潜力并不突出。为了使就业效益最大化，展会活动政策不得不与旅游业、文化/艺术发展、场地建设及运营密切合作。

恰当的评估方法包括创造并保持就业、在一定时空内扩展效益、提高利益相关者的满意度、形成新的贸易商业联系以及创立与展会活动有关的创业项目。

三、利用展会活动来提高场地效率

资助建设会议展览中心、艺术体育设施对展会活动项目和展会活动旅游有很大的影响。令人惊讶的是，在没有支持性展会活动政策的情况下大型基础设施投资却经常发生。城市需要先进的设施，大多数公共资助的活动场地将由政府永久资助。

计算场地效率的一个办法是看这个场地里举办了多少展会活动及其效益。建设展会活动场地成本较高，但是相对容易，真正的挑战是这些设施能否长期投入使用。另外，游客和居民对设施的使用需求也是需要平衡的一个方面。

四、通过展会活动进行地区营销

通过展会活动来提升目的地形象、品牌形象，实现目的地重新定位或满足地区营销需要。有远见和知识储备的旅游目的地拥有竞争优势，能够结合其他方式的地区营销（比如电影、家庭游、贸易团、城市或区域品牌）来整合展会活动的影响。

因为大多数经济影响和增长测量方法都可以应用，因此更大的精力就应该放在发展和测试展会活动旅游对社会文化和环境的影响评估方面。一些无形计量，如形象提升，通常很难规划调查。更加困难的是，如何在理论和方法方面证明形象的提升促进了旅游需求的增加。

第四节　文化政策和展会活动

除了经济，文化政策领域的展会活动也颇为常见。大多文化展会活动与节事活动和艺术有关，但是人们无法解释为什么大型活动没能达到促进文化交流和文化发展的目的。

表 11.2　文化政策和展会活动

可能的目标	相关政策提议	效果评估
-通过投资展会活动项目来促进艺术文化发展 -为总体和传统/本土文化发展而平衡展会活动 -通过展会活动提高场地使用率 -促进持久的文化展会活动旅游发展	-展会活动与文化政策和艺术发展相融合的策略 -发展具体的展会活动资助项目 -为所有的展会活动发展文化主题和项目	-评估社区内整体艺术有效性和文化发展 -发展和使用具体方法来评估文化展会活动是否成功及其效益

一、促进艺术文化发展

很多研究已经证明了节事活动和展会活动的目标和任务。一项针对爱尔兰某节事活动的调查（高，2003）要求组织者按照重要性排列其目标，结果显示最重要的一项是提高艺术水准，紧随其后的是提高旅游业和区域知名度（均为地区营销目标）。其他目标包括（按降序排列）展现区域遗产或艺术、发展当地经济、进行庆祝活动、鼓励社会融合以及发展教育。

在艺术和文化领域"发展"展会活动包括一种意识：什么是在可及范围内的？对于社区有什么好处？还包括通过艺术家的直接参与来建立观众基础，此外还有创收（促进企业自主和专项拨款）、促进传统或本土文化发展甚至是为大众提供免费娱乐。

瑞博恩（2002）认为，政府参与最大的争议就是"艺术和文化活动丰富了社会生活，居民有权利观看并参与"。因为产生了公众效益（虽然常有争议），并且私有企业不会提供必要的供给（市场失灵），所以政府直接参与是很有必要的。基本上这就是"社会公平之争"——没有政府的参与，很多人负担不起艺术花销。此外，艺术和文化活动是为了创造更加美好的生活和工作环境，刺激创新和竞争优势（比如，佛罗里达，2002，创造性经济），这种说法越来越流行。

所有展会活动都能够通过合适的主题和项目提供文化体验。为什么商业和政治展会活动项目无法为参观者提供文化体验？比如通过娱乐、有意义的主客互动、节事活动以及额外的前文化和后文化机会等，但这些问题似乎没有答案。

【研究札记】

艺术、节事活动和政策

艺术节的发展处在上升期。一系列新自由主义和文化导向的城市新生策略共同构建了艺术节，现在它们成了城市旅游和城市政策制定的主导力量。但是，也面临着刻不容缓的竞争压力，因此需要一系列连贯的目标和政策。文献研究认为，艺术节能够产生系列效益，既符合文化政策又达到了旅游政策目标，因此，建议城市致力于为城市艺术节制定综合的、全面的政策。

Quinn, B. Arts festivals, urban tourism and cultural policy[J]. Journal of Policy Research in Tourism Leisure and Events, 2010,2(3):264-279.

二、促进可持续文化展会活动旅游

阿里和罗伯森在 2004 年 8 月草拟了爱丁堡文化政策大纲,并为 2001 年一连串的节事活动制订了策略。这些政策反映了这个城市把自己定位为"节事活动城市"的决心,政府承认这些展会活动为这个城市的经济和文化繁荣做出了巨大贡献。通过咨询利益相关者,政府制订了节事活动策略,涉猎旅游和节事活动领域,并与农民组织(如联合节事活动工作小组)做了商讨,并还根据其他城市的情况做了大量的案头调查并作了标记。

这些节事活动策略的重要目标在于发展一年期的展会活动项目,并保证其独立性及创造性目标与社会目标和商业目的之间的平衡。其他目的还包括社会融合(使大量居民参与)以及保证拥有足够的资金支持。

不可避免地,在文化和不断增长的"工具主义的"或者"策略性的"节事活动和展会活动项目之间会发生矛盾。沃特曼(1998)强调节事活动在艺术和经济之间、文化和文化政治之间存在矛盾。他认为,艺术是社会精英用来建立他们与他人之间的社会距离的一部分,节事活动发展与地区营销分不开,这些都鼓励了"安全"艺术形式的诞生。

三、传统文化

谢(2003)调查指出,中国政府帮助当地居民把海南岛传统的竹子舞变成了以游客为导向的舞蹈。文化政策中的这个方面经常被发达国家忽略,因为传统展会活动和本土人民要么压根就不存在,要么被边缘化。而本土的庆祝活动,像北美洲的帕瓦节则被当作吸引游客的手段并以此进行营销,而不是被当作戏剧或者歌剧文化的一部分。

【研究札记】

存在争议的意义和地方

本文揭示了旅游节事活动和遗址现象:尽管这些节事活动和遗址侧重于共同遗产和社区的语言,但是主导的叙述状态和文化象征都镌刻在这些场地中,有时则侧重庆祝更加传统的和有社会问题的民族道德和性别遗产。通过圣胡安-卡皮斯特拉诺的燕子节的案例研究,本文揭示了迎合人类公共利益的价值,以此来确认和解决暗藏在遗产旅游景点中的种族问题。更重要的是,本文揭示了"政治市场广场"来比喻旅游节事活动管理的概念化能够重新形成,与人类公共利益一起,促进了更加专一的、不分种族的旅游发展政策。

Adams, K. Public interest anthropology, political market squares, and re-scripting

dominance: From swallows to 'race' in San Juan Capistrano, CA[J]. Journal of Policy Research in Tourism, Leisure and Events, 2011, 3(2):147-169.

第五节　社会政策和展会活动

一、促进社会融合

在很多社区，包括小镇和城市周边，展会活动是社区发展的催化剂。展会活动的组织和利润潜力能够使社区达到自给自足以及这种状态带来的成就感，社区身份及其自豪感通过与外界的交流得以加强。将不同的或者有冲突的社会成员融合在一起成了一种既定目标，通过计划和决策以及社会互动和展会活动阐释得以实现。

为展会活动项目提供的公共服务和资源（如警力、消防、交通控制、交通、基础设施）都算作成本，且应该包含在社会和文化政策范围内。在很多情况下，展会活动的直接参与和公共服务补贴都是有保证的。

谁应该使用公共空间和场地？许多政府实行展会活动项目执照制，禁止或关闭非正式聚会，但是这项政策只是为社会或者其他目标服务吗？有人认为在一个自由社会，人们有权力集会并举办展会活动，尽管这需要与负责人的行为相平衡。那么，潜在的冲突应该怎么解决呢？

二、反社会问题

是什么形成了反社会行为以及为什么社会能够允许居民不顺从行为的存在呢？运用展会活动来阻止社会问题并对社会问题作出反应是一项社会政策。这不仅是一个安全问题，还应该把公众意识和教育、展会活动管理（包括公众控制、场地设计和旅游限制）等结合起来。

三、利用展会活动项目更新城市

大型活动被视为大规模重新发展或者城市工程建设的机会。城市建设有形资产，比如纪念碑和地标、文化娱乐场所、新美学设计，都是政府用来希望重塑居民价值观念的。经验告诉人们这些必须提前进行计划，不要单纯依靠机会，而展会活动项目则是一个非常有力的计划和更新工具。

表 11.3　社会政策和展会活动

可能的目标	相关政策提议	效果评估
-通过公共展会活动或项目促进社会融合及社区发展 -通过展会活动反对社会问题（流氓行为、犯罪等） -通过展会活动进行城市更新 -通过展会活动项目提升健康和福利	-融合展会活动项目和城市更新以及社会社区发展政策 -融合展会活动项目和健康福利政策 -融合展会活动项目与体育公园娱乐政策 -为与展会活动有关的反社会问题提供资源 -就公共空间内展会活动的使用（正式与非正式）制定政策	-评估社会政策的总体有效性；发展并使用具体的方法来评估展会活动项目是否有效益

四、利用展会活动项目提升健康和福利

展会活动项目可以作为社会营销的一种工具（通过教育和主题阐释），还可以为打造健康的生活方式提供平台。它们与体育、公园和娱乐有着直接的联系，比如饮食节以营养为主题；体育竞争强调安全原则；而教育性展会活动经常在公园举办。健康考量和相关规定可能超出了展会活动及场地的范畴，但是为什么不利用展会活动项目来提升健康和福利呢？

"社会旅游"是一个相关的政策领域，包括给节假日或者其他休闲活动提供补助，尤其是那些资金不充裕的或者有特殊需要的人们。"全民运动"和青年运动节能够从身体上和精神上带来好处。因为很多体育项目崇尚暴力，因此政府应该出台政策反对暴力，强调安全、友好和乐趣。流氓主义与特定体育赛事相关的其他社会问题也需要通过多维度方法来解决。比如针对旅行、公共教育、场地设计、人群管理/控制和安全机制等设立法律禁止规定等。

对专业体育赛事和私人体育场馆的公开资助一直备受争议。大量证据表明，对于城市来说，从经济角度并未受益，而这样做只是出于特权或者政治利益需要。社会能够从中获益吗？

娱乐性展会活动可以被看作公共利益，尤其是当这些展会活动包含着各种各样的社会和文化目标时。公园展会活动应该提供安全的社会互动并且应该提升环境责任感。

【研究札记】

威尔士的当地权威政策

威尔士的当地权威调查报道称，一些展会活动项目意在提升社区福利和谋求经济发展，旨在提升形象和延长旅游季节，提高当地文化艺术自豪感。但是当进行评估的时候，首先进行的是管理改善和经济影响评估，而社会与文化影响没有得到足够的重视。专家们呼吁采取更加平衡的、三重底线的展会活动评估手段。

O'Sullivan, D., Pickernell, D., and Senyard, J. Public sector evaluation of

festivals and special events. Journal of Policy Research in Tourism［J］. Leisure and Events，2009，1（1）：19-36.

五、社区自强

迪瑞特（2008）建立了一个模型来演示节事活动怎样帮助社区自强，并把"社区自强"定义为"将来社区有能力面对挑战"，其中的关键因素是参与（合作投入）、管理（领导艺术、学习）以及展会活动的本质和环境，其目的是提高社会/文化福利、环境的可持续发展和经济繁荣。事实上，展会活动在这个社区和经济发展的复杂过程中，这个三重底线的方法不过是个催化剂而已。所有这些都要在地区和社区发展的概念下进行。

六、社会营销

在很多情况下，把展会活动项目当作政策工具可以算作一种社会营销，意在改进大众的观点和行为，尤其是全体人民而不是个别人，而其成果是很难评估的，最著名的例子就是在健康政策领域，尤其是禁烟运动。当展会活动想要改变人们的看法和行为时，就需要政府出台新的调查方法和手段。

列斐伏尔（2011）提出了以观众为主的社会营销方法，模型分为四条线，观众在中间。为目标观众指出其收益点是十分重要的，受益点应该转变成深度动机。社会环境应该给予理解，无论是对现有态度还是对期待的行为表现，都有因果关系。品牌法和定位法是理想的交流方式，因为它们对受众有极大的吸引力。因此，对受众来说，这些品牌或定位要蕴含积极意义，比如健康、自豪感、幸福和福利。一整套的营销手段都能用到这里来，包括经济和非经济方面（比如社区问题的成本）。

展会活动也面临很多挑战，不仅表现为举办展会活动需要鼓励人们参与、达到既定目标等。有时候这些事情只是在信念上被人们接受而已，但那就是大型活动必须包含的一部分——总体上就好像是为了休闲。

第六节　环境政策和展会活动

一、需要绿色可持续展会活动及展会活动场地

基本政策就是要保证所有的展会活动项目都是环保的，达到"3R"标准（回收、分解、再利用）。为此，需要把展会活动项目和环境保护以及管理结合起来，与土地使用计划和控制、噪声和交通法规，以及其他环境影响因素结合起来，加以综合治理。除此之外，为了深度保护环境，寻求展会活动项目的长期支持，还要有一项政策来促进展会活动项目的可持续发展（三重底线手段：经济、社会、环保）。尽管并不是所有的利益相关者都同意这种观点（赫德，2007）。

表 11.4　环境政策和展会活动

可能的目标	相关政策提议	效果评估
-需要可持续的展会活动及场地 -借助展会活动进行环境教育和发展 -促进环保主题的展会活动项目	-把展会活动政策与计划、土地使用及所有环境管理系统融合在一起 -提供控制链 -计算整个生命周期	-为展会活动及场地发展提供综合性环保标准和评估方法 -通过环境信息评估展会活动社会营销的有效性

　　在英国,可持续发展的展会活动管理系统已经发展起来(英国标准协会,2006),这将成为世界趋势。文中提到了发展标准的几个理由,包括社会和顾客期望、法律承诺以及低成本高产出的愿望。而发展可持续展会活动要考虑很多问题:全球气候变化、空气和水资源的使用和质量、土地使用、生物多样性、遗产发展、尾气和污染、产品监管(道德和价值)、健康安全和舒适等。但是重点还是在组织和管理系统,包括风险评估、与利益相关者合作及供应链控制。

　　特赖布(2005:380)从经济角度分析了可持续发展,这些原则在展会活动领域同样适用。可再生资源是很多可持续发展策略的基础条件,那么展会活动领域真正可再生的是什么呢?文化可再生,但是很有可能朝着负面方向发展。我们尊重文化差异,比如传统、服饰、饮食和民族象征,这些都应该被保护。那些对环境有负面影响的展会活动项目会产生过多的废物或激起消费心态,不能成为本文举办展会活动的理由。

　　与此相关的概念是"累积型"展会活动项目,或者在对文化和环境没有有害影响的前提下容忍一些改变。每个展会活动都有影响,但是对于累积型展会活动项目我们能说什么呢?这个问题并没有得到太多关注。场地的设计能力也是一种相关概念,而展会活动经理被迫检查场地的最大容量、活动安全、健康和体验理由等。

　　每当提到可持续性的时候就会提到"预防原则",但是这一原则也颇受争议。有人认为,我们预测展会活动项目会引发负面效应,而且我们不应该产生负面效应。在我看来这很极端,因为这很可能被误用,进而阻止任何活动的举办或者发展。同样,"不可逆变化"原则在很多情况下也会被误用,以阻止人们期待的或必要的措施。而事实是,几乎所有的发展都是由不可逆的变化转变而来的。

　　最后,我们曾提到过经济"外部性"。对外部问题的合理反应就是造成污染的人为他们的行为付出代价,所有造成公共成本的人都要对其行为负责。如果这一原则能够被合理运用,那么就没有展会活动组织者会忽视展会活动项目以外的成本和影响了。然而,这个原则也会被滥用。试想展会活动经常造成短时的交通拥堵,结果不参加展会活动的人就会浪费掉时间和金钱,那么展会活动组织者应该赔偿这些人吗?那些被展会活动噪声影响的人呢?

　　当然,在可行性研究以及会后评估中考虑这些成本和效益很重要,但是要知道社会总是会为经济活动买单的,人们在城市生活,容忍交通拥堵和噪声是正常的,这是为了促进经济发展。同样的,争论适用于任何带来公共利益的展会活动项目——为了追求社会和文化发展,我们应该愿意集体忍受一定程度的不便和不愉快。我们要容忍到什么程度？怎样处理这些外部问题？这些都是值得讨论的事情,需要政府制定决策。

经济工具为影响市场并促进其可持续发展而存在。价格机制总体上运行良好,用高价抑制消费、用补贴促进消费。如果社会相信参加文化节是可持续发展的一种形式,但是参加越野摩托车比赛不是,那么价格管理就要通过区别税收、补贴或其他方式来进行。当然,更有效的是政府通过执照政策或其他规定措施直接干预不符合期望的展会活动。

二、利用展会活动开展环境教育

本书的目的是把环境教育和展会活动项目以"社会营销"的方式结合起来。参观者应该清楚展会活动项目的环保运行和可持续原则,并且他们应该被告知如何在生活、工作和环境中开展这些活动。很明显,环保性展会活动最能够教育参观者要环保、可持续发展及其他问题,但是这些展会活动可能不是特别具有吸引力。

三、促进环保主题的展会活动项目

带有明显环保主题的展会活动项目数量不断增多,包括国际活动"地球日"以及拥有具体主题的鸟类观察等。"主题解释"的工具应该保证这些信息能够在观众中引起积极的行动。许多展会活动都是环保部门进行社会营销的手段,但是在这种环境下特殊利益小组（比如"鸟类爱好者"）也会积极参与。

第七节　公共政策的制定

如果展会活动是"公共利益",是社会、休闲、健康、体育和文化政策的一部分或重要因素,那么就应该有计划过程来保证足够的政策：
- 需求评估,问题确认,多方利益相关者投入；
- 发展展会活动"简历"以达到具体地区的具体需求；
- 设立规定和评估标准；
- 对与公共机构和场地有关的项目投资给予支持；
- 组织发展保证计划实施,社区能力建设；
- 调查、监测和影响评估；
- 政策回顾和完善。

似乎大多数权威机构都不会制定融合性的展会活动政策,但是在相关的政策领域内同样的计划手段是通用的：
- 问题（为什么我们对展会活动感兴趣？ 参与的必要性）。
- 目的（通过展会活动我们想要得到什么？）。
- 调查；咨询；计划过程。

- 评估和责任(绩效评估、监测和反馈)。
- 实施:法律法规;展会活动项目的发展或投标机构;展会活动融资项目。

一、政策考量

汉和帕赫(2006)提出了很多与政策相关的考量,这些考量应该被用于展会活动领域。

政策环境包括基本的环境形式(是否民主)、权力分配和社会结构。政党的主导和多样的价值观(意识形态)是主要力量,与政府干预相比,自由市场尤其如此。

"制度安排"是一定要考虑的。展会活动相关的政策,各级政府在准公共机构内是如何实施的? 除非有展会活动发展机构(澳大利亚很常见),或者城市大厅里的展会活动办公室(比如芝加哥市长办公室),否则不会有人为展会活动业发言。人们有很多意见要发表,但并不是所有的意见都有说服力。

"政策辖区"概念的引进使特殊利益小组游说、机构互动、个人和组织发挥影响作用,领导形式可能有效也可能无效。"政策市场广场"的概念是很中肯的,诸多利益相关者都拥有不同程度的权力和影响,从联合到合作、谈判、寻求影响性政策,这一过程的开放值得所有人关注。在政策辖区的大多数地方,展会活动已经停止,包括经常持反对意见的体育、艺术、遗产、文化和展会活动旅游,且代表具体展会活动类型的专业组织的资助也会停止。

具体的政策问题应该包含在大的政策领域内。政策和项目都是为具体目的服务的,因此,必须评估其影响、有效性和效率。政策应该不断更新和完善,所有的利益相关者都应该全身心投入。这个过程需要大量的技术支持,包括调查和信息宣传。最后,责任也很重要——官员和其他人怎样对他们的政策和行为负责?

二、展会活动政策和策略的选择

盖茨和弗里斯比(1991)提出了当地政府在展会活动领域制定政策的框架,且这个框架在展会活动相关政策中普遍适用。此逻辑也同样适用于其他机构,比如旅游业,因为旅游业也与展会活动相关。框架的基本前提是展会活动领域的政策级别和直接参与是积极的和实际的。首先,需要考虑下列机构因素:

- "直接规定":政策或机构自主举办展会活动。
- "资本途径":不直接举办,进行展会活动投资。
- "资助":合作和因为具体收益(形象营销、社会营销)而进行资助。
- "促进":通过各种政策提议促进展会活动的举办和运营。

促进可以有很多辅助手段:

- 金融:拨款、贷款、信贷、债务免除、补贴(政治、交通服务和场地)、免税、奖项。
- 技术:专业建议、训练;调查和信息;办公室空间。
- 营销:总体或具体展会活动营销;政策材料、网站等。
- 规定:快速跟踪;免除繁重任务。
- 基础设施:规定和必要的服务完善(公路、水);公共场地(剧场、舞台、公园、广场)。

在这种干预性途径中产生了很多其他政策问题。给谁提供帮助？应该对所有的组织和展会活动项目一视同仁还是应该达到具体标准，比如证明其管理能力？在什么条件下应该给予帮助？每年都有强制性申请，那么拨款应该一次性付清还是细水长流？此外，所有的系统都需要程序和责任，包括正式的申请监测和阶段考核。

三、监管展会活动行业

展会活动举办者要满足监管要求，需要处理与监管机构及其官员的关系，大多数都是当地级别的，但是有时候也需要多级别批准。

- 政治：安全需求；警察巡逻。
- 交通：顺畅、停车、公共交通、管制。
- 消防：最大容量、可用性和疏散程序、材料。
- 健康和安全：危险材料、烟花和激光、食物和饮料及储存标准、电力、废物处理。
- 建筑检验：新建筑或者允许的临时建筑。
- 土地使用：展会活动可以在哪里举办、哪里可以建设场地、规模限制、场地计划要求。
- 噪声控制：噪声级别和扩散、管理时间跨度。
- 劳动力：最低工资、年龄限制、工作时长、专业证明和赞助商。
- 环境：尾气标准（烟、污染物）、可回收、废物。
- 消费者保护：价格控制、担保、退款。

四、社区级别的政策形成：合作和建立共识

为展会活动制定政策可以采用政府或具体机构要求的"由高到低"途径，或者从社区需求评估及利益相关者投入评估出发的"由低到高"途径。展会活动旅游政策倾向于使用第一种（至少在澳大利亚是这样，惠特福德，2004a，2004b），主要是因为这被看作一种合法的经济发展途径，同时还因为展会活动投标太多就会变成投机取巧。

制定对利益相关者投入开放的政策时，合作建立共识的途径可以适用。汉和鲁施（2004：225）列举了在展会活动政策制定过程中社区参与的有效性案例。在新西兰，亚历山大春季花卉嘉年华证明了"社区的复杂社会结构是如何塑造政治环境的以及这种政治环境是怎样进化为和当地政府的关系的，同时，这种关系又保证了社区在政策发展中的高投入"。该节事活动包含了这个社区的各种利益和价值观念。

五、调查、评估和公共政策

我们需要什么来形成并有效管理展会活动业的相关政策呢？不仅政策制定者很重要，从业者和学者也很重要。

为了分析政策或策略，应该对下列因素进行思考：一是意图，表达出来的目的（经济/发展为导向、社区导向、文化导向，目标和绩效标准）。二是内容（相关机构的责任；展会活动的类型；不同场地的可适用性）。三是实施（项目和时间表；资金分配；规定；评估和责任）。四

是结果(多重结果;分别评估有意或无意的后果;反馈和修正)。

罗伯森(2009)指出,人们大体同意展会活动可以带来可持续的好处,但是没有明确指导该怎么样定位和测量这些好处。社会和文化目标经常和旅游及地区营销目标相提并论。利益相关者的利益不同,对很多节事活动的意义都存在争议。节事活动可能是进一步实施措施的催化剂,评估这些节事活动的影响时政策和机构网络显得很重要,对这一社会或文化资本的创造是很难衡量的。作者在英国调查了这些节事活动的指导者,进而得出结论:展会活动的历史和类型很重要,尤其是在评估节事活动及其影响时。

六、公共话语和政策

我们不能期望理性的和可持续的政策制定,除非公共话语及其成本和影响都是完整的、开放的和诚实的。这样的话语对新范式的制度化是很重要的,比如可持续展会活动或者三重底线途径。

新闻发布会涵盖了什么,居民谈论的问题是什么,这些组成了公共话语的重要成分。调查者和从业者有一种道德责任来投身政治和公共问题,主要是通过提供证据以及对展会活动影响的既定意见的传达。

下列调查说明展会活动公共话语经常很困难,即使是特意规定的。

【研究札记】

关于展会活动的公共话语

调查者研究了在整个奥运会期间,雅典奥组委是怎样和不同的观众进行交流的,以及交流了什么。调查表明,没有最好的或最正确的方式来评估像奥运会这样的大型活动的影响,且这些活动受到利益相关者的多重影响。作者总结到,在投标阶段,影响是微小的,因为没有足够的目标或者承诺。支持者们不断强调预期的经济回报。社会福利也会有所改善,但是并没有显著的证据来支持这些预测和效益。组织者策划的会后陈述也忽略了体育和政治影响,并作出了旅游和经济没有增长的结论。环境和社会效益也得到了陈述,但只使用了意见性调查,只是公共关系调查游戏而已。运动会过后,没有进行真正的影响调查。于是,人们得出结论,认为组织者的交流只不过是在故意制造积极的国际奥组委形象和积极的奥林匹克运动会形象而已。作者还观察到,员工会因为受到压力而只能报道积极的影响。此外,希腊官员希望其基础设施建设和在建工程能够得到公众的支持。

Theodoraki, E. Organisational communication on the intended and achieved impacts of the Athens 2004 Olympic Games[J]. Journal of Policy Research in Tourism, Hospitality and Events, 2009,1(2):141-155.

作者通过对大量的媒体和公众兴趣的调查,发现大家都在谈论英国奥运会潜在的影响。社会上流传着很多关于官方奥林匹克的传闻(包括积极的和消极的),每一个都代表着不同利益小组的观点。韦德和窦斯总结道,"最主要的公共话语是

关于经济遗产的发展潜力。"人们很少谈论残奥会，因为它们带来的经济效益较少，或者仅仅是残奥会被包含在整体的奥林匹克运动中。人们把过多的精力都放在了发展精英残疾运动员上。作为一项遗产，如果资金是从别的项目上挪过来的，仅仅是为了残疾人能够参加大型比赛，作者们担心机会成本。调查者喜欢用奥运会来改变公众和政府态度。大多数支持性意见都是意见碎片，而且并不存在证据。

Weed，M.，and Dowse，S. A missed opportunity waiting to happen？The social legacy potential of the London 2012 Paralympic games[J]. Journal of Policy Research in Tourism，Hospitality and Events，2009，1（2）：170-174.

[学习指导]

本章开头讨论了公共政策的本质，然后论述了政府参与展会活动项目的必要性和正确性。具体包括"公共利益"之争和"公平原则"，与意识形态相关，从经济学出发，到"市场失灵"的论述。然后提到了"效率"，在大多数公共基础设施和场地中有所体现，无论人们是否参与，都能够得到无形的或者有形的好处。

公共话语围绕很多展会活动展开，尤其是那些需要大量公众参与的展会活动项目。看待政策和工作计划最好的方式就是自始至终跟着程序走。在奥运会或者世界级展会中，这个过程可能会持续很多年。此外还可以通过各种媒体报道来看公共争论（如果有的话）。

[研究问题]

- 什么是"公共政策"？什么是"政策领域"？
- 请解释政府参与展会活动项目的必要性和正确性，包括"公共利益"和"公平原则"，以及"市场失灵"和"效率"。
- 讨论经济、社会、文化和环境政策领域适合的大型活动。举例说明可能的重要目标，相关政策提议和绩效评估方法。
- 在展会活动政策制定过程中有哪些重要因素？包括"意识形态"和"制度安排"。
- 发展展会活动政策时政府要遵循什么程序？

[拓展阅读]

Veal，A. Leisure，Sport and Tourism：Policy and Planning（3rd edn.）[R]. Wallingford：CABI，2010.

第四部分

结　论

第十二章　活动研究的科学、知识和理论

通过本章的学习,学生应掌握:

- *活动研究中的知识是如何产生的;*
- *知识的主要范式及知识的形成;*
- *不同学科及紧密相关领域的主要研究方法论与研究方法;*
- *在应用、理论及政策背景下,研究是如何进行的;*
- *活动研究理论的发展;*
- *活动形式与功能趋同的意义和重要性;*
- *活动研究的主要知识缺口和研究重点。*

第一节　知识创造框架

本章主要讲述活动研究中的知识创造,这些知识大多由调查研究得来。但是,好的研究观点从何而来? 如何判断一项研究是否值得去做呢? 大多数与活动相关的研究纯粹是出于好奇,或出于管理和政策需要。因为活动研究是一个新领域,很多相关研究属于那些成熟学科的探究范围。因此,为了实现学科交叉,使活动研究能够建立自己的理论和方法论,我们必须更多地关注核心现象和相关主题。

虽然提到了很多研究方法,但这并不是本章的重点。本章着力对整个知识创造和研究过程体系进行概述,以概念模型为开端,进而讨论基本的研究范式、方法及方法论。

图 12.1 描述了活动研究中知识创造和开始进行研究的多种方式。以活动研究为中心,我们会自然而然地从已有学科及相近的专业领域中,借鉴相关的观点、理论和方法。

一、学科视角

每个进行活动研究的学者,都应把已有的学科视角当作合理的研究起点。即使要研究的问题是出于政策或管理需要,答案也极有可能从社会学、经济学等学科中寻得,或从中找到坚实的研究基础。然而,在这些学科中,对活动的研究常是那些更广泛的话题或理论难题的附带问题,研究重点并不在于活动体验的核心现象。

当运用两个以上学科基础来研究问题时,就进入了交叉学科研究的领域,长期目标是建立唯一的、与活动相关的交叉学科理论和知识。

图 12.1 活动研究中的知识创造与研究方法

二、交叉学科方法

我认为,活动研究与社会科学最为契合,因为它极度依赖人类和社会行为规范。但同样,活动研究也能借鉴一切对其有用的研究领域,如艺术、科学、工程、设计等。活动研究的交叉学科方法是指综合运用两个或两个以上学科的概念和方法,可以由多个研究团队来实现,也可以由同一研究人员将不同学科联系到一起来实现。比如,将经济学中的供求理论与社会学中的社交网络理论联系起来,以获得新的见解。运用交叉学科方法的最终目标,是构建专门的活动研究理论。

三、紧密相关的专业领域

紧密相关的专业领域,特别是休闲学和旅游学,为活动研究提供了基础。这些领域率先运用了不同学科来解决问题;并且,活动也是这些领域的重要构成。

四、管理需要

到目前为止,大多数活动相关研究都是应用型的,与活动管理或活动旅游实践相关。研究者和从业者必须继续合作,消除隔阂,以保证研究的及时性与有效性,但并不是所有的活动研究都必须是应用型的。

学习型组织的目标是要确保知识的不断增加和积累,但是否能够实现,就要取决于有没有正式的评估体系。对一次性活动来说,知识的传递更为困难,因为下一个组织者可能来自不同的国家,还有可能在数年之后才开始进行。奥林匹克知识传递项目,就是为了充分利用先前经验,使大型活动能够更好地达到承诺的水准。从 2000 年悉尼夏季奥运会开始,整个传递过程包括进行记录的观察员、可视档案(视频、照片)和会后报告。此外,根据国际奥组委的规定,还需要事先在申办城市进行调研。

相当多的一次性活动对知识的传递并没有正式要求，但仍需对其进行评估。并且，评估应由竞标旅游机构和主办场馆来进行。为使评估结果具有可比性，还需制定标准的方法和措施。

五、反思性专业实践

要消除研究者与从业者之间的隔阂，需要双方共同努力。作为一名期刊编辑，可以说，让从业者进行学术研究、贡献研究成果或案例分析，几乎是不可能的。对从业人员来说，如要进行研究，首要的就是应常常反思，并在一定程度上能够通过反思来开展研究项目，而不是只关注手头的事务。通常，从业人员的应用需求，学术研究的理论目标和长远目标，这二者是非常吻合的。

六、自省与智囊团

知识也可以来源于阅读、自省和头脑风暴（智囊团采取的方式），或纯粹是意外发现（即好运气）。当研究机构建立起来时，或高校中学术团体与学生进行互动时，很多新的想法和理论自然而然地就产生了。但迄今为止，这样的学术群体屈指可数，他们的目标之一，就是与从业人员建立更加紧密的联系。

七、扎根研究

扎根研究的起点并非是问题、理论和假设，而是对核心现象（活动体验）的兴趣。进行扎根研究的前提，是研究人员不能将先前的观念带入研究项目中，而是通过数据和结构化分析，获取知识和理论。并且，我们总希望能够通过扎根研究发现全新的观点。在本章接下来的内容中，还有更多关于扎根研究的讨论。

八、政策需要

研究是政策的支撑。在启动某项政策制定程序时，需要依据各种研究成果，如评估结论。并且，研究也是支持和改进政策必不可少的工具。但这在一定程度上导致了研究人员与政府官员之间的紧张关系。下文的研究札记对此进行了解释。

【研究札记】

政策与研究

乔恩贝斯特发现，有些人认为经验研究并未大量证实运动和体育赛事的非运动福利。众所周知，活动可以带来健康的好处，但这并不等同于运动能改善健康。为了建立因果关系，研究人员采用了更多的理论方法来解决中途遇到的难题，如基于理论的评估、关于变革的理论、逻辑模型和科学实在论等。但是，政策制定者想看到的是一目了然的结论，所以可能会不满于对影响的复杂理论解释。

Best，J. What policy-makers want from research；what researchers want to tell them
［J］. Journal of Policy Research in Tourism，Hospitality and Events，2009，1（2）：
175-178.

第二节　哲学与知识

什么是知识？如何"认识"事物？这些问题是认识论、方法论和本体论的核心。在做研究方面，何种方式最好、最合适，每个学科都有特定的看法，学者也会采用其认同的某个或数个研究范式。

科学并不是获取知识。"科学方法"是关于指定的过程与构建理论的，而"知识"可能来自原创思维（创造力）、综合（智者的反思性思考）和意外发现（计划之外的发现）。本节介绍了一些重要的术语和概念，使活动研究人员能够明白，他们的工作属于科学与知识创造的哪一部分。

一、科学哲学、认识论与本体论

"科学哲学"包括哲学基础、假设和自然社会科学的影响。它试图解释科学命题和概念的本质，以及科学方法的形成与运用。

"认识论"是探讨知识、"认知者"与"认知对象"的关系、"知识主张"的真伪等问题的哲学学说。现代科学由"经验主义者"主导，他们认为体验是所有知识的源头，需要对其进行研究和分析。

如果应用旅游研究中特莱伯（1997：639）的方法，"活动研究的认识论"应当涉及以下内容：关于经过策划的活动的知识特征、知识来源、知识主张的有效性和可靠性、概念的运用、活动研究的范围，以及作为一个学科或领域，活动研究的分类。

特莱伯的旅游观点对于活动研究同样适用。如果将活动研究局限于"科学方法"的运用，那么我们将会遗漏经过策划的活动的大部分现象，这些现象无法进行科学的量化，但其实并不是什么科学难题。更恰当地说，活动研究的认识论宽度应该更广，需要囊括哲学、道德、美学、历史和社会方面的探究和学说。

"本体论"是一个关于事物起源、本质及存在意义的哲学分支，也可以说是对现实的概念化探讨。在研究中，本体论通常指知识是如何呈现的，以及如何用词汇来描述知识。

在社会科学中，有四个主要的本体论方法，即现实主义、经验主义、实证主义和后现代主义。"现实主义"的基本观点是"真理就在那里"，认为真理能够被人们发现，并真正地反映现实。比如，也许营销研究者可以准确判断，哪些人更喜欢以及为何喜欢某种活动。这就产生了"经验主义研究"，"经验主义"就是对与事实有关的现实世界的观察。

"经验主义"使科学与哲学、神学区别开来。"实证主义"是一种科学方法，与研究者为发现真理进行的实验、定量技术和假设紧密相关。第四种本体论方法是"后现代主义"，它反对从经验中获取真理的观点,认为每一次观察或测量都没有固定的结论。

实证主义引领了大部分自然科学,并对社会科学产生了极大影响。因此,我们将在下文中对实证主义进行更加详细的探讨。在这之后,将重点讨论后现代主义,以及关于研究和知识的当代学说。

二、本体论概图

如第一章所述,活动研究有三个主要分支,每部分都可以看作一个学术语篇（academic discourse,学说）。这样说来,本体论指的是在活动管理、活动旅游等学科中产生并引起讨论的知识。本体论概图将学说中的主要概念和术语表现出来,从而可以看出这些学说的演变过程,相互之间的联系及分歧。

为每一个学说,甚至活动研究做完整的本体论概图是极其庞大的工作,并且才刚刚开始进行。本书涵盖了主要的概念和术语,但理想情况下,本体论概图应建立在对相关文献进行系统分析的基础上,而且本质上是层级化的。其中,主要概念是最为重要的,并且可再进行细分。目前,在活动研究中,唯一应用此种方法的是辛格（2008）,他在发展关于安全节庆和活动的知识体系的本体论时,运用了这一方法。

作为学说研究的工具,本体论概图应当指出文献（指已发表的研究文献）中最主要的术语和概念,这些文献本身也会区分已有的研究范围,并建立起它们之间的相互联系。除此之外,还可运用不同的评论视角,如对反映权力或显性价值的偏见的测定。

回顾关于活动管理、活动旅游以及社会学和人类学中的"经典"学说的讨论,能够发现,学者们使用的关键概念和术语,在每次讨论中都会出现,并且这些概念和术语覆盖了知识创造的主要领域。例如,在"经典"学说中,仪式、象征和欢庆不仅是知识的主体,还是连续的研究方向和理论发展的主体。活动旅游研究具有工具性,因此随着旅游的季节性和吸引力本质成为核心问题,关于活动在旅游发展和目的地营销中的角色的研究和理论,就成了活动旅游研究的主要构成。EMBOK是一个本体论体系,它确定了活动专业人员需要掌握的主要知识技能和范围,但它并不是学术语篇。

三、学说（discourse）

狭义上,"学说"就是谈话,更正式地来说,是建立在规则之上的多方对话。可以把一场活动看作一个学说。克雷斯皮巴尔沃纳和理查德（2007）认为节庆是"允许人们表达自己对文化、社会和政治问题的观点的学说舞台"。但本书中,我们更关注关于节庆和活动的学术语篇。

福柯（1969）认为,学说是一个知识体系,有其独有的词语表达。这种观点能够控制沟通和辩论的方向,进而只能形成特定的观点。我倾向于赞同福柯的观点,将学说视作一个体系或一条结构线,这个结构线是关于知识创造的推理、观点和方法的,包括理论发展和实际应用。在研究者看来,意义存在于学说之中,因此语言和概念决定了在学说的组成中,哪些是合理的,哪些又是符合预期的。同样,有些内容则完全被忽视了。

　　例如,特莱伯(2004:57)强调,旅游中的"商业学说"具有"连贯性与结构性,还有一个理论和概念框架(借鉴商业研究)",并且旅游研究倾向于将交叉学科研究方法具体化。应用到本章,商业学说就是"活动旅游",并适用于"活动管理"职业。特莱伯还认为,在旅游研究中,研究其他知识创造领域的学者对商业方法并不感兴趣,他们会选择借鉴其他学科,最终形成了学科交叉。

　　如果只是问,"关于经过策划的活动的研究都是什么?"那么答案可从广泛系统的文献综述中获得,这些文献综述标明了研究中的术语和概念。仅在作者进行的一篇类似的文献综述中,就有三个学说,既包含活动研究中的概念和研究主题,也有相关的争论,例如一些有争议的意义和某些理论、方法论的适用性。此外,研究和构建理论的范式也是一个有价值的问题,但学者个人几乎从不考虑这种哲学话题。

　　活动旅游的知识领域非常看重经济影响评估和相关的话题,如"归因问题",即为将某种影响归因于特定的活动,需要什么标准和证据? 虽然这是活动旅游研究的一部分,但它既无关理论也不会引起争论,仅需要对其进行理解和运用。然而,"真实性"的概念经常被激烈地讨论,比如,有种观点认为,旅游导致了节庆的商品化和文化失真。表面上看,"经典"学说植根于社会科学,自然能够促进辩论与哲学思考,然而,节庆旅游与管理多是应用型的,少有批判性思考。通常,一些寻求更广泛学科交叉的学者,会将具有挑战性的概念、理论或哲学辩论引入旅游和管理学说。

　　为确保共同理解,任何主题的"学说"都有双向的或涉及多个利益相关者的沟通,例如,决定是否支持文化节庆的政治进程。这种学说沟通是一个建立在规则之上的过程,根据有效性对论证进行评定,能够促进共同决策的制定和共识构建。阐述观点既不是学说,也不是宣传和广告。同样,没有规则的论证也不是学说。如果允许进行论述,但无法验证是否属实和出处,就违反了学说的原则。

　　学说中存在矛盾的观点,福柯(1969)和哈贝马斯(1973)的学说也是如此。法国哲学家福柯认为,学说是拥有自身词汇表达的知识体系,就像学者彼此交流时的说话方式那样。但这会控制沟通和辩论的方向,最终只能形成某种特定的观点。例如,如果只有特定的人会说活动研究的语言,那么他们的"学说"就占绝对主导地位。所以,如果每个人都能参与进来,不是会更好吗?

　　对于贾沃斯基和普理查德(2005:1)来说,学说是一个"符号系统",包括文本、语言、图像,或其他"指意系统"。学说可以指会话或对语言的应用,而"批评性学说"不仅对文化和社会实践进行了验证,还检验了政治、价值、规范、意识形态的进程。"语言和学说是构建社会生活的载体或媒介……"

四、实证主义

　　与自然科学相似,实证主义运用外部视角(即研究人员的)来发现真理,并形成解释性和预测性的理论。为了看起来更"自然科学",在证明因果关系时,社会科学家和管理研究者采用的是强调"科学方法"的实证主义研究方式,不然就运用可靠有效的方法来探究世界的"真理",发现人类社会如何运转。实证主义者将价值与研究分离开来。大多数活动研究都

沿用这一传统，是因为这些研究大多关注的是市场和经济。

比如，当在活动中做观众调查时，研究人员试图通过随机或系统样本估计观众数量，测算平均消费和参与动机等。当通过家庭调查来评估居民对活动的感知及态度时，抽样过程是相似的，通过对样本数据进行统计分析，最终揭示模式并解释差异。同样，这些都可以应用在理论构建中。研究人员假设，他们是在发现、测量、解释普通人思考和行动的方式。他们这种想法是否有误呢？

"实验法"是实证主义的核心。实验用来检验假设，为了使不同群组的因果具有可比性，需要对变量进行控制。尽管在旅游和活动等应用管理领域，很少用到实验法，但这种方法贡献活动知识的相关学科中被广泛应用，特别是心理学及其分支学科。

科学方法经常被提及的优点是去除主观性，对包括道德研究行为在内的数据收集和分析有严格的强制规定。例如，在为论文做研究时，如果指导者和审查者质疑数据收集和分析方法的合理性，学生得出的关于活动经济影响的结论，就有待商榷。有几个研究共识是，研究者不编造结果，研究可重复进行，研究结论需要经得起检验。

但是，当研究人类与社会时，这种科学"优势"也招来了不满与批评。首先，有一个疑虑是，实验和调查方法能够在多大程度上揭示真理，或能够对个体和团体的复杂性理解到何种地步。

其次，还有一种担忧是，"客观"研究将人视作"物体"，那么研究主题应是研究过程的一部分，并能从中受益。但事实上，有些研究可能会带来不好的影响，要么在研究力度上，如观察他人并干涉他们的生活或工作；要么在研究结果方面，比如曝光分歧和偏见。

舒尔茨与莱温达（2005）论述了人类学家对实证主义作为主要研究范式的质疑。在20世纪六七十年代，关于世界如何运转的假设和关于研究道德和政治（尤其是关于参与性观察）的假设，遇到了挑战。随着研究人员不再强调科学的客观性，开始与调查对象进行对话，对意见的理解和意见分歧受到了更多重视。

舒尔茨与莱温达（2005：43）认为，合作对话可以实现"主体间意义"，研究者与调查对象能够对世界有新的共同理解。这些人类学家认为，研究者应进行"自我反省"，能对研究经验和研究过程进行批判性思考。在文化方面，研究者和调查对象是否已有足够的共同语言，从而能够真正地了解彼此呢？

五、"证明"的本质与因果关系

实证主义与科学方法的主要原则之一是能够"证明"特定的行为会造成特定的结果，这并不像听起来那么简单。在活动研究中，只有少数几个问题与这种科学方法的应用相关。

经济影响的因果关系是显而易见的。逻辑严密的方法论包含随机或系统的观众抽样，能够以旅游动机为基础，从理论上描述观众支出，有力地证实了活动旅游的经济效益。当然，如果没有全面的成本和效益评估，经济影响的评估结果就是断章取义。

与之类似，研究证明活动与活动旅游会引起环境变化，但对某些积极和消极变化的理解还存在争议。如果活动中的人们践踏草坪，活动设施建设污染水和空气，这时的因果关系是显而易见的。但从宏观层面看，在大城市中，与工业和运输业相比，活动、旅游对空气和水的污染可能会显得无足轻重。

目前,对活动和活动旅游的各种积极或消极影响的评估已经取得了相当大的进步。但在社会和文化方面,因果关系并不显著。很多混杂变量可以解释居民感知到的影响的好坏(参照社会交换理论和社会表象理论)。如果认为社区、城市能从活动中获取特定的社会效益,如社会融合或自豪感,就太过单纯了,因为很多政策和行为可以带来同样的结果。因此,无论如何,居民感知和态度仍将是衡量活动影响的最好指标。

六、后现代主义

对后现代主义者来说,并没有唯一的真理,所有像宗教和政治教条那样的"元叙事"和"范式"都遭到了反对。詹宁斯(2006:3)认为:后现代范式不认可大理论(grand theory),认为世界(本体论角度)由多重现实构成,而且没有哪种现实优于另一种。一个中心原则是为揭示潜在的核心现实,需要解构现象特征。

"价值论"是关于价值、价值评判和道德的研究。大多数期刊文章的作者以完全客观和科学严谨的方式呈现数据、分析和结论。但有些学者试图解释他们自己的价值观念如何影响研究、分析和结论。当下一种研究风尚是,在学生撰写论文时,要求他们讨论整个本体论与方法论,展示自己的价值观与偏见。只要让大家意识到,学生的研究和分析中融入了想法和假设,那么对于研究来说未尝不是一个好主意。

七、理论与模型

克勒姆克等人(1998)宣称,"理论"有以下属性:
- 可被表述为关于存在的规律和主张;
- 展现普遍性或综合性;
- 解释多种规律和现象,而非一种;
- 能够解释并预测事物;
- 将不同的现象和规律进行统一;
- 深入理解现象的本质;
- 包含关于不可见实体或属性的术语。

我认为,克勒姆克等人对理论的看法并不适用于活动研究。"理论"这个术语被滥用和误用了。在我看来,不像优秀的物理学和化学理论那样,许多学术文献中所谓的"理论"不过是概念和命题,没有解释性和预测性的模型,经不起时间的考验。此外,在社会科学、人文科学和管理学中,不存在解释性或预测性的理论,也不值得去研究。

在《自由:一种新的悠闲社会学》一书中,约翰·凯利(1987:2)提出了一种合适的理论发展方式。凯利认为所有的理论模型具有以下共同点:
- 解释性,面向他人;
- 系统性,揭示假说与证据;
- 经常受到质疑和批评。

凯利认为，理论发展是"当我们试图向别人解释事情发生的前因和条件时"所做的事情。本书中，关于活动研究有五个主题，涉及的每一个章节都有很多理论发展。并且，将其他学科理论和模型应用到经过策划的活动研究中也是一种理论发展。

纽曼（2003）提出，"概念模型"是概念的集合，这些概念共同形成了意义网络，给出了复杂现象的精简描述。对于能够解释更高阶概念的因素，模型常常用来描述它们之间相互关系的稳定结构。相应的，活动领域的理论从来没有真正完善，也不是一句话就能完全概括的，但这些理论确实能够促进知识构建和争论的发展。实际上，并没有关于经过策划的活动的特色理论。这一阶段的研究必须依赖借鉴相关学科的理论。

"命题"可以成为概念模型的基础，也可以对构建理论产生非常重要的影响。如果对活动有更加深入的理解，我们就可以合理地提议哪些东西一定正确或将会被发现。命题需要经过争论或检验。因此，对于提出命题之外的研究者来说，命题可能会变成"假设"。

命题通常被表述为如下方式：

命题1：（提议）人们认为的活动类型或形式，如"节庆""大会"和"体育比赛"，不论是从预期环境和日程，还是从意义来说，都是社会建构。并且这些社会建构因文化而异，并将随着时间而变化。

本书中还有很多观察言论、结论，能够以命题的形式表述出来。并且，不论是对生成假设还是政策行动，都大有好处。

第三节　研究方法论

不同学科有其自己的研究方法、规则和假设。这些方法、规则和假设就组成了"方法论"，是进行研究、形成知识的公认方式。方法论植根于哲学假设中（即认识论和本体论），为以公认方式进行研究提供了基本原理。

在实证主义中，现实被假定是客观的，独立于研究者或观察者，真理可以通过实验这样的"科学"方法论来揭示。如之前所述，"科学"是最主要的方法论，而且仍是活动研究中最广泛接受的研究方式。需要注意的是，很多"定性"方法也是这种研究传统的一部分，并在社会"科学"中有相当的可信度。

一、演绎法

实证主义的出发点是命题或假设，往往从以往的研究和现存理论中衍生出来。为了验证假设，人们先是收集数据，继而通过统计技术对假设进行检验。例如，通过比较李克特量表得分的平均值，"证明"对于同一活动，某一民族或文化团体持有的不同态度。的确，这在很大程度上能够说明，为何有些活动并不是社区全员参与。但与归纳法或扎根研究相比，由此产生的理论是否相同，抑或是更好或更坏，都很难下定论。对此，除了时间和批评外，社会科学中没有真正的检验方式。

二、归纳法与扎根研究

归纳和扎根研究的起点是某种观察或数据收集，并能被用来分析。研究人员并没有关于调查结果的预想，这就产生了说明或者理论构建。在归纳和扎根研究中，一种观察现象可能有多种解释，而且都必须引起重视。

扎根研究主要借鉴了格拉泽和施特劳斯(1967)的研究成果。他们应用了各种各样的编码来达到"饱和点"，在这一点上，无法再从数据中得出任何关于关系或抽象概念的理解。通过将描述和解释研究重点的数据进行分类，可以得出新的理论。但许多研究人员发现，要严格应用格拉泽和施特劳斯的方法论很不现实，而从数据中一步步归纳出理论的一般原则是可行的。如下所示，肖和史密斯(2004)就将这种方法应用到了活动研究中。

【研究札记】

归纳推理和扎根研究

文章运用归纳分析法，对居民在调查问卷中开放性问题的作答进行了分析。问题为：如果一个朋友从未参加过滑铁卢十月啤酒节，您要用简短的语言向他/她描述这个节庆，您会怎么说呢？对这个问题的回答，有232份有效问卷。然后对这些回答进行"自由编码"，即对一些数据进行分类，并赋予概念编码。这些编码包括一些词组，如有趣、快乐时光、享受、美妙的音乐、放松、民族文化、认识新朋友等。通过观察编码之间的关系可以发现十月啤酒节有四种不同的支持者类型：寻求娱乐、寻求文化体验、寻求社交和刺激当地经济。

Xiao, H., and Smith, S. Residents' perceptions of Kitchener-Waterloo Oktoberfest：An inductive analysis[J]. Event Management, 2004,8(3):161-175.

三、解释主义

"解释主义"起源于人类学研究不同于自然科学研究的观点，因此实证主义未必是最好的方法论。比如，社会学分为"构造学派"和"互动学派"，前者支持实证主义，而后者倾向于解释主义。

实证主义认为现实是单一的、客观的和具体的。与现实主义不同，解释主义认为现实是多样的、是被社会建构的(德克洛普，2006:47)。换言之，就是你我的世界观完全不同。解释主义者寻求理解，但不做坚定的预测，没有解释性或预测性的模型。解释主义研究者不关心普适性的事物，而专注于那些独特的，甚至异常的事物。由此产生的知识是前后关联的、有价值的，与文化紧密相关。研究人员倾向于与研究对象互动合作，运用整体归纳的方法论，或者自然探究。与实验法相反，"自然探究"是对现实世界的不可控的研究，与扎根研究类似，没有对调查结果进行预先限制。

四、社会建构主义

社会学家经常陷入一种争论，即理论在多大程度上会受社会和政治环境的影响？在这种情况下，"社会构建主义"假定社会因素在新的社会理论的认可过程中占有重要地位。詹宁斯（2006：3）认为："社会构建主义拥有一种本体论地位，承认参与到研究中的人们（或行为人）的多重现实。"这与坚信单一现实的"后实证主义"截然相反。"社会构建主义的认识论观点是主观的，并承载一定价值。此外，在社会建构主义中，研究人员主要应用定性方法论，并对固有的、工具性的、事务性的价值论进行研究"。

五、符号学

"符号学"是关于符号、符号体系和意义的研究。"符号"也是标志或象征，代表其他事物。比如，符号可以用在词语、文章、肢体动作或衣着上。相反，"沟通"是传递信息的过程，需要有传播媒介。不论是沟通还是符号学都面临同样的问题，即信息接收者会如何理解符号和信息，又会赋予其什么意义。

艾特纳（1999）认为，根据本体论，"符号学范式"认为现实是由社会建构的，由诸如语言这样的符号体系组成。符号学家想要揭示意义的常见模式和层次。应用到活动研究中，我们需要理解"符号"之间的相互作用，如关于活动或存在于活动中的广告、品牌、主题、显性和隐性沟通等；也需要理解符号的"使用者"，即参与者或目标人群。

瑞恩（2000）认为，旅游空间是有特定意义的地方，对其游客有自己的理解。人们认为，符号和象征能够创造意义。一层含义是，活动策划者只能创造一部分意义；另一层含义是，有多个意义是司空见惯的。

六、批判理论

哈贝马斯（1973）认为，批判研究者的任务是揭示矛盾和对立，帮助消除异化和控制。詹宁斯（2006：3）认为"批判理论范式"采用了一种本体论观点，认为社交世界受规则束缚，虽然这些规则可以改变。它的认识论认知介于主观主义和客观主义之间。从价值论的角度来说，由于应用这种范式的研究目的是改变研究对象所处的社会环境，那么这种范式应该能带来转变性的变革。

尽管有些学者会从批判理论的角度来研究问题，比如种族问题（亚当斯，2011）、原生态活动（菲普斯，2011）、性别与性（休斯，2006；芬克尔，2011）等，但在活动研究中，这种批判研究方法并不常见。库格林（2010）应用"女权主义文化批评"的方法论，对19世纪法国布列塔尼的仪式景观、节庆、艺术和文化旅游进行了研究。

特莱伯（2008）认为，许多旅游研究话题尤其需要运用批判理论。他总结出了一些相关话题，包括可持续性、恐怖主义与和平、全球化与社区旅游、文明旅游与社会排斥、公平与消除贫困等。在我看来，如果应用到活动研究中，还应增加身份（个人、团体和地域）、商品性与真实性、景观、有争议的庆典意义、自由旅行与集会、民族特色活动和原生态活动、自由和约束力之间的矛盾、消遣式骚乱和抗议等。但在活动管理和活动旅游中，要对这些话题进行批判性地研究，似乎不大可能。

在应用批判性理论时，研究人员不能下意识地认可主导意识形态或世界观。调查对象可能不会说明真相，还可能会忽视事物真正的运作方式。同样，一般情况下，研究人员也不能免受偏见之扰。

第四节　研究目的与方法

维尔（2006:3）从目的和功用的角度对研究进行了分类。探索性研究或描述性研究试图发现事实，描述情形。这种研究方式最为简单，在活动研究等新兴领域中很常见，包括活动目录、活动概图、活动分类、历史档案、活动组织框架，或收集影响活动部门的政策法规实例。对活动需求的趋势分析是描述性的，但对引起这种趋势的因素分析又是解释性的。

"解释性"研究寻求理解。根据实证研究主义的传统，往往先做出因果假设。例如，娱乐活动需求的增长可解释为可支配收入的增加，使得更多人开始追求享乐。如果能够解释某些事情的发生，那么我们就可以构建一个预测模型。

在活动管理和政策发展中，"评估性研究"至关重要。对组织的效力（完成目标）和效率（资源的充分利用）的"内部评估"是一项管理责任。"外部评估"由利益相关者进行，他们要么想了解"投资"或支持是否值得，要么想检验活动的影响。

"形成性"评估包括需求分析、可行性分析和需求预测，以及任何影响未来决策和行动的方面。"过程评估"出现在活动或项目的运作过程中，目的是纠正错误、改进工作。"结果评估"包括影响评估在内的活动后调查与分析，以能够准确地判定发生了什么及发生这样的事情的原因。

一、定量分析法

定量分析法常用于实证主义，定性分析法常用于解释主义，二者完全可以一起出现在任何活动相关研究和评估中。区别不在于方法的好坏，而在于你需要了解什么，以及怎样快速达到这个目的。通常，在焦点小组、访问和观察等阶段，应用探索和定性分析，要优于定量分析方法。

（一）二手资料分析

已有资源，如关于休闲、旅游或消费者行为的大规模数据，如果作为研究项目的起点，将为我们提供新的见解。在分析已有数据时，所有的分析工具都使用了吗？新的假设可以得到验证吗？对于学生群体，分析一般的旅游资料是非常有用的实践。例如，可以用这些资料来研究具体的活动行为和动机。

（二）系统观察法

在研究一个冲浪活动时，盖茨等（2001）应用了系统观察法。在活动的不同时间段和不同区域，9个训练有素的观察者对环境和观众进行了观察和记录。由于收集的数据可以运用与调查数据同样的分析方法，因此这种方法属于定量分析法。但请谨记，观察法也可以产生定性的观点。

（三）问卷调查法

这或许是最普遍的研究方法了。不需要花费大把金钱和时间，就能获得大量数据。在实证主义传统中，随机样本或普查，对得出关于某个群体的一般性结论非常必要。问卷调查有多种方式。

"自填式调查拦截调查"普遍用于收集节庆参与者的现场反馈。"拦截调查"也可在路上或机场进行。一般情况下，研究人员希望得到随机样本，如每 n 个通过大门的人；但也许最终会获得"系统样本"，就像通过时空分层法得到的结果那样。

"活动后邮件调查"，这种两阶段的调查方法效果最好（波尔和派克，1994）。首先让活动参与者提供少量信息，并提供后续的邮件调查。要获得关于活动支出和整体体验的更加确切的数据，活动后的调查再适合不过。

要覆盖市场区域，"电话调查"不失为一个好方法，如调查距离所在地2小时车程的城市人群对活动的了解。使用这种方法，常会出现样本问题。因此，通常采用"配额抽样"的方式，即调查一定数量的男士、女士和家庭。"配额抽样法"对市场研究大有益处，可以调查一定量的男士和女士，以得到相对均衡的数据，或根据需要仅调查老年游客。要进行调查，需要对调查员进行培训，确保从每个目标群体中获得特定数量的数据。

一般情况下，不建议采用"方便抽样"。但这种方法简单易行，花费较少，谁都可以回答问题。不过，方便抽样可与配额抽样相结合，在特定地区或活动中抽取愿意接受调查的人群，这样就有了这个地点和活动的共同参照。

"受制样本"通常在一些会议和活动中使用。在这些会议和活动中，参与者觉得有义务或不得不配合调查。学生群体就常是"受制样本"！

一些学者比较了不同的活动研究方法，如日志簿和自填式问卷（福克纳和雷布尔德，1995；布林 等，2001）。另外，不少研究意在完善活动出席人数计数，提高参与率的估算水平（布拉泽斯和布兰特利，1993；雷布尔德，2000）。

二、定性分析法

通常，定性分析法无关数值分析，而是注重探索人们的态度、情感、动机和活动体验的意义。因为合适的方法需要消耗大量时间，如参与式观察、访谈和焦点小组，因此调查对象的数量有限。其中，特别值得关注的是焦点小组成员之间的互动交流，这些交流内容将被记录下来，并进行分析。还有，人们在进行自我表述时使用的语言也很有趣，例如，参与者在描述活动体验时，是否会使用"自我实现"或者"自我掌控"这类词汇？

现象学是直接描述人们体验的研究方法,暂时忽略任何因果关系和动机。Hermeneutics 是希腊语,意思是了解。所有的文字和象征性交流,如演出和比赛,都可被视为"文本",并且都可被解释。

海莱尔和格里芬(2004)运用"诠释现象学"研究游客在悉尼岩石区的旅游体验。他们就该地区的风景和旅游体验,对游客进行了漫长的、有计划的结构性访谈。实际上,受访游客先讲述自己的体验,通过分析体验描述的主题,研究人员对访谈"文本"进行解释。研究结果是对旅游体验的理解,这在实证主义看来并不客观,因此被认为是定性研究。陈(2006)对现象学的运用(见第 3 章哲学部分的研究札记)是为数不多的与活动相关的研究之一。

三、网络民族志

对人们的网络博客或其他文字进行评价,可以替代实地调查。网络民族志是民族志的一个分支,分析个体在网络上的自由行为,并运用在线营销研究方法提出有用的见解。它能够说明消费群体或休闲群体的象征、意义和消费模式(Kozinets,2010)。网络民族志可以是被动的、隐晦的,研究人员可以以旁观者的身份进行研究。当然,也可以直接说明研究目的,与调查对象进行公开互动。

下文是被动网络民族志的一个例子,这份一手资料摘自一个网络帖子,发帖人参加了一个节庆。

> 大约 15 年前,我第一次参加这个节庆(名称和地点略)。我立刻就爱上了这个神奇的圈子,还有周围的空间。它太神奇了,拥有的力量和魔力深深震撼了我。这在我以前的生活中,是从来没有过的体验。那 5 天的时光太难忘了,所以我迫不及待地想要参加今年夏天的节庆。我想说,这里的体验太太太不可思议了!简直无法用语言来形容!这次说什么,我也不会错过它!想想就开心!如果你喜欢音乐的话,那真是很带感的体验,因为这就是音乐天堂。相信我,在这里你会有难忘的记忆,甚至你的生活也会因此而改变。

这看起来真的是难忘的,甚至是意义重大的节庆体验,还可以从中发现体验的本质。但是"魔力"和"带感"的真正含义是什么呢?通过文字我们无法清楚地感知。那又怎么解释"深深震撼了我"这句话呢?看来,问题很多,但并不是所有问题都能找到答案。

以下是两位马拉松选手的博客内容。

> 参加马拉松,使我感觉到自己还活着。这是我从未遇到过的挑战。我已经跑了很多年,其中的痛苦让我知道生活并不容易。冲过终点时的感受使我时刻提醒自己,有价值的东西都来之不易。

> 我第一次跑马拉松时,是想试试自己能否做到。持续参加比赛是想看自己的成绩能否得到提高,是否有机会参加波士顿马拉松比赛,也是为了保持身材,为了暂时逃离生活,为了竞争。我与自己竞争,看是否可以跑得更快。跑步对我来说很重要,因为它可以使我保持身材,为我的生活设定目标。与其他运动员进行交流也是一级棒的体验。

竞技运动员会参加很多比赛,如果不考虑基本动机,他人就无法真正理解他们。从上述内容可以看出,除了重要的社交和亲和体验,这些马拉松选手还为比赛引入了自我掌握和自我发展的意义。

下面这段话来自一位参加多元文化青年科学论坛的学生。

> 这次旅行在学术方面大有收获,但社会文化方面的交流和我们之间的友谊更值得珍藏一生。这是我第一次以学生的身份出国,这次旅行使我信心倍增。

显然"交流"是这次体验的核心,归属感和分享在"友谊"一词中有所体现。但这也是一次学习和自我提升之旅。

由于研究人员无法控制描述者,在阅读第一人称的体验描述时,会出现一个解释问题。他们也许装腔作势、谎话连篇、夸大其词,谁知道呢? 所以如果只看这些描述的表面意义,你可能会被误导。如果你觉得其中另有隐情,那么就能更进一步地理解,或许还能有助于发展新的理论。这对更深入的现象学研究来说,似乎是个不错的定性研究起点。

分析这些文本时,或许还得考虑伦理问题。例如,以上的这些博客内容会曝光作者吗? 能不能对其稍加修饰,但又不改变内容的真实性?

四、体验式抽样（experiential sampling）

这种方法(参见西森米哈里,1988)是一种收集日常生活信息,或活动体验等休闲内容的方式。可以将其看作系统现象学,人们可以描述生活体验中的认知和情感。虽然体验式抽样尚未应用在活动研究中,但它与活动体验尤其相关,因为问题会覆盖自然环境、社会背景、行为、思维、情感、心情和其他方面的自我评估。

可以采用日记的方式,但会存在记忆偏差。所以,在体验过程中就让人们记录下感想的做法更为可取,但会妨碍体验的进行。而且,不是所有人都愿意参与调查,一些人就算愿意,不是做得不够好,就是会中途退出。

在多数体验式抽样中,会给调查对象配备一个信号装置,如寻呼机。听到信号声后,调查对象开始完成一些简短的问题。这种使调查对象受到最小干扰的想法,已经涉及体验的方方面面。目前研究人员已经开始应用无线网络交流技术和实时通信技术。

针对某一活动,体验式抽样最好在研究的预测和开始阶段进行。在之后的阶段,研究直接描述的体验会更合适。以下是一些问题建议:

- 你现在的位置(或许需要一幅地图)?
- 你和谁在一起(提示类别)?
- 你在做什么(提示类别,允许例外)?
- 描述你的心情(可以采用 7 分法量表)?
- 你在想什么?
- 你的注意力集中程度(如全神贯注观看表演,或空想)。
- 知觉控制(例如,你是否可以随心所欲,还是受到什么限制)。

拉尔森和西森米哈里(1983),海克纳和西森米哈里(2002)也对如何进行体验式抽样给出了建议,其中包括事先草拟一个方案。此外,他们也建议最好将体验式抽样与其他方法结合使用。

(一)内容分析法

新闻是怎样报道一场活动的影响的?又如何看待世博会的申办?活动参与者怎样在博客上描述他们的体验?内容分析法可以运用某些技术来解释这些内容,如对诠释学的应用。

(二)观察法和参与观察法

卡尔森(2004)简要介绍了一些活动评估方法,其中就包括观察法和参与观察法。盖茨(2001)在研究一个冲浪活动时就采用了这种方式。在直接观察时使用了项目清单,并进行了时空分层抽样。在参与观察中,9 位研究人员最大限度地参与到活动当中。每位观察者记录下他们的所见所想,然后将这些定性(主观)见解与系统观察和访谈结合起来,最终形成一幅服务质量图。这一研究综合了以上 3 种方法,体现了"三角测量"的原理。

【研究札记】

参与观察法

在研究樱花节时,研究人员根据一份观察清单进行被动的参与观察,并结合拍照,记录樱花节这一类型活动的相关信息和游客行为。团队在不同地点进行研究,耗时 6 天。这使得研究人员对整个活动的游客体验有了更加深入的了解。研究人员最终得出结论,华盛顿樱花节这种类型的活动会导致对基础设施、服务和自然资源的集中消费,难以满足持续的游客需求,并存在自然资源长期退化的风险。他们担心这将超出该地区的旅游承载力。

Park, M., Daniels, M., Brayley, R., and Harmon, L. Analysis of service provision and visitor impacts using participant observation and photographic documentation: The National Cherry Blossom Festival[J]. Event Management, 2010,14(2):167-182.

(三)访谈法

我认为,相比大规模的问卷调查,从访谈中能够获得更多的信息,但两者都是可取的。"正式访谈"有固定的程序,有时最好让受访者提前了解主题,这样他们能够有充分的准备,尤其是在咨询专业问题时,更应如此。"非正式访谈"没有固定的程序,但研究人员本身必须对采访主题了然于心。通过内容分析法,可以对访谈内容进行系统的分析或解释其中的要点。

"深度访谈"涉及范围广、内容全面详细,因此耗时久、受访群体小。对于掌握大量信息的重要受访者,采用深度访谈法将大有裨益,如采访活动经理关于利益相关者关系和策略方面的问题(盖茨 等,2007)。这种方法可用于活动个案研究或者跨案例分析。

小组访谈和焦点小组鼓励受访者在可控的环境中进行互动,期望能够产生协同效应。例如群访一些活动经理,询问他们节庆领域面临的资金问题。然而,有些受访者的个性太强烈,可能对其他人的观点产生潜在的影响。焦点小组是进行消费者研究的主要方法,但不能仅以此得出普遍的结论,通常只作为研究的起点。

传统意义上的民族志涉及居住地、周围社会或文化群体。早期人类学家非常钟情这种耗时久、难度大的研究方法,因为使用这种方法可以得出很多见解。但也会产生观察者偏差、相互影响（改变观察对象）、隐瞒信息和"观察对象"故意错误表述等问题。"参与观察法"可以看作小规模的民族志研究。

（四）案例分析法

盖茨等（2007）采用案例分析法比较加拿大和瑞典两国节庆的利益相关者类型、关系、管理情况以及出现的问题。跨案例分析是进行探索性研究的有力工具,研究人员可以据此得出大量深入的见解。案例分析的结论不具有普遍性,但在创造新知识、做出假设、提出命题以及验证已有的结论方面,案例分析扮演着非常重要的角色。

（五）时间预算研究

为了参加各种活动,人们需要花费多少时间？马拉松运动员需要多长时间准备比赛？需要多长时间到达比赛地点？罗伯特（2006）指出,这些是典型的休闲研究。

五、行动研究

行动研究人员通常会参与有特定结果的项目,整个过程需要不断进行评价和修订。通过行动研究,能够充分了解哪些在起作用或不起作用,以及存在的参与偏差风险。

目前为止,我还没有见过"行动研究法"在活动研究中的应用。但行动研究可以这样进行:研究人员参与到活动策划和实施过程中,既为活动团队效力,又能观察分析决策的制定,了解哪些利益相关者的影响力最大。行动研究常用于社会因素分析。因此,对其更加典型的应用是,参与者、研究人员与社区团体合力运作或评估节庆,进而解决某些当地问题。

六、历史研究

某一活动或某一类活动的历史是历史学家的研究范畴。然而,研究活动历史离不开社会、文化、环境和经济背景。历史研究人员必须要有自己的研究观点和方法论。例如,政治和科技创新如何影响国际博览会尤其是世博会的起源和发展？为什么奥运会是如此受欢迎的标志性事件？另外,在历史研究中,历史学家将会对信息的关联度、有效性和对信息的分析进行评价。

七、纵向追踪研究和研究串联

要获取大量信息,既可以采用时间抽样的方式,也可以长期对现象（如活动）进行研究。

虽然这在历史研究中非常重要,但只是政策和项目评价的一个因素。例如,只在某一时间点研究活动旅游对社区的影响,局限性太强,所以为何不索性进行历时多年的研究,每年都进行调查呢?

　　一系列相互关联的研究项目组成了研究串联,由于研究中心和研究联盟将活动研究的某些特定方面作为重点,因此研究串联将会越发重要。研究串联是为了积累知识和创建理论,要实现这一目标,可以根据同类研究对研究项目进行精心定位。如果这些研究由同一个研究团队进行,那么效果更好。在活动研究中,涉及研究串联的典型文献如下:一是西普韦和琼斯(2007;2008)对业余赛跑的研究;二是盖茨等(2010)对关于节庆管理的研究串联的总结。通过进行同样的调查,收集到4个国家的数据,文章对这些数据进行了对比分析。部分研究结果在本书其他章节会有所体现。

八、未来研究

　　我们可以研究未来吗?趋势外推法、德尔菲法以及未来情景设想可以帮助人们对未来进行展望和规划,纵向追踪研究判断我们是否正确。不过需要注意的是,推测和预言截然不同。

　　人们越来越需要正视气候变化的事实。如果预言实现,世界将发生翻天覆地的变化。我们需要将专家提出的各种设想转变成对活动、休闲和旅游的影响,这些影响大多是负面的。今天制定的政策也会影响未来,考虑其他重要问题时要将一些活动考虑在内。事情越糟糕,我们越需要这些活动!

九、荟萃分析

　　由于能够生成可比数据的研究很少,所以这种方法在活动研究中的应用有限。德威尔等(2000a,2000b)在研究活动影响预测和评估时采用的方法就属于荟萃分析,文章比较了各种影响研究,得出了关于研究方法(包括怎样改进和规范这些方法)和活动影响本质的一般性结论。

十、跨文化研究

　　活动研究必须包含跨文化研究,但人们很少尝试。施耐德和贝克汉姆(1996)在约旦进行了"西方"动机量表试验,并得到了满意的结果。凯(2004)对文化活动旅游有关的研究进行了回顾,发现很少有研究对文化进行系统地对比。对于跨文化研究的重点是什么以及如何进行的问题,凯给出了答案。但实际上,目前的研究范围仅限于进一步了解参加活动的人群范围和参与动机。

　　此外,我们更需要了解对不同文化(包括不同国家)和社会文化群体(包括种族群体、亲和团体和亚文化群体)的活动研究所包含的元素和过程。现有文献大部分来自西方,不具有普遍性。与大多相关资源一样,本书也只涉及了英文文献。

　　与活动相关的个人和社会建构因文化而异,因而在同一政策背景下,活动的重要程度也不尽相同。并且,全球化的力量也不容小觑,尤其是借助大众媒体和因特网带来的影响,因

此需要据此对经过策划的活动进行推广和调整。

第五节　活动研究的理论发展

经过策划的活动很难形成一个全面又统一的理论，但活动研究领域需要有自己的理论建构，而且必定产生于交叉学科理论。需要特别注意以下问题：

● 为什么从古至今所有社会都存在经过策划的活动（活动存在的意义、在不同社会和文化中的价值）？

● 所有社会都会将一般的活动类型制度化吗？它们的功能相同吗？这些功能是持久的还是不断变化的？

● 这些活动的基本功能是什么，或者说要达到怎样的目标（从多个利益相关者的角度）？

● 为什么人们想要参加或者需要参加活动？他们如何选择活动？（这不仅是营销问题，我们需要解释在不同的文化和环境中，人们对不同活动的感知和态度）。

● 个人和团体怎样体验不同的活动，活动管理等变量如何影响体验？

● 活动体验如何改变（如果会）人们？

● 经过策划的活动的演变方式（通过政策、策略、社会和个人行动）？

● 经过策划的活动及相关职业的未来如何？虚拟活动有可能替代实体活动吗？

【专家观点】

活动研究取得的进步

过去十年间，对活动领域的研究骤增，研究成果不断涌现，学术和公众领域阐释活动重要性的书籍和刊物数目也有所增长。如本书所示，研究的不断增加会给活动专业的学生带来挑战，他们要想方设法去理解这些研究有什么进展，如何结合在一起，硕士和博士阶段会有什么热门研究话题等。像本书这样的研究成果对总结活动研究的本质非常重要，并有助于理解它在活动研究领域今后发展中的作用。同时，还有许多比本书体量大得多的研究，在估量活动学科的发展方面，拥有同样重要的地位。最近出版的《劳特利奇活动指南》（佩奇和康奈尔，2011）一书正以此为目标。在这本书中，活动领域的主要研究人员说明了各自研究领域或当前研究主题的发展进程，以及在发展过程中的主要争论。

该书描述了20世纪80年代活动研究快速增长以来的发展状况，可谓是相关研究的开山之作。在此可以简要列出其中的一些主要特征，供读者了解活动研究领域最前沿的观点，并作为拓展研究的参考。该书内容大量涉及社会科学研究领域，这些研究既有助于活动研究的发展，也对主要的管理话题和当前一系列研究主题贡献巨大。

这本书的重要贡献不是寥寥数语就能概括的，但有多条主线贯穿其中。首先，像活动研究这样，一门独立学科知识的发展大多离不开社会科学和其他管理科学领域的支撑，如人力资源管理、风险管理、金融和市场营销等。另外，对该学科的知识塑造有突出作用的学科有地理、规划、经济、社会学、人类学、心理学，以及它们在活动体验和活动设计等研究焦点方面的交叉。

以上这些学科立足于社会和管理科学的研究尖端，使人们能够全面了解对不同利益相关者和目的地来说活动的特殊之处和成功原因，并形成对与日俱增的活动影响研究的整体认知。通常，支持活动发展的投资决策属于政治决策的范畴，显而易见，与活动相关的政治环境也越来越重要。此外，越来越多的证据表明，文化产业研究中新的研究议程影响了一些活动研究方面的争论，如夜间城市的扩展、多元文化活动目的地、引发全球关注的安全和社会监控等问题。

关于研究方法论，这本书在多个章节回顾了现有活动研究方法（定量和非定量）的长期发展进程，反映了社会科学研究的广泛发展。同时，新的研究主题，如可持续发展，在活动运作和管理中的作用日益显著。该书表明，活动研究朝着两个相关的方向继续发展：纯学术研究和应用研究。前者应用社会学和管理学的概念和工具，后者注重实际操作，常被工业、公共部门和咨询公司用于解决实际问题。活动研究在不断发展，这也为所有研究人员提供了许多绝佳的机会。

斯蒂芬·佩奇（伦敦城市商学院）

一、经过策划的活动的形式和功能的交换理论及趋同理论

交换理论是一种既有的多维建构，解决了关于经过策划的活动的许多基本问题。交换是所有经过策划的活动的共同主题，因为它们都是有目的的社会体验，这些目的可能与经济、社会、文化或者家庭有关。从经济学角度，可以将经过策划的活动看作促进必要交换的合作机制。当然，交换主要是经济性的。这种观点尤其适用于市场、博览会和展览会，也可用于各种会议、大会、企业和政治活动。这些活动以及与之有关的社会惯例必定会形成社会秩序。节庆和其他文化庆典似乎更加符合人类学中的交换理论，因为它们非常清晰地体现了仪式和象征意义，不过这些元素也存在于其他活动中。

假设任何活动都能同时体现经济和社会/文化交换，并具有象征和仪式意义。基于这一前提，图 12.2 展示了四个维度。当然，许多活动体验都高度个人化，人们一方面可以从中得到乐趣，另一方面可以提升自我。经过策划的活动产生于社会秩序，反过来又对其进行定义和维护。并且，经过策划的活动正被日益看作有制度化的商业形式、个人或团体的表达方式、社会秩序和庆典。

在趋同的最内圈，不管什么形式，重要节庆和活动在社会、经济、个人和象征维度都有非常高的价值。这在一定程度上反映了它们的规模以及对当地居民、游客和媒体的吸引力。即使不是出于本意，它们也会带来巨额的经济交换。通过志愿行为或直接参与，个体会在这个过程中得到全面的自我发展。这些活动通常被称为大型活动、象征性事件或标志性事件，是主办社区和主办国的标志，能够树立自豪感，促进身份认同，培养凝聚力。因为具备所有

必需的功能,这些持久的活动或许会得到权威利益相关者支持,成为社会建制。而且,它们在形式上也会趋同,高度融合各种风格元素。

在经济交换维度,最外层的活动包括购物市场和消费展等。由于这些活动主要是个人或小型团体参加,无法引起群体性体验,所以其社会交换程度低,象征意义和在个人发展中的作用也不明显。从表面上看,贸易展是关于某个产业的商业活动,但其实也体现着社会和象征维度。虽然会议的召开多是出于商业原因,但仍可将其归为社会交换维度,以群体认同建构和凝聚力建设为目的。特定目标群体活动的参与者通常会有群体归属感。

一些重大社会交换能够形成并强化群体认同,包括朋友、家人、亲和团体、亚文化群体、城市和国家认同等,而社会交换维度强调的就是活动在体现和促进这些社会交换中的重要作用。私人派对在社会交换维度的外圈,公众节庆和庆典在内圈。规模最大、开放程度最高的活动也会产生经济行为,能够吸引赞助商、政府拨款和大量游客。通常,这些活动有很强的象征意义,因为它们代表着某些群体的形象,对举办地来说意义重大,如标志性事件。这些经过策划的活动通常会融合多种元素,如将赛事与节庆、展览相结合,或将大会与宴会和旅游相结合。同时,人们有很多机会参与其中,并能得到自我提升。

在个人维度中,个体展现出了不同的参与程度。其中,参与程度最低的是体育比赛或音乐会的观众,这些活动以娱乐和观赏为主。个体体验在社会活动中很常见,如参加跑步比赛,或像艺术展这样的学习、审美活动。内圈的活动表示个体的参与程度较高,如以志愿者或运动员身份参加团队运动,既能实现自我发展,又能进行社交。

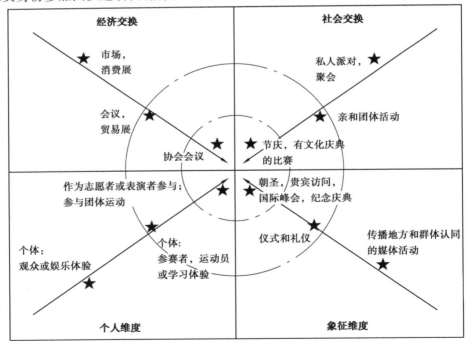

图 12.2　经过策划的活动的类型和功能:四个维度和趋同带

注:内环的活动同时最具有经济、社会、个人和象征意义。

对个人和群体来说,所有活动都有象征意义。并且,许多活动主要体现的就是象征维度。一般情况下,面向社区或世界的活动旨在树立正面形象,激励社区荣誉感和培养群体认同。它们可以是任何类型的活动,甚至是专门针对少数直接参与者或观众的媒体活动。在象征维度中,仪式和礼仪更具有社会性,个人和群体都会参与到象征性活动中,如生日派对、纪念日、受戒仪式和宗教游行等。当然,被当作社会文本的游行也属于此范畴。趋同带的内环是大型社会活动,它们也具有经济意义,如朝圣、贵宾访问、国际峰会和文化遗产纪念庆典等。通过参与这些活动,个体会在精神层面、文化层面或知识层面有所收获,甚至能够获得改变。

二、使经过策划的活动的"影响力"最大化

公共政策制定者、公司和旅游业都在想方设法扩大活动的传播力和实用性,希望能够更高效地实现各种目标(通常是趋同目标)。较大型的公众活动和媒体活动已经开始付诸实践,将多种活动形式进行综合,增加象征性内容,使这些活动对利益相关者举足轻重。麦克卢汉的媒介理论认为媒介即信息,而活动就是媒介。有影响力的活动可以促进社会创新,代表着美好的事物。当然,这也是我们的殷切希望。

但小型、形式单一的活动如何呢? 为扩大影响力,首先要考虑其用途和优势。如果这些活动仅仅是为私人群体或公司组织的,那怎样才能为他人带来好处呢? 如果这些活动具有较高的社会交换意义,比如说为庆祝某一社交世界的共同归属和同甘共苦,那么它们在经济上的重要程度又如何,能够通过活动旅游带来很高的经济效益吗? 不过不管怎样,都要尽可能地使参与个体最大限度地实现自我发展和社会交往。

在增强活动的影响力时,或许提升象征意义最容易被人们忽略。许多活动组织者似乎不情愿这样做,也许是担心使用了主流群体的标志,某一群体在此过程中会受其影响。这一问题有多种解决方式,但是要先容纳典型的利益相关者和社区。不过,象征也可能不带有任何色彩,通过持续的媒体曝光,可以为多数群体所接受,具有普遍的意义。请看下面的例子:

- 代表质量的品牌;
- 国家或当地社区的象征;
- 慈善、好人好事的象征;
- 代表庄严、威信和胜利的仪式;
- 作为通用语言的音乐和艺术。

很可能会有人反对一切象征,某些群体会被冒犯,这都在意料之中。诚然,要做到使所有人都满意绝无可能。但这不影响我们尝试扩大活动的整合作用,将社区中的人们凝聚在一起。

第六节 活动研究的研究议程

肖和威廉姆斯(2004:275)提出了一种通用的旅游研究议程,也可用于活动研究当中。他们认为,研究人员应该具有批判性,应用多种学科视角和方法论,通盘考虑,而不仅仅是为

管理或商业进行研究。也就是说，要将活动研究置于更广泛的社会、经济和环境研究中。

首先，具有"批判性"是说不要局限于活动管理、活动旅游和活动政策驱动的研究议程。包括活动专业学生在内，研究人员要敢于挑战惯例和研究范式，勇于提出新的观点和方法。其次，要具有"批判性"，建议采用某种特定的研究方法。记住，只有在产生新的理解、创造更好的方法和技术时，批判性理论和思维才会发挥用处。我认为，研究人员不必为了变得具有批判性和建设性，而去刻意相信某一学派的观点。

在依次讨论活动研究的重要主题时，我们产生了大量研究想法，现总结如下。这些想法没有必要分先后顺序，因为每个人的侧重点不同。学科是活动研究的一个起点。因此，在社会学等学科框架下，相关的问题才具有重要性。另外，其他研究起点有管理需求、政策评估和个人研究兴趣。

针对每个主题，都会提出一些主要问题，还会给出可行的研究方法。但这绝不是为了限制研究的可能性，只是一个研究起点。

一、研究议程一：经过策划的活动的体验和意义

这是活动研究的核心，需要研究人员和理论学家长期关注。博瑞和比泽尔（2001）指出，研究观众体验有4种常用的方法：

一是"满意度法"。这实际上是一种替代指标，因为该方法关注人们是否对活动体验感到满意，而不是让他们描述活动体验或意义。这种研究方法可以产生实践和理论认识，但还不足以完全探究体验。

表 12.1　研究议程：经过策划的活动的体验和意义

活动研究主题	主要研究问题	可行的研究方法
经过策划的活动的体验和意义	-从意动（行为）、情感和认知方面，人们怎样描述、解释活动体验及意义？ -描述并解释与活动体验有关的个人和社会建构的形成。 -参与程度如何影响活动体验？ -仔细观察不同活动环境中的"激励"和"涌动"。 -什么使活动体验难忘并具有变革意义？ -活动中如何形成"群体"？"群体"会得到有利的发展吗？ -有令人惊奇的重大元素吗？ -系统地比较不同的活动体验（所有利益相关者，从付费客人到公众；不同的活动类型，从运动会到狂欢节）。	-诠释学（文本分析、自我描述） -现象学（如深入访谈） -直接和参与观察法 -体验式抽样（根据标准问题的日记或时间抽样）

二是"利益法"。调查对象就相关的利益陈述给出认可度,这些利益包括逃离现实、放松身心、开阔视野等。与询问活动参与动机有些相似。不过,要优先观察和比较在不同文化、环境中,各种活动的利益。

三是"体验法"。包括记录日常生活(如旅行或活动)的感想、情感或心情。活动研究应优先使用现象法,尤其是为了对直观意识体验有更深入的理论理解。此外,应将体验式抽样用于不同的活动环境中。

四是"意义法"。需要通过参与观察、访谈或诠释现象获得深入见解,得出充实生活的道理。要着重研究活动意义的社会和个人建构。

二、研究议程二:前因和选择

在研究活动相关问题时,要灵活应用一般的消费者研究和评估方法,因为我们要研究的这些体验体现了很多个人、社会和文化意义。已经有大量关于动机的研究,这有助于对需求、体验和结果的研究。但这三者的概念不同,且关系错综复杂。例如,人们会相信他们"需要"活动吗,他们又为什么需要呢?

休闲制约理论有助于深入理解人们为什么参与或者不参与活动。应当认真探讨制约协商在被内在或外在激发的活动参与中的作用。为了更好地了解影响活动参与的供需问题,尤其是支付意愿和定价问题,需要应用经济学理论和方法。

表 12.2　研究议程:前因和选择

活动研究主题	主要研究问题	可行的研究方法
-个人经历 -阻碍和制约因素 -决策制定 -活动结束后的评价和反馈	-影响活动感知价值和吸引力的主要文化因素有哪些? -比较不同活动体验(经过策划的活动)的一般和特殊(有针对性的)需求、动机、利益的相对重要性和本质。得出营销启示。 -人们相信他们"需要"活动吗? -价格、竞争、替代性、政策等因素如何影响活动的经济需求? -活动职业将如何发展?使用自我涉入、社交世界、娱乐专门化和承诺理论。 -"深度休闲"对活动的影响? -针对不同活动类型,什么制约因素对活动需求和参与的影响最大?对内在或外在激发的活动参与,如何协调这些制约因素? -不同部门如何利用网络等媒体收集活动信息并作出决策? -经过策划的活动会被其他形式的娱乐和商业实践取代吗?	-一般的消费者和市场调查 -焦点小组 -社会需求评价 -供需评估 -深入访谈 -时间预算研究 -关于活动旅游职业和制约协商的纵向研究 -休闲追求、爱好、运动、艺术和生活方式的对比分析

三、研究议程三:活动管理、规划、设计和运营

在第一期《国际活动和节庆管理》的一篇文章中,盖茨等(2010)就节庆管理研究提出了非常详细的研究议程。文章认为,有必要进行对比研究和跨文化研究。他们对4个国家的节庆管理者做了相同的问卷调查,在对比分析的基础上呈现结论。表12.3 仅仅体现了一个研究起点,要获取详细信息,建议阅读盖茨等(2010)的这篇文章。

表 12.3　研究议程:活动管理、规划、设计和运营

活动研究主题	主要研究问题	可行的研究方法
-领导 -组织文化 -规划和决策制定 -设计 -营销和沟通 -资金、财务管理和控制 -运营和物流 -人力资源 -风险、健康和安全 -研究、评估和信息系统	-针对不同活动类型和活动环境,哪种领导风格最有效? -如何平衡活动领域的创造力和管理能力? -实现活动的持续性和机构地位有哪些行之有效的策略?哪种利益相关者管理策略最有效? -理性规划和决策、渐进主义或倡导,哪个对活动更有效?比较一次性活动和周期性活动。 -各利益相关者如何认知和管理活动风险? -活动中的感官和情感刺激有怎样的潜在影响? -环境心理学理论如何改善活动物流和人群管理? -活动消费者满意的主要决定因素是什么? -活动中有哪些志愿工作,它们如何促进承诺和专业化水平?	-案例分析和跨案例分析 -历史研究 -开放系统审计 -利益相关者概图 -组织民族志 -所有者和管理者调查 -消费者试验 -财务审计和投资回报研究 -整群研究

四、研究议程四:格局和过程

关于经过策划活动的史学研究非常少,几乎是一个未被涉及的主题。活动管理这一行业如何从早期发展而来? 已经有太多关于奥运会的研究,但其他有渊源历史的活动呢? 因此,多元文化和跨文化研究非常重要。

个人活动的历史虽然有趣,但只有在理论框架内(如资源依赖理论或制度论)进行系统地比较和分析才具有理论意义。重要的经过策划的活动和个人活动是许多人记录时间流逝、为其赋予意义的方式。如果历史学家能通过这些活动对历史进行重新评价将对史学发展具有重大贡献。

罗伯特·杰尼斯等研究者为经过策划的活动的地理研究奠定了牢固基础,但至今还没有一致的时空研究方法。在城市中,活动如何分布和发展,又该怎样解释? 对于任一区域内的活动构成,资源、文化或者策略对其影响最大吗? 一个地区或社区的活动数量和类型何时

才会达到饱和状态,怎样达到? 活动之间怎么相互影响? 它们有怎样的累积影响? 对以上问题的答案将有助于活动策略的形成、政策的制定和营销。

对经过策划的活动的未来研究还是空白。人们对虚拟活动有很多猜想,有些人认为虚拟活动会威胁"实体活动"的发展,对这点我无法苟同。亲临现场和现场体验无可替代。然而,科技的进步,通信的发展,正在重塑活动领域,我们必须密切关注这种力量和趋势。例如,现在的会展中心既是实体场馆,也可以开展虚拟活动,以面向世界各地的观众。

这一领域需要一些"未来主义者"。现在我将扮演这一角色,并提出以下命题,每一条都可用于不止一种研究项目:

未来命题1:经过策划的实体活动,不论规模大小,具有个人意义还是社会意义,在所有社会和文化中将永远具有显著的文明特征。

未来命题2:由于全球科技的进步、全球化以及高昂的旅行成本和风险,虚拟活动将变得越来越频繁,越来越重要。但虚拟活动只能作为现场活动体验的补充而非替代。

未来命题3:企业对经过策划的活动的影响将日益增加,尤其是基于营销和品牌推广的活动。

未来命题4:公众出于战略理由参与活动的说法将越来越站不住脚,尤其是成本高昂的大型活动。人们参与活动,多是出于社会、文化和环境方面的原因。

未来命题5:一般的"活动管理"专业人员将成为行业规范,使得各种专业协会在招聘时必须增加吸引力并展示附加价值。

未来命题6:未来的活动专业人员需具备活动管理理论和应用能力,认识到活动的社会重要性,有效地支持活动相关政策,并不断学习。

未来命题7:也许在未来,全球变暖、新的能源危机、战争、恐怖主义或全球流行疾病会使旅游业停滞,但活动在全球范围内仍然具有重要地位,因为它能满足人们的基本需求。

(一)一些重大的未来问题

就活动数量和种类的增加、人们对活动的关注、活动感知价值和累积影响来说,有许多重要作用力推动着活动的发展。活动的供需两方面都在发挥作用。人口和经济(尤其是个人可支配收入)增长推动了休闲和旅游业的发展。无孔不入的全球大众媒体、越来越普遍的互联网激发了活动消费需求。经济增长和全球化(如自由贸易和综合经济)刺激了商务旅行、会议、大会和展览会的发展。出于战略考虑,国家和城市之间为了吸引和开发活动展开了激烈竞争。但这些作用力的影响会持续下去吗?

全球变暖正威胁着世界各地的海岸线和滑雪胜地,或许将很快改变我们开展业务、旅游和消费的方式。一提到全球流行病,旅游和活动行业的人们都会不寒而栗。一旦疾病暴发,或者关于禽流感、非典型性肺炎等疾病的流言四起,旅游和活动首当其冲将被取消。加上战争和恐怖主义的持续威胁,安全问题带来的种种不便,旅游和活动极有可能遭到破坏。如果人们认为世界存在不健康或不安全因素,他们将闭门不出。并且,如果能源成本持续增加,或遭遇能源短缺,人们将无从选择,只能在所在地附近活动。这么说来,这会是经过策划的活动的结局吗?

由于上述反作用力,我想(设想),未来活动旅游将严重衰退。地球将满目疮痍,并出现大规模迁移。经济将遭受重创,作为社会和经济力量的消费主义将消失。具有讽刺意味的是,经过策划的活动反而会变得越来越重要。为了与世界保持联系,我们必须更多地依靠媒体活动而不是活动旅游。那时,为把大家联系在一起,使大家拥有真实的体验,各个国家、地区和社区需要有自己的庆典、会议和比赛,而不是从一国到另一国的大型活动。纵观历史,在所有人类文明中,活动可以满足人们的基本需求,因此可以说活动将一直存在并不断有新的变化。

表 12.4　研究议程:格局和过程

活动研究主题	主要研究问题	可行的研究方法
-历史 -地理 -未来研究 -政策	-在不同的文化中,各个活动类型发展的根本途径是什么?	-文献综述
	-活动在其生命周期内会自然发展吗？哪些因素对其发展影响最大？	-访谈对历史有巨大影响力的人物
	-社区或目的地的活动会达到饱和吗？如何解释不同的活动时空格局？	-概图
	-影响活动未来发展的作用力有哪些？这些作用力可控吗？活动如何适应这些作用力？	-德尔菲法
	-为了举办活动、制定活动相关政策,利益相关者如何行使权力,如何进行协商？哪些利益相关者将被排除或边缘化？	-趋势分析
	-怎样知道活动政策何时生效,何时可以高效地执行？	-情境制定
	-人们出于何种理由支持活动的公众参与,为什么?	
	-活动政策的思想基础是什么？	-政策评论
	-活动如何影响城市形态和城市社会？	
	-怎样证明经过策划的活动的社会和文化利益？	

(二)政策问题

一个研究重点是,要了解在权力、协商、利益相关者和公共投入这些背景下,活动政策是如何制定的。此外,同样重要的是,还要研究为什么没有制定活动政策,或者为什么没有和其他政策相结合。而且有必要对活动政策进行绩效评估,包括效果的提高和效率测量。目前,在公共部门参与活动的原因方面,不论是思想基础,还是公众对这些理由的认知,或者说公众对活动的一般评价,相关研究都少之又少。

五、研究议程:结果和影响

迄今为止,许多活动影响相关研究主要集中在旅游和经济方面。相比之下,对活动社会、文化和环境影响的研究就显得捉襟见肘。不解决这一问题,活动政策和活动管理将无法向前推进。

虽然有一些具体的、实质性的研究能帮助我们理解经过策划的活动的社会和文化影响,但并不完整、系统。人类学家和社会学家已经大量关注节庆和某些特定的活动问题,但他们有自己的理论议程。并且,要充分了解经过策划的活动的实际或预期结果,他们的贡献还是有限的。

因此,抛开之前占主导地位的经济标准,对经过策划的活动的评价要重新进行。不论是个人通过仪式还是文化庆典,不论是贸易展览还是世界博览会,大多数经过策划的活动都可以满足人们基本的社会和文化需求。那么,又是谁为这些意义和角色赋予了价值呢?

[结语]

在《活动研究》第 2 版中,我保留了大部分章节,因为它们仍然名副其实。同时也删去了一些内容,这样才有余地讨论新话题,引入新的研究札记和专家观点,并介绍一些新的代表人物。关于经过策划的活动的核心和相关文献层出不穷,有价值的资料不可能全部收编入一本书中,甚至不可能全部参考,因此我只能取其精华。与收集全部有价值的参考资料和研究案例相比,提出新的观点、问题和方法要重要得多。

活动研究的定义有待完善,研究有待发展,它必须不断借鉴所有传统学科和密切相关的专业领域。活动研究从来没有固定的界限,其知识创造和本质都有待补充、完善、检验和讨论。

2011 年,本书第 2 版终于完成,我早期的一些期望也实现了。活动研究名声越来越大,可靠性越来越高,同时研究数量和跨学科程度也在增加。令我惊讶的是,一些讲师将本书作为入门教材。我期待在不久的将来活动研究的整套课程和项目能够面世。

表 12.5　研究议程:结果和影响

活动研究主题	主要研究问题	可行的研究方法
-个人	-人们怎么描述和解释为何活动使他们感到满足、难忘,或者能带来转变?	-焦点小组
-社会、文化和政治	-负面的活动体验对个人和社会的影响?	-深度访谈
-经济	-社会、文化和环境政策领域存在并需要怎样的绩效评估?	-消费者和社会调查
	-交换理论如何影响不同利益相关者对活动影响的感知?	-媒体内容分析
	-活动的社会表征如何形成?	-利益相关者咨询
	-社区参与的本质和程度如何影响活动的成功和结果?	-民族志
	-在什么情况下,活动会被商品化,失去本真;又在什么情况下,传统会重现,文化会复兴?	-综合成本—效益评估
-环境	-活动的利益和成本如何分配? 怎样使当地经济效益最大化?	-商业调查
	-哪些人属于高消费活动游客,怎样吸引他们?	-市场调研
	-怎样使活动环保且可持续发展?	-环境审计和正式影响评估
	-在社区或生态系统内,一场活动的累积影响是什么? 一般活动呢?	-价值评定
	-任意一场活动的价值是什么?	

［学习指南］

开始研究之前，要考虑一些与意义和知识创造有关的哲学问题，因此要先进行认识论、本体论、实证主义和后现代主义的讨论。活动研究不应局限于任何特定的研究范式，应具有包容性和综合性。

实证主义应用定量科学方法（包括实验法），极大地促进了基础学科的理论发展，其中多数是活动研究所必需的。然而活动的体验本质及各种意义，使得必须寻找其他研究方法，如现象学、民族志、归纳研究和扎根研究等。从阐释主义角度来说，承认社会建构的现实，必将促进活动领域的发展。

本书还讨论了研究、评价的目的和方法，表明可用方法的多样性。本书提到的许多研究方法都附有案例，但希望读者能够明白，没有哪种方法或技巧的优势更突出。最后，本书呈现了一个活动研究议程，包括主要研究问题及适当的研究方法。但这一议程只是研究的起点，绝不是为了限制研究。正如我们在知识创造框架中所列出的，人们对活动的看法不同，研究的侧重点也会有所不同。

［研究问题］

- 活动研究属于"学科""多元学科"还是"跨学科"？为什么？
- 列举活动研究中知识创造的方式。
- 给这些术语下定义并解释它们怎样影响知识创造："认识论""本体论""实证主义"和"后现代主义"。
- 活动研究为什么需要"理论"？这些理论是如何发展的？
- 说明"演绎法"和"归纳法"如何都适用于活动研究。
- 研究和评估的主要目的和用途是什么？
- 举例说明基础学科中可用于活动研究的研究方法。
- 举例说明已经应用于研究经过策划的活动的"定量"和"定性"方法。
- 什么是"现象学"，为什么它对活动研究非常重要。
- 说明活动研究中每个主题的研究重点。

［延伸阅读］

［1］Goodson, L., and Phillimore, J. (eds). Qualitative Research in Tourism: Ontologies, Epistemologies and Methodologies［M］. London: Routledge, 2004.

［2］Veal, A. Research Methods for Leisure and Tourism: A Practical Guide (4th edn)［C］. Harlow, England: Prentice Hall, 2001.

参考文献

Abbott,J.,and Geddie, M. Event and venue management: Minimizing liability through effective crowd management techniques[J]. Event Management, 2000,6(4):259-270.

Abrahams, R. The language of festivals: Celebrating the economy [M]//In V. Turner (ed.), Celebration: Studies in Festivity and Ritual, Washington DC: Smithsonian Institution Press, 1982:160-177.

Abrahams, R. An American vocabulary of celebrations[M]//In A.Falassi (ed.), Time Out of Time,Essays On the Festival, Albuquerque, NM: University of New Mexico P Ress, 1987: 173-183.

Academy of Leisure Sciences, University of Alberta. White Paper No.7: The Benefits of Leisure [EB/OL]. Online resource,2001.

Adams, K. Public interest anthropology, political market squares, and re-scripting dominance: From swallows to 'race' in San Juan Capistrano, CA[J]. Journal of Policy Research in Tourism, Leisure and Events, 2011,3(2):147-169.

Agrusa,J.,Maples,G.,Kitterlin,M.,and Tanner, J. Sensation seeking, culture, and the valuation of experiential services[J]. Event Management,2008,11(3):121-128.

Ahmed, Z. Marketing your community: Correcting a negative image[J]. Cornell Quarterly, 1991, 31(4):24-27.

AIEST. Editions AIEST, Vol. 28, The Role and Impact of Mega-Events and Attractions on Regional and National Tourism[C]. Switzerland: St.Gallen, 1987.

Ajzen, I. From intentions to actions: A theory of planned behaviour [M]//In J. Kuhl and J. Beckmann(eds), Springer Series in Social Psychology, Berlin:Springer,1985:11-39.

Ajzen, I. The theory of planned begavior[J]. Organizational Behavior and Human Decision Processes,1991,50(2):179-211.

Ajzen,I.,and Fishbein, M. Attitudinal and normative variables as predictors of behaviour[J]. Journal of Personality and Social Psychology,1973,27(1):41-57.

Ali-Knight,J.,and Robertson,M. Introduction to arts, culture and leisure[M]//In I. Yeoman,M. Robertson,J. Ali-Knight, S. Drummond, and U. McMahon-Beattie (eds), Festivals and Events Management, Oxford:Elsevier,2004:3-13.

Ali-Knight, J.,Robertson,M.,Fyall,A.,and Ladkin,A. International Perspectives of Festivals and

Events: Paradigms of Avalysis[M]. Oxford:Butterworth-Heinemann,2008.

Allen, J. Event Planning: The Ultimate Guide to Successful Meetings, Corporate Events, Fundraising Galas, Conferences and Conventions, Incentives and Other Special Events[M]. Mississauga,ON:Wiley Canada,2008.

Allen,J., O'Toole W.,Harris R.,and McDonnell I. Festival and Special Event Management (5th edn)[M]. Milton,PLD:John Wiley & Sons Australia, 2011.

Allport, G. Personality: A Psychological Intetation [M]. New York: Holt, Rinehart, & Winston,1937.

American Council for the United Nations University. State of the Future, the Millennium Project, 2007.

Ammon, R., and Fried, G. Crowd management practices [J]. Journal of Convention and Exhibition Management,1998,1(2/3):119-150.

Andersson,I.,and Niedomysl, T. Clamour for glamour? City competition for hosting the Swedish tryouts to the Eurovision Song Contest[J]. Tijdschrift voor Economische en Sociale Geografie, 2010,101(2):111-125.

Andersson, T. The economic impact of cultural tourism[M]//In T.Andersson,B.Holmgren,and L. Mossverg(eds), Cultural Tourism:Visitor Flows,Economic Impact and Product Development, Published for the European Cultural Tourism Network at the School of Business,Economics and Law,University of Gothenburg,Sweden,2006:33-46.

Andersson,T., and Getz, D. Resource dependency,costs and revenues of a street festival[J]. Tourism Economics, 2007,13(1):143-162.

Andersson, T., and Getz, D. Stakeholder management strategies of festivals [J]. Journal of Convention and Event Tourism, 2008,9(3):199-220.

Andersson, T., and Samuelson, L. Financial effects of events on the public sector[M]//In L. Mossberg(ed.) Evaluation of Events:Scandinavian Experiences, New York:Cognizant,2000: 86-103.

Andersson, T., and Solberg, H. Leisure events and regional economic impact[J]. World leisure and Recreation, 1999,41(1):20-28.

Andersson, T., Persson,C.,Sahlberg,B.,and Strom,L.(eds). The Impact of Mega Events[M]// Ostersund,Sweden:European Tourism Research Institute,1999.

Arai, S., and Pedlar, A. Moving beyond individualism in leisure theory:A critical analysis of concepts of community and social engagement[J]. Leisure Studies, 2003,22(3):185-202.

Archer,B. The value of multipliers and their policy implications[J]. Tourism Management, 1982, 3(4):236-241.

Archibald, M. An organizational ecology of national self-help/mutual-aid organizations [J]. Nonprofit and Voluntary Sector Quarterly, 2007,36(4):598-621.

Arellano, A. A history of Quebec-branded:The staging of the New France Festival[J]. Event

Management, 2011,15(1):1-12.

Armstrong, J. International events: The real tourism impact[M]//In Conference Proceedings of the Canada Chapter,Travel and Tourism Research Association Edmonton, 1985:9-37.

Atkinson, M. Triathlon,suffering and exciting significance[J]. Leisure Studies, 2008,27(2): 165-180.

Axelsen, M., and Arcodia, C. Conceptualising art exhibitions as special events:A review of the literature[J]. Journal of Convention and Event Tourism, 2004,6(3):63-80.

Backman, K., Backman, S., Uysal, M., and Sunshine K. Event tourism: An examination of motivations and activities[J]. Festival Management and Event Tourism, 1995,3(1):15-24.

Bailey,P.Design for Entertaining:Inspiration for Creating the Party of Your Dreams[J].Weimar, TX:Culinary and Hospitality Industry Publications Services,2002.

Baker,D., and Crompton,J.Quality, satisfaction and behavioral intentions[J].Annals of Tourism Research,2000,27(2):785-804.

Bakhtin,M.Rabelais and His World[M].Translated by H.Iswolsky.Bloomington:Indiana University Press(written in 1941,first published in 1965),1993.

Bandura,A.Self-efficacy:Toward a unifying theory of behavioral change[M].Psychology Review, 1977,84(2):191-215.

Bandura,A.Social Foundations of Thought and Action:A Social Cognitive Theory[M].Englewood Cliffs,NJ:Prentice-Hall,1986.

Bang,H.,Won,D., and Kim,Y.Motivations,commitment,and intentions to continue volunteering for sporting events[J].Event Management,2009,13(2):69-81.

Barbieri,C.,Mahoney, E., and Palmer, R. RV and camping shows: A motivation-based market segmentation[J].Event Management,2008,12(2):53-66.

Barker,M.,Page,S., and Meyer,D.Urban visitor perceptions of safety during a special event[J]. Journal of Travel Research,2003,41(4):355-361.

Barker,R.Ecological Psychology:Concepts and Methods for Studying the Environment of Human Belhavior[M].Stanford,CA:Stanford University Press,1968.

Barney,J.Firm resources and sustained competitive advantage[J].Journal of Management,1991,17 (1):99-120.

Baron,R.and Byrne,D.Social Psychology(9th edn)Boston[M]. MA:Allyn and Bacon,2000.

Bateson, J. Managing Services Marketing: Text and Readings [M]. Chicago, IL: The Dryden Press,1989.

Baum,J.Organizational ecology[M]//In S. Clegg, C. Hardy, and W. Nord (eds), Handbook of Organization Studies.London:Sage,1996:77-115.

Baum,J.,and Oliver,C.Institutional embededdness and the dybamics of organizational populations [J].American Sociological Review,1992,57(4):540-559.

Baum,J.,and Oliver,C.Toward an institutional ecology of organizational founding[J].Academy of

Management Journal, 1996, 39(5):1378-1427.

Baum, T., Deery, M., Hanlon, C., Lockstone, L., and Smith, K. People and Work in Events and Conventions[M]. Wallingford: CABI, 2009.

Becker, D. The Essential Legal Guide to Events: A Practical Handbook for Event Professionals and Their Advisers(self-published), 2006.

Becker, H. Notes on the concept of cmmitment[J]. American Journal of Sociology, 1960, 66(1): 32-40.

Belghazi, T. Festivalization of urban space in Morocco [J]. Critique: Critical Middle Eastern Studies, 2006, 15(1):97-107.

Bell, P., Greene, T., Fisher, J., and Baum, A. Environmental Psychology(5th edn)[C]. Belmont, CA: Thomson Wadsworth, 2001.

Benedict, B. The Anthropology of World's Fairs. Berkeley, CA: Scolar Press, 1983.

Berlonghi, A. The Special Event Risk Management Manual. Self-published, 1990.

Berlonghi, A. Special Event Security Management, Loss Prevention, and Emergency Services. Self-published, 1996.

Berridge, G. Event Design and Experience[M]. Oxford: Butterworth Heinemann, 2007.

Best, J. What policy-makers want from research; what researchers want to tell them[J]. Journal of Policy Research in Tourism, Hospitality and Events, 2009, 1(2):175-178.

Beverland, M., Hoffman, D., and Rasmussen, M. The evolution of events in the Australasian wine sector[M]. Tourism Recreation Research, 2001, 26(2):35-44.

Bloom, B., (ed.) Taxonomy of Educational Objectives: The Classification of Educational Goals. Susan Fauer Company, Inc, 1956.

Boella, M. Human Resource Management in the Hospitality Industry (5th edn)[M]. Cheltenham: Stanley Thornes, 1992.

Bohlin, M. Traveling to events. In L. Mossberg (ed.), Evaluation of Events: Scandinavian Experiences. New York: Cognizant, 2000:13-29.

Boissevain, J. Tmpact of tourism on a dependent island: Gozo, Malta[J]. Annals of Tourism Research, 1979, 6(1):76-90.

Boissevain, J. (ed.). Coping With Tourists: European Reactions to Mass Tourism[M]. Oxford: Bergahn Books, 1996.

Boo, S., and Busser, J. Impact analysis of a tourism festival on tourists' destination images[J]. Event Management, 2006, 9(4): 223-237.

Boorstin, D. The Image: A Guide to Pseudo-Events in America[M]. New York: Harper and Row, 1961.

Borrie, B., and Birzell, R. Approaches to measuring quality of the wilderness experience[M]// In W. Freimund and D. Cole (eds), Visitor Use Density and Wilderness Experience: Proceedings. Ogden, UT: US Department of Agriculture, Forest Service, Rocky Mountain

Research Station,2001:29-38.

Bos, H. The importance of mega-events in the development of tourism demand[M]. Festival Management and Event Tourism, 1994,2(1):55-58.

Botterill, D., and Crompton, J. Two case studies: Exploring the nature of the tourist's experience [J]. Journal of Leisure Research, 1996,28(1): 57-82.

Bouchet, P., LeBrun, A., and Auvergne, S. Sport tourism consumer experiences: A comprehensive model[J]. Journal of Sport Tourism, 2004,9(2): 127-140.

Bourdieu, P. Esquisse d'une théorie de la pratique, précédé de trois études d'ethnologie kabyle (Outline of a Theory of Practice)[M]. Cambridge: Cambridge University Press,1972.

Bourdieu, P. The forms of capital. In J. Richardson (ed.), Handbook of Theory and Research in the Sociology of Education[M]. New York: Greenwald Press,1986.

Bowdin, G., and Church, I. Customer satisfaction and quality costs: Towards a pragmatic approach for event management[M]//In J. Allen, R. Harris and L. Jago (eds), Events Beyond 2000—Setting the Agenda. Sydney: Australian Centre for Event Management, University of technology, Sydney,2000.

Bowdin, G., Allen,J., O'Toole, W., Harris, R., and McDonnell, I. Events Management (3rd edn)[C]. Oxford: Butterworth-Heinemann,2011.

Bramwell, B. Strategic planning before and after a mega-event[J]. Tourism Management, 1997, 18(3): 167-176.

Bramwell, B., and Lane, B. Interpretation and sustainable tourism: The potential and the pitfalls [J]. Journal of Sustainable Tourism, 1993,1(2): 71-80.

Breen, H., Bull, A., and Walo, M. A comparison of survey methods to estimate visitor expenditure at a local event. Tourism Management, 2001,22 (5): 473-479.

Brennan-Horley, C., Connell,J., and Gibson, C. The Parkes Elvis Revival Festival: Economic development and contested place identities in rural Australia[J]. Geographical Research, 2007,45(1): 71-84.

Brewster, M., Connell, J., and Page, S. The Scottish Highland Games: Evolution, development and role as a community event[J]. Current Issues in Tourism, 2009,12 (3): 271-293.

Bristow, D., and Sebastion, R. Holy cow! Wait'til next year! A closer look at the brand loyalty of Chicago Cubs baseball fans[J]. The Journal of Consumer Marketing, 2001, 18 (3): 256-275.

British Standards Institude. Sustainable Event Management System:Specification with Guidance for Use, 2006.

Brothers,G.,and Brantley, V. Tag and recapture:Testing an attendance estimation technique for an open access special event[J]. Festival Management and Event Tourism, 1993, 1 (4): 143-146.

Brown, G. Taking the pulse of Olympic sponsorship[J]. Event Management, 2002, 7 (3):

187-196.

Brown, G., Chalip, L., Jago, L., and Mules, T. The Sydney Olympics and Brand Australia[M]//In N. Morgan, A. Pritchard, and R. Pride (eds), Destination Branding: Creating the Unique Destination Proposition. Oxford: Butterworth-Heinemann, 2001: 163-185.

Brown, K. Come on home: Visiting friends and relatives——the Cape Breton experience[J]. Event Management, 2010, 14(4): 309-318.

Brown, S., and James, J. Event design and management: Ritual sacrifice? [M]//In I. Yeoman, M. Robertson, J. Ali-Knight, S. Drummond, and U. McMahon-Beattie (eds), Festivals and Events Management. Oxford: Elsevier, 2004: 53-64.

Brunson, M., and Shelby, B. Recreation substitutability: A research agenda[J]. Leisure Sciences, 1993, 15(1): 67-74.

Bryan, H. Leisure value systems and recreation specialization: The case of trout fishermen[J]. Journal of Leisure Research, 1977, 9(3): 174-187.

Buck, R. Making good business better: A second look at staged tourist attractions[J]. Journal of Travel Research, 1977, 15(3): 30-31.

Burdseya, D. Contested conceptions of identity, community and multiculturalism in the staging of alternative sport events: A case study of the Amsterdam World Cup football tournament[J]. Leisure Studies, 2008, 27(3): 259-277.

Burgan, B., and Mules, T. Economic impact of sporting events[J]. Annals of Tourism Research, 1992, 19(4): 700-710.

Burgan, B., and Mules, T. Reconcilling cost-benefit and economic impact assessment for event tourism[J]. Tourism Economics, 2001, 7(4): 321-330.

Burns, J., Hatch, J., and Mules, T. (eds) The Adelaide Grand Prix: The Impact of a Special Event [M]. Adelaide: The Centre for South Australian Economic Studies, 1986.

Burr, S., and Scott, D. Application of the recreational specialization framework to understanding visitors to the Great Salt Lake Bird Festival[J]. Event Management, 2004, 9(1/2): 27-37.

Butler, R. The concept of a tourist area cycle of evolution: Implications for management of resources [J]. Canadian Geographer, 1980, 24(1): 5-12.

Butler, R., and Grigg, J. The hallmark event that got away: The case of the 1991 Pan American Games in London, Ontario. In PAPER 87, People and Physical Environment Research Conference[M]. Perth: University of Western Australia, 1987.

Cameron, C. Cultural tourism and urban revitalization[J]. Tourism Recreation Research, 1989, 14 (1): 23-32.

Campbell, S., and Fainstein, S. (eds). Readings in Planning Theory [M]. Malden, MA: Blackwell, 2003.

Carlsen, J. The economics and evaluation of festivals and events. In I. Yeoman, M. Robertson, J. Ali-Knight, S. Drummond, and U. Mahon-Beattie (eds), Festivals and Events Management. Oxford:

Elsevier,2004:246-259.

Carlsen,J., and Taylor, A. Mega-events and urban renewal:The case of the Manchester 2002 Commonwealth Games[J].Event Management,2003,8(1):15-22.

Carlsen,J.,Getz,D.,and Soutar,G.Event evaluation research[J].Event Management,2000,6(4): 247-257.

Carlsen,J.,Andersson,T.,Ali-Knight,J.,Jaeger,K.,and Taylor,R.Festival management innovation and failure[J].International Journal of Event and Festival Management,2010,1(2):120-131.

Carnegie,E.,and Smith,M.Mobility,diaspora and the hybridisation of festivity:The case of the Edinburgh Mela[M]//In D. Picard and M. Robinson (eds), Festivals, Tourism and Social Change:Remaking Worlds. Clevedon: Channel View.

Carnival of Venice (www.carnivalofvenice.com),2006:255-268.

Carroll, G. Organzational ecology[J]. Annual Review of Sociology,1984(10),71-93.

Carroll,G. Concentration and specialtion : Dynamics of niche width in populations of organizations [J]. American Journal of Sociology, 1985,90(6):1262-1283.

Carroll, G., and Hannan, M.The Demography of Corporations and Industries[M]. Princeton, NJ: Princeton University Press,2000.

Case, R., Dey, T., Hobbs, S., Hoolachan, J., and Wilcox, A.An examination of sporting event direct-spending patterns at three competitive levels[J]. Journal of Convention and Event Tourism,2010,11(2):119-137.

Catherwood, D., and van Kirk, R. The Complete Guide to Special Event Management[M]. New York: Wiley,1992.

Cavalcanti, M. The Amazonian Ox Dance Festival:An anthropological account. Cultural Analysis, 2001,2:69-105.

Center for Exhibition lndustry Resarch. 26 March 2003, news relase. CEIR.

Chalip, L.Towards social leverage of sport events. Journal of Sport and Tourism, 2006,11(2): 109-127.

Chalip, L ., and Costa, C. Building sport event tourism into the destination brand: Foundations for a general theory[M]//ln H. Gibson (ed.), Sport Tourism: Concepts and Theoris. London: Routledge,2006:86-105.

Chalip, L., and Leyns, A. Local business leveraging of a sport event: Managing an event for economic benefit[J]. Journal of Sport Management, 2002,16(2):132-158.

Chalip, L., Green, C., and Hill, B. Effects of sport media on destination image and intentions to visit[J]. Journal of Sport Management, 2003,17(3):214-234.

Chang, W., and Yuan, J. A taste of tourism: Visitors' motivations to attend a food festival[J]. Event Management, 2011,15(1):13-23.

Chen, A., and Wu, R. Understanding visitors' involvement profile and information search: The case of Neimen Song Jiang Battle Array Festival[J]. Event Management, 2009, 13 (4):

205-222.

Chen, P. The attributes, consequences, and values associated with event sport tourists' behaviour: Ameans-end chain approach. Event Management, 2006,10(1):1-22.

Cheska, A. Antigonish Highland Games: An ethnic case study. Paper presented at the North American Society of Sport History, ninth annual convention, Hamilton,1981.

Gitrine, K.(n.d.) Site planning for events. In Event Operations. Port Angeles, WA: International Festivals and Events Association,17-19.

Clarke, J. How journalists judge the 'reality' of an international 'pseudo-event': A study of correspondents who covered the final withdrawal of Vietnamese troops from Cambodia in 1989 [J]. Journalism, 2003,4(1):50-75.

Cohen, E. A phenomenology of tourist experiences. Sociology, 1979,13(2):179-201.

Cohen, E. Traditions in the qualitative sociology of tourism[J]. Annals of Tourism Research, 1988a,15(1): 29-46.

Cohen, E. Authenticity and commoditization in tourism[J]. Annals of Tourism Research, 1988b, 15(3): 371-386.

Coleman, J. Social capital in the creation of human capital. American Journal of Sociology[M]// In the Supplement: Organizations and Institutions: Sociological and Economic Approaches to the Analysis of Social Structure,1988,(94):S95-120.

Coleman, J. Foundations of Social Theory[M]. Cambridge, MA: Belknap Press of Harvard University Press,1990.

Collins, A., and Flynn, A. Measuring the environmental sustinability of a major sporting event: A case study of the FA Cup Final[J]. Tourism Economics, 2008,14(4):751-768.

Collins, A., Jons, C., and Munday, M. Assessing the environmental impacts of mega sporting events: Two options? [J]. Tourism Management, 2009,30(6):828-837.

Columbus, G. The Complete Guide to Careers in Special Events. New Yok: Wiley,2011.

Connell, J., and Page, S. (eds). Event Tourism: Critical Concepts in Tourism. London: Roudedge,2009.

Coopers and Lybrand Consulting Group. NCR 1988 Festivals Study Final Report, Vol. 1. Ottawa: Report for the Ottawa-Carleton Board of Trade,1989.

Coughlan, D., and Mules, T. Sponsorship awareness and recognition at Canerra's Floriade festival[J]. Event Management, 2002,7(1):1-9.

Coughlin, M. The spectacle of piety on the Brittany Coast[J]. Event Management, 2010,14(4): 287-300.

Coyne, B., and Coyne, E. Getting, keeping and caring for unpaid volunteers for professional golf tournament events. Human Resources Development International, 2001,4(2):199-214.

Crawford, D., Jackson, E., and Goodbey, G. A hierarchical model of leisure constraints[J]. Leisure Sciences, 1991,13(4):309-320.

Crespi-Vallbona, M., and Richards, G. The meaning of cultural festivals: Stakeholder perspectives in Catalunya[J]. International Journal of Cultural Policy, 2007,13(1):103-122.

Crompton, J. Motivations for pleasure vacation[J]. Annals of Tourism Research, 1979,6(4): 408-424.

Crompton. J. Understanding a business organization's approach to entering a sponsorship partnership[J]. Festival Management and Event Tourism, 1993,1(3):98-109.

Crompton, J. Factors that have stimulated the growth of sponsorship of major events[J]. Festival Management and Event Tourism, 1995,3(2):97-101.

Crompton, J. Measuring the Economic Impact of Visitors to Sports Tournaments and Special Events [M]. Ashburn, VA: Division of Professional Services, National Recreation and Park Association,1999.

Crompton, J., and Love, L. Using inferential evidence to determine likely reaction to a price increase at a festival[J]. Journal of Travel Research, 1994,32(4):32-36.

Crompton, J., and Love, L. The predictive vaidity of alternative aproaches to evaluating quality of a festival[J]. Journal of Travel Research, 1995,34(1):11-24.

Crompton, J., and McKay. S. Measuring the economie impact of festivals and events: Some myths, misapplications and ethical dilemmas[J]. Festival Management and Event Tourism, 1994,2(1):33-43.

Crompton, J., and McKay, S. Motives of visitors attending festival events[J]. Annals of Tourism Research, 1997,24(2):425-439.

Crompton, J., Lee, S., and Shuster, T. A guide for undertaking economic impact studies: The Springfest example[J]. Journal of Travel Research, 2001,40(1):79-87.

Crouch, G., Perdue, R., Timmermans, H., and Uysal, M.(2004). Building foundations for understanding the consumer psychology of tourism, hospitality and leisure[M]//In G. Crouch, R. Perdue, H. Timmermans, and M. Uysal (eds), Consumer Psychology of Tourism, Hospitality and Leisure. Cambridge, MA: CABI,2004:1-10.

Cruikshank, J. Negotiating with narrative: Establishing cultural identity at the Yukon International Storytelling Festival[J]. American Anthroplolgist, 1997,99(1):56-69.

Csikszentmihalyi, M. Beyond Boredom and Anxiety: The Experience of Play in Work and Leisure [M]. San Francisco, CA: Jossey-Bass,1975.

Csikszentmihalyi, M. Flow: The Psychology of Optimal Experience[M]. New York: Harper Perennial,1990.

Csikszentmihalyi, M. and Csikszentmihalyi, I. Optimal. Experience:Psychological Studies of Flow on Consciousness[M]. Cambridge, MA. Cambridge University Press,1988.

Cunneen, C., and Lynch, R. The social meanings of conflict in riots at the Australian Grand Prix Motorcycle Racse[M]. Leisure Studies, 1988,7(1):1-19.

Daniels, M. Central place theory and sport tourism impacts[J]. Annals of Tourism Research,

2007,34(2):332-347.

Daniels, M., and Norman, W. Motivations of equestrian tourists: An analysis of the Colonial Cup races[J]. Journal of Sport Tourism, 2005,10(3):201-210.

Dann, G. Anomie, ego-involvement and tourism[J]. Annals of Tourism Research, 1977,4: 184-194.

Dann, G. Tourist motivation: An appraisal[J]. Annals of Tourism Tesearch, 1981,8(2): 187-219.

Darcy, S., and Harris, R. Inclusive and accessible special event planning: An Australian Perspective[J]. Event Management, 2003,8(1):39-47.

Davidson, R. Adding Pleasure to business: Conventions and tourism[J]. Journal of Convention and Exhibition Management, 2003,5(1):29-39.

Davies, A. Local leadership and rural renewal through festival fun: The case of Snow Fest. In C. Gibson and J. Connell (eds) [M]. Festival Places: Revitalising Rural Australia. Bristol: Channel View,2011:61-73.

Debord, G. Society of the Spectacle. Translated by Ken Knabb (from the French original of 1967). London: Rebel Books,1983.

De Bres, K., and Davis, J. Celebrating group and Place identity: A case study of a new regional festival[J]. Tourism Geographies, 2001,3(3):326-337.

Deci, E., and Ryan, R. Intrinsic Motivation and Self-Determination in Human Behavior[M]. New York: Plenm,1985.

Deci, E., and Ryan, R. The "what" and "why" of goal pursuits: Human needs and the self-determination of behavior[M]. Psychological Inquiry, 2000,11(4):227-268.

Decrop, A. Vacation Decision Making. Wallingford: CABI,2006.

Deery, M., and Jago, L. Social impacts of events and anti-social behavior[J]. International Journal of Event and Festival Management, 2010,1(1):8-28.

De Grazia, S. Of Time, Work, and Leisure. New York: Twentieth Century Fund,1962.

Deighton, J. The consumption of performance[J]. Journal of Consumer Research, 1992,19(3): 362-372.

Delamere, T. Development of a scale to measure resident attitudes toward the social impacts of community festivals: Part 2: Verification of the scale[J]. Event Management, 2001,7(1): 25-38.

Delamere, T., wankel, L., and Hinch, T. Dvevlopment of a scale to measure resident attitudes toward the social impacts of community festivals: Part 1: Item generation and purification of the measure[J]. Event Management, 2001,7(1):11-24.

Delbose, A. Social identity as a motivator in cultural festivals[J]. Visitor Studies, 2008,11(1): 3-15.

Della Bitta, A., Loudon, D., Booth, G., and Weeks, R. Estimating the economic impact of a short-term tourist event[J]. Journal of Travel Research, 1977,16(2):10-15.

Denton, S., and Furse, B. Visitation to the 1991 Barossa Valley Vintage Festival: Estimating overall visitor numbers to a festival encompassing several venues and events[J]. Festival Management and Event Tourism, 1993,1(2):51-56.

Derrett, R. Festivals, events and the destination[M]//In I. Yeoman. M. Robertson, J Ali-Knight, S. Drummond, and U. McMahon-Beattie (eds), Festivals and Events Manaement. Oxford: Elsevier,2004:33-50.

Derrett, R. How festivals nurture resilience in regional communities. In J. Ali-Knight, M. Robertson, A. Fyall, and A. Ladkin (eds), International Perspectives of Festivals and Events: Paradigms of Analysis. Oxfor: Butterworth-Heinemann,2008:107-124.

De Young, R. Environmental psychology. In D. Alexander and R. Fairbridge (eds), Encyclopedia of Environmental Scienc. Hingham, AM: Kluwer Academic Publishers,1999.

Dietz-Uhler, B., and Murrell, A. Examining fan reactions to game outcomes: A longitudinal study of social identity[J]. Journal of Sport Behavior, 1999,22(1):15-27.

Dietz-Uhler, B., Harrick, E., End, C., and Jacquemotte, L. Sex differences in sport fan behavior and reasons for being a sport fan[J]. Journal of Sport Behavior, 2000,23(3): 219-231.

Di Giovine, M. Revitalization and counter revitalization: Tourism, heritage, and the Lantern Festival as catalysts for regeneration in Hôi An, Viêt Nam[J]. Journal of Policy Research in Tourism, Leisure and Events, 2009,1(3):208-230.

Diller, S., Shedroff, N., and Rhea, D. Making Meaning[M]. Upper Saddle River, NJ: Pearson,2006.

Dimanche, F. Special events legacy: The 1984 Louisiana World Fair in New Orleans[J]. Festival Management and Event Tourism, 1996,4(1):49-54.

Doherty, A. The volunteer legacy of a major sport event[J]. Journal of Policy Research in Tourism, Leisure and Events, 2009,1(3):185-207.

Donaldson, L. The normal science of structural contingency theory. In S. Clegg, C. Hardy, and W. Nord (eds), Handbook of Organization Studies. London: Sage,1996:57-77.

Donaldson, T., and Preston, L., The stakeholder theory of the corporation: Concepts, evidence, and implications[J]. Academy of Management Review, 1995,20(1):65-91.

Dredge, D., and Whitford, M. Policy for sustainable and responsible festivals and events: Institution-alisation of a new paradigm—a response[J]. Journal of Policy Research in Tourism, Leisure and Events, 2010,2(1):1-13.

Drengner, J., Jahn, S., and Zanger, C. Measuring event-brand congruence[J]. Event Management, 2011,15(1):25-36.

Driver, B., Brown, P., and Peterson, G. (eds). Benefits of Leisure. State College, PA: Venture Publishing,1991.

Drummond, S., and Anderson, H. Service quality and managing your people [M]//In I. Yeoman, M. Robertson, J. Ali-Knight, S. Drummond, and U. McMahon-Beattie (eds), Festival and Events Management. Oxford: Elsevier, 2004:80-96.

Dungan, T. How cities plan special events. The Cornell H.R.A. Quarterly (May), 1984:83-89.

Durkheim, E. The Elementary Forms of the Religious Life (written in French in 1912; translated by Joseph Swain in 1915) [M]. New York: The Free Press, 1965.

Duvignaud, J. Festivals: A sociological approach. Cultures, 1976, 3:13-28.

Dwyer, L. Economic contribution of convention tourism: Conceptual and empirical issues. In K. Weber and K. Chon (eds), Conventon Tourism: International Research and Industry Perspectives [M]. New York: Haworth, 2002:21-35.

Dwyer, L., Forsyth, P., and Spurr, R. Assessing the economic impacts of events: A computable general equilibrium approach [J]. Journal of Travel Research, 2006, 45(1):59-66.

Dwyer, L., Mellor, R., Mistillis, N., and Mules, T. A framework for assessing "tangible" and "intangible" impacts of events and conventions [J]. Event Management, 2000a, 6(3): 175-189.

Dwyer, L., Mellor, R., Mistillis, N., and Mules, T. Forecasting the economic impacts of events and conventions [J]. Event Management, 2000b, 6(3):191-204.

Eagleton, T. Walter Benjamin: Towards a Revolutionary Criticism [M]. London: Verso, 1981.

Echtner, C. The semiotic paradigm: Implications for tourism reseach [J]. Tourism Management, 1999, 20(1):47-57.

Echtner, C., and Jamal, T. The disciplinary dilemmas of tourism studies [J]. Annals of Tourism Research, 1997, 24(4):868-883.

Economic Planning Group and Lord Cultural Resources. Strategic Directions for the Planning, Development, and Marketing of Ontario's Attractions, Festivals, and Events [M]. Toronto: Ministry of Culture, Tourism, and Recreation, 1992.

Ehrenreich, B. Dancing in the Streets: A History of Collective Joy [M]. New York: Metropolitan Books, 2006.

Ellis, M. Why People Play Englewood Cliffs [M]. NJ: Prentice Hall, 1973.

Elstad, B. Volunteer Perceptions of learning and satisfaction in a mega-event: The case of the XVII Olympic Winter Games in Lillehammer [J]. Festival Management and Event Tourism, 1997, 4(3/4):5-83.

Elstad, B. Continuance commitment and reasons to quit: A study of volunteers at a jazz festival [J]. Event Management, 2003, 8(2):99-108.

Elstad, B. Kongsberg Jazz Festival, Norway: Motivating and retaining episodic and bounce-back volunteers at an annual festival. In K. Holmes and K. Smith (eds), Managing Volunteers in Tourism Attractions, Destinations and Event. Oxford: Butterworth-Heinemann, 2009:205-214.

Ekman, A. The revival of cultural celebrations in regional Sweden: Aspects of tradition and transition[J]. Sociologia Ruralis, 1999,39(3):280-293.

Emery, P. Bidding to host a major sports event[M]//In C. Gratton and I. Henry (eds), Sport in the City: The Role of Sport in Economic and Social Regeneration. London: Routledge,2001: 91-108.

End, C., Dietz-Uhler, M., and Demakakos, N. Perceptions of sport fans who BIRG [J]. International Sports Journal, 2003,7(1):139-150.

Epting, F., and Neimeyer, R. Personal Meanings of Death: Applications of Personal Construct Theory to Clinical Practice[M]. New York: Hemisphere,1984.

Fairley, S. In search of relived social experience: Group-based nostalgia sport tourism[J]. Journal of Sport Management, 2003,17(3):284-304.

Fairley, S., and S. Gammon. Something Lived, something learned: Nostalgia's expanding role in sport tourism[M]//In H. Gibson (ed.), Sport Tourism: Concepts and Theories. London: Routledge,2006:50-65.

Falassi, A.(ed.). Time Out of Time: Essays on the Festival[M]. Albuquerque, NM: University of New Mexico Press,1987.

Farber, C. High, healthy and happy: Ontario mythology on parade. In F. Manning (ed.), Celebration of Society: Perspectives on Contemporary Cultural Performance [M]. Bowling Green, OH: Bowling Green Popular Press,1983:35-50.

Farrell, J., Johnston, M., and Twynam, D. Volunteer motivation, satisfaction, and management at an elite sporting competition[J]. Journal of Sport Management, 1998,12(4):288-300.

Faulkner, B., and Raybould, M. Monitoring visitor expenditure associated with attendance at sporting events: An experimental assessment of the diary and recall methods [J]. Festival Management and Event Tourism, 1995,3(2):73-81.

Faulkner, B., Chalip, L., Brown, G., Jago, L., March, R., and Woodside, A. Monitoring the tourism impacts of the Sydne 2000 Olympics[J]. Event Management, 2000,6(4):231-246.

Fenich, G. Meetings, Expositions, Events, and Conventions: An Introduction to the Industry [M]. Upper Saddle River, NJ: Pearson,2005.

Fenich, G., Scott-Halsell, S., and Hashimoto, K. An investigation of technological uses by different generations as it relates to meetings and events: A pilot study [J]. Journal of Convention and Event Tourism, 2011,12(1):53-63.

Filo, K., Funk, D., and Hornby, G., The role of web site content on motive and attitude change for sport events[J]. Journal of Sport Management, 2009,23(1):21-40.

Finkel, R. Dancing around the ring of fire: Social capital, tourism resistance, and gender dichotomies at Up Helly Aa in Lerwick, Scotland[J]. Event Management, 2011, 14(4): 275-285.

Fishbein, M.(1980). A theory of reasoned action: Some applications and implications[M]//In H. Howe and M. Page (eds) Nebrakea Symposium on Motivation. Lincoln, NE: University of

Nebraska Press, 1980(27):65-116.

Fishbein, M., and Ajzen, I. Belief, Attitude, Intention, and Bebavior[M]//An Introduction to Theory and Research. Reading, MA: Addison-Wesley, 1975.

Fjelstul, J., Severt, K., and Breiter, D. Building association attendance: Differences between chapter, regional, and annual meetings from the perception of the association members[J]. Event Management, 2010, 14(3):183-192.

Fleck, S. Events without barriers: Customer service is a key in complying with the Americans With Disabilities Act. Festivals, March. International Festivals and Events Association, 1996: 34-35.

Fleming, W., and Toepper, L. Economic impact studies: Relating the positive and negative impacts to tourism development[J]. Journal of Travel Research, 1990, 29(1):35-42.

Florida, R. The Rise of the Creative Class: And How It's Transforming Work, Leisure, Community and Everyday Life[M]. New York: Basic Books, 2002.

Foley, M., McPherson, G., and McGillivray, D. Establishing Singapore as the events and entertainment capital of Asia: Strategic brand diversification [M]//In J. Ali-Knight, M. Robertson, A. Fyall, and A. Ladkin (eds), International Perspectives of Festivals and Events: Paradigms of Analysis. Oxford: Butterworth-Heinemann, 2008:53-64.

Formica, S. The development of festivals and special events studies[J]. Festival Management and Event Tourism, 1998, 5(3):131-137.

Formica, S., and Murrmann, S. The effects of group membership and motivation on attendance: An international festival case[J]. Tourism Analysis, 1998, 3(3/4):197-207.

Formica, S., and Uysal, M. Market segmentation of an international cultural-historical event in Italy[J]. Journal of Travel Research, 1998, 36(4):16-24.

Foster, K., and Robinson, P. A critical analysis of the motivational factors that influence event attendance in family groups[J]. Event Management, 2010, 14(2):107-125.

Foucault, M. The Archaeology of Knowledge. First translated from the French (L'Archeologie du Savoir) and published in English in 1972 by Tavistock Publications Ltd., London, 1969.

Fox, D., and Edwards, J. A preliminary analysis of the market for small, medium, and large horticultural shows in England[J]. Event Management, 2009, 12(3/4):199-208.

Frank, S., and Roth, S. Festivalization and the media: Weimar, culture city of Europe 1999[J]. International Journal of Cultural Policy, 2000, 6(2):219-241.

Fredline, E. Host and guest relations and sport tourism. In H. Gibson (ed.), Sport Tourism: Concepts and Theories. London: Routledge, 2006:131-147.

Fredline, E., and Faulkner, B. Resident reactions to a major tourist event: The Gold Coast Indy car race[J]. Festival Managment and Event Tourism, 1998, 5(4):185-205.

Fredline, E., and Faulkner, B. Residents' reactions to the staging of major motorsport events within their communities: A cluster analysis[J]. Event Management, 2002a, 7(2):103-144.

Fredline, E., and Faulkner, B. Variations in residents' reactions to major motorsport events: Why residents perceive the impacts of events differently[J]. Event Management, 2002b,7(2): 115-125.

Fredline, E., Jago, L., and Deery, M. The development of a generic scale to measure the social impacts of events[J]. Event Management, 2003,8(1):23-37.

Freedman, J. Crowding and Behavior[M]. San Francisco, CA: Freeman,1975.

Freeman, L., White, D., and Romney, A. Research Methods in Social Network Analysis[M]. New Brunswick, NJ: Transaction Publishers,1992.

Freeman, R. Strategic Management: A Stakeholder Approach[M]. Boston, MA: Pitman,1984.

Frisby, W., and Getz, D. Festival management: A case study perspective[J]. Journal of Travel Research, 1989,28(1):7-11.

Frost, W., Wheeler, F., and Harvey, M. Commemorative events: Sacrifice, identity and dissonance [M]//In J. Ali-Knight, M. Robertson, A. Fyall, and A. Ladkin (eds), International Perspectives of Festivals and Events: Paradigms of Analysis. Oxford: Butterworth-Heinemann,2008:161-171.

Funk, D. Consumer Behaviour in Sport and Events: Marketing Action[M]. Oxford: Butterworth-Heinemann,2008.

Funk, D., and Bruun, T. The role of socio-psychological and culture-education motives in marketing international sport tourism: A cross-cultural perspective[M]. Tourism Management, 2007,28(3):806-819.

Funk, D., and James, J. The psychological continuum model: A conceptual framework for understanding and individual's psychological connection to sport [J]. Sport Management Review, 2001,4(2):119-150.

Funk, D., and James, J. Consumer loyalty: The meaning of attachment in the development of sport team allegiance[J]. Journal of Sport Management, 2006,20(2):189-217.

Funk, D., Toohey, K., and Bruun, T. International sport event participation: Prior sport involvement; destination image; and travel motives [J]. European Sport Management Quarterly, 2007,7(3):227-248.

Gabrenya, W., and Hwang, K. Chinese social interaction: Harmony and hierarchy on the good earth[M]//In H. Bond (ed.), The Handbook of Chinese Psychology. Hong Kong: Oxford University Press,1996:309-322.

Gammon, S. Secular pilgrimage and sport tourism. In B. Ritchie and D. Adair (eds), Sport Tourism: Inter-relationships, Impacts and Issues. Clevedon: Channel View,2004:30-45.

Gartner, W., and Holocek, D. Economic impact of an annual tourism industry exposition[J]. Annals of Tourism Research, 1983,10(2):199-212.

Geertz, C. The Interpretation of Cultures[M]. London: Fontana Press,1993.

Gelder, G., and Robinson, P. A critical comparative study of visitor motivations for attending

music festivals: A case study of Glastonbury and V Festival[J]. Event Management, 2009, 13 (3):181-196.

Gelder, G., and Robinson, P. Events, festivals and the arts. In P. Robinson, S. Heitmann, and P. Dieke (eds), Research Themes in Tourism. Wallingford: CABI, 2011:128-145.

van Gennep, A. The Rites of Passage (1960 translation by M. Vizedom and G. Coffee) [M]. London: Routledge and Kegan Paul, 1909.

Getz, D. Festivals, Special Events, and Tourism[M]. New York: Van Nostrand Reinhold, 1991.

Getz, D. Corporate culture in not-for-profit festival organizations: Concepts and potential applications[J]. Festival Management and Event Tourism, 1993a, 1(1):11-17.

Getz, D. Case study: Marketing the Calgery Exhibition and Stampede[J]. Festival Management and Event Tourism, 1993b, 1(4):147-156.

Getz, D. Event Management and Event Tourism (1st edn) [M]. New York: Cognizant Communications Corp, 1997.

Getz, D. Information sharing among festival managers [J]. Festival Management and Event Tourism, 1998a, 5(1/2):33-50.

Getz, D. Event tourism and the authenticity dilemman [M]//In W. Theobald (ed.), Global Tourism (2nd edn). Oxford: Butterworth-Heinemann, 1999:409-427.

Getz, D. The impacts of mega events on tourism: Strategies for destinations. In T. Andersson, C. Persson, B. Sahlberg, and L. Strom (eds). The Impact of Mega Events. Ostersund, Sweden: European Tourism Research Institute, 1999:5-32.

Getz, D. Festivals and special events: Life cycle and saturation issues[M]//In W. Garter and D. Lime (eds), Trends in Outdoor Recreation, Leisure and Tourism. Wallingford: CABI, 2000a: 175-185.

Getz, D. Developing a research agenda for the event management field[M]//In J. Allen, R. Harris, and L. Jago (eds), Events Beyond 2000: Setting the Agenda, Proceedings of Conference on Event Evaluation, Research and Education. Sydney: Australian Centre for Event Management, University of Technology, Sydney, 2000b:10-21.

Getz, D. Festival places: A comparison of Europe and North America[J]. Tourism, 2001, 49 (1):3-18.

Getz, D. Why festivals fail[J]. Event Management, 2002, 7(4):209-219.

Getz, D. Bidding on events: Critical success factors[J]. Journal of Convention and Exibition Management, 2004, 5(2):1-24.

Getz, D. Event Management and Event Tourism (2ne edn)[M]. New York: Cognizant, 2005.

Getz, D. Event tourism: Definition, evolution, and research[J]. Tourism Management, 2008, 29 (3):403-428.

Getz, D. Policy for sustainale and responsible festivals and events: Institutionalization of a new paradigm[J]. Journal of Policy Research in Tourism, Leisure and Events, 2009, 1(1):61-78.

Getz, D. The nature and scope of festival studies [J]. International Journal of Event Management Research, 2010, 5(1).

Getz, D. and Andersson, T. Sustainable festivals: On becoming an instiution [J]. Event Management, 2008, 12(1):1-17.

Getz, D., and Andersson, T. The event-tourist career trajectory: A study of high-involvement amatecur distance runners [J]. Scandinavian Journal of Tourism and Hospitality, 2010, 19(4): 468-491.

Getz, D., and Carlsen, J. Quality management for events [M]//In B. Prideaux, G. Moscardo, and E. Laws (eds), Managing Tourism and Hospitality Services. Wallingford: CABI, 2006: 145-155.

Getz, D., and Fairley, S. Media management at sport cvents for destinfation promotion [J]. Event Management, 2004, 8(3):127-140.

Getz, D. and Frisby, W. Evaluating management effectiveness in community-run festivals [J]. Journal of Travel Research, 1988, 27(1):22-27.

Getz, D., and Frisby, W. Developing a municipal policy for festivals and special events [J]. Recreation Canada, 1991, 19(4):38-44.

Getz, D., and McConnell, A. Event tourist careers and mountain biking [J]. Journal of Sport Management, 2011, 25(4):326-338.

Getz, D., and Wicks, B. Professionalism and certification for festival and event praciitioners: Trends and issues [J]. Festival Management and Event Tourism, 1994, 2(2):103-109.

Getz, D., O'Neil, M., and Carlsen, J. Service quality evaluation at events through service mapping [J]. Journal of Travel Research, 2001, 39(4):380-390.

Getz, D., Andersson, T., and Larson, M. Festival stakeholder roles: Concepts and case studies [J]. Event Management, 2007, 10(2/3):103-122.

Getz, D., Andersson, T., and Carlsen, J. Festival management studies: Developing a framework and priorities for comparative and cross-cultural research [J]. International Journal of Event and Festival Management, 2010, 1(1):29-59.

Gibson, C., and Connell, J. (eds). Festival Places: Revitalising Rural Australia [M]. Bristol: Channel View, 2011.

Gibson, C., Waitt, G., Walmsley, J., and Connell, J. Cultural festivals and economic development in nonmetropolitan Australia [J]. Journal of Planning Education and Research, 2009, 29(3):280-293.

Gibson, H. Sport tourism: A critical analysis of research [J]. Sport Management Review, 1998, 1: 45-76.

Gibson, H. Moving beyond the "what is and who" of sport tourism to understanding "why" [J]. Journal of Sport Tourism, 2004, 9(3):247-265.

Gibson, H. Understanding sport tourism experiences [M]//In J. Higham (ed.), Sport Tourism

Destinations: Issues, Opportunities and Analysis. Oxford: Elsevier, 2005.

Gibson, H. Towards an understanding of "why sport tourists do what they do". In H. Gibson (ed.), Sport Tourism: Concepts and Theories. London: Routledge, 2006: 66-85.

Gibson, H., Willming, C., and Holdnak, A. Small-scale event-sport-tourism: Fans as tourists [J]. Tourism Management, 2003, 22(3): 181-190.

Gilmore, J., and Pine, J. Authenticity: What Consumers Really Want [M]. Boston, MA: Harvard Business School Press, 2007.

Gitelson, R., Kerstetter, D., and Kiernan, N. Evaluatiing the educational objectives of a short-term event[J]. Festival Managemetn and Event Tourism, 1995, 3(1): 9-14.

Glaser, B., and Strauss, A. Discovery of Grounded Theory: Strategies for Qualitative Research [M]. Chicago, IL: Aldine, 1967.

Gleick, J. Faster: The Acceleration of Just About Everything [M]. New York: Pantheon Books, 2000.

Godbey, G., and Shim, J. The development of leisure studies in North Americal: Implications for China[M]. Research Journal of Zhejiang University. July, 2008.

Goffman, E. The Presentation of Self in Everyday Life. Garden City, NY: Doubleday, 1959.

Goffman, E. Frame Analysis: An Essay on the Organization of Experience[J]. New York: Harper and Row, 1974.

Goh, F. Irish Fextivals—Irish Life: Celebrating The Wealth of Ireland's. Fxecutivs Summary [M]. Dublin: Association of Irish Festival Events, 2003.

Goldblatt, J. Special Events: The Art and Science of Celebration[M]. New York: Van Nostrand Reinhold, 1990.

Goldblatt, J. Special Events: Event Leadership for a New World[M]. New York: Wiley, 2004.

Goldblatt, J. Special Events: A New Generation and The Next Frontier (6th edn)[M]. New York: Wiley, 2011.

Goldblatt, S., and Coldblatt, J. The Complete Guide to Creener Meetings and Events[M]. New York: Wiley, 2011.

Goodson, L., and Philimore, J. (eds). Qualitative Research in Tourism: Ontologies, Epistemologies and Methodologies[M]. London: Routledge, 2004.

Gotham, K. Theorizing urban spectacles[J]. City: Analysis of Urban Trends, Culture, Theory, Policy, Action, 2005, 9(2): 225-246.

Grado, S., Strauss, C., and Lord, B. Economic impacts of conferences and conventions[J]. Journal of Convention and Exhibition Management, 1998, 1(1): 19-33.

Graham, S., Goldblatt, J., and Delpy, L. The Ultimate Guide to Sport Event Management and Marketing[M]. Chicago, IL: Irwin, 1995.

Grant, R. Toward a knowledge-based theory of the firm[J]. Strategic Management Journal, 1996, 17(2): 109-122.

Gratton, C., and Kokolakakis, T. Economic Impact of Sport in England 1995[M]. London: The Sports Council,1997.

Green, C., and Chalip, L. Sport tourism as the celebration of subculture[J]. Annals of Tourism Research, 1998,25(2):275-291.

Green, C., and Chalip, L. Paths to volunteer commitment: Lessons from the Sydney Olympic Games. In R. Stebbins and M. Graham (eds), Volunteering as Leisure/Leisure as Volunteering: An International Assessment. Wallingford: CABI,2004:49-68.

Green and Gold Inc. Environmental Management and Monitoring for Sport Events and Facilities, for the Department of Canadian Heritage, Sport Canada,1999.

Greenfield, G. Reveillon in Rio De Janeiro[J]. Event Management, 2010,14(4):301-308.

Greenwood, D. Tourism as an agent of change: A Spanish Basque cas study[J]. Ethnology, 1972,11(1):80-91.

Greenwood, D. Culture by the pound: An anthropological perspective on tourism as cultural commodification[M]//In V. Smith (ed.), Hosts and Guests: The Anthropology of Tourism (2nd edn), Philadelphia: University of Pennsylvania Press,1989:171-185.

Gregson, B. Reinventing Celebration: The Art of Planning Public Events[M]. Orange, CT: Shannon Press,1992.

Grippo, R. Macy's Thanksgiving Day Parade[M]. Charleston, SC: Arcadia,2004.

Gripsrud, G., New, E., and Olsson, U. Effects of hosting a mega-sport event on country image [M]. Event Management, 2010,14(3):193-204.

Grunwell, S., and Inhyuck, S. Film festivals: An empirical study of factors for success[J]. Event Management, 2008,11(4):201-210.

Gunn, C. Tourism Planning[M]. New York: Crane Rusak,1979.

Gursoy, D., and Kendall, K. Hosting meaga events: Modelling locals' support[J]. Annals of Tourism Research, 2006,33(3):603-623.

Gustafsson, I., Ostrom, A., Johansson, J., and Mossberg, L. The Five aspects of meal model: A tool for developing meal services in restaurants[J]. Journal of Foodservice, 2006,17(2): 84-93.

Haahti, A., and Komppual, R. Experience design in tourism[M]//In D. Buhalis and C. Costa (eds), Tourism Business Frontiers: Consumers, Products and Industry. Oxford: Elsevier, 2006:101-110.

Habermas, J. The Theory of Communicative Action: Reason and Rationalization of Society[M]. Boston, MA: Beacon,1973.

Halal, W., and Marien, M. Global MegaCrisis: Four scenarios. Two perspectives[M]. The Futurist (May/June),2011.

Hall, E. The Hidden Dimension[M]. New York: Doubleday,1966.

Hall, J., Basarin, V., and Lockstone-Binney, L. An empirical analysis of attendance at a commemorative event: Anzac Day at Gallipoli [J]. International Journal of Hospitality Management, 2010,29 (2): 245-253.

Hall, M. The definition and analysis of hallmark tourist events[J]. GeoJournal, 1989,19 (3): 263-268.

Hall, M. Hallmark Tourist Events: Impacts, Management and Planning [M]. London: Belhaven,1992.

Hall, M. Tourism and Politis: Policy, Power and Place[M]. Chichester: Wiley,1994a.

Hall, M. Mega-events and their legacies [M]//In P. Murphy (ed.), Qualiy Management in Urban Tourism: Balancing Business and Environment. University of Victoria,1994b:109-123.

Hall, M. Tourism Rethinking the Social Science of Mobiliy. Harlow: Pearson,2005.

Hall, M, and Page, S. The Geography of Tourism and Recreation: Environment, Plaa and Spae (3rd edn)[M]. London: Routledge,2006.

Hall, M., and Rusher, K. Poltics, public policy and the desinaion [M]//In l. Yeoman, M. Roberson, J. Ali-Knight, S. Drummond, and U. McMahon- Beattie (eds), Festival and Events Management.Oxford: Elsevier,2004:217-231.

Hall, M, and Sharples, L. Food and Wine Festivals and Events Around the World[M]. Oxford: Butterworth-Heinemann,2008.

Halsey, T. Frelaner's Guide to Corporate Event Design[M]. Oxford: Elsevier,2010.

Ham, S., Housego A., and weiler, B. Tasmanian Thematic Interpretation Planning Manual,2005.

Hanlon, C., and Cuskelly, G. Pulsating major sport event organizations: A framework for inducting managerial personnel[J]. Event Management, 2002,7(4):231-243.

Hanlon, C., and Stewart, B. Managing Personnel in major sport event organizations: What strategies are requied? [J]. Event Management, 2006,10(1):77-88.

Hannan, M., and Carroll, G. Dynamics of Organizational Populations[M]. New York: Oxford University Press,1992.

Hannan, M.and Freeman, J. The population ecology of organizations[J]. American Journal of Sociology, 1977,82(2):929-964.

Hannan, M., and Freeman, J. Structural inertia and organizational change [J]. American Sociological Review, 1984,49(2): 149-164.

Hannan, M., Polos, L., and Carroll, G. Logics of Organization Theory: Audiences, Code, and Ecologies[M]. Princeton, NJ: Princeton University Press,2007.

Happel, S., and Jennings, M. Creating a futures market for major cvent tickets: Problems and prospects[J]. Cato Journal, 2002,21(3):443-462.

Harris, M. Carnival and Other Christian Festivals: Folk Theology and Folk Performance [M]. Austin, TX: University of Texas Press,2003.

Harris, R., Jago, L., Allen, J., and Huyskens, M. Towards an Australian event research agenda: First steps[J]. Event Management, 2001,6(4):213-221.

Harris, V. Event management: A new profession[J]. Event Management, 2004,9(1/2): 103-109.

Harvey, M., Loomis, R., Bell, R., and Marino, M. The influence of museum exhibit design on immersion and psychological flow[J]. Environment and Bebavior, 1998,30(5):601-627.

Haussermann, H., and Siebel, W. (eds). Festivalisierung der Stadtpolitik. Stadtentwicklung durch grosse Projekte[M]. Leviathan: Sonderheft 13,1993.

Havitz, M., and Dimanche, F. Leisure involvement revisited: Drive properties and paradoxes[J]. Journal of Leisure Research, 1999,31(2):122-149.

Hawkins, D., and Goldblatt, J. Event management implications for tourism education [J]. Tourism Recreation Research, 1995,20(2):42-45.

Hayllar, B., and Griffin, T. The precinct experience: A phenomenological approach[J]. Tourism Management, 2004,26(4):517-528.

Hede, A. Sports-events, tourism and destination marketing strategies: An Australian case study of Athens 2004 and its media telecast[J]. Journal of Sport Tourism, 2005,10(3):187-200.

Hede, A. Managing special events in the new era of the triple bottom line [J]. Event Management, 2007,11(1/2):13-22.

Hede, A., and Jago, L. Perceptions of the host destination as a result of attendance at a special event: A post-consumption analysis. International Journal of Event Management Research, 1 (1),2005.

Hede, A., Jago, L., and Deery, M. Special event research 1990-2001: Key trends and issues. In Proceedings of International Event Research Conference. Sydney: University of Technology Sydney, Australian Centre for Event Management,2002:305-338.

Hede, A., Jago, L., and Deery, M. An agenda for special event research: Lessons from the past and directions for the future[J]. Journal of Hospitality and Tourism Management, 2003,10 (3):1-14.

Hede, A., Jago, L., and Deery, M. Segmentation of special event attendees using personal values: Relationships with satis faction and behavioural intentions [J]. Journal of Quality Assurance in Hospitality and Tourism, 2004,5(2/3/4):33-55.

Heimer, C. Law: New institutionalism. In International Encyclopedia of the Social and Behavioral Sciences[M]. Oxford: Elsevier,2001:8534-8537.

Hektner, J., and Csikszentmihalyi, M. The experience sampling method: Measuring the context and content of lives, In R. Bechtel and A. Churchman (eds), Handbook of Environmental Psychology[M]. New York: Wiley,2002:233-243.

Herzberg, F. Work and the Nature of Man[M]. Cleveland: World Publishing Co,1966.

Higham, J., and Hinch, T. Sport and Tourism: Globalization, Mobility and Identity[M]. Oxford: Butterworth-Heinemann,2009.

Hiller, H. Toward an urban sociology of mega-events[J]. Research in Urban Sociology, 2000a,5:

181-205.

Hiller, H. Mega-events, urban boosterism and growth strategies: An analysis of the objectives and legitimations of the Cape Town 2004 Olympic bid[J]. International Journal of Urban and Regional Research, 2000b,24(2):439-458.

Hilliard, T. Learning at conventions: Integrating communities of paractice [J]. Journal of Convention and Event Tourism. 2006,8(1):45-68.

Hinch, T., and Delamere, T. Native festivals as tourism attractions: A community challenge[J]. Journal of Applied Recreation Research, 1993,18(2):131-142.

Hinch, T., Jackson, E., Hudson, S., and Walker, G. Leisure constraint theory and sport tourism. In H. Gibson (ed), Sport Tourism: Concepts and Theories. London: Routledge, 2006:10-31.

Hjalager, A. Cultural tourism innovation systems—the Roskilde Festival[J]. Scandinavian Journal of Hospitality and Tourism, 2009,9(2/3): 266-287.

Hofstede, G. Culture's Consequences: International Differences in Work Related Values[M]. Beverley Hills, CA: Sage,1980.

Holloway, I., Brown, L., and Shipway, R. Meaning not measurement: Using ethnography to bring a deeper understanding to the participant experience of festivals and events [J]. International Journal of Event and Festival Management, 2010,1(1):74-85.

Holmes, K., and Smith, K. (eds). Managing Volunteers in Tourism Attractions, Destinations and Events[M]. Oxford: Butterworth-Heinemann,2009.

Hormans, G. Social behavior as exchange[J]. American Journal of Sociology, 1958,63(3): 579-606.

Horne, J. The unknown knowns of sports mega-events. In M. Robertson (ed), Sporting Events and Event Tourism: Impacts, Plans and Opportunities. Leisure Studies Association Publication 91[M]. Eastbourne: The University of Brighton,2006:1-15.

Horne, J., and Manzenreiter, W. An introduction to the sociology of sports mega-vevnts[M]. Socological Review, 2006:54(issue supplement s2),1-24.

Hoyle, L. Event Marketing: How to Successfully Promote Events, Festivals, Conventions, and Expositions[M]. New York: Wiley,2002.

Hudson, S., Getz, D., Miller, G., and Brown, G. The future role of sporting events: Evaluating the impacts on tourism[M]//In K. Weiermair and C. Mathies (eds), The Tourism and Leisure Industry-Shaping the Future. Binghampton, NY: Haworth,2004:237-251.

Hughes, G. Urban revitalization: The use of festival time strategies[M]. Leisure Studies, 1999, 18(2):119-135.

Hughes, H. Olympic tourism and urban regeneration [J]. Festival Management and Event Tourism, 1993,1(4):157-162.

Hughes, H. Gay and lesbian festivals: Tourism in the change from politics to party[M]//In D.

Picard and M. Robinson (eds), Festivals, Tourism and Social Change: Remaking Worlds. Clevedon: Channel View,2006:238-254.

Huiainga, J. Homo Ludens: A Study of the Play Element in Culture[M]. Boston, MA: Beacon Press (first published in German in 1944),1995.

Hultkrantz, L. Mega-event displacement of visitors: The World Championship in Athletics, Goteborg 1995. Festival Management and Event Tourism, 5(1/2),1998.

International Association for Exhibition Management. Renamed as International Association of Exhibitions and Events in 2006.

International Events Group (IEG). IEG's Complete Guide to Sponsorship. Chicago, IL: IEG Inc,1995.

International Festivals Association (IFA) (n.d.). IFA's Official Guide to Sponsorship. Port Angeles, WA.

International Festivals Association (IFA) and Argonne Productions. Festival Sponsorship Legal Issues. Port Angeles, WA,1992.

International Festivals and Events Association (IFEA) (n.d.). Event Operations. Port Angeles, WA.

International Festivals and Events Association (IFEA). Parades. Port Angeles, WA. IFEA,2000.

Iso-Ahola, S. The Social Psychology of Leisure and Recreation[M]. Dubuque, IA: Brown,1980.

Iso-Ahola, S. Towards a social psychology of recreational travel[J]. Leisure Studies, 1983,2(1): 45-57.

Iso-Ahola, S., Jackson, E., and Dunn, E. Starting, ceasing and replacing leisure activities over the lifespan[J]. Journal of Leisure Research, 1994,26(3):227-249.

Jackson, E. (ed.). Constraints on Leisure, State College[M]. PA: Venture Publishing,2005.

Jackson, E., Crawford, D., and Godbey, G. Negotiation of leisure constraints[J]. Leisure Science, 1992,15(1):1-12.

Jackson, G., and Weed, M. The sport-tourism interrelationship. In B. Houlihan (ed.), Sport and Society[M]. London: Sage,2003.

Jaeger, K., and Mykletun, R. J. The festivalscape of Finnmark[J]. Scandinavian Journal of Hospitality and Tourism, 2009,9(2/3):327-348.

Jafari, J. Tourism models: The sociocultural aspects[J]. Tourism Management, 1987,8(2): 151-159.

Jafari, J. Research and scholarship: The basis of tourism education[J]. Journal of Tourism Studies, 1990,1(1):33-41.

Jago, L., and Dwyer, L. Economic Evaluation of Special Events: A Practitioner's Guide Gold Coast[M]. Australia: Cooperative Research Centre for Sustainable Tourism,2006.

Jago, L., and Mair, J. Career theory and major event employment In T. Baum, M. Deery and C. Hanlon (eds), People and Work in Events and Conventions: A Research Perspective[M].

Walling ford：CABI,2009:65-74.

Jago，L.，and Shaw，R. Consumer perceptions of special events：A multi-stimulus validation[J]. Journal of Travel and Tourism Marketing，1999,8(4):1-24.

Jago，L.，Chalip，L.，Brown，G.，Mules，T. and Ali，S. The role of events in helping to brand a destination[M]// In Proceedings of International Event Research Conference. Sydney：University of Technology Sydney，Australian Centre for Event Management,2002:111-143.

Jago，L.，Chalip，L.，Brown，G.，Mules，T. and Shameem，A. Building events into destination branding：Insights from experts[J]. Event Management，2003,8(1):3-14.

Jamal，T.，and Getz，D. Collaboration theory and community tourism planning[J]. Annals of Tourism Research，1995,22(1):186-204.

James，J.，and Ridinger，L. Female and male sport fans：A comparison of sport consumption motives[J]. Journal of Sport Behavior，2002,25(3):260-278.

Janiskee，R. South Carolina's harvest festivals：Rural delights for day tripping urbanites[M]. Journal of Cultural Genography（October），1980:96-104.

Janiskee，R. Community-sponsored rural festivals in South Carolina：A decade of growth and change[M]. Paper presented to the Association of American Geographers，Detroit,1985.

Janiskee，R. Rural festivals in South Carolina[M]. Journal of Cultural Geography，1991,11(2)：31-43.

Janiskee，R. Some macroscale growth trends in America's community festival industry[J]. Festival Management and Event Tourism. 1994,2(1):10-14.

Janiskee，R. The temporal distribution of America's community festivals[J]. Festival Management and Event Tourism，1996,3(3):129-137.

Janiskee，R.，and Drews，P. Rural festivals and community reimaging[M]//In R. Butler，M. Hall and J. Jenkins（eds），Tourism and Recreation in Rural Areas. Chichester：Wiley,1998：157-175.

Jarvie，G. Higbland Games：The Making of the Myth. Edinburgh：Edinburgh University Press,1991.

Jawahar，I.，and McLaughlin，G. Toward a descriptive stakeholder theory：An organizational life cycle approach[J]. Academy of Management Review，2001,26(3):397-414.

Jaworski，A.，and Pritchard，A.(eds). Discourse，Communication and Tourism[M]. Clevedon：Channel View,2005.

Jennings，G. Perspectives on Quality Tourism Experiences：An Introduction[M]//In G. Jennings and N. Nickerson（eds），Quality Tourism Experiences. Oxford：Elsevier,2006:1-21.

Johannesson，G. Emergent Vikings：The social ordering of tourism innovation[J]. Event Management，2010,14(4):261-274.

Johnsen，B. What a maritime history! The uses of maritime history in summer festivals in southern Norway[J]. Journal of Tourism History，2009,1(2):113-130.

Johnson, D. (n. d.). Festival risk management: Success with safety. In Event Operations. Port Angeles, WA: International Festivals and Events Association, 73-77.

Johnston, M., Twynam, G., and Farrell, J. Motivation and satisfaction of event volunteers for a major youth organization[J]. Leisure, 2000,24(1):161-177.

Joliffe, L., Bui, H., and Nguyenm, H. The Buon Ma Thuot Coffee Festival, Vietnam: Opportunity for tourism? [M]//In J. Ali-Knight, M. Robertson, A. Fyall, and A. Ladkin (eds), International Perspectives of Festivals and Events. Paradigms of Analysis. Oxford: Butterworth-Heinemann,2008:125-137.

Jones, H. Pop goes the festival[J]. Marketing Week, 1993,16(23):24-27.

Jones, I., and Green, C. Serious leisure, social identity and sport tourism[M]//In H. Gibson (ed.), Sport Tourism: Concepts and Theories. London: Routledge,2006:32-49.

Jones, M. Sustainable Event Management: A Practical Guide[M]. London: Earthscan,2010.

Jordan, J. The summer people and the natives: Some effects of tourism in a Vermont vacation village[J]. Annals of Tourism Research, 1980,7(1):34-55.

Jordan, L. Staging the Cricket World CuP 2007 in the Caribbean: Issues and challenges for small island developing states[M]//In M. Robertson (ed.), Leisure Studies Association No.91, Sporting Events and Event Tourism: Impacts, Plans and Opportunities. Eastbourne: The University of Brighton,2006:17-42.

Jung, M. Determinants of exhibition service quality as perceived by attendees[J]. Journal of Convention and Event Tourism, 2005,7(3/4):85-98.

Kachun, M. Festivals of Freedom: Memory and Meaning in African American Emancipation Celebrations, 1808-1915[M]. Amherst, MA: University of Massachusetts Press,2003.

Kang, Y., and Perdue, R. Long term impact of a mega-event on international tourism to the host country: A conceptual model and the case of the 1988 Seoul Olympics[M]//In M. Uysal (ed.), Global Tourist Behavior. New York: International Business Press,1994:205-225.

Kaplan, S. Aesthetics, affect, and cognition: Environmental preference from an evolutionary perspective[J]. Environment and Behavior, 1987,19(1):3-32.

Katz, A. Self help and mutual aid: An emerging social movement[J]. Annual Review of Sociology, 1981,7:129-155.

Kay, P. Cross-cultural research issues in developing international tourist markets for cultural events[J]. Event Management, 2004,8(4):191-202.

Kelly, G. The Psychology of Personal Constructs: Vol. I[M]. New York: Norton,1955.

Kelly, J. Recreation Business[M]. New York: Macmillan,1985.

Kelly, J. Freedom to Be: A New Sociology of Leisure[M]. New York: Macmillan,1987.

Kerstetter, D., and Gitelson, R. Perceptions of sponsorship contributors to a regional arts festival [J]. Festival Management and Event Tourism, 1995,2(3/4):203-209.

Kim, S., Scott, D., and Crompton, J. An exploration of the relationships among social psychological involvement, behavioral involvement, commitment, and future intentions in the context of birdwatching[J]. Journal of Leisure Research, 1997,29(3):320-341.

Kim, S., Park, J., and Lee, J. Predicted economic impact analysis of a mega-convention using multiplier effects[J]. Journal of Convention and Event Tourism, 2010,11(1):42-61.

Klemke, E., Hollinger, R., and Rudge, D. (eds). Introductory Readings in the Philosophy of Science[M]. New York: Prometheus Books,1998.

Knox, D. Spectacular tradition Scottish folksong and authenticity [J]. Annals of Tourism Research, 2008,35(1):255-273.

Ko., Y., Kim, M.K., Kim, Y.K., Lee, J.-H., and Cattani, K. Consumer satisfaction and event quality perception: A case of US Open Taekwondo Championship[J]. Event Management, 2010,14(3):205-214.

Kotler, P., Haider, D. and Rein, I. Marketing Places[M]. New York: The Free Press,1993.

Kozinets, R.V. Netnography. Doing Ethnographic Research Online[M]. Thousand Oaks, CA: Sage,2010.

Kyle, G., and Chick. G. The social nature of leisure involvement [J]. Journal of Leisure Research, 2002,34(4):426-448.

Kyle, G., Absher, J., Norman, W., Hammitt, W., and Jodice, L. A Modified Involvement Scale[J]. Leisure Studis,2007, 26(4):399-427.

Ladkin, A., and Weber, K. Career aspects of convention and exhibition professionals in Asia[J]. International Journal of Contemporary Hospitality Management, 2010,22(6):871-886.

Laing, J., and Frost, W. How green was my festival: Exploring challenges and opportunities associated with staging green events [J]. International Journal of Hospitality Management, 2010,29(2):261-267.

Larson, M. A political approach to relationship marketing: Case study of the Storsjöyran Festival [J]. International Journal of Tourism Research, 2002,4(2):119-143.

Larson, M. Festival innovation: Complex and dynamic network interaction [J]. Scandinavian Journal of Hospitality and Tourism, 2009,9(2/3):288-307.

Larson, M., and Wikstrom, E. Organising events: Managing conflict and consensus in political market square[J]. Event Management, 2001,7(1):51-65.

Larson, R., and Csikszentmihalyi, M. The experience sampling method[M]//In H. Reis (ed.), Naturalistic Approaches to Studying Social Interaction. San Francisco, CA: Jossey-Bass,1983: 41-56.

Lashley, C., Morrisson, A., and Randall, S. My most memorable meal ever! Hospitality as an emotional experience[M]//In D. Sloan (ed.), Culinary Taste, Consumer Behaviour in the International Restaurant Sector. Oxford: Butterworth-Heinemann,2004:165-184.

Laverie, D., and Arnett, D. Factors affecting fan attendance: The influence of identity salience and satisfaction[J]. Journal of Leisure Research, 2000,32(2):225-246.

Laxson, J. How "we" see "them": Tourism and native American Indians[J]. Annals of Tourism Research, 1991,18(3):365-391.

Laybourn, P. Risk and decision making in events management [M]//In I. Yeoman, M. Robertson, J. Ali-Knight, S. Drummond, and U. McMahon-Beattie (eds), Festivals and Events Management. Oxford: Elsevier,2004:286-307.

Lee, C., Lee, Y., and Wicks, B. Segmentation of festival motivation by nationality and satisfaction[J]. Tourism Management, 2004,25(1):61-70.

Lee, H., Kerstetter, D., Graefe, A., and Confer, J. Crowding at an arts festival: A replication and extension of the outdoor recreation crowding model [M]//In W. Kuentzel (ed.), Proceedings of the 1996 Northeastern Recreation Research Symposium (USDA Forest Service Ge. Tech. Rep. NE-232). Radnor, PA: Northeastern Forest Experiment Station, 1997: 198-204.

Lee, J. The impact of Expo'86 on British Columbia markets[M]//In P. Williams et al.(eds), Tourism: Where is the Client. Conference Papers of the Travel and Tourism Research Association, Canada Chapter,1987.

Lee, J., and Back, K. A review of convention and meeting management research[J]. Journal of Convention and Event Tourism, 2005,7(2):1-19.

Lee, J.-E., Almanza, B., and Nelson, D., Food safety at fairs and festivals: Vendor knowledge and violations at regional festivals[J]. Event Management, 2010,14(3):215-223.

Lee, J.-S., and Back, K. Examining the effect of self-image congruence, relative to education and net-working, on conference evaluation through ist competing models and moderating effect[J]. Journal of Convention and Event Tourism, 2009,10(4):256-275.

Lee, J.-S., Lee, C.-K., and Yoon, Y. Investigating differences in antecedents to value between first-time and repeat festival-goers[J]. Journal of Travel and Tourism Marketing, 2009,26(7): 688-702.

Lee, S., and Crompton, J. The attraction power and spending impact of three festivals in Ocean City, Maryland[J]. Event Management, 2003,8(2):109-112.

Lee, Y., Datillo, J., and Howard, D. The complex and dynamic nature of leisure experience[J]. Journal of Leisure Research, 1994,26(3):195.

Lefebvre, H. The Production of Space, translated by Donald Nicholson-Smith. Oxford: Basil Blackwell. Originally published 1974,1991.

Lefebvre, R. An integrative model for social marketing[J]. Journal of Social Marketing, 2011,1 (10):54-72.

Leibold, M., and van Zyl, C. The Summer Olympic Games and its tourism marketing: City tourism marketing experiences and challenges with specific reference to Cape Town, South Africa[M]//In P. Murphy (ed.), Quality Management in Urban Tourism: Balancing Buiness and the Environment, Proceedings. University of Victoria,1994:135-151.

Leiper. N. Towards a cohesive curriculum in tourism. The case for a distinct discipline[J]. Annals of Tourism Research, 1981,8(1):69-84.

Leiper, N. (1990). Tourist attraction systems[J]. Annals of Tourism Research, 1990,17(3): 367-384.

Leopkey, B., and Parent, M. Risk management strategies by stakeholders in Canadian major sporting events[J]. Event Management, 2009,13(3):153-170.

Leung, R., and Law, R. A review of personality research in the tourism and hospitality context [J]. Journal of Travel and Tourism Marketing, 2010,27(5):439-459.

Levy, S. Symbols for sale[J]. Harvard Business Review, 1959,(37):117-124.

Levy, S. The hospitality of the host: A cross-cultural examination of managerially facilitated consumerto-consumer interactions[J]. International Journal of Hospitality Management, 2010, 29(1):319-327.

Li, R., and Petrick, J. A review of festival and event motivation studies[J]. Event Management, 2006,9(4):239-245.

Li, Y. Geographical consciousness and tourism experience[J]. Annals of Tourism Research, 2000,27(4):863-883.

Liburd, J. Tourism and the Hans Christian Andersen Bicentenary Event in Denmark[M]//In J. Ali-Knight, M. Robertson, A. Fyall, and A. Ladkin (eds), Perspectives of Festivals and Events: Paradigms of Analysis. Oxford: Butterworth-Heinemann,2008:41-52.

van Limburg, B. Innovation in pop festivals by cocreation[J]. Event Management, 2008,12(2): 105-117.

Locke, E.The Essence of Leadership. New York: Lexington Books,1991.

Locke, M. A framework for conducting a situational analysis of the meeting, incentives, conventions, and exhibitions sector[J].Journal of Convention and Event Tourism, 2010, 11 (3):209-233.

Lockstone, L., and Baum, T. 2006 Melbourne Commonwealth Games, Australia: Recruiting, training and managing a volunteer program at a sporting mega event[M]. In K. Holmes and K. Smith (eds), Managing Volunteers in Tourism Attractions, Destinations and Events. Oxford: Butterworth-Heineman,2009:215-223.

Long, P., After the event: Perspectives on organizational partnership in the mangement of a themed festival year[J]. Event Management, 2000,6(1):45-59.

Long, P., and Robinson, M. (eds).Festivals and Tourism: Marketing Managment and Evaluation [M]. Sunderland: Business Edcation Publishers Ltd,2004.

Long, P., Robinson, M., and Picard, D. (2004). Festivals and tourism: Links and developments. In P. Long and M. Robinson (eds), Festivals and Tourism: Marketing, Management and Evaluation, PP.1-14. Sunderland: Business Education Publishers Ltd.

Lord Cultural Resources Planning and Management. The Cultural Tourism Handbook [M].

Toronto: Province of Ontario,1993.

Lorde, T., Greenidge, D., and Devonish, D. Local residents' perceptions of the impacts of the ICC Cricket World Cup 2007 on Barbados: Comparisons of pre-and Post-games[J]. Tourism Mangement, 2011,32(2):349-356.

Love, L., and Crompton, J. A conceptualization of the relative roles of festival attributes in determining perceptions of overall festival quality. Paper presented to the Research Symposium, annual conference of the International Festivals and Event Association (unpublished),1996.

Lynch, K. The Image of the City[M]. Cambridge. MA: MIT Press,1960.

MacAloon, J. Olympic Games and the theory of spectacle in modern societies [M]//In J. MacAloon (ed.), Rite, Drama, Festival, Spectacle: Rehearsals Towards a Theory of Cultural Performance. Philadelphia, PA: Institute for the Study of Human Jssues,1984:241-280.

McCabe, V. Strategies of career planning and development in the convention and exhibition industry in Australia[M]. International Journal of Hospitality Management, 2008, 27(2): 222-231.

MacCannell, D. Staged authenticity: Arrangements of social space in tourist settings [J]. American Journal of Sociology, 1973,79(3):589-603.

MacCannell, D. The Tourist: A New Theory of the Leisure Class[M]. New York: Schocken Books,1976.

McGehee, N., Yoon, Y., and Cardenas, D. Involvement and travel for recreational runners in North Carolina[J]. Journal of Sport Management, 2003,17(3):305-324.

McGregor, D. The Human Side of Enterprise[M]. New York: McGraw Hill,1960.

Mackellar, J. Special interest events in a regional destination—exploring differences betwenn specialist and generalist enents[M]//In C. Arcodia et al. (eds), Global Events Congress Proceedings. Brisbane: University of Queensland,2006:176-195.

Mackellar, J. An examination of serious participants at the Australian Wintersun Festival. Leisure Studies, 2009,28(1):85-104.

McKercher, B., and du Cros, H. Cultural Tourism[M]. New York: Haworth,2002.

McKercher, B., Mei, W., and Tse, T. Are short duration festivals tourist attractions? [J]. Journal of Sustainable Tourism, 2006,14(1):55-66.

McLuhan, M. Understanding Media: The Extensions of Man[M]. New York: McGraw Hill,1964.

McMahon-Beattie, U., and Yeoman, I. The potential for revenue management in festivals and events[M]. In I. Yeoman, M. Robertson, J. Ail-Knight, S. Drummond, and U. McMahon-Beattie (eds), Festival and Events Management. Oxford: Elsevier,2004:202-214.

Macnaught, T. Mass tourism and the dilemmas of modernization in Pacific island communities[J]. Annals of Tourism Ressarch, 1982,9(3):359-381.

McPhail, T. Global Communication: Theories, Stakeholders, and Trends (2nd edn)[M]. Oxford: Blackwell Publishers,2006.

Madrigal, R. Cognitive and affective determinants of fan satisfaction with sporting event attendance [J]. Journal of Leisure Research, 1995,27(3):205-207.

Madrigal, R. Investigating and evolving leisure experience: Antecedents and consequences of spectator affect during a live sporting event[J]. Journal of Leisure Research, 2003,35(1):23-45.

Maestas, A. Guide to sponsorship return on investment[M]. Journal of Sponsorship, 2009,3(1):98-102.

Mahony, D., Madrigal, R., and Howard, D. The effect of self-monitoring on behavioral and attitudinal loyalty towards athletic teams [J]. International Journal of Sport Marketing and Sponsorship, 1999,(1):146-167.

Mahony, D., Madrigal, R., and Howard, D. Using the psychological commitment to team (PCT) scale to segment sport consumers based on loyalty[J]. Sport Marketing Quarterly, 2000,9(1):15-25.

Mair, J. Profiling conference delegates using attendance motivations[J]. Journal of Convention and Event Tourism, 2010,11(3):176-194.

Mair, J., and Jago, L. The development of a conceptual model of greening in the business events tourism sector[J]. Journal of Sustainable Tourism, 2010,18(1):77-94.

Mair, J., and ThoMpson, K. The UK association conference attendance decision-making process [J]. Tourism Management, 2009,30(3):400-409.

Mallen, C., and Adams, L. Sport, Recreation and Tourism Event Management: Theoretical and Practical Dimensions[M]. Oxford: Butterworht-Heinemann,2008.

Malouf, L. Parties and Special Events: Planning and Design [M]. Culinary and Hospitality Industry Publications Services,2002.

Mandelbaum, S, Mazza, L., and Burchell, R. W. (eds). Explorations in Planning Theory[M]. New Brunswick, NJ: Center for Urban Policy Research, Rutgers Universiyt,1996.

Mannell, R., and Iso-Ahola, S. Psychological nature of leisure and tourist experiences [J]. Annals of Tourism Research, 1987,14(3):314-331.

Mannell, R., and Kleiber, D. A Social Psychology of Leisure[M]. State College, PA: Venture Publishing Inc,1997.

Mannell, R., and Zuzanek, J. (1991). The nature and variability of leisure constraints in daily life: The case of the physically active leisure of older adults[J]. Leisure Sciences,1991,13(4):337-351.

Manning, F. (ed.). The Celebration of Society: Perspectives on Contemporary Cultural Performance[M]. Bowling Green, OH: Bowling Green University Popular Press,1983.

Markus, H., and Kitayama, S. Culture and the self: Implications for cognition, emotion, and motivation[J]. Psychological Review, 1991,98(2):224-253.

Markwell, K., and Tomsen, S. Safety and hostility at special events: Lessons from Australian gay and lesbian festivals[J]. Event Management, 2010,14(3):225-238.

Marris, T. The role and impact of mega-events and attractions on regional and national tourism development: Resolutions of the 37th Congress of the AIEST, Calgary[J]. Revue de Tourisme, 1987,42(4):3-12.

Maslow, A. Motivation and Personality (2nd edn)[M].New York: Harper and Row,1954.

Maslow, A. Toward a Psychology of Being (2nd edn)[M]. Toronto: Van Nostrand Rheinhold,1968.

Masterman, G. Strategic Sports Event Management: An International Approach[M]. Oxford: Elsevier,2004.

Masterman, G., and Wood, E. Innovative Marketing Communications: Strategies for the Events Industry[M]. Oxford: Butterworth-Heinemann,2006.

Matthews, D. Special Event Production: The Resources[M]. Wallingford: CABI,2008.

Mayfield, T., and Crompton, J. The status of the marketing concept among festival organizers[J]. Journal of Travel Research, 1995,34(4):14-22.

Meeting Professionals International. Meeting and Conventions: A Planning Guide[M]. Mississauga, ON:MPI,2003.

Mehmetoglu, M., and Ellingsen, K. Do small-scale festivals adopt "market orientation" as a management philosophy?[J]. Event Management, 2005,9(3):119-132.

Mendell, R., MacBeth, J., and Solomon, A. The 1982 world's fair—a synopsis[J]. Leisure Today, Journal of Physical Education, Recreation and Dance,1983(4):48-49.

Merrilees, B., Getz, D., and O'Brien, D. Marketing stakeholder analysis: Branding the Brisbane Good-will Games[J]. European Journal of Marketing, 2005,39(9/10):1060-1077.

Miffling, K., and Taylor, R. Investigating the importance of youth culture in successful youth events[J]. Journal of Contemporary Issues in Business and Government, 2007,13(2):65-80.

Mihalik, B. Mega-event legacies of the 1996 Atlanta Olympics[M]//In P. Murphy (ed.), Quality Management in Urban Tourism: Balancing Business and Environment. Proceedings. University of Victoria,1994:151-162.

Mihalik B. Host population perceptions of the 1996 Atlanta Olympics: Support, benefits and liabilities[J]. Tourism Analysis, 2001,5(1):49-53.

Mihalik, B., and Wing-Vogelbacher, A. Travelling art expositions as a tourism event: A market research analysis for Ramesses the Great[J]. Journal of Travel and Tourism Marketing, 1992,1(3):25-41.

Mill, R., and Morrison, A. The Tourism System: An Introductory Text. Englewood Cliffs, NJ: Prentice Hall,1985.

Miller, L., Jago, L., and Deery, M. Profiling the special event nonattendee: An initial investigation[J]. Event Management, 2004,8(3):141-150.

Mintzberg, H. Power In and Around Organizations[M]. Englewood Cliffs, NJ: Prentice Hall,1983.

Mintzberg, H. The Rise and Fall of Strategic Planning[M]. New York: The Free Press, 1994.

Misener, L., and Mason, D. Creating community networks: Can sporting events offer meaningful sources of social capital? [J]. Managing Leisure, 2006, 11(1):39-56.

Mitchell, R., Agle, B., and Wood, D. Towards a theory of stakeholder identification and salience: Defining the principle of who and what really counts[J]. Academy of Managemnt Review, 1997, 22(4):853-886.

Mitler, B., van Esterik, P., and van Esterik, J. Cultural Anthropology, second Canadian edition [M]. Toronto: Pearson Education Canada, 2004.

Mohr, K., Backman, K., Gahan, L., and Backman, S. An investigation of festival motivations and event satisfaction by visitor type[J]. Festival Management and Event Tourism, 1993, 1 (3):89-97.

Monga, M. Measuring motivation to volunteer for special events[J]. Event Management, 2006, 10 (1):47-61.

Morgan, M. What makes a good festival? Understanding the event experience [J]. Event Management, 2008, 12(2):81-93.

Morgan, M., and Wright, R. Elite sports tours: Special events with special challenges. In J. Ali-Knight, M. Rbertson, A. Fyall, and A. Ladkin (eds), Interational Perspectives of Festivals and Events: Paradigms of Analysis. Oxford: Butterworth-Heinemann, 2008:187-204.

Morgan, M., Lugosi, P., and Ritchie, J. R. B. The Tourism and Leisure Experience: Consumer and Managerial Perspectives[M]. Bristol: Channel View, 2010.

Morrison, A. Hospitality and Travel Marketing (2nd edn)[M]. Albany, NY: Delmar, 1995.

Morrow, S. The Art of the Show: An Introduction to the Study of Exbibition Management[M]. Dallas, TX: International Association for Exhibition Management, 1997.

Moscardo, G. The shaping of tourist experience: The importance of stories and themes[M]//In M. Morgan, P. Lugosi, and J. R. B. Ritchie (eds), The Tourism and Leisure Experience: Consumer and Managerial Perspectives. Bristol: Channel View, 2010:43-50.

Mossberg, L. Effects of events on destination image[M]//In L. Mossberg (ed.), Evaluation of Events: Scandinavian Experiences. New York: Cognizant Communication Corp, 2000:30-46.

Mossberg, L. Product development and cultural tourism[M]//In T. Andersson et al. (eds), Cultural Tourism: Visitor Flows, Economic Impact and Product Development. Published for the European Cultural Tourism Network at the School of Business, Economics and Law, University of Gothenburg, Sweden, 2006:47-59.

Mossberg, L. Extraordinary experiences through storytelling [J]. Scandinavian Journal of Hospitality and Tourism, 2008, 8(3):195-210.

Mossberg, L., and Getz, D. Stakeholder influences on the ownership and management of festival brands[J]. Scandinavian Journal of Hospitality and Tourism, 2006, 6(4):308-326.

Mount, J., and Niro, B. Sponsorship: An empirical study of its application to local business in a small town setting[J]. Festival Management and Event Tourism, 1995,2(3/4):167-175.

Mowen, A., Vogelsong, H., and Graefe, A. Perceived crowding and its relationship to crowd management practices at park and recreation events[J]. Event Management, 2003,8(2): 63-72.

Moyer, K. Kinds of aggression and their physiological basis[J]. Communications in Behavioral Biology (Part A), 1968,2(2):65-87.

Mules, T. A special event as part of an urban renewal strategy[J]. Festival Management and Event Tourism, 1993,1(2):65-67.

Mules, T., and Dwyer, L. Public sector support for sport tourism events: The role of cost-benefit assessment[M]//In H. Gibson (ed.), Sport Tourism: Concepts and Theories. London: Routledge.

Mules, T., and McDonald, S. The economic impact of special events: The use of forecasts[J]. Festival Management and Event Tourism, 1994,2(1):45-53.

Nadav, S., Smith, W., and Canberg, A. Examining corporate sponsorship of charitable events in the greater Charleston area[J]. Event Management, 2010,14(3):239-250.

Neulinger, J. Psychology of Leisure: Research Approaches to the Study of Leisure [M]. Springfield, IL: Charles C. Thomas,1974.

Neuman, W. Social Research Methods: Qualitative and Quantitative Approaches (4th edn)[M]. Boston, MA: Allyn and Bacon,2003.

Ngamsom, B., and Back, J. A pilot study of motivations, inhibitors, and facilitators of association members in attending international conferences [J]. Journal of Convention and Exhibition Management, 2000,2(2/3):97-111.

Nicholson, R., and Perce, D. Why do people attend events: A comparative analysis of visitor motivations at four South Island events[J]. Journal of Travel Research, 2001,39(4):449-460.

Nickerson, N., and Ellis, G. Traveler types and activation theory: A comparison of two models [J]. Journal of Travel Research, 1991,29(3):26-31.

Nogawa, H., Yamaguchi, Y., and Hagi, Y. An empirical research study on Japanese sport tourism in Sport-for-All events: Case studies of a single-night event and a multiple-night event [J]. Journal of Travel Research, 1996,35(2):46-54.

Noronha, R. Paradise reviewed: Tourism in Bali, In E. de Kadt (ed), Tourism: Passport to Developmen? [M]. Oxford: Oxford University Press,1977:177-204.

Nurse, K. Trinidad Carnival: Festival tourism and cultural industry[J]. Event Management, 2004,8(4):223-230.

Oakes, S. Demographic and sponsorship considerations for jazz and classical music festivals[J]. The Service Industries Journal, 2003,23(3):165-178.

Oakley, E., and Krug, D. Enlightened leadership: Getting to the Heart of Change[M]. New York: Simon and Schuster,1991.

O'Brien, D. Event business leveraging: The Sydney 2000 Olympic Games[J]. Annals of Tourism Research, 2005,33(1):240-261.

O'Brien, E., and Shaw, M. Independent meeting planners: A Canadian perspective[J]. Journal of Convention and Exhibition Management, 2002,3(4):37-68.

O'Dell, T. Management strategies and the need for fun. In T. O'Dell and P. Billing (eds), Experience-scapes: Tourism, Culture, and Economy[M]. Copenhagen Business School Press, 2005:127-142.

Okayasu, I., Nogawa, H., and Morais, D. Resource investments and loyalty to recreational sport tourism event[J]. Journal of Travel and Tourism Marketing, 2010,27(6):565-578.

Oldberding. D., and Jisha, J. "The Flying Pig": Building brand equity in a major urban marathon[J]. Sport Marketing Quarterly, 2005,14(3):191-196.

Oliver, R., Effect of expectation and disconfirmation on postexposure product evaluation—an alternative interpretation[J]. Journal of Applied Psychology, 1977,62(4):480-486.

Oliver, R. A cognitive model of the antecedents and consequences of satisfaction decisions[J]. Journal of Marketing Research, 1980,17(3):460-469.

Olson, J., and Reynolds, T. Understanding Consumer Decision Making: A Means End Approach to Marketing and Advertising Strategy [M]. Mahwah, NJ: Lawrence Erlbaum Associate, Inc,2001.

Ooi, C. A theory of tourism experiences[M]//In T. O'Dell and P. Billing (eds), Experience-scapes: Tourism, Culture, and Economy. Copenhagen Business School Press,2005:51-68.

Oppermann, M., and Chon, K. Convention participation decision-making process[J]. Annals of Tourism Research, 1997,24(1):178-191.

O'Sulivan, D., Pickernell, D., and Senyard, J. Public sector evaluation of festivals and special events[J]. Journal of Policy Research in Tourism, Leisure and Events, 2009,1(1):19-36.

O'Sullivan, E., and Spangler, K. Experience Marketing: Strategies for the New Millennium[M]. State College, PA: Venture Publishing,1998.

Otnes, C. Cinderella Dreams: The Allure of the Lavish Wedding[M]. University of California Press,2003.

O'Toole, W. The integration of event management best practice by the project management process[J]. Australian Parks and Leisure, 2000,3(1):4-8.

O'Toole, W. Event Feasibility and Development: From Strategy to Operations [M]. Oxford: Butterworth-Heinemann,2011.

O'Toole, W., and Mikolaitis, P. Corporate Event Project Management [M]. New York: Wiley,2002.

Packer, J., and Ballantyne, R. Solitary vs. shared learning: Exploring the social dimension of museum learning[J]. Curator: The Museum Journal, 2005,48(2):177-192.

Page, S., and Connell, J. (eds). Routledge Handbook of Events. London: Routledge,2011.

Papagiannopoulos, P., Xenikos, D., and Vouddas, P. Event management and group communications: The case of the 2004 Olympic Games in Athens[J]. Event Management, 2009,13(2):103-116.

Papson, S. Spuriousness and tourism: Politics of two Canadian provincial governments[J]. Annals of Tourism Research, 1981,8(2):503-507.

Parasuraman, A., Berry, L., and Zeithaml, V. SERVQUAL: A multiple-item scale for measuring consumer perceptions of service quality[J]. Journal of Retailing, 1988,64(4):12-40.

Parent, M., and Seguin, B. Factors that led to the drowning of a world championship organizing committee: A stakeholder approach[J]. European Sport Management Quarterly, 2007,7(2): 187-212.

Parent, M., and Slack, T. Conformity and reasistance: Preparing a francophone sporting event in North America[J]. Event Management, 2008,11(3):129-143.

Park, M., Daniels, M., Brayley, R., and Harmon, L. Analysis of service provision and visitor impacts using participant observation and photographic documentation: The National Cherry Blossom Festival[J]. Event Management, 2010,14(2):167-182.

Pearce, P., and Caltabiano, M. Inferring travel motivation from travelers' experiences[J]. Journal of Travel Research, 1983,22(2):16-20.

Pearce, P., and Lee, U. Developing the travel career approach to tourist motivation[J]. Journal of Travel Research, 2005,43(3):226-237.

Pearce, P., Moscardo, G., and Ross, G. Tourism Community Relationships[M]. Oxford: Pergamon,1996.

Pearlman, D., and Gates, N. Hosting business meetings and special events in virtual worlds: A fad or the future? [J]. Journal of Convention and Event Tourism, 2010,11(4):247-265.

Pegg, S., and Patterson, I. Rethinking music festivals as a staged event: Gaining insights from under-standing visitor motivations and the experiences they seek[J]. Journal of Convention and Event Tourism, 2010,11(2):85-99.

Pegg, S., Patterson, I., and Axelsen, M. Sporting events and the use of alcohol by university students: Managing the risks[J]. Event Management, 2011,15(1):63-75.

Pennington-Gray, L., and Holdnak, A. Out of the stands and into the community: Using sports events to promote a destination[J]. Event Management, 2002,7(3):177-186.

Penrose, E. The Theory of the Growth of the Firm. New York: Wiley,1959.

People and Physical Environment Research Confernence. Parth: Centre for Urban Research, University of Western Australia,1987.

Peters, M., Piazolo, F., Köster, L., and Promberger, K. The deployment of intelligent local-based information systems (ilbi): A case study of the European Footall Championship 2008 [J]. Journal of Convention and Event Tourism, 2010,11(1):18-41.

Pettersson, R., and Getz, D. Event experiences in time and space. A study of visitors to the 2007

World Alpine Ski Championships in Åre, Sweden[J]. Scandinavian Journal of Tourism and Hospitality Research, 2009,9(2/3):308-326.

Pettersson, R., and Zillinger, M. Time and space in event behaviour: Tracking visitors by GPS [J]. Tourism Geographies, 2011,13(1):1-20.

Pfeffer, J. Power in Organizations. London: Pitman,1981.

Pfeffer, J., and Salancik, G. The External Control of Organizations: A Resource Dependence Perspective[M]. New York: Harper and Row,1978.

Phillips, J., Breining, M., and Phillips, P. Return on Investment in Meetings and Events[M]. Oxford: Elsevier,2008.

Phipps, P. (2011). Performing culture as political strategy: The Garma Festival, northeast Arnhem Land[M]//In C. Gibson and J. Connell (eds), Festival Places: Revitalising Rural Australia. Bristol: Channel View,2011:109-122.

Picard, D., and Robinson, M. Remaking worlds: Festivals, tourism and change[M]//In D. Picard and M. Robinson (eds), Festivals, Tourism and Social Change: Remaking Worlds. Clevedon: Channel View,2006a:1-31.

Picard, D., and Robinson, M. (eds). Festivals, Tourism and Social Change: Remaking Worlds [M]. Clevedon: Channel View,2006b.

Picard, M. Bali: Cultural Tourism and Touristic Culture (2nd edn)[M]. Singapore: Archipelago Press,1996.

Pieper, J. Leisure: The Basis of Culture. Translated by Alexander Dru[M]. London: Faber and Faber (originally published as MuBe und Kult. München: Kösel-Verlag, 1948),1952.

Pine, B., and Gilmore, J. The Experience Economy: Work is Theatre and Every Business a Stage [M]. Boston, MA: Harvard Business School Press,1999.

Pitts, B. Sports tourism and niche markets: Identificaton and analysis of the growing lesbian and gay sports tourism industry[J]. Journal of Vacation Marketing, 1999,5(1):31-50.

Plog, S. Why destination areas rise and fall in popularity[M]. Los Angeles: Paper presented to the Travel Research Association Southern California Chapter,1972.

Plog, S. Understanding psychographics in tourism research[M]//In J. Ritchie and C. Goeldner (eds), Travel, Tourism and Hospitality Research. New York: Wiley,1987:302-313.

Pol, L., and Pak. S. The use of a two-stage survey design in collecting data from those who have attended perildic or special events[M]. Journal of the Market Research Society, 1994,36(4): 315-326.

Ponsford, I., and Williams, P. Crafting a social license to operate: A case study of Vancouver 2010's Cypress Olympic venue[J]. Event Management, 2010,14(1):17-36.

Porter, M. Competitive Strategy: Tehniques for Analyzing Industries and Competitors[M]. New York: The Free Press,1980.

Prahalad, C., and Ramaswamy, V. Co-creation experiences: The next practice in value creation

[J]. Journal of Interactive Marketing, 2004, 18(3):5-14.

Prebensen, N. Value creation through stakeholder participation: A case study of an event in the high north[J]. Event Management, 2010, 14(1):37-52.

Preda, P. and Watts, T. Improving the efficiency of sporting venues through capacity management: The case of the Sydney (Australia) Cricket Ground Trust [J]. Event Management, 2003, 8(2):83-89.

Prentice, R., and Anderson, V. Festival as creative destination[J]. Annals of Tourism Research, 2003, 30(1):7-30.

Preuss, H. The Economics of Staging the Olympics: A Comparison of the Games 1972-2008[M]. Cheltenham: Edward Elgar, 2004.

Preuss, H. The conceptualisation and measurement of mega sport event legacies[J]. Journal of Sport and Tourism, 2007, 12(3/4):207-228.

Preuss, H. Opportunity costs and dfficiency of investments in mega sport events[J]. Journal of Policy Research in Tourism, Leisure and Events, 2009, 1(2):131-140.

Prideaux, B., Moscardo, G., and Laws, E. (eds). Managing Tourism and Hospitality Services: Theory and International Applications[M]. Wallingford: CABI, 2006.

Pumar, E. Social networks and the institutionalization of the idea of sustainable development[J]. International Journal of Sociology and Social Policy, 2005, 25(1/2):63-86.

Putnam, R. Democracies in Flux: The Evolution of Social Capital in Contemporary Society[M]. New York: Oxford University Press, 2004.

Pyo, S., Cook, R., and Howell, R. Summer Olympic tourist market—learning from the past[J]. Tourism Management, 1988, 9(2):137-144.

Quinn, B. Whose festival? Whose place? An insight into the production of cultural meanings in arts festivals turned festival attractions [M]//In M. Robinson et al. (eds), Expressions of Culture, Identity and Meaning in Tourism. Sunderland: Centure for Travel and Tourism Research/Business Education Publishers Ltd, 2000.

Quinn, B. Symbols, practices and myth-making: Cultural perspectives on the Wexford Festival Opera[J]. Tourism Geographies, 2003, 5(3):329-349.

Quinn, B. Arts festivals and the city[J]. Urban Studies, 2005, 42(5-6):927-943.

Quinn, B. Problematising "festival tourism": Arts festivals and sustainable development in Ireland [J]. Journal of Sustainable Tourism, 2006, 14(3):288-306.

Quinn, B. Arts festivals, urban tourism and cultural policy[J]. Journal of Policy Research in Tourism, Leisure and Events, 2010a, 2(3):264-279.

Quinn, B. The European Capital Culture initiative and cultural legacy: An analysis of the cultural sector in the aftermath of Cork 2005[J]. Event Management, 2010b, 13(4):249-264.

Radbourne, J. Social intervention or market intervention? A problem for governments in promoting the value of the arts[J]. International Journal of Arts Management, 2002, 5(1):50-61.

Raj, R. The behavioural aspects of financial management[M]//In I. Yeoman, M, Robertson, J. Ali-Knight, S. Drummond, and U. McMahon-Beattie (eds), Festivals and Events Management. Oxford: Elsevier,2004:273-285.

Raj, R., and Morpeth, N. (eds). Religious Tourism and Pilgrimage Festivals Management: An International Approach[M]. Wallingford: CABI,2007.

Raj, R., and Musgrave, J. Event Management and Sustainability[M]. Wallingford: CABI,2009.

Raj, R., Walters, P., and Rashid, T. Event Management: An Integrated and Practical Approach [M]. London: Sage,2008.

Ralston, R., Lumsdon, L., and Downward, P. The third force in events tourism: Volunteers at the XVII Commonwealth Games[J]. Journal of Sustainable Tourism, 2005,13(5):504-519.

Ralston, L., Ellis, D., Compton, D., and Lee, J. Staging memorable events and festivals: An integrated model of service and experience factors [J]. International Journal of Event Management Research,2007,3(2).

Ravenscroft, N., and Mateucci, X. The festival as carnivalesque: Social governance and control at Pamplona's San Fermin fiesta[J]. Tourism Culture & Communication, 2002,4(1):1-15.

Raybould, M. Participant motivation in a remote fishing event[J]. Festival Management and Event Tourism, 1998,5(4):231-241.

Raybould, M., Mules, T., Fredline, E., and Tomljenovic, R. Counting the herd: Using aerial photography to estimate attendance at open events[J]. Event Management, 2000,6(1):25-32.

Reicher, S., Stott, C., Cronin, P., and Adang, O. An integrated approach to crowd psychology and public order policing [J]. Policing: An International Journal of Police Strategies and Management, 2004,27(4):558-572.

Reid, G. The politics of city imaging: A case study of the MTV Europe Music Awards in Edinburgh'03[J]. Event Management, 2006,10(1):35-46.

Reid, S. Identifying social consequences of rural events[J]. Event Management, 2007,11(1/2): 89-98.

Reisinger, Y. Travel/tourism: Spiritual experiences[M]//In D. Buhalis and C. Costa (eds), Tourism Business Frontiers: Consumers, Products and Industry. Oxford: Elsevier, 2006: 148-167.

Rice, E. The Grand Procession of Ptolemy Philadelphus [M]. Oxford: Oxford University Press,1983.

Richards, G. European cultural tourism: Trends and future prospects [M]//In G. Richards (ed.), Cultural Tourism in Europe. Wallingford: CABI,1996:311-333.

Richards, G. The festivalization of society or the socialiaztion of festivals? The casse of Catalunya [M]//In G. Richards (ed.), Cultural Tourism: Global and Local Perspectives. New York: Haworth,2007:257-269.

Richards, P., and Ryan, C. The Aotearoa Traditonal Maori Performing Arts Festival 1972-2000:

A case study of cultural event maturation[J]. Journal of Tourism and Cultural Change, 2004,2 (2):94-117.

Riggio, M. Carnival: Culture in Action: The Trinidad Experience. New York: Routledge,2004.

Ritchie, B., and Smith, B. The impact of a mega-event on host region awareness: A longitudinal study[J]. Journal of Travel Research, 1991,30(1):3-10.

Ritchie, B., Sanders, D., and Mules, T. Televised events: Shaping destination images and perceptions of capital cities from the couch[M]//In C. Arcodia et al. (eds), Global Events Congress, Proceedings. Brisbane: University of Queensland,2006:286-299.

Ritchie, J. R. B. Assessing the impacts of hallmark events: Conceptual and research issues[J]. Journal of Travel Research, 1984,23(1):2-11.

Ritchie, J. R.B. Turning 16 days into 16 years through Olympic legacies[J]. Event Management, 2000,6(2):155-165.

Ritchie, J. R. B., and Beliveau, D. Hallmark events: An evaluation of a strategic response to seasonality in the travel market[J]. Journal of Travel Research, 1974,13(2):14-20.

Rittichainuwat, B., Beck, J., and LaLopa, J. Understanding motivations, inhibitors, and facilitators of association members in attending international conferences [J]. Journal of Convention and Exhibition Management, 2001,3(3):45-62.

Robbe, D. Expositions and Trade Shows[M]. New York: Wiley,1999.

Roberts, K. Leisure in Contemporary Society (2nd edn)[M]. Wallingford: CABI,2006.

Robertson, M., and Frew, E. (eds). Events and Festivals: Current Trends and Issues. Routledge (previously published as a special issue: Managing Leisure, 2007, 12(2/3).

Robertson, M., Rogers, P., and Leask, A. Progressing socio-cultural impact evaluation of events [J]. Journal of Policy Research in Tourism, Hospitality and Events, 2009,1(2):156-169.

Robinson, M., Hums, M., Crow, R., and Philips, D. Profiles of Sport Industry Professionals: The People Who Make the Game Happen[M]. Gaithersburg, MD: Aspen Publishers,2001.

Robinson, M., Picard, D., and Long, P. Festival tourism: Producing, translating, and consuming expressions of culture(s)[J]. Event Management, 2004,8(4):187-189.

Roche, M. Mega-events and urban policy[J]. Annals of Tourism Research, 1994,21(1):1-19.

Roche, M. Mega-Events and Modernity: Olympics and Expos in the Growht of Global Culture [M]. London: Routledge,2000.

Roche, M. Mega-events and modernity revisited: Globalization and the case of the Olympics[J]. Sociological Review, 2006,54(2):25-40.

Rockwell, D., and Mau, B. Spectacle. London: Phaidon Press,2006.

Roemer, M. Ritual participation and social support in a major Japanese festival[J]. Journal for the Scientific Study of Religion, 2007,46(2):185-200.

Rogers, E. Diffusion of Innovations[M]. New York: The Free Press,1995.

Rogers, T. Conferences: A Twenty-First Century Industry [M]. Harlow: Addison Wesley

Longman, 1998.

Rogers, T. Conferences and Conventions: A Global Industry (2nd edn) [M]. Oxford: Butterworth-Heinemann, 2007.

Rojek, C. Decentring Leisure. London: Sage, 1995.

Rojek, C. Leisure Theory: Principles and Practice. Basingstoke: Palgrave Macmillan, 2005.

Rojek, C., and Urry, J. (eds). Touring Cultures: Transformation of Travel and Theory [M]. London: Routledge, 1997.

Rozin, S. The amateurs who saved Indianapolis [N]. Business Week, 2000-4-10.

Russell, J. Celebrating culture, energising language, transforming society [M]//In M. Robinson et al. (eds), Conference Proceedings, Journeys of Expression III. Centre for Tourism and Cultural Change, Sheffield-Hallam University (Compact Disc), 2004.

Russell J., and Lanius, U. Adaptation level and the affective appraisal of environments [J]. Journal of Environmental Psychology, 1984, 4(2):119-135.

Rutley, J. (n. d.) Security. In Event Operations. Port Angeles, WA: International Festivals and Events Association, 75-83.

Ryan, C. Tourist experiences, phenomenographic analysis, post positvism and neural network software [J]. International Journal of Tourism Research, 2000, 2(2):119-131.

Ryan, C. The Tourist Experience (2nd edn) [M]. London: Continuum, 2002.

Ryan. C., and Bates, C. A rose by any other name: The motivations of those opening their gardens for a festival [J]. Festival Management and Event Tourism, 1995, 3(2):59-71.

Ryan, C., and Lockyer, T. Masters' Games—the nature of competitors' involvement and requirements [J]. Event Management, 2002, 7(4):259-270.

Ryan, C., and Trauer, B. Sport tourist behaviour: The example of the Masters Games [M]. In J. Higham (ed.), Sport Tourism Destinations: Issues, Opportunities and Analysis. Oxford: Elsevier, 2005.

Ryan, C., Smee, A., Murphy, S., and Getz, D. New Zealand events: A temporal and regional analysis [J]. Festival Management and Event Tourism, 1998, 5(1/2), 71-83.

Sadd, D. What is event-led regeneration? Are we confusing terminology or will London 2012 be the first games to truly benefit the local existing population? [J]. Event Management, 2010, 13(4):265-275.

Sadd, D., and Jackson, C. Planning for resort regeneration [M]//In M. Robertson (ed.), Sporting Events and Event Tourism: Impacts, Plans and Opportunities. Leisure Studies Association Publication 91. East-bourne: The University of Brighton, 2006:43-64.

Saget, A. The Event Marketing Handbook: Beyond Logistics and Planning [M]. Chicago, IL: Dearborn Trade Publishing, 2006.

Sahlins, M. Culture and Practical Reason [M]. Chicago, IL: University of Chicago Press, 1976.

Saleh, F. and Ryan, C. Jazz and knitwear: Factors that attract tourists to festivals [J]. Tourism

Management, 1993,14(4):289-297.

Saleh, F., and Wood, C. Motives and volunteers in multi-cultural events: The case of Saskatoon Folk-fest[J]. Festival Management and Event Tourism, 1998,5(1/2):59-70.

Sandercock, L. (ed.). Making the Invisible Visible, A Multicultural Planning History[M]. Berkeley, CA: University of California Press,1998.

Schechner, R. Performance Theory[M]. New York: Routledge,1988.

Schechner, R. Performance Studies: An Introduction[M]. New York: Routledge,2002.

Schein, E. Organizational Culture and Leadership[M]. San Francisco, CA: Jossey-Bass,1985.

Schlentrich, U. The MICE industry: Meetings, incentives, conventions and exhibitions[M]//In B. Brotherton and R. Wood (eds), The Sage Handbook of Hospitality Management. London: Sage,2008:400-420.

Schneider, I., and Backman, S. Cross-cultural equivalence of festival motivations: A study in Jordan[J]. Festival Management and Event Tourism, 1996,4(3/4):139-144.

Schultz, E., and Lavenda, R. Cultural Anthropology: A Perspective on the Human Condition [M]. Oxford: Oxford University Press,2005.

Scotinform Ltd. Edinburgh Festivals Study 1990-91: Visitor Survey and Economic Impact Assessment, Final Report[M]. Edinburgh: Scottish Tourist Board,1991.

Scott, D. A comparison of visitors' motivations to attend three urban festivals[J]. Festival Management and Event Tourism, 1996,3(3):121-128.

Scott, J. Social Network Analysis: A Handbook (2nd edn)[M]. London: Sage,2000.

Scott, W. Institutions and Organizations[M]. Thousand Oaks, CA: Sage,2001.

Selznick: P. Leadership in Administration[M]. Evanston, IL: Row, Peterson,1957.

Senge, P. The Fifth Discipline: The Art and Practice of the Learning Organization[M]. New York: Doubleday,1990.

Senge, P., Roberts, C., Ross, R., Smith, B., and Kleiner, A. The Fifth Discipline Fieldbook: Strategies and Tools for Building a Learning Organization[M]. New York: Doubleday,1994.

Severt, D., Wang, Y., Chen, P., and Breiter, D. Examining the motivation, perceived performance, and behavioural intentions of convention attendees: Evidence from a regional conference[J]. Tourism Management, 2007,28(2):399-408.

Shackley, M. Managing Sacred Sites: Service Provision and Visitor Experience[M]. London: Continuum,2001.

Sharpe, E. Festivals and social change: Intersections of pleasure and politics at a community music festival[J]. Leisure Sciences, 2008,30(3):217-234.

Shaw, G., and Williams, A. Tourism and Tourism Spaces[M]. London: Sage,2004.

Shedroff, N. Experience Design[M]. Indianapolis, IN: New Riders,2001.

Sheehan, A., Hubbard, S., and Popovich, P. Profiling the hotel and conference center meeting planner: A preliminary study[J]. Journal of Convention and Exhibition Management, 2000,2

（2/3）：11-25.

Shibli, S., and the Sport Industry Research Centre. The 2002 Embassy World Snooker Championship, An Evaluation of the Economic Impact, Place Marketing Effects, and Visitors' Perceptions of Sheffield. For Sheffield City Council, 2002.

Shinde, K. Managing festivals in pilgrimage sites: Emerging trends, opportunities, and challenges [J]. Event Management, 2010,14(1):53-67.

Shipway, R., and Jones, I. Running away from home: Understanding visitor experiences and behaviour at sport tourism events[J]. International Journal of Tourism Research, 2007,9(5): 373-383.

Shipway, R., and Jones, I. The great suburban Everest: An "Insiders" perspective on experiences at the 2007 Flora London Marathon[J]. Journal of Sport and Tourism, 2008, 13 (1):61-77.

Shone, A., and Parry B. Successful Event Management: A Practical Handbook (2nd edn)[M]. London: Continuum, 2004.

Silvers, J. Professional Event Coordination[M]. Hoboken, NJ: Wiley, 2004.

Silvers, J. Risk Management for Meetings and Events[M]. Oxford: Butterworth-Heinemann, 2008.

Silvers, J., Bowdin, G., O'Toole, W., and Nelson, K. Towards and international event management body of knowledge (EMBOK)[J]. Event Management, 2006,9(4):185-198.

Singh, N., Racherla, P., and Hu, C. Knowledge mapping for safe festivals and events: An ontological approach[J]. Event Management, 2008,11(1/2):71-80.

Singh, R. Pilgrimage in Hinduism: Historical context and modern perspectives [M]//In D. Timothy and D. Olsen (eds), Tourism, Religion and Spiritual Journeys. London and New York: Routledge, 2006:220-236.

Skinner, B. The Behavior of Organisms[M]. New York: Appleton-Century-Crofts, 1938.

Skinner, B., and Rukavina, V. Event Sponsorship[M]. New York: Wiley, 2003.

Smith, A. Using major events to promote peripheral urban areas: Deptford and the 2007 Tour de France[M]//In J. Ail-Knight, M. Robertson, A. Fyall, and A. Ladkin (eds), International Perspectives of Festivals and Events: Paradigms of Analysis. Oxford: Butterworth-Heinemann, 2008:3-19.

Smith, A. Spreading the positive effects of major events to peripheral areas[J]. Journal of Policy Research in Tourism, Leisure and Events, 2009,1(3):231-246.

Smith, E., and Mackie, D. Social Psychology (2nd edn) [M]. New York: Worth Publishers, 2000.

Smith, M. Entertainment and new leisure tourism [M]//In D. Buhalis and C. Costa (eds), Tourism Business Frontiers: Consumers, Products and Industry. Oxford: Elsevier, 2006: 220-227.

Smith, S., and Costello, C. Culinary tourism: Satisfaction with a culinary event utilizing

importance-performance grid analysis [J]. Journal of Vacation Marketing, 2009, 15 (2) :
99-110.

Smith, S., and Godbey, G. Leisure, recreation and tourism [J]. Annals of Tourism Research,
1991,18(1) :85-100.

Sofield, T. Sustainable ethnic tourism in the South Pacific: Some principles [J]. Journal of
Tourism Stdies, 1991,1(3) :56-72.

Sofield, T., and Li, F. Historical methodology and sustainability: An 800-year-old festival from
China [J]. Journal of Sustainable Tourism, 1998,6(4) :267-292.

Sofield, T., and Sivan, A. From cultural festival to international sport—the Hong Kong Dragon
Boat Races [J]. Journal of Sport Tourism, 2003,8(1) :9-20.

Solberg, H., and Preuss, H. Major sport events and long-term tourism impacts [J]. Journal of
Sport Management, 2007,21(2) :213-234.

Solberg, H., Andersson, T., and Shibli, S. An exploration of the direct economic impacts from
business travelers at world championships [J]. Event Management, 2002,7(3) :151-164.

Solomon, J. An Insider's Guide to Managing Sporting Events [M]. Champaign, IL: Human
Kinetics, 2002.

Sonder, M. Event Entertainment and Production [M]. New York: Wiley, 2003.

Soutar, G., and Mcleod, B. Residents' perceptions on impact of the America's Cup [J]. Annals
of Tourism Research, 1993,20(3) :571-582.

Spiller, J. History of convention tourism [M]//In K. Weber and K. Chon (eds), Convention
Tourism: International Research and Industry Perspectives. Binghampton, NY: Haworth, 2002:
3-20.

Spilling, O. Beyond intermezzo? On the long-term industrial impacts of meag-events: The case of
Lillehammer 1994 [J]. Festival Management and Event Tourism, 1998,5(3) :101-122.

Spiropoulos, S., Gargalianos, D., and Sotiriadou, K. The 20th Greek Festival of Sydney: A
stakeholder analysis [J]. Event Management, 2006,9(4) :169-183.

Sports Business Market Research Inc. (2000-2006). Sports Business Market Research Handbook.

Stebbins, R. Serious leisure: A conceptual statement [J]. Pacific Sociological Review, 1982,25
(2) :251-272.

Stebbins, R. Amateurs, Professionals, and Serious Leisure [M]. Montreal, QC: McGill-Queen's
U. Press, 1992.

Stebbins, R. New Directions in the Theory and Research of Serious Leisure [M]. Lewiston, NY:
Edwin Mellen, 2001.

Stebbing, R. Serious Leisure: A Perspective for Our Time [M]. Somerset, NJ: Aldine Transaction
Publications, 2006.

Stein, A., and Evans, B. An Introduction to the Entertainment Industry [M]. New York: Peter
Lang, 2009.

Stokes, R. A framework for the analysis of events-tourism knowledge networks[J]. Journal of Hospitality and Tourism Management, 2004,11(2):108-123.

Stone, C. The British Pop Music Festival Phenomenon[M]//In J. Ali-Knight, M. Robertson, A. Fyall, and A. Ladkin (eds), International Perspectives of Festivals and Events: Paradigms of Analysis. Oxford: Butterworth-Heinemann, 2008:205-224.

Stott, C., Hutchison, P., and Drury, J. "Hooligans" abroad? Inter-group dynamics, social identity and participation in collective "disorder" at the 1998 World Cup Finals[J]. British Journal of Social Psychology, 2001,40(3):359-384.

Strigas, A., and Newton-Jackson, E. Motivating volunteers to serve and succeed: Design and results of a pilot study that explores demographics and motivational factors in sport volunteerism [J]. International Sports Journal, 2003,7(1):111-123.

Supovitz, F., and Goldblatt, J. The Sports Event Management and Marketing Handbook[M]. New York: Wiley, 2004.

Syme, G., Shaw, B., Fenton, D., and Mueller, W. (eds). The Planning and Evaluation of Hallmark Events[M]. Aldershot: Avebury, 1989.

Tapp, A. The loyalty of football fans—we'll support you evermore? [J]. Journal of Database Marketing and Customer Strategy Management, 2004,11(3):203-215.

Tarlow, P. Event Risk Management and Safety[M]. New York: Wiley, 2002.

Tassiopoulos, D. (ed.). Event Management: A Professional and Developmental Approach[M]. Lansdowne: Juta Education, 2000.

Taylor, P., and Gratton, C. The Olympic Games: An economic analysis [J]. Leisure Management, 1988,8(3):32-34.

Taylor, R., and Shanka, T. Attributes for staging successful wine festivals [J]. Event Managemetn, 2002,7(3):165-175.

Teigland, J. Impacts on Tourism From Mega-Events: The Case of Winter Olympic Games. Sogndal: Western Norway Research Institute, 1996.

Tellstrom, R., Gustafsson, I., and Mossberg, L. Consuming heritage: The use of local food culture in branding[J]. Place Branding, 2006,2(2):130-143.

Theodoraki, E. Olympic Event Organization[M]. Oxford: Butterworth-Heinemann, 2007.

Theodoraki, E. Organisational communication on the intended and achieved impacts of the Athens 2004 Olympic Games[J]. Journal of Policy Research in Tourism, Hospitality and Events, 2009, 1(2):141-155.

Thrane, C. Music puality, satisfaction, and behavioral intentions within a jazz festival context[J]. Event Management, 2002,7(3):143-150.

Tilden, F. Interpreting our Heritage. Chapel Hill, NC: University of North Carolina Press, 1957.

Timothy, D., and Boyd, S. Heritage tourism in the 21st century: Valued traditions and new perspectives[J]. Journal of Heritage Tourism, 2006,1(1):1-16.

Timothy, D., and Olsen, D. (eds). Tourism, Religion and Spiritual Journeys [M]. London and New York: Routledge, 2006.

Tkaczynski, A., and Stokes, R. FESTPERF: A Service Quality Measurement Scale for festivals [J]. Event Management, 2010, 14(1): 69-82.

Tohmo, T. Economic impacts of cultural events on local economies: An input-output analysis of the Kaustinen Folk Music Festival [J]. Tourism Economics, 2005, 11(3): 431-451.

Tomlinson, G. The staging of rural food festivals: Some problems with the concept of liminoid performances [M]. Paper presented to the Qualitative Research Conference on Ethnographic Research, University of Waterloo, 1986.

Toohey, K., and Veal, T. The Olympic Games: A Social Science Perspective [M]. Wallingford: CABI, 2007.

Trail, G., and James, J. The motivation scale for sport consumption: Assessment of the scale's psychometric properties [J]. Journal of Sport Behavior, 2001, 24(1): 109-127.

Traugott, M. (editor and translator). Emile Durkheim on Institutional Analysis [M]. Chicago, IL: University of Chicago Press, 1978.

Travel Industry Association of America. Profile of Travelers Who Attend Sports Events [M]. Washington DC: TIAA, 1999.

Travel and Tourism Research Association and Canada Chapter. Conference Proceeding of the Canada Chapter, Travel and Tourism Research Association, Edmonton, 1986.

Tribe, J. The indiscipline of tourism [J]. Annals of Tourism Research, 1997, 24(3): 638-657.

Tribe, J. The philosophic practitioner [J]. Annals of Tourism Research, 2002, 29(2): 338-357.

Tribe, J. (2004). Knowing about tourism—epistemological issues [M]//In L. Goodson and J. Phillimore (eds), Qualitative Research in Tourism: Ontologies, Epistemologies and Methodologie's London: Routledge, 2004: 46-62.

Tribe, J. The Economics of Recreation, Leisure and Tourism (3rd edn) [M]. Oxford: Elsevier, 2005.

Tribe, J. The truth about tourism. Annals of Tourism Research, 2006, 33(2): 360-381.

Tribe, J. Tourism: A critical business. Journal of Travel Research, 2008, 46(3): 245-255.

Tribe, J. (ed.). Philosophical Issues in Tourism [J]. Bristol: Channel View, 2009.

Tsouros, A., and Efstathiou, P. (eds). Mass Gatherings and Public Health: The Experience of the Athens 2004 Olympics [R]. Copenhagen: World Health Organization, Europe, 2007.

Tum, J., Norton, P., and Wright. J. Management of Event Operations [R]. Oxford: Butterworth-Heinemann/Elsevier, 2006.

Turco, D. Measuring the tax impacts of an international festival: Justification for government sponsorship [M]. Festival Management and Event Touris, 1995, 2(3/4): 191-195.

Turco, D., Riley, R., and Swart, K. Sport Tourism [R]. Morgantown, WV: Fitness Information Technology Inc, 2002.

Turner, V. The Ritual Process: Structure and Anti-Structure [M]. New York: Aldine de Gruyter, 1969.

Turner, V. Liminal to liminoid, in play, flow and ritual: An essay in comparative symbology. In E. Norbeck(ed.), The Anthropological Study of Human Play[J]. Rice University Studies, 1974 (60):53-92.

Turner, V. Process, Performance, and Pilgrimage: A Study in Comparative Symbology[M]. New Delhi: Concept, 1979.

Turner, V.(ed.). Celebration: Studies in Festivity and Ritual[M]. Washington DC: Smithsonian Institution Press, 1982.

Turner, V., and Turner, E. Image and Pilgrimage in Christiam Culture[M]. New York: Columbia University Press, 1978.

Tyrrell, T., and Johnston, R. A framework for assessing direct economic impacts of tourist events: Distinguishing origins, destinations, and causes of expenditures[J]. Journal of Travel Research, 2001, 40(1):94-100.

Tzelepi, M., and Quick, S. The Sydney Organizing Committee for the Olympic Games (SOCOG) "Event Leadership" training course—an effectiveness evaluation [J]. Event Management, 2002, 7(4): 245-257.

Unruh, D.The nature of social worlds[J]. The Pacific Sociological Review, 1980, 23(3):271-296.

Urry, J. The Tourist Gaze: Leisure and Travel in Contemporary Societies[J]. London: Sage, 1990.

Urry, J. Consuming Places[J]. London: Routledge, 1995.

Urry, J. The Tourist Gaze: Leisure and Travel in Contemporary Societies (2nd edn)[M].London: Sage, 2002.

Uysal, M., and Li, X.Trends and eritical issues in festival and event motivation[M]//In A.Aktas et al.(eds), International Cultural and Event Tourism: Issues and Debates. Ankara, Turkey: Detay Yayincilik, 2008:10-20.

Uysal, M., Gahan, L., and Martin, B. An examination of event motivations: A case study [J]. Festival Management and Event Tourism, 1993, 1(1):510.

Van der Wagen, L. Human Resource Management for Events: Managing the Event Workforce[M]. Oxford: Butterworth-Heinemann, 2006.

Van der Wagen, L. Event Management for Tourism, Cultural, Business and Sporting Event (3rd edn)[M].Frenchs Forest, NSW: Pearson Education Australia, 2008.

Vanhove, D., and Witt, S. Report of the English-speaking group on the conference theme[J]. Revue de Tiurisme, 1987, 4:10-12.

Van Winkle, C., and Backman, K. Examining visitor mindfulness at a cultural event[J]. Event Management, 2009, 12(3/4):163-169.

Vaughan, R. Does a Festival Pay? A Case Study of the Edinburgh Festival in 1976[R].Tourism Recreation Research Unit, Working Paper 5, University of Edinburgh, 1979.

Veal, A. Research Methods for Leisure and Tourism: A Practical Guide (3rd edn) [M]. Harlow: Prentice Hall, 2006.

Veal, A. Leisure, Sport and Tourism: Politics, Policy and Planning (3rd edn) [M]. Wsllingford: CABI, 2010.

Veal, A. Research Methods for Leisure and Tourism: A Praxtical Guide (4th edn) [M]. Harlow: Prentice Hall, 2011.

Veblen, T. The Theory of the Leisure Class (Penguin twentieth-century classics, 1994) [M]. New York: Penguin Books, 1899.

Verhoven, P., Wall D., and Cottrell S. Application of desktop mapping as a marketing tool for special events planning and evaluation: A case study of the Newport News Celebration In Lights [J]. Festival Management and Event Tourism, 1998, 5(3):123-130.

Voss, T. Institution, In International Encyclopedia of the Social and Behavioral Sciences [M]. Oxford: Elsevier, 2001:7561-7566.

Vroom, V. Work and Motivation [M]. New York: Wiley, 1964.

Waitt, G. A critical examination of Sydney's 2000 Olympic Games [M]//In I. Yeoman, M. Robertson, J. Ali-Knight, S. Drummond, and U. McMahon-Beattie (eds). Festivals and Events Management. Oxford: Elsevier, 2004:391-408.

Walle, A. The festival life cycle and tourism strategies: The case of the Cowboy Poetry Gathering [J]. Festival Management and Event Tourism, 1994, 2(2):85-94.

Walker, G., and Virden, R. Constraints on outdoor recreation [M]//In E. Jackson (ed.), Constraints to Leisure, Chaper 13. State College, PA: Vwnture Publishing, 2005.

Walker, G., Deng, J., and Dieser, R. Culture, self-construal, and leisure theory and practice [J]. Journal of Leisure Research, 2005, 37(1):77-99.

Wang, N. Rethinking authenticity in tourism experience [J]. Annals of Tourism Research, 1999, 26(2):349-370.

Wang, P., and Gitelson, R. Economic limitations of festivals and other hallmark events [J]. Leisure Industry Report, 1988, (8):4-5.

Wanhill, S. Some economics of staging festivals: The case of opera festivals [J]. Tourism, Culture and Communication, 2006, 6(2):137-149.

Wann, D. Preliminary validation of the sport fan motivation scale [J]. Journal of Sport and Social Issues, 1995, 19(4):377-396.

Wann, D. Sport Psychollgy [M]. Upper Saddle River, NJ: Prentice Hall, 1997.

Wann, D., and Branscombe, N. Sport fans: Measuring degree of identification with their team [J]. International Jiurnal of Sport Psychology, 1993, 24(1):1-17.

Wann, D., Schrder, M., and Wilson, A. Sport fan motivation: Questionnaire validation, comparisons by sport, and relationship to athletic motivation [J]. Journal of Sport Behaviour, 1999, 22(1):114-139.

Wann, D., Royalty, J., and Rochelle, A. Using motivation and team identification to predict sport fans' emotional responses to team performance[J]. Journal of Sport Behavior, 2002,25 (2):207-216.

Wann, D., Grieve, F., Zapalac, R., and Pease, D. Motivational profiles of sport fans of different sports[J]. Sport Marketing Quarterly, 2008,17(1):6-19.

Waterman, S. Carnivals for elites? The cultural politics of arts festivals[J]. Progress in Human Geography, 1998,22(1):54-74.

Waters, H. History of Fairs and Expositions[M]. London, Canada: Reid Brothers,1939.

Weber, K., and Chon, K. Convention Tourism: International Research and Industry Perspectives [M]. Binghampton, NY: Haworth,2002.

Weber, K., and Ladkin, A. Trends affecting the convention industry in the 21st century[J]. Journal of Convention and Event Tourism, 2005,6(4):47-63.

Weed, M. Olympic Tourism[M]. Oxford: Butterworth-Heinemann,2008.

Weed, M., and Bull, C. Sports Tourism: Participants, Policy and Providers [M]. Oxford: Elsevier,2004.

Weed, M., and Dowse, S. A missed opportunity waiting to happen? The social legacy potential of the London 2012 Paralympic games[J]. Journal of Policy Research in Tourism, Hospitality and Events, 2009,1(2):170-174.

Weppler, K., and McCarville, R. Understanding organizational buying behaviour to secure sponsorship[J]. Festival Management and Event Tourism, 1995,2(3/4):139-148.

Whitford, M. Regional development through domestic and tourist event policies: Gold Coast and Brisbane, 1974-2003. UNLV Journal of Hospitality[J]. Tourism and Leisure Science, 2004a, 2:1-24.

Whitford, M. Event public policy development in the Northern Sub-Regional Organisation of Councils, Queensland Australia: Rhetoric or realisation? [J]. Journal of Convention and Event Tourism, 2004b,6(3):81-99.

Whitford, M., and Dickson, C. (eds), Global Events Congress Proceedings [R]. Brisbane: University of Queensland,268-285.

Whitson, D., and Macintosh, D. The global circus: International sport, tourism, and the marketing of cities[J]. Journal of Sport and Social Issues, 1996,20(3):275-295.

Wickham, T., and Kerstetter, D. The relationship between place attachment and crowding in an event setting[J]. Event Management, 2000,6(3):167-174.

Wicks. B. The business sector's reaction to a community special event in a small town: A case study of the Autumn on Parade Festival[J]. Festival Management and Event Tourism, 1995,2 (3/4):177-183.

Wicks, B., and Fesenmaier, D. A comparison of visitor and vendor perceptions of service quality at a special event.[J] Festival Management and Event Tourism, 1993,1(1):1926.

Wicks, B., and Fesenmaier, D. Market potential for special events: A midwestern case study[J]. Festival Management and Event Tourism, 1995,3(1):25-31.

Williams, P., and Harrison, L. A Framework for Marketing Ethnocultural Communities and Festivals[M]. Unpublished report to the Secretary of State Multiculturalism, Ottawa,1988.

Williams, P., Dossa, K., and Tompkins, L. Volunteerism and special event management: A case study of Whistler's Men's World Cup of Skiing[J]. Festival Management and Event Tourism, 1995,3(2):83-95.

Wilson J., and Udall, L. Folk Festivals: A Handbook for Organization and Management[M]. Knoxville, TN: The University of Tennessee Press,1982.

Wood, D., and Gray, B. Toward a comprehensive theory of collaboration[J]. The Journal of Applied Behavioural Science, 1991,27(1):3-22.

Wood, E. (2004). Marketing information for the events industry. In I. Yeoman, M. Robertson, J. Ali-Knight, S. Drummond, and U. McMahon-Beattie (eds), Festival and Events Management: An International Arts and Culture Perspective[M]. Oxford: Elsevier,2004:130-157.

Wooten, M., and Norman, W. Interpreting and Managing Special Events and Festivals[M]//In A. Wood-side and D. Martin (eds), Managing Tourism: Analysis, Behavior and Strategy, Wallingford: CABI,2008a:197-217.

Wooten, M., and Norman, W. Differences in arts festival visitors based on level of past experience [J]. Event Management, 2008b,11(3):109-120.

Wuensch, U. Facets of Contemporary Event Communication—Theory and Practice for Event Success[M]. Bad Honnef, Germany: K. H. Bock,2008.

Xiao, H., and Smith, S. Residents' perceptions of Kitchener-Waterloo Oktoberfest: An inductive analysis[J]. Event Management, 2004,8(3):161-175.

Xie, P. The Bamboo-beating dance in Hainan, China. Authenticity and commodification[J]. Journal of Sustainable Tourism, 2003,11(1):5-16.

Xie, P. Visitors' perceptions of authenticity at a rural heritage festival: A case study[J]. Event Management, 2004,8(3):151-160.

Xie, P., and Smith, S. Improving forecasts for world's fair attendance: Incorporating income effects[J]. Event Management, 2000,6(1):15-23.

Xin, J., Weber, K., and Bauer, T. The state of the exhibition industry in China[J]. Journal of Convention and Event Tourism, 2010,11(1):2-17.

Yang, J., Zeng, X., and Gu, Y. Local residents' perceptions of the impact of 2010 Expo[J]. Journal of Convention and Event Tourism, 2010,11(3):161-175.

Yeoman, I., Robertson, M., Ali-Knight, J., Drummond, S., and McMahon-Beattie, U. (eds). Festival and Event Management: An International Arts and Culture Perspective[M]. Oxford: Elsevier,2004.

Yolal, M., Cetinel, F., and Uysal, M. An examination of festival motivation and perceived benefits relationship: Eskisehir International Festival[J]. Journal of Convention and Event Tourism, 2009,10(4):276-291.

Yoon, S., Spencer, D., Holecek, D., and Kim, D. A profile of Michigan's festival and special event tourism market[J]. Event Management, 2000,6(1):33-44.

Young, H. Individual Strategy and Social Structure[M]. Princeton, NJ: Princeton University Press,1998.

Yu, Y., and Turco, D. Issues in tourism event economic impact studies: The case of Albuquerque International Balloon Fiesta[J]. Current Issues in Tourism, 2000,3(2):138-149.

Zaichkowsky, J. Measuring the involvement construct[J]. Joural of Consumer Research, 1985,12(3):341-352.

Ziakis, V. Understanding an event portfolio: The uncovering of interrelationships, synergies, and leveraging opportunities[J]. Journal of Policy Research in Tourism, Leisure and Events, 2010, 2(2):144-164.

Zuckerman, M. Sensation Seeking: Beyond the Optimal Level of Arousal[M]. Hillsdale, NJ: LEA,1979.